张其仔 江飞涛 吴利学 等 著

西方发展经济学
思想前沿

FRONTIERS OF WESTERN
DEVELOPMENT ECONOMICS
THOUGHT

社会科学文献出版社
SOCIAL SCIENCES ACADEMIC PRESS (CHINA)

序

2020 年我们课题组出版了《中国发展经济学思想研究：1949 ~ 2019》，主要探讨的是中国学者关于发展问题的研究，这次出版的《西方发展经济学思想前沿》主要探讨的是国外学术界对有关发展问题的思想。

在探讨中国学者对发展问题的研究时，课题组曾对西方发展经济学思想在中国的传播做过梳理，在梳理的过程中发现，20 世纪 90 年代末以后，我国对国外发展经济学思想的系统探讨较少，为了弥补这方面的不足，课题组开始对国外发展经济学思想进行分析、整理，这次出版的《西方发展经济学思想前沿》就是课题组分析整理的一项成果。这本著作不是对发展经济学的全方位研究，只是包括了发展经济学思想中与《中国发展经济学思想研究：1949 ~2019》相关的主要内容，算是一项探索性成果，肯定存在不少不足之处，欢迎读者批评指正！

这本著作是一项集体成果，总论由张其仔撰写，第一篇由吴利学撰写，第二篇由江飞涛、李晓萍、杨鸿禧撰写，第三篇由覃毅、陈昊撰写，第四篇由王秀丽撰写，第五篇由许明撰写，第六篇由覃毅、英成金撰写，第七篇由张航燕撰写。

本著作的出版得到了中国社会科学院创新工程资助，社会科学文献出版社为本书编辑出版付出了大量劳动，在此，我谨代表课题组深表谢忱！

张其仔

2023 年 5 月 23 日

目　录

第四篇　金融发展

第五篇　对外开放与经济全球化理论

第六篇　西方收入分配理论的演进

第七篇　制度经济学的演进

总　论　迈向包容性的发展经济学[*]

张其仔[**]

一　引言

1978 年初夏，我国著名的发展经济学家张培刚教授应邀赴中国社会科学院经济研究所参加编写《政治经济学辞典》外国经济思想史部分。其间他有机会阅读了大量包括发展经济学在内的有关西方经济学的书刊，接触到美国经济学家赫希曼（Hirschman）发表的《发展经济学的兴起和衰落》、拉尔（Lall）等著的《发展经济学的贫困》，以及美国拉尼斯（Rains）教授和费景汉教授在一次"发展经济学年会"上所做《发展经济学：下一步迈向何处?》学术报告的思想。他发现，他们的意见是，发展经济学在兴盛一阵之后，已开始衰落，发展经济学濒临困境。对此，他始则颇感惊讶，继则又深感困惑，在大多数国家还没有转变成工业化国家的情况下，发展经济学为什么会走下坡路? 经过反复思考之后，他得出结论，发展经济学由盛转衰说明的并不是发展经济学圆满完成了自己的任务，而是相反，相比于时代要求，差距甚远（张培刚，1991）。近 20 年过去了，发展经济学在中国并没有出现张培刚先生所期望的繁荣局面，甚至更走向了衰落。虽然不少人坚持认为，发展经济学在中国大有可为，但真实的情形是，发展经济学在教育部的二级学科目录里仍没有自身的位置，更有甚者称，发展经济学在西方已经走向衰落，在中国再发展发展经

---

* 国家社科基金重点项目"新技术革命背景下全球创新链的调整及其影响研究"（项目编号：19AJY013）的阶段性成果。

** 张其仔，中国社会科学院工业经济研究所研究员，博士生导师，副所长，中国社会科学院中国产业与企业竞争力研究中心主任。

济学的必要性也应随之消失。

发展经济学如何才能圆满地完成自己的任务呢？发展经济学的兴起、繁荣或衰落，固然与其研究对象是否存在有关，但更与其所研究问题是否与其他经济学相区别从而能作出独特的知识贡献有关，所以，对于发展经济学的繁荣或衰落，需要追问的更为基本的问题是，在既有经济学之外，为什么还要有一个发展经济学？樊纲指出，长期以来，经济学家似乎一直没有阐述清楚的一个问题是：增长理论与发展经济学的差别是什么？为什么有了一套增长理论，还要有一套发展经济学理论？它们之间的关系究竟是什么？在他看来，发展经济学与增长理论的区别就是：增长理论是"一般理论"，而发展经济学是一个"特殊理论"，即在一般理论的基础上，特别地研究落后国家的经济增长，发展是指落后国家较快增长。落后国家如何实现较快增长呢？就是要用好"相对优势"（樊纲，2019，2020）。

落后国家或发展中国家要实现较快增长，必须用好相对优势。发展经济学研究的广泛主题都可以被纳入利用和培育相对优势这一范畴。就实践而言，能否识别、利用和培育相对优势，在实践上会决定一个发展中国家的成败；就学科发展而言，能否研究好相对优势决定着发展经济学能否满足发展实践的需要，从而也决定了发展经济学的兴衰。但仅认识到这一点，仍不足以找到学科发展的必要空间。究竟什么是相对优势？学术界一般地把相对优势定义为比较优势，而在主流经济学的框架里，比较优势所指即为要素禀赋的差异，但在要素这个篮子里，通常只包括资本和劳动等要素，如仅此而已，则发展经济学无存在的必要。斯蒂格利茨和格林沃尔德（2017）在研究"中国的奇迹"时认为，相比要素禀赋，学习和学习能力是一国最重要的禀赋。利用和培育学习能力，提升学习型比较优势，构建学习型社会，对于生产力提升和国家发展至关重要。基于学习型比较优势和学习型社会的思想，斯蒂格利茨和格林沃尔德对战后日本、韩国以及中国等国家的经济腾飞从学习理论的角度给出新解释。此章将以此思想为出发点，从学习的角度定义比较优势，并考察其对发展经济学演进以及发展中国家经济增长的重要意义。

二　发展经济学研究的转向

2019 年诺贝尔经济学奖授予了三位发展经济学家 Abhijit Banerjee，Esther Duflo 和 Michael Kremer。这三位发展经济学家之所以获得诺贝尔经济学奖，原因在于他们对理解发展和消除贫困方面作出的杰出贡献，他们用实验经济学的方法，推动了发展经济学的转向。诺贝尔奖委员会在解释这三位经济学家的贡献时指出，消除贫困是发展经济学研究的重要问题，也是全球发展过程中面临的一项艰巨任务，发展经济学向微观的转型、经济学中的可信性革命、激励与信息理论及行为经济学等都为分析贫困问题提供了工具，但是仍不能解决在消除贫困问题时何种政策有效的问题。他们用实验的方法解决了何种政策在减贫上有效的问题。Abhijit Banerjee，Esther Duflo 和 Michael Kremer 被授予 2019 年诺贝尔经济学奖引发了国内的热议。国内有过一些讨论，总体倾向性观点是，三位经济学家开发出来的方法虽然有意义，但意义很有限。郭熙保教授在 2019 年由复旦大学世界经济研究所、中国工业经济杂志社等单位举办的"中国发展经济学前沿暨中国发展经济学 70 年研讨会"上就此发表过专题演讲，他在肯定随机对照实验方法意义的同时，强调发展经济学的本质特征是其宏观性、动态性、结构性、综合性，不能把发展经济学创立初期所构建的宏大历史叙事框架和关心的宏观中心议题边缘化。李宝良、郭其友（2019）认为，中国改革开放以来在减贫方面取得的伟大成就证明贫困问题要通过发展才能解决，随机对照实验方法不可能从根本上促进贫困问题的解决。这些评论如果仅就随机对照实验方法本身在减贫中的作用而言是有道理的，但如果放在发展经济学的兴衰的背景下加以重新思考，我们就可以发现，随机对照实验方法的方法，其意义就不仅在于解决某些具体的局部问题，而是蕴含着一种探索新的发展机制的努力。如仅将随机对照实验方法作为一种方法应用于某个具体领域，对于发展中国家的发展而言，其意义可能是有限的。但如果将随机对照实验方法作为一种学习的方法，把学习作为推动发展中国家发展、推动工业化和城镇化这样的重要力量，则其意义就十分重大，就可以将这样一种方法与宏观意义上的发展、结构变迁、工业化、城镇化这样的主题衔接起来。

对发展经济学，学术界存在两种不同的界定，一种是广义的，另一种是狭义的。广义的对发展经济学的定义，就是把发展经济学作为一门研究发展问题的学科。[①] 杨小凯在《发展经济学：超边际与边际分析》一书中，把发展经济学界定为一门研究经济发展的经济学科。在杨小凯的眼里，发展经济学经历了古典发展经济学时期、新古典发展经济学时期和新新古典发展经济学时期（杨小凯，2003）。在杨小凯的眼中，新新古典发展经济学包括制度经济学、新政治经济学和内生增长理论及分工理论等，但最重要的是分工理论。对于发展经济学的另一种界定是狭义的，把兴起于第二次世界大战后的研究发展中国家发展问题的经济学称为发展经济学。就狭义的发展经济学，国内学术界一般将其发展分为三个阶段，一是形成与繁荣期，狭义的发展经济学思想起源一般认为可追溯至 20 世纪三四十年代，五六十年代发展经济学进入发展繁荣期；二是发展经济学的新古典时期，为 20 世纪 60 年代末期至 80 年代中期；三是发展经济学的再次复兴阶段，这一阶段，一般认为是发生在 20 世纪 80 年代中期以后（《发展经济学》编写组，2019；张培刚、张建华，2018）。对于这一阶段的特点有不同的概括，姚洋（2018）认为是发展经济学中宏观发展经济学的复兴，《发展经济学》编写组（2019）认为是研究范围的扩大，张培刚、张建华（2018）认为，这一阶段，是对新古典主义复兴的再革命。1986 年，斯蒂格利茨（1986）发表《新发展经济学》一文，主张信息不完全理论是分析乡村组织中农民行为的最有效的理论，认为第三

---

① 杰拉尔德·M. 迈耶：《形成阶段》，载 G. M. 迈耶、D. 西尔斯编《发展经济学的先驱》，经济科学出版社，1988，第 1 页。

阶段的最重要特点是要为发展经济学寻找微观基础。在林毅夫教授对发展经济学的分析脉络中，第二、第三阶段并不能分开，发展经济学研究，从第三阶段是对第二阶段的再革命这个意义上而言，第二、三阶段也可归为一个阶段。

对于发展经济学而言，无论是第一、第二或第三阶段，其在指导发展中国家的发展时并不成功，按发展经济学家开出药方进行治理的国家，其发展的成绩并不理想。接下来发展经济学应向何处发展？有人认为，发展经济学进入 20 世纪之后就开始迈向一个新阶段，对这个阶段，有人将其称为新实证主义发展经济学阶段，有人将其称为新结构主义的发展经济学阶段，或将其称为新新发展经济学阶段。无论给这个阶段冠以什么名称，如果发展经济学仍以传统的方式围绕政府、市场等焦点而展开，仍然难以摆脱前述几个阶段所面临的局面，就是停留在如何利用好传统意义上的比较优势问题。如果不脱离这个轨道，发展经济学也很难实现范式转型、从传统的比较优势束缚中挣脱出来，实现研究范式的转型。要实现研究范式的转型，就是要探讨那些表面比较优势的深层原因，正如斯蒂格利茨所言，就是要重视学习型比较优势在发展中国家发展中的作用，探讨学习型比较优势这种最重要的要素禀赋的影响。

技术进步、创新是推动可持续经济增长的核心要素。学习是理解技术进步、创新的重要机制。创新、技术进步等在经济发展中的重要性已经成为广泛共识。在经济增长理论中，索洛等发现支撑一个国家长期增长的是资本、劳动之外的一个余值，一般将其称为技术进步、全要素生产率等，内生增长理论则将这个余值内生化。在研究创新、技术进步时，经济学中存在两个方向，一个方向是从生产或效用函数的变化入手进行研究，另一个方向是将知识的生产与学习过程相联系（Cristiano Antonelli，1995）。这两个方向虽然强调的重点不同，但并不矛盾，前者同样可被视为后者的产物。创新、技术进步、知识等都是个人、组织、社会学习的产物。

对经济学而言，学习并非一个完全陌生的话题。斯蒂格利茨在追溯他们于 2008 年开设创建学习型社会的课程时的思想起源时，提到阿罗关于创新、"干中学"的研究，以及索洛关于经济增长来源的研究。1962 年阿罗发表了《干中学》一文，他所要力图解释的事实是，在经济增长研究中，相对于资本形成，知识更为重要（在文章中，他并没有对技术进步、技术知识或知识的概念进行区分），知识如何获得？知识是通过学习获得的，与通过教育获得知识的途径不同，实践（经验）同样可产生知识，知识的积累是在解决问题和行动中获得的，他将其称为"干中学"，也就是生产的效率会随着经验的积累而提高，阿罗发表《干中学》论文之后，后续研究除继续深化对"干中学"的研究外，还将研究范围进行了拓展。在研究能源技术进步时，Kouvariatakis 等（2000）、Klassen 等（2005），Tooraj Jamasb（2007）在阿罗研究"干中学"模型的基础上，提出了双因素模型，同时将"干中学"、研发型学习纳入分析中，将学习从被动式学习扩展到主动式学习。Alwyn Young（1991）在研究国际贸易中的学习效应时，对阿罗模型进行了两方面的拓展：把"干中学"效应从行业内部扩展到行业外部，就是考虑了一个行业的技术进步会引发其他行业的技术变化，即技术进步存在溢出效应；考虑到特定行业中的"干中学"对成本的降低存在平台期，将"干中学"存在的收益递减现象纳入分析中。Riverabatiz, Romer（1991），格罗斯曼、赫尔普曼（2003）等在研究国际贸易与增长时，从知识生产的规模效应角度得出，国际贸易加快经济增长，因为全球的科学家存量可生产更多的知识。

迄今也有大量文献证明学习对于发展中国家的重要性。研究新兴工业化经济体的技术进步的经验表明，发展中国家利用技术扩散推动其经济发展必须以学习为基础，所有国家都可以进入技术知识密集型的国际行业，不同国家之间产业绩效差异的关键因素在于，不同国家的技术学习效率是不同的（金麟洙、尼尔森，2011）。斯托克（Stokey，1988）指出，一个国家的经济增长，仅靠增加既定产品的数量是难以持续的，需要不断开发出新产品。但在新产品的开发过程中会面临信息问题。Hoff（1995）在研究幼稚产业发展时将学习与不完全信息联系起来，他将信息的不完全作为一类进入障碍，先行者的价值就在于促进了这种信息不完全性的解决，为后来者提供了更多的信息，在他的学习框架中，重要的不是学习如何把工作做得更好，而是学习新生产的地区适宜性。圣加亚·拉尔（2011）在研究亚洲新兴工业化经济体的企业引进技术过程时发现，相对于发达国家，发展中国家可以主要从发达国家获得技术，其主要的技术问题也可界定为掌握、改造和提高进口的知识与设备，这是一个复杂的学习过程。Hausmann 等（2003）把经济发展视为一个学习的过程，他们将其称为自我发现的过程，他们强调，一个国家最适合生产什么具有不确定性，在模型中，他们用进行某种新产品生产时的生产率具有不确定性加以刻画，先进入者的价值就在于发现这种生产活动的国内成本，以为后来者作出进入决策提供依据。1998 年世界银行发展报告以知识为专题比较了发展中国家与发达国家的差距，其结论是，发展中国家与发达国家在知识上的差距巨大。世界银行的这份报告将发展经济学的研究重心转向了发展中国家的知识创造和应用。报告指出，自 20 世纪 60 年代开始，只有少数发展中国家在人均收入上赶上 OECD 国家的水平，而多数国家却陷入停滞。为什么少数东亚国家或地区能完成这一创举，而其他国家或地区不能？用土地、资本、劳动等都无法解释，知识也许是理解东亚国家成功的关键。2002 年工发组织发布的工发报告也将学习与创新作为竞争的重要因素。2011 年斯蒂格利茨发表反思发展经济学的文章，指出学习与创新无论对于发达国家还是发展中国家，都是维持经济增长的关键要素。

　　改革开放以来，中国经济发生了翻天覆地的变化。中国已经从世界上最穷的国家之一，经过 40 多年的发展，一跃成为仅次于美国的世界第二大经济体，创造了举世瞩目的"中国奇迹"。为什么中国经济能取得如此惊人的成就呢？其背后的成功条件和决定因素有哪些？学术界仍是众说纷纭。针对此方面的理论成果除新结构主义经济学之外，其他有较大影响力的理论还有统一增长理论、经济成长阶段论、增长的新政治经济学等。

很显然，既有的思想并没有充分考虑学习型比较优势。作为一个处于赶超中的发展中大国，学习及学习型比较优势无疑在中国经济腾飞过程中发挥着至关重要的作用。改革开放总设计师邓小平同志曾指出："社会主义要赢得与资本主义相比较的优势，就必须大胆吸收和借鉴人类社会创造的一切文明成果，吸收和借鉴当今世界各国包括资本主义发达国家的一切反映现代社会化生产规律的先进经营方式、管理方法。"[1] 习近平总书记也高度重视学习和学习比较优势的积累，他强调指出，"对世界形势发展变化，对世界上出现的新事物新情况，对各国出现的新思想新观点新知识，我们要加强宣传报道，以利于积极借鉴人类文明创造的有益成果"[2]。中国的改革开放正是在这些先进理念的指引下，放眼世界，积极学习，提升能力。从引进生产线到借鉴现代企业管理模式，从建设开发区到发展现代产业，从模仿创新到自主创新，从市场化改革到全面深化改革，中国式现代化离不开对世界各国先进经验的学习、吸收和借鉴，通过学习不断改革创新，提升自身发展能力，实现经济高质量发展。简而言之，中国经济发展历程在很大程度上印证了新发展经济学关于学习及学习型比较优势作为经济发展内生动力的理论逻辑。

三 结语

1985 年张培刚在《经济研究》上发表文章《发展经济学往何处去——建立新型发展经济学刍议》提出建立新型发展经济学的任务，在《发展经济学通论》中，他又提出，要以发展中大国作为重点研究对象。张培刚提出通过拓展研究对象的范围，特别是加强对中国的研究，对于不断丰富发展经济学所研究的问题很有助益，但并不能从根本上解决 20 世纪 80 年代发展经济学家所忧虑的发展经济学走下坡路的问题。中国发展

---

① 邓小平：《在武昌、深圳、珠海、上海等地的谈话要点》，载《邓小平文选》（第三卷），人民出版社，1993。
② 习近平：《在全国宣传思想工作会议上发表重要讲话》，2013 年 8 月 19 日。

的最基本经验就是走中国特色的社会主义发展道路，就是中国选择了一条适合中国国情的发展道路。中国对其他国家的发展也是主张各国根据本国国情选择适合自身的发展道路。这一点与发达国家主流经济学理论和发展经济学理论不同。主流发展经济学理论是以发达国家的经济发展作为参照系的，其为发展中国家开出的处方，都是基于发达国家的经验，但在实践中，那些完全照搬发达国家经验的国家，其总体发展并不理想这一经验事实带给发展经济学研究的基本启示是，发展经济学必须具有包容性，就是它必须能包容多样化发展道路的现实。把学习作为一种核心要素纳入中国经济发展的分析中，对于各国根据本国国情借鉴中国经验是有益的，发展经济学一方面可以作为一种指导发展的理论不失其指导性，另一方面则又可不失其包容性。发达国家的经验应用于发展中国家，中国的经验应用于其他国家，无法不通过学习而直接嫁接，而必须经过一个学习的过程。

从学习的角度定义比较优势，使得发展战略的制定更为复杂。学习能力是动态变化的。在静态比较优势框架下，确定一个国家的比较优势较为容易，但如以动态学习能力来确定一个国家的比较优势却要困难得多，因为这种优势不仅取决于这个国家的能力和增加这种投资的意愿，也依赖于其他国家面对这种竞争的反应。通过观察具有相同收入水平国家过去的发展对于一个国家识别其动态比较优势有所帮助，但程度有限。今天的发展中国家并不能简单地通过模仿之前的发展模式就能成功。学习并非简单的模仿，即便有先行者，跟随者也不可能通过简单的模仿，不需要在学习上进行投资，就可以利用先行者的知识（圣加亚·拉尔，2011）。学习的复杂度决定了发展任务的艰巨性，决定了政府制定政策以推动发展任务的艰巨性。不同的技术对学习条件的要求不一样，不同的技术蕴含的知识类型是不一样的，包含着知识和技巧的不同宽度，推动对某种技术学习有效的政策，对另一种技术不一定有效。不同的技术对外界知识信息资源的依赖程度不同，为开发某一方面能力而出台的政策，可能不适用于其他方面的能力发展（圣加亚·拉尔，2011），因此，很难设想存在一种解决一切学习问题的万能良药。

　　中国的经济发展已进入一个新阶段，出现了一系列新的需要面对的现象，如结构的变化、服务业的比重上升和制造业的比重下降；国际竞争环境的变化，随着中国技术水平离前沿面越来越近，美国实施技术霸凌主义，对中国开展技术封锁；投入成本和约束的增加，造成完全依靠投入增加推动增长的模式难以为继等。在这一系列现象背后，在中国仍为发展中国家的情况下，其最根本的问题是，中国下一步的相对优势在什么地方？樊纲从其定义的发展阶段出发认为，中国目前的相对优势包括比较优势和后发优势。后发优势的实质是后发国家的学习成本低的问题，故而可归结为学习问题。从学习的角度而言，传统的比较优势只有转化为一种学习型比较优势才可能不断地推动经济增长（张其仔等，2020）。

第一篇
产业结构变迁与经济增长

当前中国经济发展中最大的挑战就是挖掘新的增长动力。在经济发展过程中，经济增长在不同阶段表现出不同的特征，特别是经济增长动力会不断变化。从逻辑上讲，要想发掘新的增长动力，就需要研究清楚经济增长的一般规律和不同阶段经济增长动力的变化规律。综观工业革命以来发达国家的经济发展历程，我们可以看到两个最突出的典型事实：一是长期的总量（宏观）平衡增长；二是显著的产业结构变化。前者被概括为"卡尔多事实"，对于一个国家内部来说，表现为四个相关联的特征，即经济增长率、资本产出比率、资本回报率和要素收入占国民经济比重在长期内大体稳定。后者被概括为"库兹涅茨事实"，即随着经济发展，由于行业技术进步速度与相对需求弹性等差异，资本和劳动等生产要素的行业间分配会不断变化，其中最典型的是从农业到工业再到服务业的变化过程。

从理论上讲，由于经济总是由各个行业和产业组成，总体经济的增长肯定也只能来源于各个行业和产业的增长。不过，由于两个方面的原因，不同行业和产业在经济发展的不同时期和不同阶段对经济增长的作用会出现变化。首先，根据马斯洛需求层次理论，人们的需求具有不同的层次，当且仅当低层次的需求满足之后，才会产生高层次的需求。因此，在经济发展的不同阶段，由于人们的收入水平不同，人们最希望满足的需求欲望不同，其主要消费的产品需求也不同（Kongsamut et al.，2001；Foellmi and Zweimüller，2008；Boppart，2014）。这就使得在经济发展的不同阶段，能带来总体经济增长的主要行业和产业也不同，因而不同阶段的经济增长点和增长动力也在变化。其次，由于在经济发展的不同阶段，经济的资源禀赋结构不同，劳动、人力资本、物质资本、土地以及其他自然资源等各种生产要素的丰裕程度在经济发展的不同阶段也不相同，因而密集使用这些资源的行业和产业也就在不同阶段成为经济发展的主要动力（Lin，

2009；Ju et al.，2015）。另外，不同行业和产业的发展又会使得经济中的行业和产业的各种结构，如产值结构、就业结构和产品价格结构等发生变化（Fisher，1939；Clark，1940；Kuznets et al.，1966）。这种产业结构的变化会引起人们收入水平的变化和经济中资源禀赋的变化，从而会进一步引起经济增长的变化。因此，产业结构变化本身也会对经济增长具有影响。并且，在经济发展的不同阶段，产业结构的变化方式不同，它对经济增长的影响也存在差异。此外，不同产业及其内部各行业间的结构变化又会影响到整个经济的结构变化。如就业从第一产业向第二、三产业的转移，往往代表着农村劳动力的转移；而受不同禀赋结构影响的行业发展，又会引起地区间经济增长差异的变化。因此，想要研究经济增长的动力，就需要对经济发展过程中产业结构特点及其变化规律有一个比较完整的认识。

自 Fisher（1939）、Clark（1940）等提出国民经济的三次产业分类法后，经济研究文献一般都把国民经济划分为三次产业。Clark（1940）认为不同产业间存在相对的收入差异，而这种差异会促进劳动力向能够获得更高收入的部门移动。随着人均国民收入水平的不断提高，劳动力先由第一产业向第二产业转移，由于产业间收入差异的存在，显然这部分转移人口会得到更高的收入，当人均收入水平进一步提高后，劳动力又会由第二产业向第三产业转移。库兹涅茨（Kuznets et al.，1966）研究发现，在国民生产总值不断增长和人均国民收入不断提高的情况下，农业部门的产值份额与劳动力份额趋于下降，工业部门和服务业部门的产值份额和劳动力份额趋于上升。经济发展过程的特点是生产和就业结构发生根本变化。从历史的角度来看，新兴行业的出现和旧行业的衰落导致生产部门之间资源的重新分配。

现有文献较多梳理了产业结构变迁的机制，并试图对其进行理论总结。例如，Herrendorf 等（2014）首先介绍了结构转型的特征化事实，然后构建了一个多部门增长模型作为研究结构转型的基准，它能够解释结构转型中的许多显著特征，这个多部门模型为理解经济发展、区域收入趋同、总生产力趋势、工作时间、商业周期、工资不平等和温室气体排放提供了新的见解。Van（2019）首先介绍了世界不同地区（欧洲和美国、亚洲、拉丁美洲和非洲）与结构变化相关的经验事实，然后回顾了结构变化的四个决定因素：收入变化，相对（部门）价格变化，投入-产出联系的变化，通过全球化和贸易产生的比较优势变化。张建华和盛长文（2020）着重梳理了产业结构变迁的影响机制及其经济效应，包括结构变迁对于经济增长、收入分配、就业、经济周期和环境污染等影响问题。王弟海等（2012）总结经济增长和结构变迁的典型事实与理论模型，并详细分析了不同理论之间的发展脉络和相互关系，特别是总结了非平衡增长路径下的经济结构变迁理论和平衡增长路径下的结构变迁理论。

总体而言，目前的总结更多集中于经济增长对产业结构的影响，比较缺乏结构变迁对于经济增长影响的文献梳理和理论总结。本篇通过对 21 世纪以来特别是近年来相关文献的评述，梳理了近期对产业结构变迁与经济增长互动关系研究的新进展，特别是着重总结了对产业结构变迁及其对经济增长影响的新认识和新发现。在此基础上，我们还总结了这一领域关于中国研究的最新成果，以期对未来的结果变迁和经济增长政策提供一些启示。

通过这些文献回顾和评述，我们发现：首先，理论上，多部门的产业结构变化模型文献很好地揭示了产业结构变化的动力机制，从而刻画了库兹涅茨事实，但是不能很好地包容卡尔多事实，特别是总量经济的平衡增长。Herrendorf 等（2014）认为具有产业结果变化的多部门增长模型中很难实现严格意义上的平衡增长，从而建议只要模型预测在数量上大体接近平衡增长即可，从而回避了对这一理论问题的进一步深入探讨。但是，这正是新一轮多部门增长模型兴起的原因和试图解释的核心问题。如果不能回答这一问题，就像新古典增长理论不能回答为什么经济会持续增长一样让人难以接受。实际上，对此问题的深入探讨，会带给我们对经济增长和产业结构变化，特别是二者关系更为深刻的认识。其次，产业结构变化的驱动机制方面依然有很多没有考虑的问题。比如，从已有文献来看，人力资本驱动机制的研究依然停留在农业向非农业的转型，还没有在包括服务业的一般结构转型框架下进行分析。而对于中国的经济特征，劳动力的跨地区流动，服务业内部的异质性，企业的异质性，即国企和民企的差异这些问题在理论模型中并没有很好地体现。这些都是将来值得研究的问题。另外，与农产品、工业品相比，服务业产品的消费还有一个特别之处，即许多服务产品的消费需要与闲暇时间相结合，如听音乐会、教育、旅游等。因此，在进行服务产品消费决策时，消费者的劳动供给决策也会受到影响，因此有必要把劳动—闲暇决策问题纳入产业结构变化的多部门模型中。值得一提的是，从供给端来解释，产业结构变化中产业技术进步差异很重要，但是对应现实数据中全要素生产率不仅包括技术，还包括生产要素的利用效率。因此，产业结构和全要素生产率之间有怎样的影响机制也是值得探讨的问题。最后，关于产业结构变化如何影响经济增长无论在理论上还是在实证上均没有统一的解释，不同文献的结论可能恰恰相反。

本篇总结的文献主要关注于产业结构转型的动力机制及其对经济增长的影响，对经济社会中的其他要素不做重点考虑，如职业选择（Duernecker and Herrendorf, 2020）、溢价问题等。以上这些问题的研究，对于理解中国产业结构变迁和经济增长之间的关系具有重要的理论和现实意义。

本章的结构安排如下：第一章简要介绍了经济增长与产业结构变化的一些基本事实特征；第二章介绍了产业结构变化的动力机制，比较了不同机制在产业结构变化中的作用大小；第三章分析了产业结构变化对经济增长的影响；第四章对中国产业结构变化与政策进行了讨论。

第一章 经济增长与产业结构变化的事实

本章简要回顾和总结工业革命以来，主要发达国家的经济增长与产业结构变化事实。这些事实，可以帮助我们更好地理解这一领域研究的演进脉络和思想发展逻辑。

第一节 关于经济增长的事实

考察世界主要发达国家的经济增长，我们发现：从长期来看，工业革命后人均实际 GDP 的增长率保持一个平稳的趋势，短期则有明显的波动。图 1-1 描绘了不同国家 1800~2018 年的长期人均实际 GDP 水平。从整体上看，在经济发展的初期，人均实际 GDP 的波动较大，离经济发展的稳态较远，发达国家则接近于稳态；而在经济发展的后期，人均实际 GDP 水平的增长比较平稳。从长期来看，人均实际 GDP 的增长率大概保持在 2%的水平。

第二节 关于产业结构变化的事实

现在我们转向产业结构变化的事实。对于产业结构的衡量有三种最常见的方式，即各个产业的就业份额、增加值份额和最终消费支出份额。其中，就业份额主要利用就业人数或者工作时长来衡量；而增加值份额和最终消费支出份额通常用当期的价格来衡量。我们分别从这三个角度观察产生结构变化的事实。

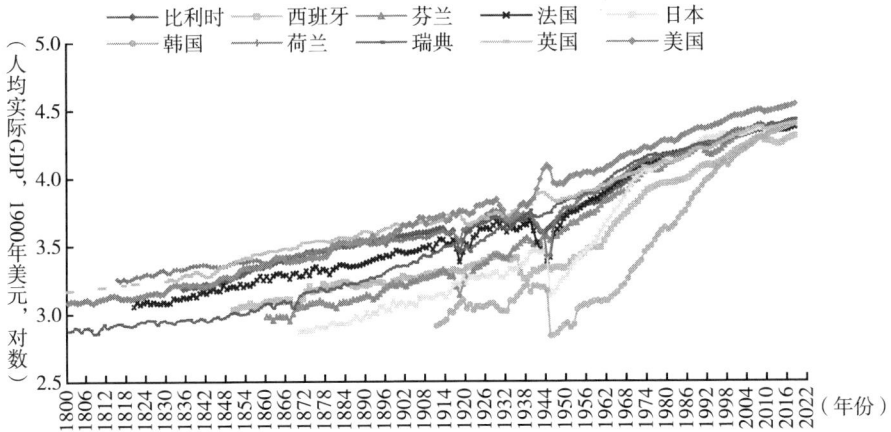

图 1-1　经济增长的基本事实

数据来源：Maddison Project Database 2020。

首先，图 1-2 给出了世界主要国家三大产业就业结构的时间序列图，包括比利时、西班牙、芬兰、法国、日本、韩国、荷兰、瑞典、英国和美国等 10 个国家 1846~2019 年的长期时间序列图。图 1-2A 是农业就业人员占比，图 1-2B 是工业就业人员占比，图 1-2C 是服务业就业人员占比。每幅图横轴是年份，纵轴是比重。这些图展示的时间趋势与文献中所描述的一致。随着经济的增长，农业就业人员占比总体下降，服务业就业人员占比总体上升。而工业的表现与其他两个产业有所不同，工业就业人员占比在整个时间轴上是呈现一个驼峰的形状，在经济发展的初期，农业部门的劳动力开始转向工业部门，使得工业部门的就业人数增加，在经济发展逐渐趋向于稳态时，工业部门的劳动力进而转向服务业部门，工业就业人员占比随着时间的推移而下降，如美国在 1953 年达到最大值，工业就业人员占比为 34.4%，战后日本在 1973 年达到最大值，工业就业人员占比为 36.6%。

其次，我们利用名义的产业增加值和名义 GDP 的数据计算出三大产业增加值份额。图 1-3 给出了世界主要国家三大产业产值结构的时间序列图，包括比利时、西班牙、芬兰、法国、日本、韩国、荷兰、瑞典、英国和美国等 10 个国家 1800~2017 年的长期时间序列图。图 1-3A 是农业增加值占比，图 1-3B 是工业增加值占比，图 1-3C 是服务业增加值占比。每幅图横轴是年份，纵轴是比重。这些图展示的时间趋势与文献中所描述的一致。与就业结构类似，随着经济的增长，农业增加值占比总体下降，服务业增加值占比总体上升。而工业的表现与其他两个产业有所不同，工业增加值占比在整个时间轴上是呈现一个驼峰的形状，在经济发展初期，工业增加值占比增加，在经济发展逐渐趋向于稳态时，工业增加值占比随着时间的推移而下降，如美国在 1942 年达到最大值，工业增加值占比为 40.9%，战后日本在 1970 年达到最大值，工业增加值占比为 36.6%。值得一提的是，与就业结构相比，工业增加值占比达到最大值的时间要早于就业人员占比达到最大值的时间，可能的原因是在工业发展的后期，工业部门的劳动平均产出开始下降，进而工业部门的劳动力开始流向服务业部门。

最后，我们来观察三次产业的消费份额。由于大部分国家没有长期的分产业消费数据，其他发达国家的情况大体类似。图 1-4 给出了美国 1900~2018 年在三次产业上的消费份额情况。

从图 1-4 中可以看出，农业和服务业的名义消费份额分别随着时间的推移而减少和增加，与名义增加值份额的情况一样，变化的程度也相当，具体而言，在 1900 年，农业部门的消费份额为 41%，而到 2018 年仅为 7%；而服务业部门的消费份额在 1900 年仅为 35%，而到 2018 年达到 69%，超过工业和农业消费份额之和的 1 倍。但是对于工业产品消费来说，虽然有先增加后下降的趋势，但是与最低点 24% 相比，1968 年的最高点 35% 与最低点相差不大。更有意思的是 1900 年和 2018 年工业品的消费占比均为 24%，从长期来看，工业消费的占比处于一个稳定的状态。此外，消费份额和增加值份额的一个区别是，农业的消费份额往往比农业的增加值份额高，服务业的消费份额比服务业的增加值份额低。

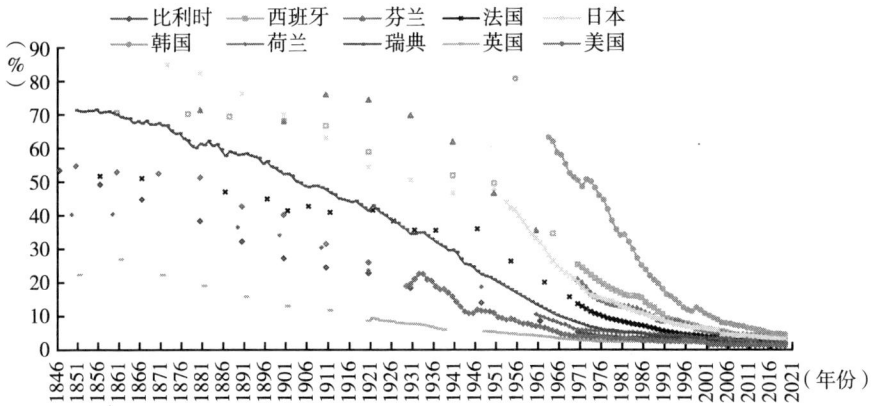

图1-2A 农业就业人员占比

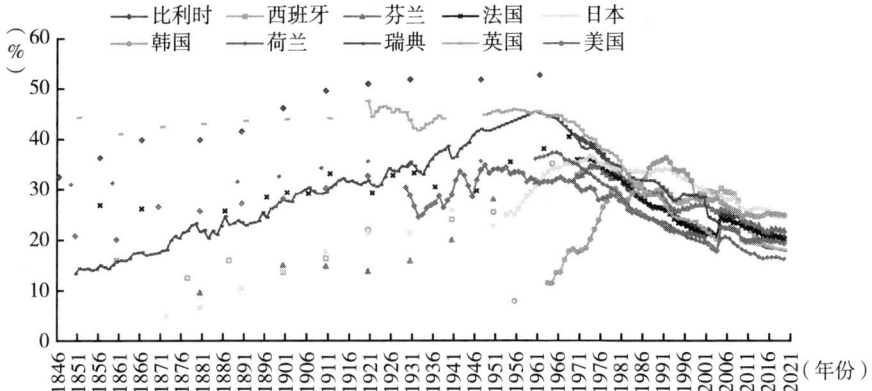

图1-2B 工业就业人员占比

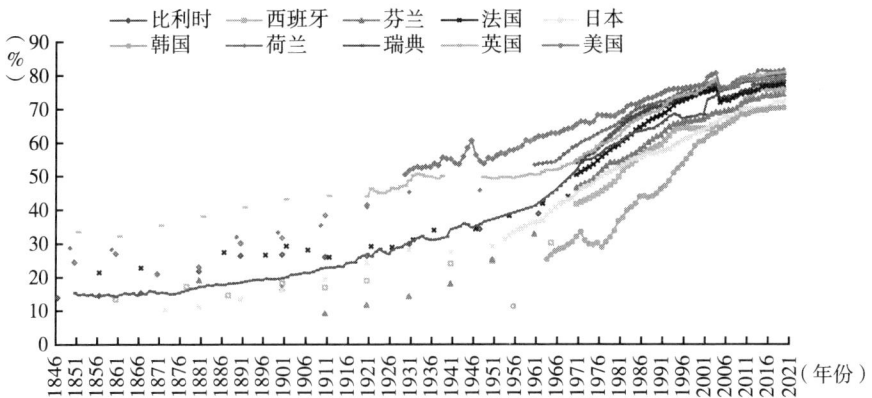

图1-2C 服务业就业人员占比

图1-2 世界主要国家三次产业的就业结构

数据来源：1. Herrendorf et al.（2014）；2. 2004~2019年数据来源于世界银行。

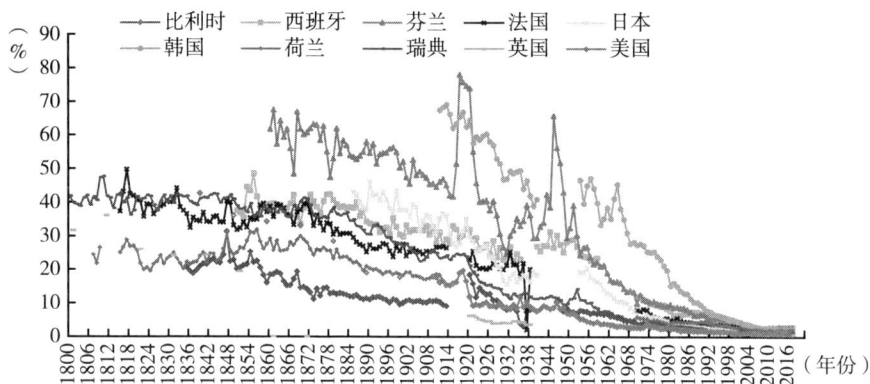

图1-3A 农业增加值占比

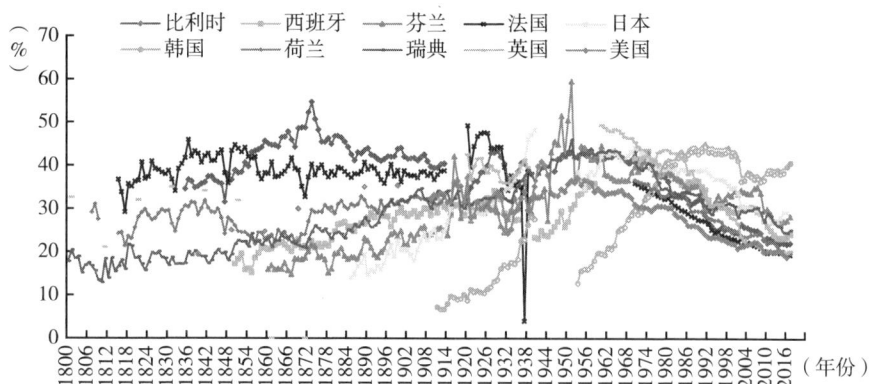

图1-3B 工业增加值占比

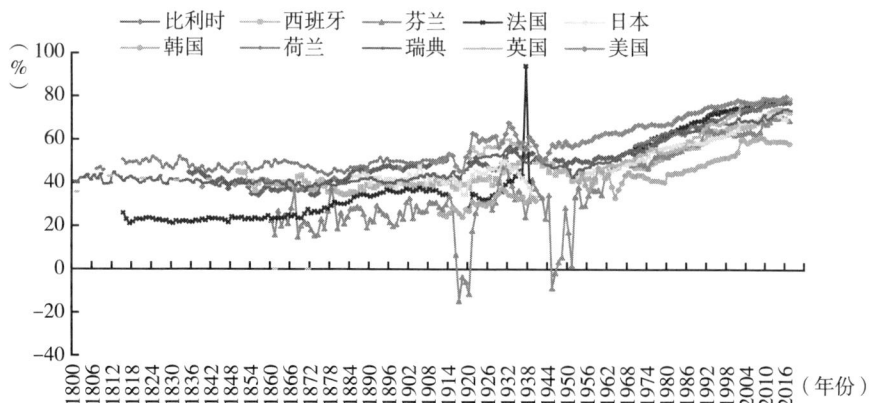

图1-3C 服务业增加值占比

图1-3 世界主要国家三次产业结构

数据来源：Herrendorf et al.（2014）；2002~2017年数据来源于世界银行。

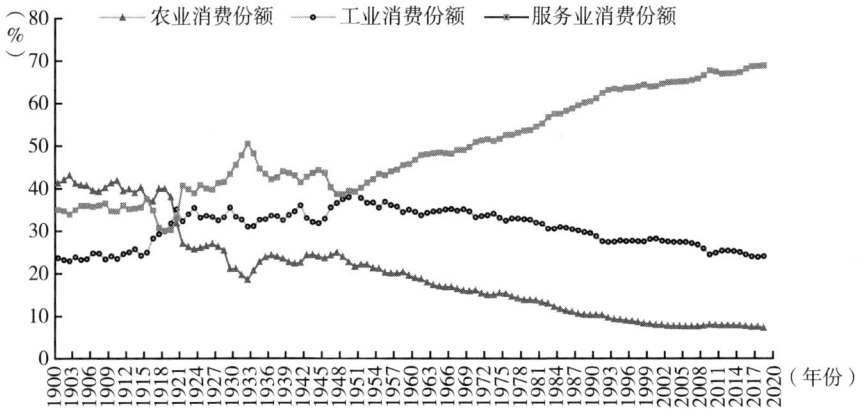

图 1-4 美国三大产业的消费结构

数据来源：Herrendorf et al.（2014）；1929~2018 年：Bureau of Economic Analysis。

第二章　产业结构变化的动力机制

回顾人类经济社会发展的历程，我们可以看到三次产业发展的基本趋势。农业是人类文明发展最初级的生产部门和关键部门，农业为人类的经济发展提供了基本的生存需求保障。从 17 世纪英国农业革命开始，随着灌溉、轮作的发展和化肥的使用，全球人口显著增加。自 1900 年以来，随着机械化取代人力和化学肥料的广泛使用，农业生产率大大提高，全球人口进一步增加。随着经济不断发展，农业已经不再仅仅满足于人类基本的生存需求，现代农业还包括生态农业、艺术农业、观光农业等不同的发展模式。农业随着生产率的提高不仅提供了富足的粮食，更使更多的劳动力可以从农业部门转移到工业部门和服务业部门。工业的出现大体与农业同步，但最初以家庭手工业作为农业生产的补充形式为主，工业的规模型发展始于 19 世纪。工厂制最早是在 18 世纪末工业革命开始时在英国被采用，后来传播到世界各地。工厂制的主要特点是使用机械，最初由水或蒸汽驱动，后来由电力驱动。19 世纪的美国制造业系统更多地采用了规模经济、工厂集中化和可互换零件的标准化，降低了最终工序的成本。后来，自动化被引入，逐步取代人类操作者，随着计算机和机器人的发展，这一趋势加速发展。与农业和工业显著不同的是，服务交易是卖方不向买方转移任何有形货物的交易。服务提供者利用资源、技能、智慧和经验，使服务消费者受益。法国经济学家让·巴蒂斯特·萨伊（Jean-Baptiste Say）使用"非物质产品"来描述服务业，他认为服务业的生产和消费不可分割。随着服务业的发展，传统服务业已经演变成差异巨大的现代服务业部门。现代服务业的内部既存在金融、科技、教育、医疗、艺术设计等高端服务业，也存在餐饮、美发等低端服务业。另外，服务业还可以划分为用于工业或农业生产中间品的生产性服务业和作为最终消费产品的非生产性服务业。

对于现代经济发展而言，收入增长与结构变化是紧密联系在一起的，就像是一个硬币的正反面。但是在经济学发展过程中，很长时间内二者被分为两个研究领域（当然除了少数例外），即所谓"增长归增长，发展归发展"：增长经济学主要从宏观角度研究为什么会出现并保持平衡增长，而抽象掉了产业结构问题；发展经济学则从行业层面研究产业结构变化问题，主要是分析如何通过改变产业结构而促进经济发展，但基本上很少讨论增长将如何影响产业结构。直到最近 20 年，才有越来越多的研究者开始尝试采用统一的框架同时研究这两个问题。与以往的研究相比，这一波新的理论成果主要有两个特点：一是在现代增长理论的一般均衡模型中引入多个行业，既不同于以往增长经济学的单部门假设，也不同于发展经济学的局部均衡分析传统；二是主要以发达国家经济现实为基础，通常假设生产要素在行业间自由流动，并且核心问题关注的是为什么总量平衡增长和产业结构变化同时出现。

从目前的研究成果来看，根据产业结构变化的动力机制大体上可以将这类研究分为两类：一类是供给驱动解释，重视不同行业生产技术方面的差异，研究产业结构如何随着资本积累和技术进步而变化；另一类是需求驱动解释，强调恩格尔定律（Engel's law）等非单调需求偏好对产业结构的影响，揭示了经济增长过程中消费结构变化对行业间要素分配的作用。

第一节　供给端解释

就供给端驱动解释来说，其理论核心是各行业生产技术方面的差异。首先，Ngai 和 Pissarides（2007）将 Baumol（1967）效应引入新古典增长模型，他们假设各行业的技术进步率存在外生差异，这一差异改变不同行业产出的相对价格并进而影响对要素的需求。因此，随着外生的技术进步，产业结构将不断变化。在此基础上，Acemoglu 和 Guerrieri（2008）指出，如果各行业的要素密集程度存在差异，比如资本产出弹性不同，那么产业结构将随资本深化而不断变化。进一步地，Alvarez-Cuadrado 等（2017）指出，不仅要素产出差异会影响产业结构，各行业不同生产要素（比如资本和劳动力）之间的替代弹性差异也会影响要素的行业分配。例如，资本深化不仅使资本密集程度高的行业生产成本（相对）降低，也会导致那些替代弹性大的行业使用资本来替代劳动力。接下来我们将以CES 生产函数为例简要说明几种相对价格效应的机制：

$$Y_i = \left[(1 - \alpha_i)(A_i L_i)^{\frac{\sigma_i - 1}{\sigma_i}} + \alpha_i K_i^{\frac{\sigma_i - 1}{\sigma_i}} \right]^{\frac{\sigma_i}{\sigma_i - 1}} \tag{2-1}$$

其中 i 表示行业，Y_i 表示行业 i 的总产出，A_i 表示行业 i 的哈罗德中性技术水平，L_i 表示行业 i 的总劳动量，K_i 表示行业 i 的总资本，$\alpha_i \in (0, 1)$ 和 $1 - \alpha_i \in (0, 1)$ 表示行业 i 的资本产出弹性和劳动产出弹性，$\sigma_i > 0$ 表示劳动与资本的替代弹性。以行业技术进步差异来解释产业结构变动的文献关注 A_i，以行业要素密集程度差异来解释产业结构变动的文献关注 α_i，以行业要素替代弹性差异来解释产业结构变动的文献关注 σ_i。

一 技术进步差异

供给端解释的最早提出者鲍莫尔（Baumol，1967）基于"进步"部门和"停滞"部门的技术进步差异提出了鲍莫尔效应（"鲍莫尔病"）。当消费者对于两个部门产品的需求存在一个固定比例时，由于"进步"部门的技术不断发展，需要投入"进步"部门的劳动力会减少。为了保持两个部门之间实际产出的固定比例，"停滞"部门更多的劳动力需求造成了单位产出成本的增加，产品价格也随之提高。因而，随着"进步"部门技术的不断进步，"停滞"部门的劳动力投入占比和名义产值占比都会随之增加。

Ngai 和 Pissarides（2007）将 Baumol 效应（1967）引入新古典增长模型，他们假设各行业的技术进步率存在外生差异（$A_i \neq A_j$，其中 $i \neq j$），相同的资本产出弹性（$\alpha_i = \alpha_j$，其中 $i \neq j$）和要素替代弹性（$\sigma_i = \sigma_j$，其中 $i \neq j$）。当跨期效用函数关于消费品组合为对数形式而消费组合关于各个消费品为非对数（但位似）形式时，经济系统可以在呈现出 Baumol 效应的同时符合经济增长的 Kaldor 事实，并且这一结论在拓展至经济生产需要中间品的情形下仍然成立。在这一设定下，技术进步速度最慢的部门吸引越来越多的劳动力，产品价格上升，产值份额上升，如以下公式所示。

$$p_i / p_m = A_m / A_i, \forall i \tag{2-2}$$

$$\frac{p_i c_i}{p_m c_m} = \left(\frac{\omega_i}{\omega_m}\right)^{\varepsilon} \left(\frac{A_m}{A_i}\right)^{1-\varepsilon}, \forall i \tag{2-3}$$

因此，技术进步速度最慢的部门在这里被称为主导部门（dominant sector）。

在现实数据中，Herrendorf 等（2014）对欧洲十国、澳大利亚、加拿大和美国的数据进行计算得到 1970~2007 年不同产业 TFP 增长率的平均水平，农业 TFP 增长率最快，而服务业 TFP 的增长率最慢。这一机制可以用来解释服务业价格上涨和占比越来越高的现象。已有学者也分别从教育、医疗和政府等部门验证了服务业成本的上升（Archibald and Feldman，2008；Hartwig，2008；Spann，1977）。

二 要素密集程度差异

生产函数中的资本和劳动存在一个显著的差异：资本是存量，劳动是流量。因此，随着资本的积累，资本劳动比增加，这一过程被称为"资本深化"。Acemoglu 和 Guerrieri（2008）的研究在增长模型框架中考察了部门之间不同的资本产出弹性（$\alpha_i \neq \alpha_j$，其中 $i \neq j$）对结构变动的驱动作用。当两部门产品生产所要求的资本密集程度有差别时，资本深化使得资本密集部门的生产增加得更快、就业移出且价格下降；而劳动密集部门的就业份额和价格上升，就业份额与产值份额同方向变动。

要素密集程度差异的驱动机制依然是通过行业间的技术进步差异发挥作用，当我们将希克斯中性的 Cobb-Douglas 生产函数形式写成哈罗德中性生产函数时：

$$Y_i = A_i L_i^{1-\alpha_i} K_i^{\alpha_i} = (A_i^{\frac{1}{1-\alpha_i}} L_i)^{1-\alpha_i} K_i^{\alpha_i} \qquad (2-4)$$

从公式中可以发现，部门实际作用的技术进步率为 $g_i/(1-\alpha_i)$，其中 g_i 表示技术进步率。Ngai 和 Pissarides（2007）在假设 α_i 在不同部门均相同的情况下分析了 g_i 的部门差异对于结构变动的影响；Acemoglu 和 Guerrieri（2008）则直接分析了 $g_i/(1-\alpha_i)$ 的部门差异对于结构变动的影响，当资本产出弹性 α_i 越大（资本密集部门）时，实际技术进步率 $g_i/(1-\alpha_i)$ 越大，即资本密集部门对外生的技术进步率存在一种"放大机制"。Acemoglu 和 Guerrieri（2008）假设在两个部门的商品缺乏替代弹性时，参数满足 $m_1/\alpha_1 < m_2/\alpha_2$（$m_1/\alpha_1$ 表示部门 1 的技术进步率，m_2/α_2 表示部门 2 的技术进步率），这就保证了部门 1 的渐进主导地位。

三 要素替代弹性差异

由于 Ngai 和 Pissarides（2007）与 Acemoglu 和 Guerrieri（2008）使用的是 Cobb-Douglas 生产函数，资本和劳动力之间的替代弹性为 1。因此，在生产要素的流动过程中，资本和劳动力是同比例的流动。但是，这一结果与现实不相符合。从数据中看到，资本劳动比在经济体中各个部门的增长率不尽相同，整个经济体中的资本劳动比年均增长率为 1.4%，而农业部门的资本劳动比年均增长率为 1.9%（Herrendorf et al.，2015）。直观地说，如果资本和劳动力的替代弹性在部门之间存在差异，那么随着经济体中的工资和利率比例的变化，资本和劳动力替代弹性更大的部门，也就是更灵活的部门将更多地使用价格便宜的资本，而更少使用价格更高的劳动力。因此，资本和劳动力之间的部门替代弹性差异导致一个结构变化过程（Alvarez-Cuadrado et al.，2017）。Alvarez-Cuadrado 等（2017）将这一途径称为"要素再平衡效应"（Factor Rebalancing Effect），并表明当这一效应足够强时，可以出现资本与劳动力的配置变动方向相反的现象，这一点与前面提到的 Ngai 和 Pissarides（2007）与 Acemoglu 和 Guerrieri（2008）不同。另一个不同之处在于，在这一设定下驱动结构变动的"相对价格效应"指的是要素价格，而非产品价格。Herrendorf 等（2015）测算了不同部门生产要素之间的替代弹性，农业部门中资本和劳动力的替代弹性大于1，而工业和服务业部门中的资本和劳动力的替代弹性小于1，这就可以解释农业部门资本劳动比的增长率大于其他部门的现象。Adhikari（2018）对近几十年来印度经济的结构转型进行了经验性的估计，研究发现服务业的替代弹性高于制造业，而这两个部门的劳动生产率的增长幅度相似，这与以前的增长核算所表明的情况相反。因此，与制造业相比，服务业部门在要素替代方面的灵活性至少可以部分解释近期服务业的快速增长。

第二节　需求端解释

在需求端驱动解释方面，Murphy 等（1989），Echevarria（1997），Laitner（2000），Kongsamut 等（2001），Caselli 和 Coleman（2001），Gollin 等（2002，2004）通过引入 Stone-Geary 偏好从而刻画出经济增长过程中的恩格尔定律（Engel's Law）：由于消费者对不同消费的偏好程度不同，因而随着收入提高，需求弹性大的部门增长更快，生产要素向这些部门流动。Matsuyama（2000），Foellmi 和 Zweimüller（2006），Buera 和 Kaboski（2012a，2012b）则以 Stokey（1988）思想为基础引入序列消费偏好：经济发展过程中不断有新产品被发明和生产，因而不断产生新的行业，但是随着产品种类的不断增加，单位新产品对经济的影响越来越小，从而产业结构变化也越来越平缓。

对于由收入弹性导致的结构变动，经常通过非位似偏好的设定加以刻画。位似偏好（Homothetic Preference）是指其引致的收入扩展线为一条从原点出发的直线的那种偏好。当这一偏好由效用函数表示时，可以表示成一个关于各种消费品的一阶齐次函数的单调正变换。这意味着当各种消费品的数量同比例变动时，各种消费品之间的边际替代率不发生改变，意即，当总支出变动时，各种消费品占总支出的比重不发生改变，各种消费品的需求收入弹性均为1。因此，位似偏好的间接效用函数可以拆分为取决于收入的部分和取决于价格的部分。相比之下，非位似偏好就意味着至少一种产品的消费占总支出的比重是变动的，即至少一种产品的需求收入弹性不为1。在产业结构变动文献中，最常使用的非位似偏好为Kongsamut 等（2001）采用的 Stone-Geary 效用函数形式，以及 Matsuyama（2000），Buera 和 Kaboski（2012a，2012b），Foellmi 和 Zweimüller（2006，2017）等使用的 Hierarchical 需求系统。此外还有 Comin 等（2021）的非位似 CES 效用函数。下面我们分别对之加以介绍。

一　Stone-Geary 效用函数

Stone-Geary 效用函数形式由 Stone（1954）和 Geary（1950）分别引入，并由 Kongsamut 等（2001）引入结构变动文献。Herrendorf 等（2013）设定其一般形式如下：

$$C = \left[\omega_a^{\frac{1}{\varepsilon}} (c_{at} - \bar{c}_a)^{\frac{\varepsilon-1}{\varepsilon}} + \omega_m^{\frac{1}{\varepsilon}} (c_{mt})^{\frac{\varepsilon-1}{\varepsilon}} + \omega_s^{\frac{1}{\varepsilon}} (c_{st} + \bar{c}_s)^{\frac{\varepsilon-1}{\varepsilon}} \right]^{\frac{\varepsilon}{\varepsilon-1}} \tag{2-5}$$

其中，$\bar{c}_a$ 表示满足生产需求的农产品，表明农业有维持生存所需的必需消费底线；$\bar{c}_s$ 表示在家从事的服务业劳动，表明只有当经济发展到一定程度后才会产生对服务业产品的额外需求；这一偏好使得消费者对农产品需求的收入弹性小于1，工业品需求的收入弹性等于1，而服务产品需求的收入弹性大于 1。需求系统如下：

$$\frac{p_{at}c_{at}}{p_{mt}c_{mt}} = \frac{\omega_a}{\omega_m}\left(\frac{p_{at}}{p_{mt}}\right)^{1-\varepsilon} + \frac{p_{at}\bar{c}_a}{p_{mt}c_{mt}} \tag{2-6}$$

$$\frac{p_{st}c_{st}}{p_{mt}c_{mt}} = \frac{\omega_s}{\omega_m}\left(\frac{p_{st}}{p_{mt}}\right)^{1-\varepsilon} - \frac{p_{st}\bar{c}_s}{p_{mt}c_{mt}} \tag{2-7}$$

从公式（2-4）和（2-5）中可以看出，随着工业消费的增加，农业消费的比例下降，服务业消费的比例上升。

Stone-Geary 效用函数形式虽然简单明了地刻画了结构转型中的收入效应，但是存在较大的不足。首先，Kongsamut 等（2001）施加了一条额外的刀刃性质（Knife-edge Property）假设：工业产品的最低消费额度为 0，同时在每一期农业产品的最低消费支出与服务业产品的禀赋价值之和为 0。这个刀刃条件一旦不满足，经济就不存在稳定增长，而且经济发展过程中没有任何机制能够促使其实现。其次，Matsuyama（2009）认为，在这种效用函数设定下，总需求不受收入分布影响。随着经济发展，收入效应将越来越不重要，需求因素作为驱动结构变动的动力在长期中所发挥的作用越来越小，这使得模型对长期经验数据的拟合变得困难。此外，在 Kongsamut 等（2001）所考虑的标准设定下，由于线性Engel 曲线的缘故，当仅考察由需求因素所引致的结构变动时，工业就业人员占比在转型中保持不变，而农业就业人员占比单调下降、服务业就业人员占比单调上升，无法复制经验数据中工业就业人员占比的驼峰状变动。

二 非位似 CES 效用函数

为了解决 Kongsamut 等（2001）中的不足之处，Comin 等（2021）提供了另一种从需求端来解释产业结构变动的非位似 CES 效用函数。形式如下。

$$C_t = \left[\omega_a^{\frac{1}{\varepsilon}} C_t^{\sigma_a + (\varepsilon-1)} \left(c_{at}\right)^{\frac{\varepsilon-1}{\varepsilon}} + \omega_m^{\frac{1}{\varepsilon}} \left(c_{mt}\right)^{\frac{\varepsilon-1}{\varepsilon}} + \omega_s^{\frac{1}{\varepsilon}} C_t^{\sigma_s + (\varepsilon-1)} \left(c_{st}\right)^{\frac{\varepsilon-1}{\varepsilon}} \right]^{\frac{\varepsilon}{\varepsilon-1}} \quad (2-8)$$

这一效用函数有两个方面的特征，即两种不同商品相对于总消费的需求弹性是恒定的，不同部门的商品之间的替代弹性是不变的。第一个特性确保了这些偏好的非同质性特征不会随着收入的增长而系统地变化；第二个特性确保了不同的商品具有不变的替代弹性和价格弹性，而不受收入水平的影响。因此，非位似 CES 偏好既可以刻画出工业比重随经济发展而呈现的驼峰状变化趋势，也可以呈现经济逐渐收敛为一个行业的动态过程。需求系统如下。

$$\frac{p_{it} c_{it}}{p_{jt} c_{jt}} = \frac{\omega_i}{\omega_j} \left(\frac{p_{it}}{p_{jt}}\right)^{1-\varepsilon} C_t^{\sigma_i - \sigma_j} \quad (2-9)$$

另外，Hori 等（2015）从消费外部性的角度提出了一种驱动产业结构变化的机制，在效用函数中引入社会基准消费，从而考虑行业产出（包括服务）的消费习惯差异对产业结构的影响。不同行业的社会基准消费水平对代表性消费者效用的影响强度不同，那么就会导致消费者效用函数的非位似性。

三 PIGL 偏好

Boppart（2014）构建了一种简约的理论，使其能够分析结构变化的两个驱动力——相对价格效应和收入效应，该模型依赖于非高曼偏好（non-Gorman preferences）。具体来说，富人家庭和穷人家庭消费商品和服务的边际倾向不同，因此收入不平等会影响总需求结构。虽然不平等对总需求很重要，但它是通过一个单一的充分统计数字进入的，这就允许一个具有分析性解决方案的可操作的动态框架。这一非高曼偏好被称为 PIGL（Price-independent-generalized-linearity）偏好，形式如下：

$$V(E_t, P_{gt}, P_{st}) = \frac{1}{\chi} \left(\frac{E_t}{P_{st}}\right)^{\gamma} - \frac{v}{\chi} \left(\frac{P_{gt}}{P_{st}}\right)^{\gamma} - \frac{1}{\chi} + \frac{v}{\gamma} \quad (2-10)$$

其中 E_t 表示总支出。PIGL 偏好避免了一个总量问题。总体经济的支出份额与具有"代表性"支出水平的家庭的支出份额一致。此外，PIGL 偏好确保了这一代表性支出水平与价格无关。PIGL 偏好可以用于明确的经验论证，并被广泛用于需求系统估计中。在这一设定下，模型所刻画的需求系统如下：

$$\frac{P_{gt}C_{gt}}{E_t} = v\left(\frac{P_{gt}}{P_{st}}\right)^{\gamma}\left(\frac{E_t}{P_{st}}\right)^{-x} \tag{2-11}$$

Alder 等（2021）将 PIGL 偏好扩展到更加一般的可跨期加总的偏好形式（intertemporally aggregable，IA），即如果人均支出的路径本身满足欧拉方程且与个人支出的分布无关，那么偏好就是 IA：

$$\frac{v_e(E_t/N,P_t)}{v_e(E_{t+1}/N,P_{t+1})} = \beta(1+r_{t+1}), \forall P_t, P_{t+1}, r_{t+1} \tag{2-12}$$

在这一设定下，模型所刻画的需求系统如下：

$$\frac{p_{j,t}C_{j,t}}{E_t} = A_j(P_t)p_{j,t}\frac{B(P_t)}{E_t/N} + \frac{B_j(P_t)p_{j,t}}{B(P_t)} + \kappa\frac{D_j(P_t)}{1-\varepsilon}p_{j,t}\left[\frac{E_t/N}{B(P_t)} - A(P_t)\right]^{1-\varepsilon}\frac{B(P_t)}{E_t/N} \tag{2-13}$$

当 $A(P_t)=0$ 时，IA 偏好嵌套 PIGL 偏好；当 $v=0$ 时，IA 偏好嵌套一般形式的 Stone-Geary 偏好。

四 序列消费效用函数

另外有文献以 Stokey（1988）思想为基础引入序列消费偏好。在"干中学"（Learning by Doing）的内生经济增长的过程中，随着时间的推移，商品的集合会发生系统性的变化，在每个时期都有高质量的商品进入和低质量的商品退出。经济发展过程中不断有新产品被发明和生产，因而不断产生新的行业，但是随着产品种类的不断增加，单位新产品对经济的影响越来越小，从而产业结构变化也越来越平缓。

许多国家经历过这种转变，必需品和奢侈品的概念发生着变化。真空吸尘器、洗衣机、电话、电视、冰箱、汽车、空调等许多已经深入大多数家庭的消费品，现在普遍被认为是必需品，但在半个世纪以前，它们都被认为是奢侈品。必需品和奢侈品的概念不仅随着时间的推移而改变，它也因国家而异。许多在富裕国家被视为理所当然的必需品在世界许多地方仍然是奢侈品。Matsuyama（2000）发展了一个符合上述大众消费社会主要特征的模型，并以此来理解大众消费社会崛起背后的机制，从而确定一个国家转型的条件。该分析的核心是生产率提高与大众消费社会崛起之间的双向因果关系。随着生产力的提高，消费品价格下降，越来越多的家庭负担得起。这反过来又为这些商品创造了更大的市场，从而进一步提高了生产率，创造了生产率提高和市场扩大的良性循环。在该文的模型中，随着家庭收入水平的提高，他们扩大了购买消费品的范围，而不是购买更多他们已经消费的相同商品。这有几个重要的含义。第一，每种商品的市场规模不取决于总收入，而是取决于能够买得起这种商品的家庭数量。第二，当高优先级商品的价格下降时，对低优先级商品的需求就会下降，即对高优先级商品和低优先级商品存在需求互补性。随着必需品消费量的下降，非必需品变得可以负担得起。第三，必需品和奢侈品的概念是相对的。每一种消费品对贫困家庭来说都是奢侈品，对富裕家庭来说则是必需品。随着家庭收入的增加，消费品从奢侈品变成正常商品，变成必需品。高收入家庭购买一种商品会使商品价格下降，这使得原本无法购买这种商品的低收入家庭能够买得起这种商品。这种"涓滴效应"（Trickle-down）可以帮助一个行业起飞。低收入家庭购买一种商品，通过进一步压低其价格，有助于减少高收入家庭的支出，这允许他们的购物清单上增加下一种商品。通过这种向上渗透（Trickle-up）的过程，一个行业的生产率提高会导致下一个行业的生产率提高。

基于这种序列偏好，Foellmi 和 Zweimüller（2008）通过不断引入新商品，从而导致新商品的扩张和旧行业的衰落。新商品不断推出，每一种新商品都以高收入弹性的奢侈品开始，以低收入弹性的必需品结束。消费者偏好如下：

$$u(\{c(i)\}) = \int_0^\infty \zeta(i)v[c(i)]di \qquad (2-14)$$

其中 i 表示商品的等级，如低 i 为农业商品，中等 i 为工业商品，高 i 为服务业商品。函数 ζ 随着商品等级 i 单调递减，因此等级更低的商品被赋予了更高的权重。当函数 ζ 和效用函数被赋予了特定的函数形式时，商品的需求函数可以得到如下形式。

$$c(i) = s\left[1 - \left(\frac{i}{N}\right)^\gamma\right], i \in [0,N] \qquad (2-15)$$

随着时间的流逝，新商品被消费，这一事实意味着，随着时间的流逝，劳动力必然会在各种活动之间进行重新分配。就基本经济力量而言，起作用的关键机制来自不同商品具有不同的收入弹性这一事实。他们的模型可以在三分法（农业、工业、服务业）的背景下进行解释，即假设最迫切的需求由农业来满足，较不迫切的需求由工业来满足，最奢侈的需求由服务业来满足。该模型导致农业（服务）部门的就业呈单调递减（递增）趋势，而工业部门的就业在发展的早期阶段呈递增趋势，在发展的后期阶段呈递减趋势，很自然地产生了数据中观察到的工业就业人员占比的驼峰形演变。

Boppart（2014）提出了一个具有非戈尔曼时间内偏好和定向技术变革的内生双部门增长模型。两种消费品中的一种是必需品，而另一种是奢侈品。如果经济开始时初始知识存量较低，家庭相对贫困，高支出份额用于必需品。因此在发展的早期阶段，技术创新主要是针对生活必需品部门。根据恩格尔定律，收入的增长会增加奢侈品部门的支出份额。由此产生的结构变化伴随着奢侈品部门研发投资的增加，而生活必需品部门的投资则变得不那么有吸引力。渐进均衡包括一个非平衡的恒定增长路径，沿此路径，Kaldor 事实成立，增长完全由奢侈品部门驱动。此外，Autor 和

Dorn（2013）认为消费者消费偏好的多样化可能会增加对服务产品的需求，进而最终增加服务业的就业和工资。

五　最低消费需求

Alonso-Carrera 和 Raurich（2015）分析了一个多部门外生增长模型的均衡，在这个模型中，最低消费需求的引入推动了结构变化。其效用函数的设定如下。

$$U = \int_0^\infty \left[\frac{\prod_{i=1}^m (c_i - \tilde{c}_i)^{\theta_i(1-\sigma)}}{1-\sigma} \right] e^{-\rho t} \mathrm{d}t \qquad (2-16)$$

其中 $\tilde{c}_i$ 是一个偏好参数，可以解释为商品 i 的最低消费需求。商品的需求函数可以得到如下形式。

$$\frac{p_i c_i}{E} = \theta_i \left(\frac{E - \tilde{E}}{E} \right) + \frac{p_i \tilde{c}_i}{E} \qquad (2-17)$$

其中 $E = \sum_{i=1}^m p_i c_i$ 为消费总支出，$\tilde{E} = \sum_{i=1}^m p_i \tilde{c}_i$ 是最低消费的总支出。从公式（2-17）可以发现，商品 i 的消费支出占比包括两个部分，第一部分取决于最低消费的总支出与消费总支出的比例，这一比值越小，商品 i 的消费支出占比越大；第二部分取决于商品 i 的最低消费支出占总消费的比例，这一比值越大，商品 i 的消费支出占比越大。因此，收入效应直接影响结构转型的发生，同时当跨期替代弹性恒定时总消费支出满足平衡增长。当最低消费的初始强度足够小时，均衡动态同时表现出结构变化和总变量的均衡增长。最低消费的初始强度用最低消费与 GDP 的比率来衡量，与经济发展水平成反比。初期富裕的经济体受益于初期较低的最低消费要求强度，因此，这些经济体最终表现出总量的平衡增长，同时出现结构性变化。与此相反，最初的贫穷经济体由于最初的最低消费要求强度过大，使得总变量的增长在很长一段时间内不平衡，这些经济体可能永远不会同时出现总量的平衡增长和结构变化。

第三节　贸易驱动机制

一　贸易的直接作用

对于产业结构变动的研究文献早期仅关注封闭经济体中的驱动机制，忽略了开放经济的作用。Mao 和 Yao（2012）研究了一个小型开放经济体的产业结构变动特征。经济模型中包括两个贸易部门——农业部门与制造业部门和一个非贸易部门——服务业部门。制造业和服务业的生产需要资本和劳动力，农业需要劳动力和土地。考虑一个小型开放经济体，其贸易部门的价格由世界经济决定。产业结构的变动来自两个效应。第一种效应来自各部门之间生产率的不同增长速度，增加了制造业的份额；第二种效应，加上产品之间的低替代率，提升了服务业的增长速度，并最终从制造业中吸引劳动力，即 Balassa-Samuelson 效应。但在总量层面，经济保持恒定的增长速度。在经济发展早期，生产率效应占主导地位，后期 Balassa-Samuelson 效应占主导地位，从而可以看到制造业就业人员占比的驼峰状。考虑国际贸易时，不同国家比较优势差异会带来结构变动。Matsuyama（2009）的分析表明，考虑两国经济时，国内的结构变动和跨国的资源配置可以同时发生。此时，一国的结构变迁将受到两种力量影响。首先，一国制造业的技术进步速度较快，即会通过供给端的相对价格效应使国内制造业就业人数下降；其次为国际贸易的替代效应，如果国内生产率提高比国外快，那么根据比较优势可以获得更大的国际市场，将导致国内制造业的需求扩张和就业人数增加。因此，一国制造业的生产率提高对制造业就业的综合影响具有不确定性。但是另一国制造业就业份额下降的速度会更快，这一方面来自国内制造业和服务业相对技术进步差异的影响，另一方面来自国际竞争的劣势。

为了方便估计和实证检验国际贸易对于结构变动的影响，Uy 等（2013）在更为一般的新古典增长模型中分析了这一问题。部门商品的生产技术形式可以表示为：

$$Y_{ik}(z) = A_{ik}(z)L_{ik}(z)^{\lambda_k} \left[\prod_{n=a,m,s} M_{ikn}^{\gamma kn}(z) \right]^{1-\lambda_k} \qquad (2-18)$$

其中 $k \in \{a, m, s\}$ 分别表示农业、制造业和服务业；$i \in \{1, 2\}$ 分别表示两个国家；$z \in [0, 1]$ 表示部门内的商品；$Y_{ik}(z)$ 表示产出，$A_{ik}(z)$ 表示外生的技术水平，$L_{ik}(z)$ 表示劳动力，$M_{ikn}(z)$ 表示部门 n 的商品组合作为中间产品用于 k 部门的生产。Uy 等（2013）首先假设 λ_k 等于 1，即此时商品的生产仅需要劳动力而不需要中间品，关闭了贸易效应的渠道。此时，商品组合的价格如下：

$$\frac{P_{ia}^c}{w_i^c} = \frac{1}{A_{ia}}, \frac{P_{im}^c}{w_i^c} = \frac{1}{A_{im}}, \frac{P_{is}^c}{w_i^c} = \frac{1}{A_{is}} \qquad (2-19)$$

因而国内三次产业的就业份额有如下特征：

$$l_{ik}^c = \frac{L_{ik}^c}{L_i} = \frac{w_i^c L_{ik}^c}{w_i^c L_i} = \frac{P_{ik}^c C_{ik}^c}{w_i^c L_i} \equiv X_{ik}^c = \omega_k \left(\frac{P_{ik}^c}{P_i^c}\right)^{1-\varepsilon} \left(1 - \sum_n \frac{P_{in}^c \overline{C_n}}{w_i^c}\right) + \frac{P_{ik}^c \overline{C_k}}{w_i^c} \qquad (2-20)$$

其中变量右上角的指标 c 表示封闭经济，l_{ik} 表示 i 国 k 部门劳动力的就业份额，P_i 表示综合价格指数，X_{ik} 表示支出占比，即在封闭经济下支出占比与就业占比相同。并且在假设 $\overline{C_k}$ 等于 0 的简单设定下得到部门就业份额的变动特征：

$$\widehat{l_{ikt}^c} = (\varepsilon - 1)(\widehat{A_{ikt}} - \widehat{A_{it}^c}) \qquad (2-21)$$

其中：

$$\widehat{A_{it}^c} = \sum_k \omega_{kt} \left(\frac{P_{ik}^c}{P_i^c}\right)^{1-\varepsilon} \widehat{A_{ikt}^c}$$

因此，替代弹性将部门劳动份额的变化与部门相对价格和生产率的变化联系在一起。在 λ_k 不等于 1 时，开放经济中存在贸易效应的作用，首先来观察贸易效应如何影响组合商品的价格。不可贸易的服务业部门价格依然与封闭经济中的价格一致，没有发生变化。可贸易部门的价格如下。

$$\frac{P_{ik}}{w_i} = \frac{\pi_{iik}^{\frac{1}{\theta_k}}}{A_{ik}} \qquad (2-22)$$

国内商品的部门支出份额越低，部门价格就越低。贸易基本上使各国能够扩大其在可贸易部门的有效技术使用范围，从而使价格降低，特别是在相对劣势部门。在开放经济中，相对于工资率的总价格水平也低于封闭经济，这与经典贸易理论中众所周知的结果一致，即贸易是有收益的。三次产业的支出份额的表达式在开放经济中与封闭经济相同，如公式（2-18）所示。

由于服务业是非贸易部门，其就业份额与支出份额相同。对于贸易部门，国家 1 的就业份额如下。

$$l_{1k} = \pi_{11k}X_{1k} + \pi_{21k}X_{2k}\frac{w_2 L_2}{w_1 L_1} \qquad (2-23)$$

三种力量决定了国家 1 在部门 k 中的劳动份额，首先取决于两国在部门 k 中的支出份额 X_{1k} 和 X_{2k}，其次取决于两国的专业化程度 π_{11k} 和 π_{21k}，以及两国的相对规模。可以将公式（2-21）改写为如下形式：

$$l_{1k} = X_{1k} + N_{1k} \qquad (2-24)$$

其中 N_{1k} 表示国家 1 部门 k 的净出口占 GDP 的比重。因此，净出口直接作为国际贸易的机制作用于结构转型，而支出份额作为国际贸易的间接机制作用于结构转型。贸易部门就业份额的动态变化可以写成如下形式：

$$\hat{l}_{1k} = \frac{X_{1k}}{l_{1k}}\hat{X}_{1k} + \frac{N_{1k}}{l_{1k}}\hat{N}_{1k} \qquad (2-25)$$

公式（2-23）显示与封闭经济的差别在于，支出和净出口份额的变化都会影响结构变化。

Uy 等（2013）的研究发现一国在其比较优势部门将出现净出口顺差，这种净出口的变化会直接影响到结构变化。该模型描述了两种情况可以解释贸易的存在可以使制造业就业人员占比呈现驼峰形趋势。在第一种情况下，一个在制造业方面具有比较优势的国家，随着时间的推移，制造业的相对和绝对生产率都在增长。由于相对生产率的增长，该国制造业就业人员占比最初会随着其供应的世界制造业产品需求份额的增加而上升。随着时间的推移，绝对生产率的持续增长意味着，尽管净出口盈余不断增加，但生产制成品所需的工人却越来越少。最终，后一种效应占主导地位，制造业就业人员占比下降。在第二种情况下，主要的推动力是贸易成本的长期下降。随着贸易成本的下降，每个国家的比较优势日益显现，专业化程度提高。一个在制造业方面具有比较优势的国家，其制造业就业人员占比最初会不断上升。如果国家规模较小，其相对工资会随着时间的推移而增加，因为小国从贸易中获得的收益更大，因此，其贸易伙伴的相对购买力下降，这就减少了其满足外国对制成品需求的劳动力数量。只要其相对工资持续增长，这种相对购买力效应最终将占据主导地位，制造业就业人员占比将达到顶峰，然后下降。Betts 等（2017），Sposi（2019）认为国际贸易加速了韩国的结构转型，Teignier（2018）以韩国近 50 年和英国 19 世纪为例，量化了贸易在这一背景下的作用。研究发现，农产品进口在英国早期转型中起到了至关重要的作用，在韩国，贸易也对其结构转型产生了积极影响。而且，Teignier（2018）提到如果没有韩国政府农业保护政策的出台，则这一转型过程会进行得更快。

二　贸易的间接作用

贸易不仅直接作用于结构转型，还会通过相对价格效应和收入效应来间接作用于产业结构转型。由于制造业的需求收入弹性小于服务业的需求收入弹性，随着收入的增加或是制造业生产率的提升，国内的制造业就业下降，但是如果一国在制造业上具有比较优势，国内制造业就业人员占比可能会上升（Matsuyama，2009）。Matsuyama（1992）在解读早期工业化区域模式的历史证据时指出，如果没有早期的农业革命，工业革命可能不会发生。这一说法与农业部门生产力较低的国家和地区率先实现工业化的证据一致，这些国家在工业部门具有比较优势。由于农业品需求的收入弹性小于1，在封闭经济中劳动力会随着农业生产率的提高转移到工业部门，但是在开放经济中农业生产率的提高会导致国家失去在工业部门的相对比较优势。

Uy 等（2013）的模型中，贸易也会通过影响支出份额作用于结构转型。在开放经济中，贸易增加了两国的实际收入，强化了由收入效应引起的结构转型。由于 P_{is}/P_i 在开放经济中会更大，因此服务业的消费占比和就业占比在开放经济中更高。对于一国具有比较劣势的部门，其价格相对于总价格较低，在开放经济中，其支出份额较低。假设制造业的生产率增长最快，那么，支出渠道将意味着制造业就业人员占比的下降。为了使模型产生制造业就业人员占比上升的趋势，净出口渠道需要足够强，以抵消支出渠道的影响。然而，在单位弹性情况下，随着时间的推移，净出口渠道减少，支出渠道开始占主导地位，导致制造业就业人员占比下降。

Matsuyama（2019）则更进一步将生产率内化在一个开放经济的模型中，研究发现贸易加剧了基于需求端影响产业结构的变动。首先，国际贸易将通过规模效应提高劳动生产率，由此产生的收入效应将通过恩格尔定律导致进一步的支出部门转移。其次，富国（穷国）在贸易条件下将比在自给自足条件下在高（低）收入弹性部门分配更多的资源，这意味着国内需求构成对国内供给构成的影响将超过比例。此外，如果从富国向穷国转移的工业的收入弹性比在富国（穷国）经营的工业的收入弹性小（更多），则从富国向穷国转移的工业将使富国和穷国都能实现向收入弹性更大的部门转移。然后，产品周期应被视为富国和穷国相互依存的结构变化模式的一个组成部分。由于所有这些原因，全球化可以扩大而不是减小恩格尔定律的力量，以及各国作为全球经济结构变化的驱动因素的内生内需形成差异。

三　禀赋机制作用

在开放经济体的贸易基础上，禀赋机制会通过影响资本的流动作用于结构转型。将 Acemoglu 和 Guerrieri（2008）与国际贸易中的 Rybczynski 定理联系起来可以分析禀赋机制的作用。Rybczynski 定理指出，对于"多样化锥体"（要素价格不取决于要素禀赋）内的开放经济，要素禀赋的变化将被部门产出组合的变化所吸收。Acemoglu 和 Guerrieri（2008）的结果可以看作是 Rybczynski 定理的一个封闭经济类比；尽管商品和要素的相对价格将随着要素禀赋的变化（资本深化）而变化；它表明，要素禀赋的变化（资本深化）将被一个部门比另一个部门更快的增长所吸收。假设第 2 部门的资本密集度更高，如果资本和劳动都以恒定的比例分配到两个部门，则资本密集度较高的部门 2 将比部门 1 增长更快。在均衡状态下，第 2 部门的较快增长自然会改变均衡价格，第 2 部门相对价格的下降会使部分劳动和资本重新分配到第 1 部门。但是，这种重新配置不能完全抵消第 2 部门产出的较大增长，否则刺激重新配置的相对价格变化就不会发生。

Ju 和 Wei（2009）表明，当劳动丰富型国家的劳动密集型部门生产率出现正增长时，资本可以从劳动丰富型国家流向资本丰富型国家。经典的 Heckscher-Ohlin-Mundell 范式指出，贸易和资本流动是替代关系，因为贸易一体化减少了资本流向资本稀缺国家的动机。Antràs 和 Caballero（2009）研究发现，在一个金融发展异质化的世界中会出现一个非常不同的结论。特别是在金融不发达的经济体（南方），贸易和资本流动是相辅相成的，因为贸易一体化增加了资本回报率，从而增加了资本流向南方的动力。这种互动关系意味着，南方贸易一体化的深化提高了资本净流入

（或减少了资本净流出）。Jin（2012）提供了一种新的国际资本流动理论。在一个综合了基于要素比例的贸易和金融资本流动的框架中，资本倾向于流向在资本密集型产业中变得更加专业化的国家。同时存在的还有标准的"趋同"效应，它将资本引向有效资本—劳动比率较低的地方。这两种力量可能相互竞争，资本流动的方向取决于这两种效应中哪一种占主导地位。在开放经济中，资本的跨国流动强化或削弱了 Acemoglu 和 Guerrieri（2008）要素密集程度差异的驱动机制。一个国家的产业结构如果向资本密集型部门（工业）倾斜，就会面临更大的投资需求，从而产生较高的投资产出份额，同时产生较低的劳动收入产出份额。而一个国家集中生产劳动密集型产品（服务业）的产业结构则会出现完全相反的情况。

另外，无论对于封闭经济还是开放经济来说，贸易的成本特别是运输的成本会影响产业结构的转型方向。由于农业主要在农村地区，但农业以外的许多活动都发生在城市，因此，非农业工人消耗的食物需要从农村转移到城市地区，那么从农村地区转移食物的高昂成本可能会对劳动力从农业中的转移产生负面影响。Herrendorf 等（2012）在内战前美国运输革命的背景下研究这一想法，即修建铁路大大降低了中西部最肥沃农田的运输成本，两个地区之间运输成本的降低导致农业劳动力的减少。Adamopoulos（2011），Gollin 和 Rogerson（2010）在一个静态模型的背景下，研究了运输成本对农业部门向非农业部门流动的影响。Adamopoulos（2011）研究表明，地点之间的运输成本对地点之间以及农业和非农业之间的资源分配具有重要影响。该文通过将区域贸易和运输部门引入标准的农业—非农业两部门模型中来研究运输在发展中的作用。运输生产率低下会扭曲部门内部以及农业与非农业之间地理上分散的生产单元之间的资源分配。Gollin 和 Rogerson（2010）进行了一些定量分析，生产率的提高与运输成本的降低对劳动力离开农业的影响存在强烈的相互作用，农业生产力水平的提高与交通运输之间存在积极的互补性。

第四节　家庭生产市场化驱动机制

技术的进步使得家庭、市场生产之间的相对合意程度呈现非线性变化，通过设定家庭生产具有额外的效用满足程度以及市场生产能够在技术水平较高时呈现更低廉的成本，市场化成为结构转型的一种驱动机制。Ngai 和 Pissarides（2008）的研究表明，在经济发展过程中，由于技术变化的不均匀，市场和家庭的总工作时间分配发生了变化，这些变化推动了总劳动供给的变化。分配给市场生产的时间最初可能会增加，但随着经济增长而减少；在经济增长的后期，它再次增长。其背后的直觉来自一个关键假设，即农业、制造业和服务业的替代弹性较低，家庭生产的产品是市场生产的产品的替代品。如下所示。

$$\varphi(C) = \Big[\sum_{i=a,m,s} \omega_i c_i^{(\varepsilon-1)/\varepsilon} \Big]^{\varepsilon/(\varepsilon-1)}, \varepsilon < 1 \qquad (2-26)$$

$$c_s = \big[\psi c_{sm}^{(\sigma-1)/\sigma} + (1-\psi) c_{sh}^{(\sigma-1)/\sigma} \big]^{\sigma/(\sigma-1)}, \sigma > 1 \qquad (2-27)$$

其中，c_{sm} 表示市场生产的服务产品，c_{sh} 表示家庭生产的服务产品。部门之间的技术进步差异使得工作时间移动的方向为低 TFP 增长率部门，而家庭和市场之间的强替代关系使得劳动时间向 TFP 增长率更高的部门流动。市场化和结构转型公式分别如下所示。

$$\frac{\dot{l}_{sm}}{l_{sm}} - \frac{\dot{l}_{sh}}{l_{sh}} = (\sigma-1)(\gamma_{sm} - \gamma_{sh}), \gamma_{sm} > \gamma_{sh} \qquad (2-28)$$

$$\frac{\dot{l}_i}{l_i} - \frac{\dot{l}_j}{l_j} = (1-\varepsilon)(\gamma_j - \gamma_i), i,j = a,m,s \qquad (2-29)$$

$$\gamma_s \equiv (1 - \frac{l_{sh}}{l_s})\gamma_{sm} + \frac{l_{sh}}{l_s}\gamma_{sh}$$

其中，l 表示就业占比，γ 表示技术进步率。即技术进步差异的鲍莫尔效应和市场化效应同时发生作用。对每个部门的净影响是正向还是负向，主要取决于 TFP 增长较高的部门的规模及其自身的规模。因此，在早期，当农业规模较大时，从农业向制造业流动的劳动力导致制造业部门的增长，这意味着制造业的就业份额将呈驼峰状。由于农业部门拥有最高的 TFP 增长率，因此整个行业的工作时间损失速度很快。此外，家庭生产和市场生产的产出是非常接近的替代品，由于土地利用的规模经济，市场上的 TFP 很可能比家庭粮食生产的 TFP 增长快得多。因此，在农业领域，市场化和结构转型的力量都很强，而且都不利于家庭生产，其结果是家庭生产迅速消失。同样，制造业市场与家庭的产出相当接近，而且市场上的技术在工业革命后的增长速度比家庭快得多。由于这两个原因，制造业的市场化力量也很强。但制造业在市场上从农业中获得劳动力，因此，至少当存在大量的农业部门时，结构转型的力量并不强烈反对制造业的家庭生产。在工业化的早期阶段有两股力量影响着制造业的家庭工作时间，农业部门劳动力向工业部门的流动提高了制造业的家庭和市场工作时间，生产率的提高又会减少家庭的制造业生产并增加市场的制造业生产。然而，最终随着农业就业份额的缩小，制造业作为一个市场部门将劳动力流失给服务业。因此，虽然我们可能不会看到制造业产品的家庭生产在一开始就迅速减少，但在工业化过程中，它应该快速市场化。与农业和制造业相比，以市场为导向的服务并不能很好地替代家庭生产的服务。最终，当结构转型力量因农业和制造业重要性的降低而减弱时，市场化力量就会取而代之，导致家庭部门的收缩。因此，与家庭生产的食品和制造业产品相比，在家庭生产服务上花费的工作时间应该遵循一条非单调的驼峰形路径。另外，由于家庭服务业市场化程度较低，经济增长后期家庭小时数下降缓慢，如照顾孩子方面，可能永远不会完全市场化。家庭工作时间平均占家庭和市场总工作时间的一半，且用于服务业。随着人均国内生产总值的增加，平均总工时和家庭工时减少，而平均市场工时增加（市场化）；生产服务的工时在总工时中的份额增加（结构转型）。

由于劳动力专业化和规模经济的效应，市场经济相对于家庭生产有更低的成本，这可能为我们理解服务业的兴起提供了一些思路。Buera和Kaboski（2012a）发现美国从1950年到2000年服务业占比增加了20个百分点，其中高技能的技术密集型服务业增加了25个百分点，而低技能的服务业占比却在下降；同时，这一阶段大学毕业生从事服务业的占比增加；并且大学教育的溢价也在增加。文中在一个静态的模型中分析了这一现象，家庭通过投入教育的时间成本决定高技能和低技能工人的比例，劳动的供给和服务消费的选择（通过家庭生产或是市场购买，其中家庭与市场提供的相同消费品，家庭消费品的效用更大）。首先，由于高技能工人在家庭生产中的生产率与低技能工人相同，但时间的机会成本更高，因此没有高技能工人会在家庭生产中就业。其次，由于低技能工人在市场上的生产率与他们在家庭中的生产率相同，但家庭生产的服务产生的效用更大，因此没有任何低技能工人会生产市场服务。当生产率水平得到提高时，市场上的服务具有一个相对的成本优势，家庭会更倾向于选择消费技能密集型的市场服务；而这种需求的扩大带来技能的工资溢价以及高技能劳动力数量的增加。进一步，这种技能溢价的提升反过来又会扩大市场服务的成本优势，带来整体的服务经济的兴起。该模型还促使服务的增长，其特征是相对数量和相对价格的增长。服务需求的增长源于复杂产出需求的增长；相对价格上升的原因是工人的分类导致市场服务的技术密集型，相对工资的上涨导致服务的相对价格上涨。

进一步地，Buera和Kaboski（2012b）从家庭生产的市场化和现代技术进入家庭的现象出发，从规模经济的角度分析了服务业的兴起。他们的模型中有传统部门和现代部门，这里将传统部门用于生产农业品，现代部门为大规模生产（需要足够的中间品投入），其中传统部门的技术停滞，现代部门的技术进步由外生决定。工业品仅作为服务产品的中间产品，不能直接给家庭带来效用，并且只能在市场中生产；而服务产品只作为最终产品进行生产。第一阶段，即现代技术相对于传统技术的生产效率不够高的时候，由于在这一阶段现代技术的高成本，传统技术仍然更有效率。在这种情况下，市场服务产品生产使用现代技术，但是家庭并没有使用现代技术。在第二阶段，技术进步降低了现代技术的成本，因此在传统技术中的生产下降，市场上满足服务需求的范围也随之扩大。最后在第三阶段，传统技术、现代家庭生产、现代市场生产都得到了运用。因为此时，现代技术的成本降低使得家庭生产成为可能。家庭生产的增加需要更多的制造业部门生产，如家庭利用汽车出行替代公共交通工具。然后，随着规模的扩大，产出的单位成本降低，工业品作为中间制成品的份额下降；随着规模的扩大，市场生产较家庭生产成本更低，服务业消费从家庭流向市场。因此，相比于市场中的服务业份额占比，农业一直在下降，工业先上升后下降，即呈驼峰状。

第五节　投入—产出联系机制

关于结构转型的文献主要集中在最终需求渠道上。然而，最终需求并不是服务增长的唯一驱动力，因为企业又通过中间投入成为商品和服务的"消费者"。一些研究强调了投入—产出或部门联系的重要性，因为提供最终产品和服务的公司又是中间产品的"消费者"。

Ngai 和 Pissarides（2007）在他们的基准模型中进行了扩展，明确考虑了各部门同时生产最终产品和中间产品的可能性。假设所有的中间产品都被用作生产单一中间产品的总 CES 生产函数的投入，Ngai 和 Pissarides（2007）的研究结果显著地表明，当总量生产函数是 Cobb-Douglas 生产函数形式时，他们从基准模型中得出的主要结果基本保持不变。从长期来看，无论是在部门层面还是在总量层面，用于生产中间产品的就业比例都是恒定的，而结构性变化则是以生产最终消费品的部门劳动力重新分配的形式发生的，劳动力从高 TFP 增长的部门流出，转向低 TFP 增长的部门。在 Ngai 和 Pissarides（2007）的模型中，处理中间产品的一个主要缺陷是中间产品的使用强度缺乏跨部门差异。事实上，中间产品在总产出中的份额在每个部门都是一样的。此外，总的中间产品在各部门的生产也相同，基于 Cobb-Douglas 总量生产函数，不允许用于生产中间产品的劳动力的任何部门重新分配。

Berlingieri（2014）首次尝试在经济增长的多部门模型分析框架内，探讨中间产品构成的变化在塑造劳动力的部门分配和结构变化方面所发挥的作用。在这种情况下，部门劳动份额不仅像标准增值模型那样取决于消费份额，而且还通过列昂惕夫逆矩阵取决于经济的投入—产出结构。因此，中间需求的变化会引起劳动力在各部门之间的重新配置。Berlingieri（2014）提出了两个未被探索的渠道，有助于解释最近服务业份额的上升和制造业份额的下降：中间产品的构成及其采购模式的变化。在早期阶段，服务是在内部进行的。例如，会计、账单和营销活动是在生产基地的后方进行的，没有单独的单位存在，也没有单独的记录，因此这些服务的生产在数据中没有显示出来。即使公司做大了，成立了单独的会计部门和营销部门，除非有单独的记录，否则这些服务的生产仍然不会被发现。只有到了更进一步的阶段，当公司进一步发展，成为一个大型的多事业单位企业，成立单独的辅助部门，可以向公司内部用户收费，甚至向其他企业销售服务时，这些服务才会出现在数据中。最终，经济专业化程度的提高可能导致企业将其服务投入外包给外部供应商。

Sposi（2019）以开放经济为背景，研究了投入—产出联系对于影响经济活动在三个部门（农业、制造业和服务业）之间分配的作用。每个部门的最终产品都可以用劳动力和中间品（复合品）来生产。

$$y_{bi}(x_b) = z_{bi}(x_b) \left[T_{bi} L_{bi}(x_b) \right]^{v_{bi}} \left[\prod_{n \in \{a,m,s\}} M_{bni}(x_b)^{\mu_{bni}} \right]^{1-v_{bi}}, b \in \{a,m,s\}$$

$$(2-30)$$

Sposi（2019）考察了投入—产出联系在不同发展水平下的系统性差异，尤其是制造业的服务密集度，认为投入—产出联系对结构变化的影响主要有两个渠道。第一个渠道认为投入—产出联系如何影响生产力冲击与相对（部门）价格的影响有关。因此，（相对）制造业生产率的提高对（相对）制造业价格的影响取决于服务业作为中间品在制造业最终生产中的使用强度。相应地，同样的（相对）制造业生产率的提高，在发展中国家——与富裕国家相比——转化为制造业价格的更大跌幅，因为它们通常更密集地使用制造业产品。第二个渠道，部门联系差异导致附加值的构成对最终需求构成中本来相同的变化作出不对称的反应。以农业在最终需求中的份额下降、服务业份额上升为例，由于穷国的农业生产比富国的农业生产增值密集，那么在其他条件不变的情况下，穷国农业增加值在增加值中的份额下降的幅度要比富国大，从而使资源流向工业和服务业。由于富国在所有部门的生产中，特别是在服务业本身的生产中，比穷国更密集地利用服务投入，因此，富国服务业增加值在增加值中的份额比穷国增加得更多；富国的工业增加值在增加值中的份额相对于穷国来说就会下降，这就为工业份额的驼峰形状提供了新的启示。

第六节　人力资本驱动机制

另外有学者从劳动力受教育程度提高的角度研究了结构转型的人力资本驱动机制。劳动力受教育程度提高从非农劳动力供给的增加和农业劳动力供给的减少两个方面直接影响了劳动力的供给端，从而促使劳动力从农业部门向非农业部门流动，促进了产业结构变化。人力资本驱动机制首先考虑了不同部门之间的劳动力异质性，非农业部门劳动力具有更高的人力资本，这一设定使得劳动力从农业部门流动到非农业部门需要更高的人力资本。Caselli 和 Coleman（2001）以劳动力作为主要生产要素，考察了技术工人和非技术工人成本差异导致的结构转型。该文将技术工人和非技术工人作为生产的两个投入，由于技术进步和规模经济、教育质量的提高、预期寿命的延长以及学校消除种族隔离措施等原因，在农场出生的个体获得非农业技能的相对成本下降，越来越多的劳动力从（非技术）农业部门转移到（非技术）非农业部门。Herrendorf 和 Schoellman（2018）的研究认为农业部门工人明瑟收益率较低的原因主要是两个方面，即农业部门工人的先天能力较低（选择视角）以及农业部门的人力资本密集度较低（技术视角）。Porzio 等（2020）则从农业劳动力供给的角度分析了结构转型的机制。该文认为学校教育程度的提高使年轻的劳动力具备了农业以外更有价值的技能，从而导致农业劳动力供给的急剧减少。通过摩擦性劳动力重新分配的模型来解释，这些事实意味着人力资本增长解释了全球农业就业下降的 20% 左右。从已有文献来看，人力资本驱动机制的研究依然停留在农业向非农业的转型，还没有在包括服务业的一般结构转型框架下进行分析。这也是将来值得研究的问题。

第七节　不同机制影响结构转型作用的差异

Dennis 和 Iscan（2009）利用 1800~2000 年的数据分析了美国劳动力从农业向非农业流动的机制作用。1820~1900 年和 1900~1950 年收入效应和价格效应的解释力度之和分别为 84% 和 87%，主要来自收入效应，价格效应几乎没有解释力度。1950~2000 年价格效应的解释力度为两者的12%，其中 1980~1990 年的解释力度为 90.7%，1990~2000 年的解释力度为 37.8%，均大于收入效应。也就是说，在美国农业向非农业转型的过程中以收入效应主导转向以价格效应为主导。Iscan（2010）利用1990~2000 年的数据分析了美国劳动力向服务业流动的机制作用。收入效应和价格效应可以解释这一时期美国服务业就业人员占比上升的 75%，其中收入效应可以解释 57%，价格效应可以解释 18%。Boppart（2014）利用 1946~2011 年美国的数据解释了美国从商品经济向服务经济转型的收入效应和价格效应，1946 年这两种机制的解释力度分别为 56% 和 44%，2011 年这两种机制的解释力度变为 47% 和 53%。随着收入增加所带来商品支出份额的下降，收入效应的解释力度不断下降，价格效应的解释力度不断上升并渐进收敛于 65%。Swiecki（2017）利用 1970~2005 年 44 个国家的数据分析了收入效应、价格效应、国际贸易效应和劳动力流动成本效应对于结构转型的解释力度。其中价格效应的解释力度为 43%，收入效应的解释力度为 27%，贸易单独的作用为 22%，劳动力流动成本的单独作用几乎为 0，贸易和劳动力流动成本的作用总和为 37%，其中 15% 的解释力度来源于贸易与劳动力流动成本的交互作用。Porzio 等（2020）研究发现人力资本增长解释了全球农业就业下降的 20% 左右。Sposi（2019）使用 1995~2011 年全球 41 个国家的数据研究发现投入—产出系数的跨国差异占制造业占比驼峰形状的 74%。Uy 等（2013）利用韩国 1970~2005 年的数据研究发现，相比于开放经济，封闭经济模型对于实际数据的拟合效果要小 60%。Herrendorf 等（2013）利用美国战后 1949~2010 年的数据研究发现，收入效应主导着最终消费支出的结构转型，而价格效应主导着各部门增加值的结构转型。Sebastian 和 Steinbuks（2017）研究认为，巴西在近几十年来公共基础设施的建设解释了约 15% 的结构转型过程。

第三章 产业结构变化对经济增长的影响

第一节 传统结构主义

1672 年，英国古典经济学家威廉·配第在《政治算术》中提出，随着经济发展，产业重心将逐渐由有形产品生产转向无形服务的生产；当工业收益超过农业时，劳动力必然由农业转向工业；当商业收益超过工业时，劳动力会再由工业转向商业。1940 年，克拉克的《经济进步的条件》一书中对 40 多个国家（地区）不同时期三次产业的劳动投入和产出作了实证研究，所得结论与配第的预想完全吻合。这一现象被称为"配第—克拉克定理"。库兹涅茨认为产业结构变动受人均国民收入变动的影响，在农业社会向工业社会转变中，第二产业的产值比重在初期呈现上升趋势，当人均 GDP 达到一定程度后，第二产业的产值比重就会下降，呈现第二产业产值比重的倒 U 形曲线。随着农村剩余劳动力完全被制造业吸收，导致农业和非技术性工业实际工资上升，即刘易斯（W. Arthur Lewis）拐点的出现。刘易斯拐点出现后不久，经济趋向平衡增长路径。英国著名的发展经济学家罗森斯坦·罗丹（P. N. Rosenstein-rodan）于 1943 年在《东欧和东南欧国家工业化的若干问题》一文中提出的大推动理论认为，应该在发展中国家或地区对国民经济的各个部门同时进行大规模投资，以促进多部门的平衡增长，从而推动整个国民经济的高速增长和全面发展。

第二节 结构变迁与平衡增长路径

在现代主流宏观经济学中，动态模型的平衡增长路径（Balanced-Growth Path，BGP）是指所有变量以恒定的速度增长的轨迹。事实证明，这个定义对于结构转型的模型来说过于严格，因为结构转型的本质是部门构成发生变化。相关文献进而使用较弱的平衡增长路径概念，如 Kongsamut 等（2001）使用的广义平衡增长路径（Generalized Balanced Growth Path，GBGP），Ngai 和 Pissarides（2007）定义的加总平衡增长路径（Aggregate Balanced Growth Path，ABGP），以及 Acemoglu 和 Guerrieri（2008）定义的恒定增长路径（Constant Growth Path，CGP）。接下来将具体介绍这些增长路径的定义和区别。

Kongsamut 等（2001）使用的广义平衡增长路径是指实际利率不变的轨迹。我们之所以选择平衡增长的这一特性作为出发点，是因为与平衡增长路径的其他特征（如产出增长率的恒定性）不同，它在多部门模型中具有明确的、可操作的意义。Ngai 和 Pissarides（2007）定义的加总平衡增长路径要求总产出、消费和资本以相同的速度增长。Duernecker 等（2019）对 ABGP 进行简单的修正，定义 ABGP 是指以相同单位表示的总量以恒定速率（包括零）增长的平衡路径。Meckl 定义的广义平衡增长路径要求：①所有商品和要素的相对价格；②分配给研发、中间产品生产和最终产品生产的资源份额在一段时间内保持固定的增长路径。Acemoglu 和 Guerrieri 将恒定增长路径定义为以总消费增长不变为特征的动态竞争均衡，即当时间趋于无穷大时，总消费的增长率为一常数。Simon 等定义的平衡增长路径是指实际资本存量总量以恒定的正增长率的平衡路径。如果在资本存量有限的情况下可以达到这样的平衡增长路径，那么我们称之为精确平衡增长路径（Exact Balanced Growth Path，EBGP）。如果平衡增长路径只有在资本存量接近无穷大时才存在，那么我们称之为渐进平衡增长路径（Asymptotic Balanced Growth

Path，ABGP）。由于存在罕见的灾害风险，Bridgman 和 Herrendorf（2021）采用风险平衡增长路径（Risky Balanced Growth Path，RBGP）。RBGP 是指预期变量以包括零在内的恒定趋势增长，但趋势偶尔会有意外的水平变化。具体来说，沿着 RBGP 的增长包括确定性趋势和随机行走。

第三节　产业结构变化对经济增长的阻碍作用

基于"鲍莫尔病"（Baumol，1967）与供给端影响因素相关的研究认为结构变化会导致总体经济增长下降。Baumol（1967）认为，由于产业结构从生产率进步较快（如制造业）的"进步"部门转向技术停滞（如公共服务、建筑业）的"非进步"部门，因此总生产率增长放缓，这也是 Baumol（1967）所提出的城市危机所在。Ngai 和 Pissarides（2007）的分析表明，经济的长期增长速度将由技术进步速度最慢的那个部门决定，这也就意味着，在结构转型步入"成本病"阶段后，经济的增长速度将持续降低，直至趋近于"停滞部门"的技术进步速度。对应于现实经济就是当经济体已经迈过工业化阶段而进入服务业占主导地位的阶段后，经济增速将逐步放缓。从经济增长的意义上来说，这是一个很负面的判断。Duernecker 等（2019）研究发现鲍莫尔病效应解释了美国战后经济增长率放缓的 1/3。经验证据方面，Duarte 和 Restuccia（2010）的研究也发现跨国之间生产率的差距主要来源于服务业的生产率差异，农业和工业的生产率差异正在减小。特别地，跨国之间的工业发展正在收敛，工业的生产率追赶解释了各国总生产率增长的大约 50%，但是贫穷国家服务业生产率低下阻碍了总生产率的收敛。

第四节　产业结构变化对经济增长的促进作用

一　提高总生产率

在产业结构变化的第一阶段，农业劳动力占比的下降对经济增长具有显著的促进作用，国家早期经济增长的主要推动力在于农业劳动力向工业和服务业的转移（Dowrick and Gemmell，1991；Caselli，2005；Restuccia et al.，2008）。但是在产业结构变化的第二阶段，服务业占比的上升使得劳动力流向了技术进步率更低的部门，出现了"鲍莫尔病"现象。但是Oulton（2001）认为如果服务业生产中间产品，总生产率增长率可能会上升而不是下降。Oulton（2001）以汽车行业为例，如果汽车行业需要投入劳动力进行生产，并且需要销售服务业提供服务为其销售，假设汽车制造业的技术不断进步，而汽车销售服务业的技术停滞，那么更多的劳动力转移到汽车销售业的过程中会使得汽车的需求增加，因而又会增加汽车的产量。因此，当服务业不作为最终产品时，总生产率增长率可能会上升而不是下降。Montobbio（2002）研究表明，即使没有外生的技术进步，只要经济系统存在良好的选择机制，那么结构转型的资源配置优化效应同样可以促进经济增长。Duernecker 等（2019）的研究也认为并不是所有的服务业都是技术进步率较低，而未来主导经济结构转型的部门主要是技术进步率较高的服务业部门，服务业对于经济增长率的阻碍作用也会降低。Duarte 和 Restuccia（2020）据其相对价格的收入梯度将服务业分为两大类，即收入弹性为正的传统服务业和收入弹性为负的非传统服务业。研究发现，非传统服务业的部门生产率跨国收入弹性大（1.15），制造业的收入弹性小（1.05），而传统服务业的收入弹性更小（0.67）。消除非传统服务业的跨国生产率差异后，总收入差距缩小 58%，总生产率差异缩小更多。

二　内生增长机制

1. 产业结构变化促进人力资本积累

在内生经济增长模型中，长期的人均 GDP 增长可以不依赖于外生的技术进步，而取决于人力资本的积累（Lucas，1988；Romer，1990；Mankiw et al.，1992；Hanushek and Woessmann，2012，Lucas Jr，2015；

王弟海等，2008，2010，2012；杨建芳等，2006）。在鲍莫尔模型的背景下，Pugno（2006）认为那些鲍莫尔所认为的技术"停滞"部门正是促进人力资本形成和积累的部门，如学校教育和医疗。Pugno（2006）认为服务业在人力资本筹集中所表现出来的质量，在反对鲍莫尔增长负效应方面起着核心作用。如果服务支出在形成人力资本方面具有足够的生产力，结构变化对总生产率增长的总体影响可能为正。Rangazas（2002）分析了1870~2000年美国学校教育的数量和质量对工人生产率增长的贡献。学校投资在1970年前后稳定下来之前的一段时间内急剧上升，学校教育可能导致1870~1970年工人生产力5倍增长的30%~40%。Hori等（2018）构建了知识溢出支持增长的两部门内生结构变迁增长模型。他们的模型符合经验观察到的结构变化和总量平衡增长的模式。劳动就业从高生产率增长部门向低生产率增长部门转变。由于知识溢出的效应，更多的劳动分配给高生产率增长部门，从而提升整体经济生产率的增长。Sasaki（2012）发展了一个考虑鲍莫尔服务业悖论的两部门模型。作者同时在模型中融入两种关于技术进步的观点：①服务业消费有助于人力资本积累；②制造业的生产由边干边学而促使技术进步。据此，服务业和制造业的生产率增长都是由内生决定的。结果表明，最初就业比重向服务业转移会降低人均实际GDP增长率，但在某个时间点，这种转移开始提高增长率。Buera（2018）发现经济增长伴随着经济结构向高技能劳动力密集的部门转移，这种以技能为导向的结构变化过程对美国1977~2005年技能溢价上升的贡献大约为30%。

Ghiglino等（2018）提出了一个非平衡的内生增长模型，在这个模型中，可以消费或作为资本使用的最终产品是使用两种中间投入生产的，其中一种是"知识密集型"。在知识密集型部门工作的代理人需要积累技术知识，因此必须决定如何在积累技术知识（研究）和工作之间分配个人单位时间。在第二部门工作的代理人不需要积累知识，因此把他们所有的个人单位时间都用于工作。因此，个体知识成为一种劳动增量因素，知识积累导致知识密集型部门的 TFP 无限制地增长，从而导致内生资本深化。TFP 增长率的不对称导致非均衡增长。劳动力（工人数量）在各部门之间发生重新配置，导致知识密集型部门的产出增加较多。研究表明，非均衡增长符合 Kaldor 事实，因为渐进均衡的特征首先是利率和资本在国民收入中的份额不变。然而，经济遵循的增长路径收敛于特定的财富水平，而财富水平取决于资本和知识的初始价格。因此，基本面相同但初始财富较低的国家将具有较低的渐进财富特征，也就是说该文证明了在结构变化的框架下，各国之间存在不收敛的现象。

2. 产业结构变化促进创新

熊彼特的内生增长理论指出经济创新过程是改变经济结构的"创造性破坏过程"（Aghion and Howitt，1992）。熊彼特增长理论认为创新是经济发展的源泉，是追求利润最大化的厂商愿意对新知识、新技术进行投资的结果，保证了企业的有效供给，同时保证了市场上的有效需求（Hanusch and Pyka，2007；Winter，2006）。这种机制来源于各行业之间的差异，即它们通常倾向于进行内生的投资，以通过创造新市场或增加消费者为已建立的产品和服务付费的意愿，扩大需求。如果技术机会存在，客户能够接受新组合的供应，那么行业层面的差异增长就成为企业行动的内生因素（Peneder，2002）。对于每一个经济体来说，在这些企业家类型的产业中，较高的份额也意味着更大的整体生产能力和增长能力。与需求侧影响因素相关的研究认为产业结构的变动伴随着技术的创新，而创新对经济增长有显著的促进作用（Saviotti，2002），因此结构变化与经济增长之间存在正相关关系。Silva 和 Teixeira（2011）验证了新熊彼特学派强调的经济结构变化有利于高技能和高技术部门与经济快速增长之间的密切关系。另外，知识型服务业的崛起是产出增长决定因素中最具活力的组成部分（Peneder，2003）。特别地，熊彼特强调金融服务业对经济发展的重要性，King 和 Levine（1993）的研究验证了这一观点，金融发展可以通过提高资本积累程度和提升资本使用效率来刺激经济增长。

Foellmi 和 Zweimüller（2008）认为当消费沿着需求层次发展时，消费者对现有产品越来越感到满足，就必须不断推出新产品，以确保需求与技术进步同步。为了强调产品创新对持续增长的重要性，将基本增长模型扩展到内生产品创新。在这种情况下，增长和结构变化之间出现了一种双向因果关系。一方面，创新活动取决于结构变化的速度，因为创新激励是由新产业的需求扩大所决定的。另一方面，结构变化的速度本身是由总增长率决定的。当创新者预期新产品的需求会不成比例地增长时，创新的动力就会很强，反之亦然。Boppart 和 Weiss（2013）提供了一个可操作的产业导向技术变化理论，实证检验了诱导创新的市场规模效应。研究结果表明，一个产业的市场规模（相对于 GDP）增加 1%，会促使 TFP 增长率在 5 年内增加约 0.3 个百分点。

三　提高生产要素供给

产业结构变化可以提高劳动力和资本的供给来促进经济增长。Rogerson（2008）考察了 1956~2003 年劳动力在欧洲大陆和美国的工作时间。实证研究得到两个结果：首先，在此期间，欧洲的劳动力工作时间比美国减少了近 45%；其次，这种下降几乎完全是由欧洲的市场服务业发展比美国缓慢造成的。Ngai 和 Petrongolo（2017）研究发现，由于女性在服务业生产上具有比较优势，服务业的兴起提高了妇女的相对工资和市场工时。Laitner（2000）在一个 Stone-Geary 偏好形式的效用函数下从需求端分析了产业结构变动可能通过提高储蓄率来促进经济增长。

第五节　服务业占比上升的经济影响

服务业占比上升对于经济影响的争议主要来自服务业内部的行业差异，服务业的内部差异不仅影响着结构转型的发展，也会对经济增长产生重要的影响。Duarte 和 Restuccia（2020）将服务业分为传统服务业和非传统服务业：传统服务业包括相对价格随收入增长而增加的所有服务，而非传统服务业包括相对价格随收入增加而下降的服务类别。Buera 和 Kaboski（2012），Buera 等（2018）将服务业分为高技术密集型服务业和低技术密集型服务业：Buera 和 Kaboski（2012）设定高技能服务类别包括所有在1940 年至少有 12.5% 的工人受过大学教育的服务行业；Buera 等（2018）将"金融中介"、"房地产和商业服务"、"教育"与"卫生和社会工作"划分为高技能密集型的服务行业。Duarte 和 Restuccia（2020）研究发现，跨国生产力差距最大的是商品和非传统服务业，跨国生产力差距最小的是传统服务业。随着产业结构的不断变化，服务业占比越来越高。因此不仅三次产业之间的结构转型对经济增长非常重要，服务业内部的结构转型也非常重要，特别是对于服务业占比较高的发达国家（Jorgenson and Timmer，2011）。Duernecker 等（2019）首先通过定量分析发现鲍莫尔病效应所导致的服务业占比上升解释了美国战后经济增长率放缓的 1/3。但是由于服务业内部的高技能服务业与低技能服务业之间的互补性，未来高技能服务业将处于经济的主导地位。Buera 和 Kaboski（2012）分析了专门的高技能劳动力在服务部门不成比例增长中的作用。根据经验，在高技能劳动力相对工资和数量不断增加的时期，技能密集型服务的重要性上升。随着生产率的上升，需求向更多的技能密集型产出转移，增加了市场服务相对于家庭生产的重要性。与数据一致，该理论预测了技能水平、技能溢价以及与这种技能溢价相关的服务价格的上升。Duernecker 等（2019）预测 2046~2066 年美国鲍莫尔病效应所导致劳动生产率的下降仅为 1996~2016 年的 3/4。Buera 等（2018）研究发现高技能劳动力的需求增加可以解释 1977~2005 年这种以技能为导向的结构变化过程对美国技能溢价上升贡献的 30%。Herrendorf 和 Fang（2021）研究发现高技能服务的扭曲严重阻碍了中国的发展，中国高技能服务业的就业比例远低于人均 GDP 相近的国家。研究结果表明，国有企业在高技能密集型服务业中的强势存在等扭曲限制了中国高技能密集型服务业的规模。如果去除这些扭曲，人均 GDP 和高技能密集型服务业就业人员占比都会大幅增加，其中人均 GDP 会增加 5%，而高技能密集型服务业就业人员占比会从 7% 增加到 15%。

第四章　中国产业结构变化与政策讨论

第一节　中国产业结构的变化

在经济增长的过程中，中国产业结构的调整与其他国家呈现类似的特征：农业增加值占比下降，服务业增加值占比上升，而工业增加值占比先上升后下降。前文中已经对产业结构变动的动力机制进行了详细分析，中国的产业结构变化也基本上符合这些机制。改革开放以来我国的劳动生产率有了显著提高，相比于非农业部门的劳动生产率增长，农业部门生产率的提高起到了主要的作用（Young，2003）。农业部门生产率的提高促进了劳动力从农业部门流向非农业部门，劳动力的这一流动过程体现了技术进步部门差异机制的前期作用。Lee 和 Malin（2013）探讨了教育在改善中国农业和非农业部门之间劳动力配置中的作用，并衡量了中国近期增长中归因于这一渠道的部分。利用详细的微观层面数据和一个允许内生选择教育和就业部门的实证模型，作者估计了个人教育程度、部门和收入之间的关系。研究发现，从 1978 年到 2004 年，每个工人的总产出增长中约有11% 是由教育程度的提高实现的，其中的 9% 是通过劳动力再分配渠道实现，2% 是由于部门内人力资本的增加。Erten 和 Leight（2019）用 2001 年前县域经济面临的关税不确定性的横向变化，分析了 2001 年中国加入世界贸易组织对地方层面结构转型的影响。基于 1800 个中国县域的 1996~2013 年的双重差分模型进行实证研究发现，入世后更多面临关税不确定性降低的县域具有出口和外商直接投资增加、农业部门萎缩、第二产业扩大、GDP 和人均 GDP 提高的特点。此外，当面临正向贸易冲击的县域的劳动力从非农业部门转向农业部门时，农业产出下降。

1978 年以来，中国工业在持续的结构性改革下实现了强劲增长。Chen 等（2011）通过对随机前沿部门生产函数的估计，发现自 1992 年以来，TFP 的增长超过投入的数量增长，但 2001 年以后生产率对产出增长的贡献率有所下降。结构变化对 TFP 和产出增长的贡献率大幅提高，但也随着时间的推移而下降。实证分析表明，要素市场和产业结构的改革显著地解释了产业转型过程中要素配置效率的总体趋势和部门异质性。进而，随着工业生产率的不断提高，我国也出现了"鲍莫尔病"现象（程大中，2004，2009；王恕立和胡宗彪，2012）。程大中（2009）研究发现我国产业结构变动过程中的鲍莫尔效应要大于收入效应。郭凯明等（2017，2020a）和颜色等（2018）的研究通过测算证实了我国产业结构中的 Engel 效应及 Baumol 效应，其中颜色等（2018）进一步发现需求结构（消费率、投资率和净出口率）对于我国产业结构变化的影响大于 Baumol 效应、小于 Engel 效应。郭凯明等（2017）研究发现，恩格尔效应、投资效应和转移成本效应分别是影响第一、第二和第三产业就业比重变化的最重要因素。1984~2011 年，第一产业就业比重下降了 29.2 个百分点，其中恩格尔效应降低了 31.0 个百分点；第二产业就业比重提高了 9.6 个百分点，其中投资效应提高了 4.9 个百分点；第三产业就业比重提高了 19.6 个百分点，其中劳动力转移成本效应提高了 16.4 个百分点。郭凯明等（2020a）研究发现服务业占比变化可以被分解为工农业劳动生产率提高导致服务业比重扩大的工农业鲍莫尔病效应和服务业劳动生产率提高导致服务业占比缩小的服务业鲍莫尔病效应，服务业发展是这两个影响方向相反的鲍莫尔病效应相减的结果。各省级地区服务业鲍莫尔病显著降低了服务业比重，影响范围基本在 15~30 个百分点；工农业鲍莫尔病显著提高了服务业比重，影响范围基本在 25~40 个百分点。颜色等（2018）利用中国 1981~2010 年的数据研究发现，需求结构变迁对工业就业比重的贡献率达到 53.3%，对服务业就业比重提高的抑制作用为 26.3%，需求结构变迁对生产率提高的贡献达到了 10.9%；鲍莫尔病对工业就业比重的贡献率为 20.7%，对服务业就业比重提高的抑制作用为 12.2%，对生产率提高的影响也较小，贡献率仅为 4.1%；而恩格尔效应对生产率提高的贡献达到了 29.8%。郭凯明等（2018，2019a，2019b，2020b）分别从投资结构、基础投资和新型基础投资的角度研究了投资如何通过供给端来影响我国的产业结构变化；郭凯明等（2020c）发展了从人力资本深化视角解释结构转型的理论，研究了生产要素禀赋变化对产业结构转型的影响。郭凯明和黄静萍（2020）从生产性服务业的角度分析了产业结构，使用 1981～2010 年的数据，发现，生产性服务业劳动生产率抑制了生产性服务业就业比重提高，使其不升反降，并且同时阻碍了 80.9%（23.3/28.8）的产出比重上升。生产性服务业劳动生产率也明显提高了制造业比重，使 2010 年制造业就业比重和产出比重分别提高了 14.9 个和 21.9 个百分点，但对其他服务业比重的影响相对有限。制造业劳动生产率抑制了 42.6%（2.3/5.4）的生产性服务业就业比重下降，并促进了 92.7%（5.1/5.5）的产出比重上升，影响非常显著。制造业劳动生产率在一定程度上降低了制造业比重，使就业比重和产出比重分别降低 4.1 个和 5.8 个百分点，但对其他服务业比重的影响相对有限。其他服务业劳动生产率对生产性服务业比重的影响相对有限，其他服务业劳动生产率对制造业和其他服务业比重的影响较大。

前述文献中对于结构转型与经济增长的分析本身没有为经济政策留下太多的空间，Herrendorf 等（2015）指出，以多部门增长模型研究结构转型与增长问题的模型，其设定本身就意味着结构转型是有效的均衡结果，从而在这一设定下的任何政策都会导致经济背离这一均衡。但是当我们将现实经济中所存在的各种扭曲纳入模型设定中，那么经济政策将有机会发挥福利增进的作用。多部门最优增长模型的框架中明确地包含了消费者的效用函数以及效用最大化行为，这为我们探讨经济政策的作用留下了空间。

第二节 政策讨论——要素流动约束

以劳动力的自由流动为例，在多部门增长模型中，各部门之间劳动力的自由流动使其工资相等。而我们现实经济中的劳动力并不是完全自由流动的。从职业技能要求上来讲，三大产业部门之间的劳动力岗位并不是完全替代的，其各自要求的生产工作技能不同，从而会为劳动力的流动带来一定的限制，甚至同一产业部门内部的劳动力技能要求也有所不同。一些经济体的制度设置并不完全把农民作为一种职业来对待，同时土地的所有制度也会因时、因地而异，此时从农业从业者到工业从业者的转变还包含身份转变等属于经济因素之外的部分，这也是劳动力流动的限制之一。另一个常被分析的问题是城乡劳动力分割以及工业化与城市化之间关系的问题。当要素自由流动的限制在现实经济中存在时，经济是在包含扭曲的状态下实现的均衡，这就为通过政策工具对均衡效率进行优化提供了空间。

靳卫东（2010）认为，当前中国人力资本构成现状使劳动力在产业之间的自由流动受到限制，妨碍了生产要素使用效率的发挥与提高，导致结构性失业并阻碍了经济增长。Dekle 和 Vandenbroucke（2012）对中国 1978~2003 年的结构转型进行了定量研究，发现部门间差异化的技术进步速度和中国政府规模的相对减少很好地解释了这一时间段内中国的结构转型，其中国政府规模的缩减本身就占了农业就业份额减少的 15%，但如户口制度在内的劳动力流动摩擦限制了农业进一步地释放劳动力。杨天宇和刘贺贺（2012）使用基于 Stone-Geary 效用函数形式的三部门增长模型及校准方法对中印两国 1978~2004 年的劳动生产率进行了研究，发现除了中国的农业劳动生产率更高且三次产业生产率增长更快之外，更低的劳动力流动壁垒也是导致中国劳动生产率长期高于印度的重要原因。另外，交通运输成本的下降也会直接促进农业劳动力向非农业部门流动并且提高农业劳动力的生产率（Herrendorf et al.，2012；Adamopoulos，2011；

Gollin and Rogerson，2010）。Sen（2016）回顾了亚洲各国结构转型速度差异较大的原因。本书认为，与劳动力、土地和产品市场运作有关的政府失灵，以及与投资协调、信贷市场不完善和人力资本形成有关的市场失灵，都是一些亚洲国家结构转型步伐缓慢的主要原因。本书提出，需要特别关注改革阻碍劳动力、土地和产品市场运作的政策，以及加强产业和教育政策，以解决围绕投资协调和人力资本形成的具体市场失灵问题。

第三节　政策讨论——制度约束

政策制度往往与市场的力量共同作用于产业结构转型。刘贯春等（2018）发现，最低工资制度在三次产业间会非对称地影响企业的"就业创造"和家庭的"就业接受"，从而对三次产业的影响不同。具体地，这一制度将有利于工业的发展，而不利于农业和服务业的发展。相比之下，欧洲结构转型的一个显著特点是，欧洲服务业的就业份额比其他发达国家低得多。Messina（2006）认为这是欧洲进入服务业壁垒提高的结果，包括与许可证相关的直接成本和与分区限制或限制购物时间的法规相关的间接成本等因素，由于工人流动到服务业需要更多的企业进入服务业，这些因素阻碍了经济活动进入服务业。Adamopoulos 和 Restuccia（2014）研究发现，如农业的累进税和对土地拥有面积的限制阻碍了农业部门劳动生产率的增长，农业部门的劳动力难以释放到工业和服务业部门。Deininger等（2014）研究发现，农业为中国的经济增长和减贫作出了重大贡献，但文献很少关注可能支撑这种结构转型和生产力的制度因素，该文旨在填补这一空白，通过对6个主要省份的1200户家庭进行为期8年的调查，探讨了政府土地重新分配和正式土地使用证对农业生产率增长的影响，以及家庭退出农业或将家庭成员送往非农业部门的可能性。研究发现，以过去土地重新分配的历史来衡量，土地保有权的无保障会阻碍家庭退出农业。通过正式证书承认土地权，鼓励了农村劳动力的临时迁移。这两个因素都对生产力有很大影响（各占30%左右），主要是鼓励基于市场的土地转让。非农业机会的持续增加可能会加强土地使用权保障的重要性，这是农村地区成功进行结构转型和保持经济吸引力的先决条件。Adamopoulos等（2018）认为，中国土地市场的扭曲对结构变迁和经济增长产生负面影响。陈媛媛和傅伟（2017）研究表明，农村土地经营承包权的流转市场的发展程度会影响劳动力的外出概率，影响劳动力在农业和非农业部门之间的配置。Ngai等（2019）研究表明，农业户籍劳动力对土地只有使用权没有交易权，减少了劳动力从农村到城市的迁移、从农业部门到非农业部门的迁移，造成了劳动力在农业部门的过度就业。Yu（2020）借助耕地红线这一限制将农业用地转换成城镇用地的土地供给政策，研究土地使用（供给）管制对地区经济发展的影响，这一土地政策造成的土地错配，限制了劳动力在部门间和空间上的流动，从而引起劳动力错配。Wu（2018）的研究发现，相比于金融摩擦，政策扭曲对我国资本错配的影响更大。

第二篇
产业政策[*]

产业政策（Industrial Policy）一词最早起源于日本。1970 年，在经济合作与发展组织（OECD）会议上，日本通商产业省事务次官大慈弥首次使用产业政策一词。此后，OECD 出版物 Industrial Policy of Japan 中采用了这一说法。20 世纪 80 年代，以日本、韩国、中国台湾为代表的东亚国家或地区经历了国民经济持续的高速增长，取得了令人瞩目的成绩，被世界银行称为"东亚奇迹"，产业政策被用来解释日本及东亚发展模式以及"东亚奇迹"。但是，对于产业政策一词的内涵和范畴，学术界并没有普遍达成共识，产业政策实践与理论发展过程中充满争议，对于产业政策实施效果的评价与实证研究结果也往往大相径庭。因此，梳理这些产业政策争论有利于我们更深入、全面地认识产业政策，更为审慎地对待产业政策。

＊ 执笔人：江飞涛、李晓萍、杨鸿禧。

第五章　产业政策理论

对于"东亚奇迹"特别是战后日本经济奇迹、东亚模式及经济发展模式的解释，推动了产业政策理论的形成与初步发展。此后，各国政府不断推进产业政策实践，各国政府、学术界对于产业政策的认识也不断拓展和深化，这推动着产业政策理论的不断发展，而产业政策理论的发展过程中始终充满着激烈的争论。

第一节　产业政策理论中的政治经济学传统

在 20 世纪 80 年代，战后日本经济经历了 30 余年快速增长，成功实现追赶，步入发达经济体行列。战后日本经济发展取得的巨大成就，引起了许多学者的高度关注，其中有不少学者试图从产业政策的角度来阐述日本经济模式及日本经济发展上的成功，随着韩国、中国台湾等东亚经济体的发展亦取得不凡成就，这些学者将产业政策的研究拓展到东亚成功追赶经济体及东亚模式的研究中。代表性研究有 Johnson（1982）、沃格尔和张明清（1985）、Amsden（1989）、Wade（1990）、南亮进（1992）、Evans（1995）等。这些研究主要从政治经济学的视角出发，研究日本或其他东亚成功经济体政治、经济、社会相关体制背景下，产业政策及政府干预在推动经济发展中扮演的重要角色。

一　产业政策研究中发展型国家理论的提出与发展

Johnson 在 1982 年出版的《通产省与日本奇迹》，是对于产业政策及日本产业政策的重要开拓性研究之一，该书指出，日本政府具有强烈发展日本经济的动机，试图通过发展工业与建设工业文明成为发达的工业化国家，并获取其他国家尤其是发达国家平等对待自己的资格，而产业政策正是推动工业发展与工业化进程的重要手段，产业政策体现着本国利益优先的经济民族主义。因此，实现和维护整个国家利益为产业政策提供了合理性，产业政策的重点"不在于是否应该实行产业政策，而在于这个政策应该如何实行"，政府相关部门的主要职责是寻求并制定最为合意的产业政策。日本产业政策的工具包括为改善和提升私人企业的经营能力、技术能力等而采取的政府支持及干预政策，对各产业在 GDP 中所占比重的调控，对于特定产业发展的支持性政策，在环境保护、投资效果、出口前景等方面的干预性措施。他进一步指出，政策部门与企业之间良好的互动、高素质的技术官僚为政策部门制定与实施具有较高质量的产业政策提供了关键性的保障，这也是日本战后经济成功发展的关键所在。

沃格尔于 1984 年出版专著《日本的成功与美国的复兴》（中文版出版时间为 1985 年），该书选择了日本经济发展中四个具有典型性的产业（区域）发展案例，即造船工业、机床工业、九州经济结构调整与高技术信息产业，通过大量翔实的材料与深入的分析，来解释日本制造业国际竞争力的崛起与取得经济发展巨大成就的原因。沃格尔指出，战后日本政府、企业界及国民认识到日本经济必须在全球经济中具有很强的竞争力，并且在这种竞争力的获取过程中政府应采取经济与产业政策，充分把握各种信息，准确把握世界经济的脉搏，官、民、学的充分交流与通力合作，则是成功制定与实施相关政策的重要保障。沃格尔进一步指出，日本经济的成功有以下四个方面的经验，一是成功的经济与产业政策在推动经济发展过程中具有十分重要的作用；二是充分的信息与有远见的战略选择是制定高质量政策的基础；三是政府、企业界与科学界的充分交流与合作是成功制定与实施政策的根本保障；四是需要有一批具有献身精神的管理与技术人才。

Amsden（1989）对韩国工业化过程的研究亦得出类似的结论。Amsden（1989，1994）的研究则进一步指出：东亚在经济发展中取得的成就离不开政府广泛的、微观层面的干预，产业政策是推动经济发展的重要手段。"强政府"为政治寻租行为给予约束，是具有强烈发展意愿的政府以产业政策为手段干预经济的逻辑前提。佐贯利雄（1987）与南亮进（1992）以日本经济发展成功经验为例，来阐述后发国家可以借鉴发达国家的先行经验，通过产业政策及其他政策积极干预，主动推动产业结构的调整和升级。

Wade（1990）在其《驾驭市场——经济理论和政府在东亚工业化进程里的角色》一书里，提出了"驾驭市场理论"。他认为发展中经济体政府可以（主要通过产业政策）"驾驭市场"来促进经济发展。他认为，政府及其官僚机构应将自己置身于市场的运行之中，并作为市场的枢纽与不可或缺的重要因素，参与、组织与驾驭市场。该书基于大量对中国台湾实际经济与产业政策的整理与分析，特别关注政治制度与政府"驾驭市场"功能之间的密切关系，尤其是注重政治体制、官僚体制与经济体制之间关系的分析。该书对中国台湾的经济政策部门的机构、组成、功能与变迁，以及经济体系等有非常深入与细致的分析。该书认为，具有强烈的社会责任感和有共同理论与信息的认知是中国台湾经济体系工作效率的重要保证，而高效的经济体系是政府"驾驭市场"进而取得经济发展成功的重要保障。该书指出，具有强烈发展动机的政府在促进产业发展方面是学习型的指导者角色，并非全知全能的指导者。该书进一步对政府"驾驭市场"的动机来源、政府优势所在、政策的可信度的建立等方面进行分析，对产业政策和经济绩效之间的相关性进行探讨。在 Wade 看来，中国台湾、韩国和日本以及新加坡等均实施了相似的产业政策，政府主导资源从效率低下的部门转向高效益的生产部门，从而以扭曲市场的方式实现创租。

Evans（1995）在其代表性著作《发展型国家》一书中，发展了

Johnson（1982）、Amsden（1989）、Wade（1990）的思想，引入"嵌入自主性"的概念，认为只有当国家的嵌入性和自主性结合在一起，这样的国家才是所谓的发展型国家。该书指出，东亚国家政府的内部组织更近似于一个韦伯式的官僚机构，聘任技术官僚精英并为其长期职业升迁提供了承诺和凝聚力，这使政府部门具有自主性。并且这些政府部门并非远离社会的，而是嵌入社会关系网络中，从而为政策目标进行不断的谈判和协商提供了制度化的渠道。仅有自主性的政府会缺乏信息来源，需要依靠分散化的私人实现信息获取。仅有网络之间的紧密联系而缺乏一致内部结构的政府将无法解决超越个人利益的"集体行动"问题。他进一步指出：政府和商人之间的协作（嵌入性）对于经济发展非常重要，因为信息交换对于有效的政策制定、实施和建立信任以降低交易成本而言都是非常必要的；同时，政府的官僚体系又必须独立于强大的社会利益集团之外，在制定和实施政策时保持自主性，避免与商人勾结腐败，确保政策不被利益集团俘获，始终以增进公众利益为政策目标。只有当政府的嵌入性和自主性结合在一起，才能同时克服有限信息与有限理性、被利益集团（包括自身利益）俘获这两方面的政府失灵，从而为政府成功干预产业转型提供极为重要的制度结构基础。

二　发展型国家相关理论的进一步发展

大野健一（1999）在一定程度上也延续了发展型国家相关理论的传统，强调政府在推动改革进程中的积极作用，市场经济发展所需要的很多条件必须由政府有意识地不懈努力才能培养起来，并且在发展的早期阶段应实行集权发展主义。集权发展主义通过强有力的领导，把经济发展上升为最高国家目标，并通过实际地实现目标使其领导合法化。精英经济官僚和对民主原则的限制是这一政治框架的内在特征。当社会基础不具备市场机制顺利运转的必备条件时，政府加速市场经济发展的行为非常重要；但是随着时间的推移，成功的经济发展所产生的内在和外在的变化会逐渐侵蚀这个体系，集权发展主义的最终完结还必须依赖政府本身在适当的时候从繁杂的经济管理事务中退出而完成。

张夏准等（1998，2002）则将新制度经济学的交易成本应用到发展型国家理论的分析框架中，他将政府的产业政策干预看作是一种交易，即政府部门为特定产业及产业内的企业发展提供各种优惠政策，特定产业及企业以产业规模、出口规模的扩大或国际竞争力的提升作为政府支持的回报，政府会对特定产业内的重点支持企业是否达成政策目标进行考评，以决定是否继续支持。张夏准认为，这种制度性的设计能有效控制产业政策的交易成本（尤其是政策寻租成本）。

瞿宛文（2009）详细对比并总结了产业政策成败的相关研究，指出产业政策是否有效取决于政策部门能否制定出高质量的政策，以及执行这些政策并监督其实施成效的能力。要制定高质量的产业政策，政策部门必须掌握充分的市场信息并准确把握准市场规律，与此同时，政策部门能持续性地督促政策的有效执行、评估政策的实施成效，并根据政策实施情况与形势的变化不断调整产业政策。瞿宛文进一步指出，日本、韩国坚持市场经济体制，整个经济官僚体系也相对稳定，在其高速发展时期得益于借鉴发达国家的经验，产业政策的方向也相对比较明确。产业政策由中央经济官僚体系制定且直接面对企业，中央经济官僚体系与私营部门有着绵密与畅通的双向信息交流通道，但是又能在此密切的政商关系中保持产业政策的自主性，这种东亚经济体特有的政商关系具有"嵌入自主性"，正是这种"嵌入自主性"确保了东亚经济体的经济政策部门能制定良好的产业政策并使之行之有效。否则，产业政策很难与市场机制配合，目标也难以实现。

Rodrik（2008）沿着 Evans（1995）的逻辑对产业政策进行进一步的探讨，他指出产业政策实践中存在的信息约束和官僚约束条件并非既定的，这些约束可以通过适当的制度设计予以缓解或者消除，良好产业政策设计必须具备三个属性，即嵌入性、激励性（胡萝卜和大棒）及可问责。

产业政策的正确模式位于极端严密的自主性和私人俘获之间，该模式是政府部门与私人部门之间的战略合作与协调，其目的是发现最重要的瓶颈，设计最有效的干预措施，定期评估政策效果，从错误中学习。实现上述目的的机制包括：审议委员会是为了达到这个目的的典型机构，同时可以增加供应商发展论坛、搜索网络、投资咨询委员会、行业圆桌会议、公私投资基金等。大野健一（2015）对世界各国产业政策实践中的最佳范例进行比较与总结，并对日本、新加坡、中国台湾、马来西亚、越南、埃塞俄比亚等地区的产业政策实践进行了深入分析，力图为实现工业化或经济发展寻求一条新的、切实可行的道路。该书系统阐述了政府在推动经济发展中的重要作用，并试图通过详细解析东亚各经济体产业政策的主要内容、制定实施过程与相关组织构建，来解答应该如何发展经济、如何避开经济发展中的陷阱、政策在制定实施中应该注意哪些细节问题。他进一步指出，具有前瞻性的产业政策，并将之与具有活力的私人部门联合起来，提升国民素质并帮助中小企业提升技术水平、管理及竞争能力，缓解高速增长中的贫富分化问题，建立发展型国家，对于实现工业化具有重要作用。

三　产业政策研究中的新政治经济学分析与发展型国家理论面临的争论

产业政策在理论上面临着是否能处理好政府失灵的争论，沿着政治经济学分析的思路，不少学者将新政治经济学理论用于产业政策的研究中，关注的重点是产业政策制定实施中的创租、分租与寻租问题。在这些研究中，有些在一定程度上支持发展型国家相关理论观点，部分研究对此提出了质疑。

金滢基、马骏和王信（1997）详细分析了东亚石化产业的政策制定和执行过程，其研究表明政府失灵并非绝对的，政府创造的政策租金在东亚石化产业的发展中没有导致太多浪费社会资源的寻租行为。文中进一步指出如果政府制定明确的、能有效执行的规则，并严格按照规则执行，就能有效控制寻租行为。原因在于政府干预虽然创造了租金，但又限制了资源向非生产性寻租行为流动。他们认为，东亚国家在相机性进入与有期限保护的基础上促使企业进行竞赛，成功实现了这一点。政府利用技术许可证政策等手段对市场准入进行控制，使企业为了有价值的经济租金展开竞争，这些租金包括获得外国技术、进入受到保护的国内市场、获得低成本的信贷和稀缺的外汇等。合理的竞赛促进现有企业和将要进入的企业提高研究与开发的能力，而不是鼓励寻租活动。该文进一步指出，针对政府干预可能面临的信息约束问题，精心设计的制度可以减弱这种约束，例如日本的石化产业协商小组。

Khan（2000）研究发现，腐败、裙带主义和其他形式的寻租行为在东亚高速增长时期普遍存在，不仅如此，寻租行为在发达国家与发展中国家同样普遍存在，但是不同的是，发展中国家的寻租行为更加广泛甚至是以非法形式存在的，对于经济增长往往是破坏性的。Khan认为在不同的制度和政治假设条件下，寻租导致的结果也不同，一些寻租是无效率和阻碍增长的，但是也发现许多类型的租金和寻租在发展过程中也发挥了关键作用；政治和制度变量决定了寻租的投入成本与产出，寻租的结果最终取决于制度和政治变量。因此，需要找到能够产生好租的政治条件和制度设置，促使好租的产生从而促进经济增长。

但是，许多研究指出，这些东亚经济体政商关系并不像"发展型国家"理论所描述的那样具有"嵌入自主性"，这些经济体普遍存在官商勾结以及腐败行为，许多产业政策的制定往往并不是基于技术与经济方面的考虑，很多时候是出于政治目的或者是被特定利益集团俘获的结果。Jomo（1998）、Jong-Sung You（2005，2009）的研究指出，东亚经济体在其高速增长时期，腐败、裙带主义和其他形式的寻租行为普遍存在，甚至是以非法形式存在的，对于经济长期增长具有很强的破坏性，腐败与寻租问题亦被认为是导致亚洲金融危机最为重要的原因之一。沙希德·尤素福（2003）研究指出，在干预市场、替代市场的产业政策模式下，政府被赋予了大量干预微观经济活动与分配资源的权力，政策部门难以避免强大利益集团的游说与影响，也难以避免政策部门把产业政策作为谋求自身利益的手段。随着民主力量在东亚的发展，政府对微观经济干预所导致的大量腐败被揭发出来。

Kang（2002）指出，在韩国，裙带资本主义、寻租与腐败尤为广泛与严重，贯穿了整个韩国战后历史，在过去的半个多世纪里，韩国财阀卷入为数众多的腐败案件，财阀通过捐助政治献金、贿赂政客与政府官员、与政客或官员的子女联姻等方式进行政策寻租的事件层出不穷。小宫隆太郎和奥野正宽等（1988）的研究表明，作为"专业"与"精英"典范的日本通产省及其技术官僚体系，也不可避免在产业政策制定过程中脱离公众利益去寻求本部门利益。20 世纪 60 年代，通产省就试图制定《特定产业振兴临时措施法》，为通产省寻求广泛干预经济与产业活动的权力，该法案受到来自经济团体、财界、学术界的强烈抵制与批评，最终成为废案。小宫隆太郎还指出，"日本在各个时期并未提出明确的理论依据或指导思想，而只是在议会制民主主义原则的政治压力下，有目的地推行了一系列内容庞杂的中小企业政策"。

Robinson（2009）的研究从内生的经济政策视角出发，并通过对东亚、非洲及拉美国家产业政策实践的比较，来找出影响产业政策成功的关键因素。他指出：现有的证据已经表明，产业政策存在巨大的潜力以促进经济发展。但是，产业政策具有的这种潜在力量只有在良好的政治环境里才能够发挥出来。尽管不同地区成功的产业政策存在各种差异（诸如政策工具的选取与使用，外向型产业政策与内向型产业政策等），但是不可置疑的是这些产业政策的实施所赖以存在的政治经济之间的差别是这些产业政策之所以成功或者失败的主要原因。例如：进口替代作为产业政策工具在一些国家和地区（日本、韩国和中国台湾等）获得了成功，通过进口替代为企业发展提供机会。这些政策措施在拉丁美洲甚至加纳都得以尝试，但是并没有达到推动这些产业发展的目的，之所以出现这样的情况就在于这些国家（地区）之间的政治存在差别。该文进一步指出，许多产业政策实践案例中即使政策制定者清楚地知道市场失灵非常重要，但是实际的政策选择与标准的经济理论所预测的并不一致，例如，产业政策实施过程中效率较低的政策工具而非高效的政策工具被采用。也就是说，即使针对特定市场失灵最有效的政策工具是显而易见的，但是政策制定者却往往不一定采用最有效的政策工具；其中，政治过程中各种力量的较力和抗衡、冲突的出现和解决、各种利益的分配和妥协对于最终政策选项具有重要影响，并且，掌控资源分配权力的政府官员与寻求政策支持的企业之间可能存在互相勾结，企业能够通过游说、寻租俘获政府官员以寻求利益代言，最终通过操纵政府权力达成偏好的利益分配，获取租金，而政府官员则通过为相应企业或者部门提供政策支持而获得政治拥护。Warwick（2013）指出即使出于矫正市场失灵而支持传统产业政策的使用，在实际的操作过程中被挑选的行业和企业通常并无确切的选择标准，往往基于对市场的预判和（或者）最有力的游说者对政策的反应，从而导致产业政策沦为经济主体进行寻租与设租、为特殊利益集团提供庇护网的工具，这也是导致产业政策长期以来饱受诟病的原因之一。

四 关于产业政策制定过程与制度基础的研究

近年来，越来越多经济学家指出，产业政策研究的重点应该从"是不是应该实施产业政策"转换到"如何实施成功的产业政策"上来，即应重点研究"如何确保政策部门沿着正确的方向，制定合意有效的产业政策，并能使之得到有效实施"（Rodrik，2008；Naudé，2010；Ciuriak，2013）。围绕产业政策制定过程与制度基础的研究逐渐增多。

大野健一（Kenichi Ohno，2011）在其关于产业政策过程的开拓性研究中指出，对于成功实施产业政策而言，选择合意的政策固然重要，但构建完善制定产业政策的程序和组织机制以确保好的政策被制定并得以有效实施更为基础，也更为关键。大野健一在该文中对于东亚经济体制定产业政策的组织基础与程序进行解析和比较，试图从东亚所谓最佳的产业政策实践中，辨识出这些经济体在政策制定程序与组织构架中存在的特征，尤其是那些保障政府制定良好产业政策所需要具有的重要特征。他指出，领导人对政策愿景可信赖的承诺是制定任何高质量政策的先决条件，确保不同部门间能得以有效协调的具体组织安排是实现政策目标的关键；在进行相关的调查、分析和国际比较以及起草和评论政策文本时，要积极动员国内外学者、产业专家和咨询公司的参与，根据充分的信息和分析，通过说服和协调主要利益相关者在政策的所有关键内容上达成共识，利益相关者名义上的参与并不能有助于提高政策制定的质量。只有经过这样的程序所制定的政策，一旦被采用，将得到各参与方的坚决支持和自愿执行。

大野健一还进一步指出，在产业政策制定过程中常见的错误包括如下几个。第一，领导者缺乏一个清晰的愿景。第二，政策起草指定的官员与所有的利益相关者之间的互动不足，没有达成共识。第三，整个政策的起草外包出去，政策制定者进行评论和修改的作用有限。第四，直接由多个部门起草的子文档汇总，结果是在无关的章节存在太多的实施优先项。上述这些负面行为必须避免。并且，发达国家的政策制定程序与组织构架被视为政策构建模块，最适合该国的政策方案应按照选择、修改、组合和改进的原则进行创建，应避免不经过对本地背景的系统研究而直接采用国外的政策制定模型。

Ahrens（2013）对于中国产业政策的制定过程进行了研究。他指出政府制定的政策对于中国产业的生态系统具有不可忽视的、非常显著的影响，并且中国政策制定过程具有可辨识的结构和进展。他进而对中国产业政策制定的参与者、过程和工具进行了全面考察。Chen Ling 和 Barry Naughton（2016）对中国技术与产业政策的制定过程进行了详细的解析。他们的研究指出，2003 年以来中国加强了以产业为指向的技术与产业政策的应用，在技术与产业政策的制定程序方面越来越制度化，并将政策的制定过程划分为政策酝酿、政策形成、政策说明（细化）与政策执行四个阶段，并以中国战略性新兴产业政策的制定为例，详细解析产业政策的制定过程。他们还进一步指出，2003 年以来中国的技术与产业政策回到支持特定产业部门的模式上来，正是由政策制定过程的制度化来推动的。

第二节 产业政策研究中的市场失灵理论

自 20 世纪 80 年代，发展型国家相关产业政策理论提出后，引起了广泛的争论，不少研究者对于东亚经济体经济发展中产业政策的角色和作用提出了质疑。"市场失灵"逐渐成为产业政策的重要理论基础，但是这一理论基础同时也存在不小争议。

一 关于东亚经济体经济高速发展时期产业政策角色与作用的争议

伊藤元重和曲翰章（1984）不认同将日本战后经济发展取得的成功归因于产业政策的看法，他进一步指出从日本学术界的研究与立场来看，对产业政策存在的意义多存在否定性看法。今井贤一（1998）则指出，战后日本的产业发展虽然受到政府的干预与压力，但遵循市场机制才是产业发展的基础。植草益（Uekusa，1989）持相同看法，他指出，"产业政策只是从侧面支援了以市场机制为基础的充满活力的经济发展"。Trezise（1983）与 Wolf（2007）的研究指出，东亚经济体在其高速发展时期，政府创造的宏观经济稳定、汇率稳定、高储蓄和高投资等条件，是战后东亚经济发展的主要原因，其对于经济干预有损于经济发展。Ito（1994）指出，开放措施和出口推动策略是东亚经济发展取得成功的要因。倘若没有政府的选择性（产业政策）的干预，日、韩两国的经济可能发展得更快、更好。迈克·波特等（2000）对日本主要行业产业发展、国际竞争力及产业政策情况进行了系统、深入的研究，结果表明，产业政策干预较多的行业国家竞争力相对缺乏，产业政策干预较少的行业反而具有很强的国际竞争力。

克鲁格曼（Krugman，1997）的研究则指出，东亚经济体经济发展取得成功的重要原因是提高劳动参与度与劳动者的质量，而不是东亚在特定产业及技术方面的产业政策，这方面东亚政府不知道自己在做什么。不过，克鲁格曼仍然承认东亚政府在提供基础教育与促进投资方面所起的作用，但他认为由这两方面带来的经济增长是一次性且不可重复的，并且这一做法事实上延缓了建构法律和监管制度的步伐。对于经济发展而言，这些法律和制度正是加强市场力量并治愈市场失灵的方法。Jomo（2003）、Haggard（2000）、Heo 和 Kim（2000）的研究，同样质疑东亚以直接干预市场为特征的产业政策模式，这些研究指出：东亚经济发展取得的成功，受益于开放措施和出口支持政策，政府挑选特定产业来进行扶持的选择性产业政策，并没有取得成功且价值有限。通过对日本、韩国等被重点扶持产业全要素生产率的测算，产业政策的干预并没有带来生产率的增长。此外，高技术含量的产业发展需以较低技术含量产业获得较大发展为基础，在经济发展初期积累的资本、技术与经验是实现经济向更高阶段迈进的基本条件，政府基于技术含量与固定资本投资等标准来挑选主导性产业进行扶持的做法，是毫无依据与注定失败的。

三郎芳郎等所著的《日本产业政策论的误解》一书，从产业政策史的角度出发，对于日本的产业政策进行历史性的考察，对于日本在高速成长期大量实施了干预性的产业政策，这些政策有效发挥了作用，并且对日本经济高速发展具有重要贡献等观点及事实依据，进行详细的考据、检验与分析，结果表明这个观念或看法没有事实依据。其研究进一步表明，通产省缺乏对于民间经济主体行之有效且具有较大影响力的政策工具，日本政府在实施干预市场的产业政策方面持极其审慎态度，被冠之以各种名号的"产业政策"，在大多数情况下缺乏明确目标，同时也缺乏可供采用的政策工具。因此，日本事实上并没有实施被称为"产业政策"的干预性政策,而主要是通过自由市场经济体制实现了战后经济的持续快速增长。该书进一步指出,日本所谓的"产业政策"从未真正被实施过。

二 市场失灵、战略性贸易理论与产业政策

20世纪八九十年代,以发展型国家理论及传统工业化理论为基础的产业政策理论面临挑战和质疑,产业政策的支持者提出新的理论基础,最具代表性的是市场失灵理论以及战略性贸易理论。"市场失灵",即由于外部性、市场势力、信息不完备、公共物品、信息外溢与协调失灵等,而不能通过市场机制与自由竞争实现资源的优化配置,在此情况下,政府以产业政策作为工具干预市场以起到纠正市场低效率的作用。其中,"信息外溢"(信息外部性)与"协调失灵"是现代产业政策理论的最重要组成部分。

Hausmann和Rodrik(2003,2006)认为信息外溢是导致市场失灵的另一个重要原因,他们特别强调了自发发现(self-discovery)过程中的知识外溢,即企业发现新的市场机会、研究开发新的产品或者新的技术工艺时,成本与风险主要由创新者承担,而新产品(新技术)一旦进入市场并获得成功,将会有众多进入者模仿从而分享收益,创新企业发现不能获得盈利时,必须自己承担所有的搜寻与研发成本。这就会导致创新企业的收益低于社会收益,从而导致创新或发现活动的激励不足。因此,政府需要补贴创新者。新产品、新技术及新工艺研究开发的外部性是最为典型和主要的"信息外溢",这也是各国对科研活动广泛实施优惠补贴政策的重要原因。Pack和Saggi(2001)指出政府应主要通过对企业在创造新知识、发现更好的生产技术方面给予补贴,给予企业更多时间和机会以发现新想法和新知识或新技术的社会价值,并通过观察市场中新技术是否可被有价值地利用,从而实现面对不确定性环境时对知识和技术的使用进行自觉地纠错。

"协调失灵"，又被称为协调外部性。Pack 和 Westphal（1986）认为，在工业化进程中促进投资方面存在广泛的金钱外部性，需要在投资者之间进行明确的协调以实现产出最优。Okazaki 等（1998）探讨了"协调失灵"的政策含义，认为政府可以通过提供信息等措施交流以协调具有外部性的相关部门，协调失灵的普遍存在意味着政府在工业化过程中进行大量干预的必要性。Rodrik（1996）、Hausmann 和 Rodrik（2003，2006）建立数理模型说明（上下游）企业之间存在投资互补性时，即当一家企业投资所能获取的收益取决于另一家企业是否投资时，就有可能出现协调失灵的情形，理论上政府可以通过执行产业政策引导市场主体采取一致行动（例如，事先承诺的投资补贴、隐形担保或投资担保），甚至代替市场直接执行某种投资。

青木昌彦等（1998）在"协调失灵"的理论基础上提出市场增进论（market-enhancing view），该文认为，协调失灵广泛存在于市场中，但政府应尽量不采取直接干预市场的方式来直接引入解决市场失灵的替代机制，而是应补充与培育民间的协调秩序，政府制定政策也应以增强民间部门在解决协调失灵方面的能力为目标。对于政府应采用何种协调方式来促进民间部门协调能力的提升，青木昌彦指出，发展中国家的市场机制往往是不太完善的，用于保证市场有效运作的制度基础常常是相对较弱甚至是缺失的，民间部门经济协调能力有限。因此，政府以产业政策为手段来增强民间部门在经济与产业发展中的协调能力，实现民间部门与政府对经济协调的共同参与，是有效且必要的。在协调方式的选择方面，不同经济体由于制度基础不同、发展水平不同，往往采取的协调方式也不同。可供政府选择的协调工具有金融约束、延缓市场准入及其他相机性租金的设立，协商委员会与引导民间部门的协调与合作。

该文进一步指出，在解决协调失灵问题时，政府与市场之间并非"非此即彼"的替代关系，政府也非脱离于市场之外、解决市场失灵的中立机构，而应在相应规则下，为民间部门之间的信息交流与协作搭建平台，通过提供"相机性租金"来激励市场主体之间协调。在此情形中，政府在市场机制不太完善的情形下，实现了对市场机制的促进与培育。青木昌彦认为，民间部门在获取信息与提供适当激励等方面具有比较优势，政府则会受到有限信息及信息处理能力方面的制约，因此，政府部门与民间部门之间应有"一整套的协调连贯的机制"，政府的作用在于补充或促进民间部门的协调功能，产业政策旨在促进民间部门解决协调问题能力与克服其他市场失灵能力的提升。政府的作用并不是要替代市场机制，而为了提升市场机制与市场主体的协调能力。其内在逻辑在于，相较于集权化的政府部门，民间部门具有更多本地信息以及对此作出快速反应的能力，且具有自我约束的特征，因此，政策部门应以"增进民间部门解决市场失灵的能力为目标"。

规模经济与战略性贸易理论是产业政策的另一个重要理论基础。Brander 和 Spencer（1985）的论文是战略性贸易理论的开山之作，文中作者建立数理模型证明，当某产业存在规模经济以及不完全竞争时，补贴投资或研发、限制进口、补贴出口等产业政策能起到帮助本国企业抢先进入特定产业部门并有效打击该产业别国竞争对手的作用。Krugman（1992）指出，规模经济、"干中学"以及研发创新的外部性在现代产业竞争中具有重要影响，外部经济效应是战略性贸易理论的基础。Laussel（1988）指出，战略性产业的发展对于国家的经济增长、创新与竞争能力的提升而言具有重要地位，对于这些产业实施保护或支持政策，即便从静态的角度来看是缺乏效率的，但从动态的角度来看这些很可能是有效的。Foray 等（1999）的研究也指出，政府对于战略技术产业或部门给予公共支持带来的影响，应从动态视角而不是静态视角来分析，战略技术产业一般具有长期积累效应和规模收益递增效应。对于一个具有强烈学习效应（动态规模经济性）的产业，保护国内企业与国内市场将具有乘数效应，进入国内市场的特权可以确保国内企业的学习曲线进一步下移，产生动态的规模经济效益。

三 产业政策的"市场失灵"与战略性贸易理论面临的挑战

以"市场失灵"为理由实施产业政策，面临的质疑主要有两个方面。一方面，即便"市场失灵"存在，由于"政府失灵"的存在，实施产业政策仍需谨慎。Klimenko（2004）指出，政府作为政策制定者面临较为严重的信息约束，选择的重点支持发展的产业往往并不具有比较优势，并可能最终放弃"真正"具有比较优势并最"应该"发展的产业。Lall（2001）认为，由于现实市场中存在大量的默会知识，并具有集体性、累积性和路径依赖等特性，政府面临严重的信息制约而很难选择真正"应该"发展的产业。政府的政策重点应转向与民间部门相互协作，建立有利于"赢家"脱颖而出的市场环境。Krueger 和 Tuncer（1982）指出，"将公民的最大化利益纳入其目标函数、决策者具备充分信息、不需要成本就可提出和实施政策"是不符合现实的，政府干预应主要放在具有比较优势的公共品领域。World Bank（1991）指出政府面临信息约束与激励，政府干预未必达到矫正市场失灵的目的，在市场机会与技术前景存在不确定性的情形下，反而容易导致"政府失灵"。Powell（2005）指出，政府无法"正确"选择"应该"发展的产业、技术或产品，因为"正确"选择所需要的知识只能在市场竞争过程中才能被产生与获取，其中分散的私人信息是不能加总、统计和用于经济计算的，政府无从事先预知。另一方面，产业政策部门难以避免强大利益集团的游说与影响，也难以避免政策部门把产业政策作为谋求自身利益的手段。

松山公纪（1998）指出，协调失灵的逻辑并不能证明政府干预的合理性，即市场机制在协调方面的失灵并不意味着政府应当干预。试图证明市场"协调失灵"的理论模型，都是简单抽象、在完美信息假设下所得到的结论，而现实中协调问题是非常复杂的，经济主体只具有局部知识，这种建模方式对提高经济学技能有所裨益，但把模型作为现实世界的真实描述，将其结论作为判断现实的标准和讨论政策的依据，就会带来误导。

以不可能达到的理想状态作为判断市场协调失灵的依据，那么不管采用何种协调机制，协调失灵都依然普遍存在。松山公纪还进一步指出，正因为协调失灵无处不在，鼓励经济主体在协调方面的试验就显得非常重要，这种试验不应在政府的指导或干预下进行，市场主体自发创新试验会带来更好的协调方式，对于解决特定的协调问题而言，政府主导的协调方式可能是有效的，但不可避免地会限制来自市场主体的自发协调试验，并可能阻碍协调方式或机制的持续改进。

以战略性贸易理论作为产业政策的理论依据，亦面临争论。Eaton 和 Grossman（1986）的研究指出，在 Spencer 和 Brander（1983）的模型中，两家企业如果不是采取古诺式的产量竞争，而是采取伯川德式的价格竞争，那么出口补贴有可能起到完全相反的作用。Lee（1992）的研究指出，发展中国家广泛存在的不完全竞争现象主要是由政府干预引起的，Tybout 和 Westbrook（1993）的研究表明，智利主要产业中大多数都不存在规模递增；Beason 和 Weinstein（1996）的研究表明，日本亦得到相似的结论，这就对战略性贸易的理论基础提出了质疑。Helpman 和 Krugman（1989）的研究则表明，一国实施战略性贸易政策的策略性行为往往会引发其他国家实施同类政策作为应对，这时战略性贸易政策的作用极为有限，并可能带来本国福利上的损失。Baldwin（1992）的研究表明，对某个特定产业提供补贴和保护，会带来其他产业部门成本的增加，由此带来的损失很可能超过被扶持部门获得的收益，进而带来社会福利上的净损失。

第三节　产业政策理论的新发展

随着科技和高技术产业的飞速发展，以及环境与生态问题在全球范围内日趋严峻，创新与绿色发展逐渐成为产业政策关注的重点，也成为产业政策理论发展的重要方向。

一　创新与产业政策中的演化经济学理论

根据演化经济学家 Soete（2007）的研究，随着 20 世纪 70 年代和 90 年代高新技术产业的飞速发展，创新政策已逐渐成为产业政策研究的核心内容。Soete（2010）进一步指出，特别是在过去几十年，以模仿为目的的技术转移已经完成了向以创新为核心的技术变迁的范式转型。"产业政策"的概念和包括的范围既有更新也有趋同，最重要的几点突破包括：①创新政策逐渐成为新兴产业政策的核心；②产业政策逐渐倾向于将促进学习、知识供应、技术升级作为政策的主要内容，主张走创新驱动型经济发展道路；③产业政策重点从静态的资源配置转向动态的资源创造。Soete（2007）认为，最初的产业政策概念指的是那些旨在提升国内产业部门效率、规模和国际竞争力的结构性政策，这些部门能够在自力更生的基础上带来国家经济的增长和发展。但是随着高新技术产业的飞速发展，创新政策逐渐成为产业政策研究的核心问题，所以，应该考虑将决定国家创新体系能否正常运作的四个基本要素（社会与人力资本、研究能力、技术与创新绩效、吸收能力）纳入国家制度框架下的产业政策范畴。

Noman 和 Stiglitz（2017）的研究认为，通常意义上的产业政策是指那些旨在影响资源分配和累积、技术选择的公共政策措施。他们认为的产业政策重要部分应该包括那些致力于促进学习和技术升级的活动，所以现代"产业政策"更适合被称为学习、产业与技术（LIT）政策。成熟的产业政策以强调选择性学习与产业知识供应为特征。Cimoli 等（2015）将产业政策与创新政策紧密关联起来，指出产业政策的演变离不开各种各样公共政策的支持，这些政策涉及资本累积形态、贸易规制、市场结构、创新性努力、知识创造与扩散过程。所以，产业政策的关键要素应该包括：对幼稚工业的保护、贸易和知识产权制度的定义、租金的分配、与宏观经济政策的一致连贯性。

Bailey 等（2015）发现近年来发达国家趋向于设计一套"整合的"

产业政策，以应对全球性金融危机爆发之后产业复兴、经济再平衡、可持续增长以及新技术和创新活动催生等多重任务。这类"整合的"产业政策在功能定位上逐渐超越狭隘的弥补"市场失灵"目的而转向考虑更广泛的校正市场与系统失败问题。由此，引入"系统性产业政策"概念，而系统性产业政策的重要特征就是要支持基础教育、培训员工和激发企业家精神、促进追赶型经济体的外商直接投资和出口以使其逐渐与创新战略目标契合，推行产业集群政策以提高国家动态竞争力和国民收入水平。Mazzucato（2016）研究认为，对于许多正在追求创新驱动型"智慧"增长的国家来说，该国长期的战略性投资和公共政策应该致力于创造和塑造市场而不是仅仅弥补市场失灵或者校正系统失败，政府所制定的产业政策应该是通过塑造和创造新技术、新部门和新市场来推动经济结构的转变。

弗雷德·布洛克（2010）研究指出，在此前的30年里，美国联邦政府在支持和资助私营部门新技术商业化方面发挥着十分重要的作用，但是联邦政府在技术创新方面的巨大干预及所起到的重要作用在新自由主义的意识形态与主流的政策辩论中被隐形。该研究表明美国联邦政府的技术与创新政策广泛介入其技术与产业发展的各个环节，成功资助了大量研究项目和研究人员。布洛克进一步指出美国是发展主义网络化的国家，更加注重对科技创新尤其是首创的干预，更加分散、分权也更具灵活性，更有利于"百花齐放"、多技术路线的探索。作者还以计算机、互联网、生物技术等为例，说明这种网络化的政策体系在创新中所起到的重要作用。

基于演化经济学的最新研究，现代产业政策的概念核心包括以下几个基本要素。①技术，那些具有技术外溢性，能够带来报酬递增的产业活动，即"正确的产业"，是带动良性经济循环的关键。一旦从事了这样的产业活动，由此引发的技术外溢就会带动其他行业发展，从而带来全面的生产率提高。因此，产业政策的一大目标就是培育具有高技术外溢性的行业部门，并使之与其他行业产生互动效应，从而提升全国整体的经济质量

（埃里克·赖纳特，2010）。②学习，当今经济是一种"学习型经济"，即学习能力对一国经济成功具有关键意义。新的学习是经济发展的基础，这种学习只有在特定的经济活动中才能通过良性的反馈系统创造经济发展，所以，产业政策的一大功能是在以生产和学习为基础的前提下，选择那些学习和机会窗口大、具有动态熊彼特租金的特定经济活动作为竞争战略的核心（杰弗里·霍奇逊，2005）。③知识，在现代经济中，知识是最重要的战略性资源，知识经济的核心问题是资源创造，而非新古典主流的资源配置。一国的知识分工越是细密，其产业结构也就越高级，因此，产业结构的高级化是就知识含量而言的。可见，产业政策的另一个任务就是以知识和生产为基础，促进一国生产者累积性地、持续性地创造新的知识。

结合演化经济学的最新理论进展，现代产业政策的定义，应该拓展为政府以技术溢出、选择性学习、知识创造为核心，通过将生产要素引向高质量经济活动部门，以创新驱动型经济发展模式带动全国整体经济水平提高的各项政策措施。理论层面，演化经济学框架下的现代"产业政策"概念内涵已经得到进一步的拓展和延伸，而政府在现代经济活动中则发挥着更为关键的作用。

二 绿色产业政策相关研究

近二十年来，气候变化、灾难性的环境后果及其引发的各类社会矛盾加剧，引起了各国政府普遍的担忧。各国政府开始广泛关注经济发展、环境保护及社会和谐三者之间平衡性，绿色经济与绿色发展的相关理念、理论及政策实践不断涌现出来。在此背景下，绿色产业政策的理念、原则及理论基础被提出并发展起来，引起了广泛关注，逐渐成为各国践行绿色发展理念的重要政策工具。

Altenburg 和 Rodrik（2017）详细阐述了绿色产业政策的理念，对绿色产业政策的理论基础进行了详细的解说，并在此基础上提出了制定实施绿色产业政策应遵循的原则，以及应注意的事项。该文指出，从本质上来讲，绿色产业政策和产业政策具有共同之处，即两者都是为了纠正外部性带来的市场失灵。当存在严重的外部性时，市场并不能传递正确的价格信号，此时，基于市场的资源分配方式难以促进经济结构向最优的方向转变。绿色产业政策除了要应对环境外部性问题，同时还需要促进经济及社会的可持续发展。两者本质目的的不同对其发展路径提出了不同要求。从绿色产业政策体系构建角度而言，需要的是一种长期的根本性转变，这种转变的关键就在于引导变革性技术突破，让绿色产业与绿色生产技术在未来市场占据主导地位，带动社会分配及公平问题解决。不同于传统产业政策，在三重约束条件下，绿色产业政策必须创造新的可持续发展道路。一般而言，在外部性和协调失灵之外，社会群体有着不同的偏好，很多时候并不能完全反映在市场价格中，通常是因为它们暗含着伦理问题或触及根深蒂固的社会价值观。

Lütkenhorst 等（2014）指出，绿色产业政策的最终目标是在生态系统边界范围内寻求可持续发展，这种可持续发展模式是以社会目标和道德要求为基础的，在协调市场失灵寻求最优配置效率的同时考虑额外社会偏好和不同群体偏好，使经济效率产生的结果更加符合社会价值评判标准。该论文进一步指出，从根本上来讲，绿色产业政策目标实现有三点基本遵循，即打破旧的发展路径、创造新的发展路径以及应对高度不确定性和风险性挑战，为了达到这种破旧立新的效果，必须推动经济发展模式、技术条件以及体制机制的深刻变革。

Karp 和 Stevenson（2012）则指出，推动绿色技术的创新发展以及广泛应用，是实现经济发展模式深刻转变的关键所在。然而，绿色技术创新的高风险性与不确定性特性，决定了这些技术短期内很难获得回报，甚至从长期看也不一定能取得成功。因此，市场导向型政府（及其实施的以市场为基础的产业政策体系）在推动经济绿色发展过程中应扮演重要角色。尽管政府无法保证每个企业绿色发展投资一定会成功，但绿色产业政策可以成为现阶段政府能够影响未来的一项重要政策选择。例如，人们对化石燃料的需求状况取决于它的替代能源（可再生能源）的发展状况，而这又取决于现阶段可再生能源技术的投资力度。因此，政府虽然无法对其在未来市场上的商业可行性作出准确评估，但可以为其发展创造市场（例如，可再生能源的新能源补贴政策）。可以肯定的是，现阶段关于低碳燃料的投资将会延缓一些高碳电厂的建设，同时可以通过规模效应和学习效应降低未来低碳燃料投资成本，促进清洁能源推广应用与普及。而这反过来又会加大对未来政府的压力，迫使它们继续走同样的道路，换句话说，就是增强未来政策的"内生性"。

Lütkenhorst 等（2014）指出，基于当前经济发展存在的具体问题，我们需要具有前瞻性并以可持续发展为导向的政策来引导市场主体绿色投资行为，这种前瞻性体现的正是前文我们所谈到的价值共识。在此过程中，政策的目的应当是为绿色技术的发展创造空间，促进集体优先事项的确定，并将集体行动的重点放在克服协调失败上。由于绿色产业政策是在高度不确定性和长期愿景的背景下实施的，其本质涉及整个生产消费系统的彻底性变革，因而具有高风险性。这就需要相互依赖的技术和商业模式、相应的管制和支持系统能够协调推进。

第六章 产业政策的实证研究

围绕产业政策的争论一直存在，涉及产业政策的定义、政策理论、存废及效果等（Noland 和 Pack，2003；Pack 和 Saggi，2006，2009）。产业政策的支持者以工业化理论、市场失灵、战略性贸易理论等作为理论基础，而产业政策的反对者则以政府失灵、市场过程的功能与信息问题等作为理论依据。产业政策的支持者和反对者对于基本事实也有完全不同的解读，产业政策的支持者认为实施有效的产业政策是日本、韩国等经济体成功的要因之一，而产业政策的反对者则认为日本、韩国等经济体的产业政策不但对促进经济增长的作用微不足道，甚至还起到负面的作用。在这种情形下，如何客观、准确地评估产业政策带来的效果就显得尤为重要。

然而，从纷繁复杂的各种因素影响中将产业政策的影响抽离出来尤为不易，科学评估产业政策的实施效果比较困难又充满挑战。20 世纪 90 年代以来，研究者们力图采用更为前沿的方法以更为严谨、准确地评估产业政策的效果。总体来说，既有关于产业政策效果的实证研究主要遵循两条逻辑线索展开：一是产业政策实践的发展，这为产业政策的实证研究提供了重要素材；二是实证方法特别是计量经济方法的发展，这为产业政策的实证研究提供新的方法。综合考虑研究的对象、研究内容与研究方法的特点，对于产业政策实施效果的实证研究可分为三类，第一类是对于特定行业产业政策实施效果所进行的实证研究；第二类是对于一国总体产业政策或者工业化战略实施效果所进行的综合性研究；第三类是对于专项政策实施效果的研究，包括 SBIR 政策、区域产业发展支持政策、产业集群政策等。第一类研究文献主要研究在特定行业实施的产业政策对于行业发展、市场竞争格局、上下游行业与社会福利的影响；第二类研究文献主要研究一国产业政策体系中政策资源（特别是补贴、税收优惠、政策性金融等政策资源）的分配与重点流向，政策资源的分配是否符合产业政策制定的原则，是否推动了重点行业的发展与效率提升，是否扭曲了资源的配置等方面；第三类文献中，由于专项产业政策一般有简单、明确的目标，对于这类政策实施效果的研究主要探讨政策是否达成目标以及作用机制方面。研究对象的不同，不但使研究内容上的侧重点有显著差异，同时还会使实证方法与数据方面有差异。在第一类研究中，一般采用行业内企业层面的数据，在涉及研究政策对上下游行业影响时，也会用到上下游行业的数据，在实证方法上更多地采用反事实检验、自然实验的方法；而在第二类研究中，早期较多采用宏观层面主要行业在行业层面的数据，后续则越来越多采用跨行业微观企业的数据，在方法上多采用回归与面板回归的方法，也有采用自然实验与投入产出、生产网络相关方法的研究。第三类研究则根据专项政策针对对象的不同，在采用数据上存在差异，对于SBIR政策的研究主要采用中小企业在企业层面的数据，而对于区域产业政策与产业集群政策时较多采用地区、产业在企业层面的数据，在方法上采用自然实验、反事实研究的方法。本章分别就三类实证研究进行回顾，介绍研究中数据使用、方法演进以及结论上的差异。

第一节　围绕特定行业产业政策的实证研究

采用关税/非关税壁垒抑或补贴等政策支持本国幼稚产业发展或者支持本国战略性产业的发展，是各国产业政策实践中常用到的政策。关于这类政策的效果，学术界争议颇多。如何评估这类政策效果并对各国产业政策的经验进行总结，以及采用此类政策对新兴产业进行政府干预的理论依据进行再思考，都具有重要意义。

围绕特定产业扶持政策效果的早期研究中，较有代表性的研究包括

Baldwin 和 Krugman（1988）、Baldwin 和 Flam（1989）。Baldwin 和 Krugman（1988）是针对单一行业（战略性幼稚产业）产业政策效果进行实证研究的开篇之作。该研究使用垄断和双寡头模型对欧洲空客产业补贴政策的效果进行了评估，并探讨了该政策对欧洲、美国和世界其他地区福利的影响。研究结果发现：该产业补贴政策的主要作用体现在重新分配效应，补贴使得所有消费者福利得到改善，但也导致美国波音公司的利润遭受损失。Baldwin 和 Flam（1989）也选取航空业作为研究对象，基于 Brander-Spencer 利润转移模型研究了加拿大对通勤飞机市场的保护（市场进入限制、出口补贴）及该政策对瑞典和巴西市场的影响，其分析表明政策在将利润从国外转移到国内企业方面相当有效，相关政策通过降低该行业的"平均"边际成本或者通过增加行业竞争力而提升了消费者福利。但是该研究的问题在于其忽略了产业政策产生的综合效应，而且其研究结果取决于包括需求弹性等在内的参数设定。

早期的类似研究与当时政府实施的战略性贸易保护主义政策这一背景紧密相关，主要关注战略性贸易政策对于不完全竞争行业的策略性互动行为及其均衡结果的影响，此类文献认为，在某些前提条件满足的情形下，政府可以利用出口补贴和其他政策工具将利润从外国企业转移到国内企业，从而增加本国福利。但是正如作者所言：战略性贸易政策可以相当有效地实现将利润从国外转移到国内企业的目的，但是与此同时要注意此类政策发挥作用所依赖的前提条件及其可能由竞争效应下降而带来的福利损失；并且尤其重要的是，这样非常独特的案例分析可能并不能得出关于战略性贸易政策福利影响的一般性结论（Baldwin 和 Flam，1989）。其后的研究也指出：此类研究均存在一定程度的缺陷，鲜有关于产业政策的研究能够通过穆勒标准（Mill test）和巴斯塔布尔标准（Bastable test）[1]，即使一些研究能够证明受产业政策保护的产业增长更快，也不足以证明产业政

---

① 穆勒标准是指受保护部门在没有保护的情况下最终能够在国际竞争中生存下来的标准，而巴斯塔布尔标准则更为严格，它要求贴现后的未来利益能够补偿目前的保护成本。

策能够提高福利水平；也有研究发现产业政策提供的产业免于竞争的保护措施能够增加消费者福利，但是这些研究也不足以作为"能够为产业提供庇护的产业政策是最有效的政策选项"的政策依据（Harrison，2010）。

后续的研究开始采用反事实研究方法。Head（1994）和 Irwin（2000a，2000b）采用反事实方法分别对美国具体行业的产业政策效果进行实证分析，二者的研究均基于福利角度出发检验产业政策效果的有效性，其结论存在些微差异。Head（1994）基于动态模拟方法采用产业层面的时间序列数据研究所选取的美国钢轨行业幼稚产业保护政策的影响，实证检验了"干中学"、改变资源禀赋和关税保护在该行业发展过程中所起的作用。该研究指出：①政策实施之前，美国钢轨行业最初处于不利竞争地位，在这一行业的发展过程中，幼稚产业保护政策是暂时性的政策，促使该行业在 20 世纪初成为具有竞争力的行业；②该研究对钢轨关税政策进行了反事实模拟，证明了"干中学"对幼稚产业的发展具有积极作用；③关税保护是该行业长期增长和价格下降的主要因素，尽管对福利具有改善作用但是其影响微小。不同于 Head（1994）的研究，Irwin（2000a）选取美国内战后生铁行业作为其研究对象，分析进口关税保护政策对该行业发展带来的影响，该研究通过估计国内生产的生铁和进口生铁之间的替代弹性研究关税削减如何影响生铁行业的生产、产品价格和进口以及消费者福利，得到的结果显示：如果 1869 年取消关税，国内生铁产量将增长 15% 左右，进口市场份额将从 7% 左右提高到近 30%，该结论表明相当一部分国内生铁生产企业可以在大幅降低关税的情况下存活下来。其后，Irwin（2000b）采用反事实模拟方法选取马口铁产业为例分析19 世纪末美国麦金莱关税的作用，将原材料成本和"干中学"即动态规模经济纳入马口铁成本结构中，估计结果说明，该关税政策的实施使得该行业得到了快速发展，但是关税定得过高，导致消费者福利损失。

此部分研究着眼于采用反事实模拟的方法针对政府采取关税保护政策对本国行业发展和消费者福利的影响。从研究结论来看，尽管其研究对象为处于不同发展时期的美国钢铁（或其相关行业），但是结论较为一致，即关税保护政策对于本国行业发展及福利提升的效果微小；并且倘使这样的政策还能发挥一定作用，就需要结合被研究对象所在国家所具有的不同于其他国家的重要因素（诸如美国资源禀赋所赋予的美国产业潜在的比较优势、美国庞大的市场、该行业所具有的政治影响力等）来考虑。由此可见，针对关税政策的保护主义做法也需谨慎为之。与此同时，也应该看到此类针对特定行业的产业政策效果评估的实证研究依赖于严格的反事实假设，无法分析产业政策潜在长期影响。但是这些研究中非常值得注意的也是这些研究最突出的特点就在于：这些研究是在清晰的政策背景和制度环境下进行的政策效果评估，紧密结合政策发生的经济现实背景。这样的研究也为未来进行产业政策相关研究提供了借鉴：未来研究应该注重还原政策发生的经济历史条件与背景，进行更为客观和严谨的政策效果评估（Lane，2019）。

近年一系列新的研究运用新颖的面板数据，将丰富的微观数据与准实验设计相结合，重新探讨产业政策对工业发展的影响，其中最具代表性的研究是 Inwood 和 Keay（2013）基于 1870~1913 年加拿大针对钢铁行业实施的关税保护政策效果的评估。该研究基于 Grossman（1986）构建的局部均衡的需求和供应模型，该模型为估计国内生产者对其国内和国际市场条件变化、投入—供给冲击、运输成本下降和关税保护变化的敏感性提供了可行的分析框架。Inwood 和 Keay（2013）基于此模型，采用运输成本数据以及单个高炉生产和就业等微观数据，使用了一系列外生工具及结构模型以明确识别决定加拿大生铁需求和供应的各影响因素之间的内在关系，以评估关税政策对加拿大钢铁工业发展的影响。该研究发现：有效的关税保护与加拿大钢铁工业的发展是正相关的，即 1879 年加拿大实施的关税保护激发了国内生产商对先进设备的投资，进而刺激了产量的扩张；但这种影响随着国内需求的增加而减弱，随着劳动力成本的下降，关税保护政策的作用迅速减弱。其中关税政策起到较为关键的作用在于：在 19

世纪80年代和90年代初，加拿大联邦政府的关税保护承诺是作为生产商对先进设备进行投资的重要触发因素，促使国内生产者对代表先进技术的新高炉进行不可逆转的投资，这些高炉能够适应19世纪后期国内产量的急剧增长，从而在加拿大钢铁工业扩张初期推动了钢铁行业的发展。该研究具有的重要意义在于：针对关税保护政策效果的研究，如果虑及新投资、产出增长和征收关税的时机，以及确认价格、政府政策和劳动力成本的内生性，就会得出不同于长期以来解释国家政策在加拿大钢铁工业发展中作用的既有研究（William Donald，1915）和约翰·戴尔斯（John Dales，1966）截然不同的结论——关税确实起了作用。该研究对于其后进行产业政策效果评估的研究所具有的重要启示意义在于：针对某项产业政策效果的研究，不仅要结合政策发生的具体经济和历史大背景，而且在进行模型的设定和方法的选择以及数据的使用方面也要更加臻至完善，这样才能对具体政策所产生的影响进行更精确的评估。

除了针对产业政策目标行业进行的政策效果评估之外，另一些研究开始针对目标行业的产业政策如何影响经济中的其他行业进行政策效果的评估。鉴于马歇尔外部性是选择性产业政策的重要理论依据，某些行业由于具有知识扩散或外部性等特点有可能产生溢出效应（Pack和Saggi，2006；Noland，2004；Liu，2019）。不同的产业由于投入—产出的网络关系，溢出效应会导致不同部门资源的分配，即外部性的存在必然影响产业政策的效果和目标。Blonigen（2015）选取1975~2000年21个钢铁生产国（包括发达国家和不发达国家）的样本，将钢铁行业产业政策的跨国变化和钢铁作为投入品在不同行业产生的影响结合起来，利用钢铁部门产业政策的国家间差异和钢铁作为重要中间投入的跨部门差异相结合，以确定此类针对钢铁行业的产业政策对其他相关行业出口增长的影响以及对下游部门的其他绩效（如产出增长）的效应。结果表明：针对钢铁行业的产业政策对下游产业的出口绩效有着显著的负面影响。但是此类产业政策效果在各国之间存在显著的异质性，该异质性主要体现在所选样本中欠发达国家之间；出口补贴和进口保护政策对下游出口竞争力的影响最大；政府提供的生产补贴具有显著的正面效应，但其正面影响远小于其他产业政策带来的负面影响。Hanlon（2019）分析了初始投入成本优势及其所产生的动态本土化学习效应的存在，为英国最初的优势促使其造船业维持长期领先地位提供了可信服的解释。该研究利用涵盖 1850~1911 年北美各地船舶制造业的详细数据，通过反事实方法对学习效应所产生的外部性及其效果进行实证检验，为学习效应在产业发展过程中所起的重要作用提供了新的统计证据，同时也提供了历史证据。其研究结果表明：北美地区的产业政策未能使其赶超英国造船业是因为英国造船业初始成本优势转化为持续的高生产率，早期熟练工人的培养和"干中学"使得英国造船业持续占据主导地位；动态本土化学习效应的可能来源是本地熟练工人的发展，现有研究对这一潜在作用机制缺乏研究。

除了聚焦于上下游跨部门的产业政策影响，也有研究同时兼顾产业内部的资源错配。Tao（2019）研究了金融限制下定向补贴对福利的影响。该研究以中国在 2005 年实施的铁矿石自动进口许可这一具体政策分析中国对大型钢铁生产商定向补贴的影响。该研究不仅考虑了产业政策引起的跨部门资源再分配的影响，还考虑了产业政策引起的产业内分配不当，这也是区别于其他研究的主要创新点。该研究构建了具有异质性企业和借贷约束的动态模型，并通过整合生产网络来扩展该模型，以期检验有针对性的补贴对静态福利和动态福利影响的途径，以此检验特定行业的产业政策会通过一般均衡效应扩散到其他行业。

一国的产业政策，不只对本国的产业发展与社会福利产生重要的影响，还可能会对国际贸易市场产生重要影响。Kalouptsidi（2017）研究了中国造船业定向补贴的问题，量化政策对各国生产再分配、行业价格、成本和消费者剩余的影响。通过建立造船业的结构模型（实证框架能够在"五年计划"期间发现补贴的范围并量化其影响）研究了政府补贴对上游行业的影响。分析表明：补贴导致全球船舶生产的大规模重新分配，产业政策显著地将全球生产重新分配给中国，主要的反事实研究发现：在没有定向补贴的情况下，中国在全球市场的份额将减半，而日本将获得更大的全球市场份额。虽然该政策扩大了中国造船业的规模，但规模的扩大却因为成本和生产错配而导致国内货运成本数略有下降，从而对于福利的改善效果甚微。

此外，还有研究利用系统分析的方法探讨特定行业产业政策的实施效果。Ahman（2006）根据技术变革和创新方面的文献，从系统方法分析政府政策的影响和创新过程，研究了政府政策支持的整个链条，包括自 20 世纪 70 年代初以来这些不同政策实施的背景，旨在分析日本政府在开发传统汽车替代品方面所发挥的作用、政府方案的效果以及政府支持计划中技术灵活性的重要性。Ahman（2006）的研究发现日本政府采取了一项全面的战略，包括研发、示范方案和长期战略计划指导下的市场支持。政府的作用是在发展过程中发挥指挥者的作用，既提供研发支持，又人为地创造利基市场，并通过立法和标准为目标技术铺平道路。尽管如此，目标技术（BPEV）仍未在市场上确立。该研究的结果表明：日本 BPEV 的历史证实政府选择性产业政策要实现"挑选赢家"并不容易。尽管日本经济产业省制定了持续而雄心勃勃的政策，但开发传统汽车替代品方面的发展目标从未按计划进行。政策的成功因素似乎更多的是与技术的具体特点有关，而不是与特定的政策风格有关。由此可见，政策在技术选择方面的灵活性、适应性和合作是必要的，为一项技术在从想法产生到竞争性技术的漫长旅程中增加了生存机会；并且，即使在技术开发的早期阶段，市场支持也是对研发的重要补充，以使得企业可以在研发过程中获得经验和建立市场。该项研究的重要性不言而喻，即政府在实施具有"挑选赢家"进行扶持这一重要特征的选择性产业政策时，要非常谨慎为之。

从当前既有的针对特定行业的产业政策效果评估的代表性文献来看，其研究的关注点从最初战略性贸易保护政策、关税保护政策到针对性的补贴政策以及针对特定行业的技术研发的支持政策，其研究的政策重点不仅随着政府政策措施的转变而发生了变化，而且随着可获取数据的丰富性和方法上的可行性而更趋多样化且更加严谨和精确。该部分的研究为针对特定行业的产业政策效果研究提供了非常有益的视角，不仅在于所选取方法的演进和革新，而且在于这些研究从早期至今的研究中非常重视对产业政策发生的历史背景的介绍和结合，也就是说，任一政策的实施都是其特定历史时期的产物，而相应的政策效果评估也不能脱离其发生的当下背景，了解并还原历史背景也是政策评估涵盖的重要部分。

第二节　对产业政策总体评估的相关研究

产业政策的倡导者认为产业政策是东亚发展型国家或地区实现成功追赶的重要原因。但质疑者则对此观点提出质疑，例如，世界银行（1993）对东亚奇迹的分析中表明，鲜有研究为针对特定行业的产业保护政策对产业的部门结构或生产率的变化产生积极作用提供证据。事实上，日本、韩国和中国台湾在过去30年内产业结构演进的影响因素主要是其比较优势和动态的要素禀赋而非产业政策的影响。有鉴于此，如何看待或者评估这些国家和地区及其他国家和地区实施产业政策所产生的综合效果，就显得尤为重要。

针对产业政策综合效果的研究中，早期 Beason 和 Weinstein（1996）的研究具有典型性和代表性。该研究是在1993年世界银行发布了《东亚奇迹》之后，引发了学界对日本经济奇迹进行探讨。在这样的背景下，Beason 和 Weinstein（1996）指出不同于日本产业政策所选取支持的行业不同于当时的共识即"日本的产业政策以高增长或高生产率增长部门为目标"。然而，日本政府所扶持的目标性行业正成为美国政府采取政策支持的目标行业。而日本产业政策背后的事实则与此相悖，基于日本选择性产业政策效果的研究尽管已经表明，政府在高增长部门的政策提高了这些行业的回报率，从而促进了整体经济增长，但是得出此种结论背后所采用的方法是有问题的，因为该方法忽略了一个事实，即所谓为高增长行业提供政策扶持以诱导资源转移到高增长行业的选择性产业政策，实际上更多地被用于低增长行业。为了更好地验证这一截然不同于经济发展良方的产业政策对经济增长的作用，Beason 和 Weinstein（1996）采用日本 1955～1990 年贸易保护、部门间净转移（非间接补贴）、部门企业税收减免和政府贷款对于各部门全要素生产率的影响；以石油危机（1973）为间隔将日本战后分为两个时期，研究不同时期以及整体的行业增长率以及政策工具效果的差异。该研究采用超越对数生产函数为模型建立产业政策的"影响函数"，研究结果表明：传统观点普遍认为的日本产业政策采取针对高增长或高生产率行业提供政策支持的观点是站不住脚的；尽管将资源转移到某个部门的政策可能会提高该部门的增长率，但是其作用途径可能是通过提高生产要素的利用率或保护该部门的市场。然而，对日本的研究发现，资源似乎没有被转移到高增长的行业，合理的解释可能是：其一，日本政府未能实现向政策目标行业的资源转移；其二，产业政策旨在帮助衰落部门或保护大型非生产性产业利益。但是无论出于上述哪种原因，该研究认为所能得到的最重要的结论是，日本实施的产业政策并没有对目标行业的全要素生产率产生积极影响。毋庸置疑，尽管由于 Beason 和 Weinstein（1996）使用的是行业的总体数据而非微观数据，因此，该研究难以充分反映政策制定者的真实政策意图以及政策的作用机制，但是该研究为当时被世界各国所瞩目的产业政策在经济发展中的作用提供了迥然不同的思考视角和结论。

那么，针对第二次世界大战后日本所经历的历史上最壮观的经济增长时期之一，如何回答"战后日本产业政策对经济增长的影响到底是什么"这一问题？当然从理论上来说，产业政策可以通过针对具有更强技术外部性的产业提供政策支持以加速经济增长。但是，日本政府在实践中能够做到吗？不同于既有研究着重于研究日本政府是否具有挑选"产值增长较快或全要素生产率增长较快的产业为政策目标"的能力，Pons-Benaiges（2017）的研究则根据产业政策在实现矫正由于技术外部性而存在的市场失灵方面的作用来评价日本产业政策，主要通过估计战后日本每一个主要制造业的技术外部性并对所估计的技术外部性和政府干预措施进行对比进行产业政策效果评估。该研究扩展了日本战后产业政策与经济增长的研究：首先，该研究通过详细的企业层面数据区分了内部（企业层面）和外部（产业层面）生产率来源，并且依据外部规模经济和实践学习为产业政策提供的理论支撑，考虑了外部规模经济和外部实践学习这两种外部性对企业生产率的影响，进而运用定量和定性证据相结合的方式以实现更充分和详尽地对战后日本政府的支持干预进行效果评估。研究结果表明：1964~1973 年，规模经济较强的行业并没有得到政府政策支持，而学习能力较弱的行业则获得了政策支持；1974~1983 年，政府干预鼓励了规模经济较强的行业，而阻碍了学习能力较强的行业；类似的情况也出现在政府干预的定性政策措施中，由此也表明在这两个时期，日本产业政策更青睐规模经济较强以及学习能力较弱的行业。该研究也在一定程度上为选择性产业政策较难选择赢家反而可能选择输家提供了证据支持。

20 世纪 70 年代韩国重化工业（HCI）战略的推行过程中，政府使用贸易和金融政策，将资源用于重化工业领域。该政府干预行动规定了重工业的发展计划、优惠条件、融资方式、产品定位和技术引进方面的详细内容。Kim（1990）对 1973~1979 年被称为韩国经济起飞期间的财政政策、信贷政策、税收政策和贸易政策的评估结果表明：表面上看，在此期间的重工业发展计划与韩国长期的经济转型相一致，但事实上，该战略由于产业政策实施中出现的问题而付诸流水，也就是说，韩国政府干预政策劳而无功，不仅对政策目标行业而且对非政策目标行业都产生了一定的扭曲，既导致政策目标行业产生过剩产能，同时使非政策目标行业部门的资源匮乏，并且也加剧了通货膨胀和外债的积累。Kwon 和 Paik（1995）对早期研究进行了扩展，使用可计算的一般均衡模型估计了韩国劳动力和资本市场扭曲所带来的福利成本，在计算部门工资和资本回报差异时，区别了企业自身存在的差异与产业政策带来的扭曲，研究结果表明：消除劳动力市场扭曲将使产出增加不到基准年 GDP 的 1%；即使去除资本市场的扭曲，GDP 也只增长了 3.2%，福利增长了 5.6%。该研究还检验了资本市场扭曲导致的政策效果，发现金融手段比财政政策具有更大的扭曲效应。Lee（1997）基于韩国 1963~1983 年 38 个受产业政策扶持的产业劳动生产率和全要素生产率的增长率的研究，探讨了韩国政府的产业政策和贸易保护对其制造业的影响，实证结果发现：韩国政府在此期间实施的产业政策（税收优惠和补贴贷款）并没有对被保护行业的全要素生产率增长起到促进作用；反而，事实上有证据表明，生产率增长来自政府对贸易干预程度的减弱。Noland（2004）针对韩国政府推动重化工产业实施的产业政策的外部性进行了深入研究，通过分析产业政策目标行业和非政策目标行业之间投入产出的区别，确定产业政策干预是否有效以及所选择的产业是否具有产生跨行业外部性的条件。Noland（2004）提出在选择政策扶持部门时应该符合三个标准：与一国经济中其他部门有很强的产业间关联，与其他经济部门的发展存在因果关系且能引领其他部门的发展，具有在产出增长中占有较高创新份额这一特征。该研究结果显示只有 4 个产业（木制品、造纸、石油与煤炭、有色金属）符合上述标准。但是就韩国的具体政策实施而言，除了有色金属行业之外，其他符合标准的行业都不是韩国重化工业战略期间推动的行业。这与 Pack（2000）的结果也是一致的，即韩国产业政策所瞄准的产业与非政策目标产业之间几乎没有投入—产出关联，政策并没有促进产业间的溢出效应。由此可见，针对韩国产业政策效果的研究得出较为一致的结论，即韩国针对重化工业战略所实施的产业政策如果不是事与愿违的话，至少也是徒劳无功，无助于其政策目标的达成。

　　考虑到这些研究由于无法识别政策干预的产业与其他产业的关系是否发生变化以及没有受到干预的产业是否也会受益于政策而存在局限性，

Lane（2018）使用新的数字化数据集与前期年份较久的数据结合起来，探讨韩国旨在推动从轻工业出口经济体转变为重工业化经济体的现代化工业强国所采用的快速工业化措施产生的政策效果。借助于翔实的数据，该研究与以往针对产业政策效果评估的实证研究相比，Lane（2018）的创新性在于：①通过比较政策实施前后目标产业和非目标产业的变化估计产业政策对短期发展的影响；②评估了产业政策的溢出效应，通过前后向联系来分解影响，并使用一个多部门一般均衡模型来分析政策影响如何通过投入—产出网络传播；③利用自然实验（动态差分）来检验产业政策是否会对直接受到干预的部门和通过投入—产出联系而受影响的行业产生长期影响。其研究结果表明：HCI政策促进目标部门的发展并且产生了广泛的影响，不仅促进了政策支持部门及其相关行业实际产出的增长，而且还使经济活动从轻工业部门向重工业部门重新进行资源配置；同时，韩国HCI政策对下游部门也产生了正的外部性；此外，韩国在开启自由化进程之后的很长一段时间，其政策的影响仍然长期持续存在。综合结果表明，HCI政策对具有前瞻性的相关部门产生了积极的财政外部性。这些结论与早期关于发展政策理论研究（Murphy等，1989）和强调设备投资潜在溢出效应的研究（DeLong和Summers，1991）一致。需要注意的是：该研究发现HCI政策对上游工业的负面影响是由进口竞争加剧造成的，换句话说，即韩国的产业政策牺牲了更多的上游部门来换取下游部门的利益。综上所述，该研究揭示了韩国颇具影响力的重工业战略所带来的影响，其研究结果与Wade（1990）和Amsden（1992）的结论一致，即产业政策促进了韩国战后工业化发展；并且，产业政策可能通过投入—产出网络对其他产业产生异质性影响。这些结果更新了Hirschman（1985）等早期研究成果，表明在高度全球化的经济中，传统政策的影响可能更加复杂。尽管如此，作者也指出：该研究结果应该谨慎解读，虽然该研究强调了产业政策对众多产业发展产生的影响，如产出价格、产出增长和制造业活动的重新分配，但是该研究并没有深入研究全要素生产率的问题，未来研究需要充分考虑产业政策对总福利和要素分配不当的影响。

近年来，对于中国产业政策实施效果的实证研究增多，代表性的研究有 Aghion 等（2015）和 Liu（2019）。Aghion 等（2015）采用 1998～2007 年中国工业企业数据库，构建城市和部门层面的面板数据，来研究补贴、低息贷款、税收减免以及关税四种产业政策工具与竞争如何影响企业生产率。结果表明，在竞争性的部门实施产业政策或能够促进竞争的产业政策可以显著地促进生产率的增长。其研究还表明，产业政策并非绝对的限制竞争，反而产业政策间可以具有互补性，而且不同产业政策工具所发挥的效果也不尽相同。为了实现对产业政策的总体效果进行更加清晰和全面的评估，Liu（2019）所做的开创性的研究着力于解决既有实证研究对产业政策总体效应进行评估所面临的挑战，因为总体效应取决于一般均衡和再分配效应。该研究采用中国和韩国的数据，基于生产网络探索政府对于具有投入—产出关联的上下游部门之间存在的市场不完善进行政策干预的效果，并探讨了存在跨产业关联和市场不完善的情况下选择性产业政策的理论依据，为评估产业政策的总体效应及政府干预提供了新思路。但是 Liu（2019）也谨慎地指出：当前研究重在对产业政策通过资源再分配而实现的经济效应，但忽略了政策执行的政治经济层面对于产业政策效果的影响。就这个意义而言，要切实实现对产业政策总体效果的更全面的评估，仅仅采用计量经济学分析是不够的。

针对产业政策所产生的整体性、综合性效果的研究中，具有代表性的文献主要集中在对于东亚经济体尤其是最具代表性的中日韩三个国家所实施的产业政策效果的综合性评估，并且政策工具也较为多样化，其研究方法及其结论也存在较大差异，因此，针对产业政策是否有效这一问题的探讨要非常谨慎，并且在针对不同产业政策效果的评估时，不仅需要采用更加严谨的计量经济学方法，而且需要对政策效果产生至关重要影响的政策执行的政治经济层面进行考量。

第三节　专项政策效果的实证研究

不同于上述针对具体产业的选择性产业政策效果的评估，另有一些研究针对以增加就业、提高企业绩效、刺激投资或者发展研发创新为主的政策实施效果展开实证研究。这类产业政策的形式一般以国家产业战略、区域或产业集群政策等为主，大多为功能性产业政策，而且既有的诸多政策效果评估研究都围绕着政策普遍存在的平均处理效应（ATE）展开，一般使用局部随机变化来估计目标政策的影响，而且积极处理内生性政策和选择问题。尽管区域政策无处不在，但对这些政策的因果关系进行严格微观计量经济学评估的研究却相对较少。

一　美国小企业创新研究计划

特定专项产业政策以美国的小企业创新研究计划（Small Business Innovation Research program，SBIR）最为典型。美国于 1982 年首次推出小企业创新研究计划，并为其他国家实施此类政策提供了可资借鉴的经验。政府通过赠款补贴或者创新采购等方法对较难吸引到创新投资的中小企业提供帮助，旨在帮助和激励这些企业实现技术创新（Rigby，2013）。

大量研究采用以创新或生产率的某些指标（研发支出或就业）为企业创新的测度，检验政府研发补贴政策对企业创新活动的影响，普遍认为：政府研发资金与私人研发活动和就业之间存在正相关关系（Irwin 和 Klenow，1996；Lerner，2000）。尽管此类研究看似已经达成共识，但是此类针对 SBIR 效果采用的评估方法存在差异且对于更加精准地评估其政策效果也至关重要。Lerner（2000）基于 1435 家企业的就业和销售增长情况，对 SBIR 项目的长期效应进行政策效果评估。该数据由授权评估 SBIR 的美国政府问责局（GAO）提供，数据覆盖面更详细和全面且具有可靠性和独特性。Lerner（2000）使用匹配方法构建准实验方法进行评估，研究表明，SBIR 促进了增长和创造就业，而且获得资助的企业更有可能吸引风险融资，但同时也发现 SBIR 会造成资助过程的扭曲，这种扭曲在高科技企业较少的地区和获得补贴数额大的企业中会使政策产生不利影响。虽然匹配的方法可以实现政府补贴对企业研发作用效果的检验，但是如何解决内生性问题，即补贴是否会促进企业投资于更多的研发，或者进行更多研发活动的企业是否会获得更多的政府补贴，Wallsten（2000）认为由于政府选取的政策目标企业内生于企业的研发活动，因此在探讨任何关于补贴对企业研发或生产率影响的实证估计工作都必须处理内生性这个重要问题。鉴于内生性问题对于研究结论可能产生的重要影响，Wallsten（2000）通过构造工具变量控制 R&D 经费和企业 R&D 经费的内生性，结合严谨的计量经济学分析厘清了政府补贴与企业研发活动之间的因果关系，以避免在检验政府补贴的影响时严重的估计偏差，进而采用美国 1990~1992 财政年度期间向国防部或 NASA 申请 SBIR 并获得资助的企业数据。研究结果发现：补贴不仅不会带来就业率的提升，SBIR 项目提供的补贴对于企业用于研发的投入具有挤出效应。该研究指出：在估计政府补贴产生的政策效果时，控制内生性非常重要。这篇文章的结论颇具深意：政府提供的研发补贴对企业研发活动和就业均没有影响，仅仅是挤出了企业资助的研发费用；与此同时，也需要非常谨慎地对待政府用于支持企业研发的项目，因为仍然存在另一种可能性，即虽然这些政府补贴对于企业研发活动的增加影响甚微，但是并不意味着政府的研发补贴毫无裨益，而可能正是因为政府提供的支持，企业能够维持在一个恒定的研发支出水平上继续研发活动而非降低研发强度。

不同于 Wallsten（2000）得到的结论，Audretsch 等（2002）采用案例研究分析 SBIR 补贴的相关影响调查以及社会回报率，研究发现：SBIR 可以对企业的研发活动起到激励作用，并促进企业对其研发活动进行商业化的努力，而且商业活动及其附带的溢出效应产生了巨大的净社会效益；此外，SBIR 项目通过促进新公司的成立，影响了科学家和工程师的职业道路选择。Link 和 Scott（2010）结合美国国家研究委员会（NRC）提供的数据集，研究发现 SBIR 项目减少了企业进行创新活动的障碍，SBIR 项目中大学的参与也增加了项目商业化成功的可能性。与之前 SBIR 的评估研究相比，该研究同时考虑了样本可能存在的选择性偏差和潜在的内生性问题，利用控制选择变量和工具变量法并结合 Probit 回归模型，实证表明，SBIR 所特有的创业风险确实存在，但平均风险概率略高于 0.5，并且政府所能接受的创业风险范围也很大。

整体来看，以往关于 SBIR 政策效果评估的文献大多依赖来自各方收集到的企业对调查报告作出反馈的数据，由此就导致此类数据存在一定局限性，包括商业化成功率较高的公司更有可能对调查作出回应，或者被调查企业更可能提供有利的答案等。鉴于针对中小企业的研究缺乏更加客观的商业数据，如销售统计和研发支出，所以此类研究结论也饱受争议。为了克服以往研究的局限性，Silverman 等（2015）收集了 1983~2014 年获得 SBIR 资助的宾夕法尼亚州生物技术公司的公开数据，克服了企业自发报告数据可能存在的偏误，实证分析了 SBIR 资助是否吸引了其他资金来源（私人和国家资金）、是否改善了公司业绩以及是否有助于激发创新（增加出版物或专利），以检验 SBIR 对企业研发活动的影响。该研究结果没有发现 SBIR 资助数额对企业研发专利存在显著影响的证据。

除此之外，最近几项研究使用断点回归（RDD）来评估直接赠款补贴的因果效应。最具代表性的是 Howell（2017）对研发补贴进行了首次大样本的准实验评估。Howell（2017）利用排名规则和断点回归估计美国能源部 SBIR 补贴计划的局部平均处理效果，结果发现对融资、专利、收入、生存和退出有显著的积极影响，对于小企业效果更为明显。其他一些研究也对此做了相应的探索，如 Becker 等（2010）对欧盟结构基金与人均 GDP 增长因果影响的评估；Bronzini 和 De Blasio（2006）、Cerqua 和 Pellegrini（2014）、Bernini 等（2017）、Pellegrini 和 Muccigrosso（2017）分别评估意大利 Law 488 政策对投资激励、企业增长、全要素生产率、新创企业生存的影响；Bronzini 和 Iachini（2014）对意大利北部实施的投资补贴计划与研发激励关系的评估；Decramer 和 Vanormelingen（2016）对佛兰德斯中小企业的投资补贴计划的效果评估；Becker 等（2018）评估旨在振兴区域经济的全欧盟区域政策的影响等。

二 区域性产业政策的实证评估

把推动落后地区的发展作为其重要目标的区域性产业政策，其表现形式通常是国家以补贴与税收优惠政策等措施为落后地区的制造业提供援助，从而促进落后地区的就业、生产率提升以及缩小地区之间的发展差距（Neumark 和 Simpson，2015；Criscuolo 等，2019）。这其中，非常典型的是欧洲国家的区域政策，通过为特定区域提供公共补贴以期影响投资和就业的区域分配，旨在提高低收入地区的竞争力、自我维持的增长和增加就业（Bernini 和 Pellegrini，2011），如英国的区域选择性援助（RSA）计划和意大利的 Law 488 政策（在欠发达地区鼓励投资和创造就业机会）等。

英国政府实施产业政策的重要方式之一就是其长期以来采用的区域政策，其目的是降低区域之间在就业、收入和生活成本方面的差异。早期有很多关于英国区域选择性援助政策的实证评估。Jones（2004）使用企业层面的计量经济学方法考察 1985~1998 年英国东北部外来直接投资的政策与就业之间的关系。结果表明，外来投资集中在个别项目且这些项目所提供的就业机会很少；而国家对内投资机构往往把精力集中在某些类型的项目上。此研究质疑了这种集中外来投资能够促进区域发展和就业的观点。Harris 和 Robinson（2005）使用工厂层面的财务特征数据，利用风险函数模型比较援助和非援助工厂的存活率，然后将全要素生产率分解为不同的组成部分，考察英国制造业工厂全要素生产率增长的来源，研究了 RSA 援助区域与非援助区域之间的差异。研究发现：大型工厂接收 RSA 的概率比老工厂或外资工厂高；汽车、零部件、金属制品、皮革制品、鞋类和服装等行业的工厂最有可能获得 RSA 支持。此外，风险函数模型证实了 RSA 增加了工厂生存的可能性（平均而言，受援助工厂关闭的可能性比非援助工厂至少低 32%）。

也有研究发现对产业政策进行更加精确的评估所面临的主要挑战就在于如何设计明确的识别策略。Criscuolo 等（2007，2012）利用准实验来解决反事实问题，实证检验 RSA 政策对就业、资本投资、生产率和进入/退出市场的影响。该研究使用倾向得分匹配解决异质性处理效应以及使用工具变量（IV）法考虑了内生性问题。结果表明：产业政策对落后区域公司的就业和投资产生了积极影响，但对生产率没有影响。该计划通过支持效率较低的企业，可能会减缓效率较低的工厂的再分配，对总生产率增长产生负面影响。Hart 等（2008）进一步通过控制变量以及控制选择性偏差和内生性，研究发现，RSA 政策对就业增长存在显著的促进效应。由于英国选择性投融资（SFIE）计划是取代 RSA 计划的新的区域政策，重点是提高英国受援地区的生产率和技术性比例，Hart 等（2008）也对 SFIE 计划的效果进行了评估，并将其评估结果与 RSA 政策的评估结果进行了对比。最终表明，SFIE 计划不仅通过促进企业技术改进从而对提升企业生产率方面具有显著影响，而且实现了就业的增加；RSA 和 SFIE 计划都通过增加就业、提升企业生产率助力了英国经济增长。

鉴于基于"产业调查"技术即要求被援助公司的高级管理人员对反事实情况作出主观的评价可能导致对政策效果出现高估，Criscuolo 等（2019）利用 RSA 特定地区资格标准的外生变化而进行政策实验解决识别问题，以解决政策效果评估中因主观性评价导致的问题。将政策规则的变化参数作为工具变量，分别对资本投资和劳动力影响构建投资补贴效应模型，并采用三个不同层面的计量经济学估计模型，即区域层面（Wards）、聚集区层面（TTWAs）和微观企业层面。结果表明，区域层面的投资补贴每增加 10 个百分点，刺激制造业就业增加近 10%（是 OLS 估计的 7 倍），相应地区失业率下降 4%；政策产生的影响主要体现在小企业研发活动的增加，大企业接受补贴但是其研发活动并没有增加；RSA 政策对就业、投资有积极影响，但对企业的全要素生产率没有影响①。

　　基于区域的产业政策的实证研究倾向于利用"错过目标"（near-misses）来估计内生政策的影响（Lane，2019）。诸如 Criscuolo 等（2019）利用外生变量确定有资格或无资格获得产业补贴的具体区域，以及对于意大利 Law488② 和欧盟区域政策的评估，使用具体政策规则变化作为随机实验来评估其有效性。Bronzini 和 De Blasio（2006）首次评估 Law488/1992 政策的影响。根据政策资金分配的招标机制采用双重差分（DID）模型构建反事实，比较受惠公司和申请但没有获得资助的公司的研发投资活动的差异。与未获得资助的企业对比发现，获得资助的企业在补贴的第二年增加了投资，同时跨期替代的研究表明融资企业的投资活动明显放缓。另外，当企业在规模较小的市场进行竞争或者企业间的产业距离较近时，政策影响更为明显，这表明融资企业可能排挤了非融资企业的竞争对手。Bernini 和 Pellegrini（2011）通过双重差分匹配（MDID）的估计量解决了选择偏差问题，评估补贴对企业的产出、就业、利润和生产率的影响。结果表明，补贴对产出增长、就业和资本积累有显著的影响，但没有发现补贴增加了短期全要素生产率；而且对长期生产率和增长的负面影响减少了区域补贴的暂时的积极影响③。Law488 因为实施拍卖机制选择企业而产生的不连续点④，所以 Cerqua 和 Pellegrini（2014）利用断点回

---

① 其他考虑企业规模异质性的研究投资补贴的研究大都获得了相似的结论。对投资的影响只针对小公司效果明显（Criscuolo et al.，2012；Bronzini and Iachini，2014）；Cerqua 和 Pellegrini（2014）、Bernini 和 Pellegrini（2011）研究表明补贴政策的积极效应，但是对小企业影响更大。大多数研究没有发现对生产率的积极影响（Bergstrom，2000；Criscuolo et al.，2012；Cerqua and Pellegrini，2014），而 Bernini 和 Pellegrini（2011）则发现补贴政策对全要素生产率存在负面影响。

② Law488 是向制造业提供的财政帮助，减少意大利领土差异的主要政策工具，其政策范围主要集中在南部地区。该项目在地区竞赛中分配资金：每年投资项目根据可观察到的、预先确定的标准进行排名，然后按等级给予赠款，直至资金分配完毕。

③ Criscuolo 等（2019）对于英国区域政策的研究结果与此研究基本一致。

④ 对于产业研发激励政策的研究不断利用排名、阈值和不连续点进行因果估计，如 Elias 等（2016），Howell（2017）。

归方法衍生的准实验方法评估补贴对企业绩效的因果影响。因为存在多个地区和年份的排名，其使用非参数多重排名断点回归（MRDD）方法①，结果表明，该政策促进了企业的资本积累和周转，同样没有发现对劳动生产率的影响。

Bernini 等（2017）将焦点从补贴企业的政策效应转移到产业政策对生产结构的全球效应，并确定补贴是否在非发达地区起到了促进福利的作用。该研究利用粗化精确匹配（Coarsed Exact Matching，CEM），将正向的集聚效应与负向的跨部门替代效应和挤出效应进行对比，检验资本补贴政策的空间溢出效应。得到的结果与采用平均处理效应值（ATT）评估 Law488 影响的相关研究结果一致，但是此研究对投资政策影响的估计值更高，并且该研究没有发现中小企业在投资、营业额和全要素生产率方面的显著溢出效应；但是，未受补贴公司的就业溢出率显著为负。进一步地，Pellegrini 和 Muccigrosso（2017）使用 RDD 应用至企业生存分析，表明受补贴企业的生存率较之没有获得补贴企业的生存率更高，受资助的新创企业拥有较低的违约风险。考虑到使用倾向得分匹配和双重差分来分析公共补贴对受补贴的新公司生存的影响的研究，由于其假设基本是不可检验的，所以政策实施过程中对每个地区的每一个征集招标使用断点回归可以克服这一问题②。Bernini 等（2017）继而通过评估 Law488/92 来分析补贴对企业 TFP 不同组成部分的影响。Bernini 等（2017）同样利用产业政策创建的局部随机实验的条件，通过准实验方法（多重断点回归）来分析因果效应，并且使用随机前沿分析（SFA）将 TFP 分解为技术变化

---

① MRDD 是根据 Law488 数据的特点与 RDD 进行结合，处理组和控制组由具有不同排名断点决定的。主要假设是，在每一个排名中，位于临界点之上的企业的最佳控制组是排名在临界点以下的公司（未补贴的企业）来代表。该方法将分类的估计值聚合在一起，利用了 Law488 合并数据集中的所有可用观测值。MRDD 的这一特性提高了估计过程的效率，使局部处理效果的结果更加可靠。

② 该方法在局部上等同于随机抽样过程，而且即使外部有效性较弱，内部有效性（在断点附近）也很高。

（TC）、技术效率变化（TE）、生产规模变化（SC）、分配效率变化（AE）。结果表明：资本补贴在短期内对全要素生产率的增长产生负面影响，而 3~4 年后才会有积极影响；补贴对企业 TFP 的中长期影响主要来自技术变化而非规模变化。

同样，Becker 等（2010，2012，2018）的研究使用 RDD 来评估旨在振兴区域经济的全欧盟援助计划的影响[①]。Becker 等（2010）估计，该计划显著影响了地区的人均 GDP 增长（在同一规划期内，实际人均 GDP 增长约 1.6%），而且具有潜在的乘数效应，但是没有显著的就业效应。Becker 等（2012）研究表明在目标地区重新分配资金将促进欧盟总增长率的提高，并可能产生更快的趋同速度。Becker 等（2018）研究表明，欧盟结构基金在 1989~2013 年对人均收入、就业和投资增长都有积极的影响，但在危机期间（2000~2013 年），这些政策效果显著减弱，该结论在受危机影响大的地区也同样成立。

三　产业集群政策的评估

"集群"（Clustering）是相关业务领域的公司在地理上的集中趋势。促进产业集群发展的政策在经合组织和发展中经济体、富裕和落后的次国家区域等都很常见。集群概念来自探索创新地理中知识溢出（Audretsch 和 Feldman，1996）和集聚经济（Krugman，1992）的相关研究。诸如硅谷或意大利的工业区等发展良好的产业集群引发各界对产业集群政策的重视，成为学者和决策者关注的对象。发达国家和发展中国家的决策者也都通过实施集群产业政策寻求发展。常见集群策略特征包括建立网络或促进政府与社会资本合作。许多政策集中于中小型企业，另一些则提供关于商业和经济趋势的一般信息，以及关于市场、技术和竞争对手等参数的集群

---

① 实验设计利用援助资格标准估计计划的影响：如果各地区人均 GDP 低于欧盟的平均水平的 75%，就能够获得欧盟结构性资金。只有低于断点的地区才会得到资金补贴，而且在受到补贴的这些地区必须具有与高于断点的地区相似的特征。

特定信息（Warwick 和 Nolan，2014）。

集群已成为政策制定者工具箱的一个重要部分。然而，尽管集群政策很受欢迎，但针对产业集群政策实施效果则缺乏可靠的政策评估。既有研究较多集中在产业集群的特征、集群绩效或如何支持集群发展上，但欠缺对集群政策在多大程度上产生了影响进行更加精确的评估，尤其缺乏方法论上的稳健性评估（Uyarra 和 Ramlogan，2012）。Beaudry 和 Breschi（2000）分析了集群政策的有效性，即在发展较好的产业集群中的企业是否比其他企业更有可能进行创新。为了避免简单的 OLS 回归分析所产生结果的偏差而选择使用线性指数模型，如 Poisson 和负二项式回归模型更适合计数数据。Beaudry 和 Breschi（2000）分别以英国 15 个和意大利 17 个制造业部门的企业层面的专利数据、公司数据和地区就业数据结合负二项回归模型的估计进行评估，既参考了所有产业的集群，也单独考虑了集群中的每个产业。研究表明：集群本身并不是解释企业创新表现的充分条件；虽然在创新企业密集的集群中的位置对创新的可能性有积极影响，但非创新企业的存在（无论是在本行业还是在其他行业）都会产生一定程度的负面影响；另外，企业的创新持续性和区域知识存量也很重要，也就是说，积极的外部性会是本地创新公司溢出效应的证据。

针对集群的产业政策效果及其长期影响的实证研究较为缺乏。Martin 等（2011）采用双重差分、三重差分并结合倾向评分匹配法评估了法国促进产业集群的公共政策对公司绩效（TFP，就业和出口）的影响[①]，首次提出了利用企业层面数据对集群政策进行定量评估，还通过在区域和产业层面分析研究政策潜在的外部性。该政策选择的企业是低收入地区工业衰退的企业，所以政策属于防御型的。该政策并没有扭转衰退行业中全要

---

① 1999 年法国负责空间规划和区域政策的行政部门实施的一项特定集群政策。该政策向位于同一地区、属于同一行业的企业集团提供支持，称为"地方生产系统"（LPS）。该政策的主要目的是鼓励企业之间的合作，提高集群内企业的竞争力。LPS 政策的目标是提高集群内企业的绩效，而不一定以扩大集群规模为目的。

素生产率（TFP）的相对下降趋势，对就业和出口没有强有力的影响。Nishimura 和 Okamuro（2011）通过使用工具变量和处理效应回归来处理潜在内生性问题，评估日本"产业集群项目"（ICP）对企业研发效率的影响。事实上，仅参与集群项目并不会影响研发效率。与同一集群区域内的合作伙伴进行研究合作会降低专利数量和质量方面的研发生产率。为了提高本土企业的研发效率，在集群内外构建广泛的协作网络很重要。丹麦科学、技术和创新署（2011）首次对创新网络进行量化影响评估①。针对丹麦创新网络效果的评估显示出其集群政策对企业创新具有显著的积极影响。企业加入集群的一年内，其创新的概率是非加入集群企业的 4.5 倍，参与研发合作的概率增加了 4 倍。Viladecans - Marsal 和 Arauzo - Carod（2012）采用双重差分法评估巴塞罗那旨在形成知识企业集群的政策，将集群区域内知识型企业数量的增加与城市和首都圈其他地方企业的增加进行比较。为了检验集群设施是不是知识型企业区位选择的决定性因素，利用新企业的创建数据用有序 Logit 模型估计检验集群设施对企业区位决策的影响，对城市内企业选址进行了多元回归分析。集群计划增加了本地知识型企业的份额，但增幅不大；而且随着时间的推移，这种效应已经停滞不前。此外，该倡议的一些积极影响可能是以牺牲邻近地区为代价的，而且区位经济是知识型企业进行选址的重要区位因素。

四 研发投入税收抵免政策效果评估相关研究

除了政府拨款等直接性的援助，税收抵免也是常用的干预工具，研发税收激励的目的是降低边际成本。对研发税收抵免有效性的评估研究多采用收益-成本分析方法，检验了政策带来的研发支出的变化（Hall 和 Van，

---

① 编写了"丹麦集群政策的影响"评估报告。经评估的政策似乎侧重于发展商业网络和机构联系（位于确定的领域或集群）。这项量化影响评估使用了涵盖 1225 家公司的 2002～2008 年数据，并采用倾向性得分匹配来创建反事实。该政策有一系列目标：提供获得科学家、专业公司和其他方面专业能力的机会；促进知识共享和观点产生；提供确定合作伙伴机会并启动联合项目；发展与研究环境的联系；协助公司国际化。

2000），研究结果大多认为其政策效果是显著的，税收抵免政策对研发的影响最初较小，但随着时间的推移而增加。Bloom 和 Van Reenen（2016）采用 9 个经合组织国家的税收变化和 R&D 支出检验税收激励对研发投资的影响，研究发现：即使考虑到特定国家的固定效应、世界经济的宏观冲击和其他政策的影响，仍然发现税收抵免可以有效提高研发强度。Haegeland 和 Moen（2007）使用准自然实验的计量经济学评估了挪威2002 年的研发税收抵免计划——Skattefunn，评估结果得出，税收抵免刺激了企业增加研发投资，而且在此项计划执行之后进行研发企业的研发投资可能性增加了 7%。Parsons 和 Phillips（2007）对加拿大联邦科学研究和实验发展税收抵免的评估考虑了税收抵免引起的额外效应，其研究表明税收抵免带来了净经济收益，每一美元的税收抵免中，社会福利平均增长11 美分；并且认为增量税收抵免可能比基于数量的税收抵免更有效地诱导额外的企业研发支出。Ientile 和 Mairesse（2009）发现，研发税收抵免的政策效果因其国家和主要评估方法的选取差异存在差异（调查分析、准自然实验、虚拟变量回归和匹配技术、结构计量经济学建模），税收抵免对研发投入的影响也存在差异。

虽然关于税收抵免对企业研发投资影响的研究非常丰富，但对于该项政策的其他方面的影响，如从事研发与创新的可能性、生产率以及社会福利，评估研究较少。随着时间的推移和所使用的计量经济技术的差异，各国的投入附加效应差别很大。Wilson（2009）针对州的研发税收补贴有效性和外部性的研究中，利用双向固定效应估算研发要素需求模型。结果表明，州研发税收抵免确实有效地增加了州内的研发，然而几乎所有由此产生的增长都是以其他州研发支出减少为代价的。这就意味着一个州的研发财政政策对其他州的研发活动及其相关利益施加了外部性，各州研发税收抵免的设置几乎是一个零和博弈。

大多数研究关注税收激励对增加企业 R&D 支出的影响，而关于税收激励措施对创新和经济的影响较少。这其中，Czarnitzki 等（2011）、

Lokshin 和 Mohnen（2012）、Fowkes 等（2015）和 Elias 等（2016）在此方面弥补了以往研究的不足。Czarnitzki 等（2011）不仅研究了税收抵免对创新的影响，还评估了税收抵免政策对企业的总体经济绩效的影响。Czarnitzki 等（2011）使用计量经济学匹配方法来纠正选择偏差，采用非参数匹配方法研究了研发税收抵免对创新指标的平均影响。结果发现：税收抵免对研发活动的直接产出（新产品的数量和销量）有积极影响，增加了企业创新产出，但对企业绩效（盈利能力和市场份额）没有影响。Lokshin 和 Mohnen（2012）使用结构计量经济学模型来评估荷兰的研发税收抵免（WBSO 法案）政策的影响。该研究应用广义工具变量法估计企业研发资本形成对其成本的弹性，重新审视了研发资本积累对成本的敏感性并评估了税收激励的影响，其重点是政府对研发支持的成本—收益分析。研究结果表明：挤出假说对于中小企业来说不成立，税收激励在刺激小企业研发投入方面是成功的，其效果在短期内更加显著；相对于中小企业，每一欧元的税收抵免导致中小企业研发费用增加 0.2 欧元，而大企业研发费用大约增加 0.07 欧元；也就是说，荷兰的研发支持计划对于大企业的影响甚微。Fowkes 等（2015）检验了研发税收抵免对英国 R&D 投资的影响，估算了研发支出的价格弹性从而可以量化研发支出对资金成本变化的影响程度。研究结果表明：1 英镑的税收减免会刺激研发支出增加 1.53~2.35 英镑；当研发成本降低时，企业会增加研发支出，从而指出该政策具有显著的外部性。Elias 等（2016）利用基于资产的规模阈值的变化来获得 R&D 税收补贴的资格，并使用行政税收数据来实施断点回归（RDD），也发现英国研发税收激励对创新（研发和专利）具有显著的积极影响。其反事实估计表明，在没有税收减免计划的情况下总研发费用将降低约 10%，税收政策所产生的 R&D 对技术相关公司的创新会产生积极的溢出效应。此外，直接补贴和税收减免等其他产业政策工具可以产生互补效应。Guerzoni 和 Raiteri（2012）使用倾向评分匹配方法来试图比较创新型采购、研发税收抵免和直接补贴的效果，发现政策之间存在显著的协同效应。

从上述文献可见，产业政策效果评估的关注点已经从最初针对战略性产业政策、关税保护等政策效果的评估转向更具多样化的基于中小型企业的、区域的、集群的及研发活动的产业政策效果的评估，研究所用的数据也更加丰富和独特，方法的选取也更加严谨且精巧。无论是基于特定专项产业政策效果的评估，还是区域性产业政策/产业集群产业政策的效果评估，都囿于功能性产业政策本身所具有的普适性而普遍采用平均处理效应（ATE）的处理方法，如何进行更加严谨的微观政策效果评估仍是未来的方向。

第四节 结论与展望

一 结论与启示

尽管既有研究认为在理论上可以确信产业政策能够在促进经济发展方面发挥重要作用，并且研究的重点也从"是否需要产业政策"转向"如何制定和实施产业政策"。但是仍然需要思考这一问题：相对于产业政策成功推动经济发展的案例来说，产业政策阻碍经济发展的案例也比比皆是。但是这些如此南辕北辙的结论所依赖的分析框架和研究方法是否导致了产业政策效果的偏差？对于这个问题的探讨仍然囿于产业政策理论依据的探讨与政策效果评估以及产业政策实施空间再思考，并且缺乏从产业政策所植根的政治经济系统这一最深层次的也是最本质的问题对产业政策效果进行剖析。产业政策领域亟待研究和回答的问题仍然大量存在。

本章回顾了国外关于产业政策实施效果评估的重要文献。这些文献在研究对象、使用的数据、采用的方法等方面存在差异，由此得出的结论也存在不同。总体上看，评估产业政策效果的实证研究越来越多地使用微观计量和自然实验的方法，更加注重反事实情形的建立以及应对内生性和选择偏差问题（Criscuolo 等，2019）。一些新的方法也在探索过程中，例如，使用局部随机变化估计产业政策的影响，Criscuolo 等（2019）对英国产业政策进行研究，Becker 等（2010）、Bernini 和 Pellegrini（2011）等采用此方法对欧盟产业政策进行研究；还有利用排名、阈值和不连续点进行因果估计，针对产业研发激励的研究（Guerzoni 和 Raiteri，2012；Howell，2017）。即使微观经济计量方法的运用使得评估产业政策的效果较早期的研究更加具有准确性，但是由于不同的研究所针对的政策对象或者样本及其数据的不同，学界针对产业政策实施效果的评价仍存在诸多争议。

二 未来展望

随着企业微观层面的数据日益丰富，产业政策效果评估中应用微观计量和随机化实验技术已经成为发展的趋势。相比于案例研究方法，定量评估可以借用规范的技术控制影响产业政策效果的其他因素，从而更加客观和可信。但是，如何从微观经济计量研究中确定产业政策的总体均衡效应尚未达成共识，所以，针对政策的总体均衡效应的研究也是未来的方向。

产业政策的全过程评估除了面向政策效果的评估之外，对于政策本身的评估也不容忽视。发展型评估是传统的两类产业政策评估即形成性评估和总结性评估的有益补充（Patton，2006）。发展型评估可以帮助政策决策者在寻求执行政策方案期间产生结果的办法，对新的资料和新出现的结果作出恰当反应。发展型评估的目标不同于传统评估单单对政策效果成败作出绝对判断，其更提供反馈、创造知识和确认新方向等。发展型评估也符合现代产业政策的概念①，即决策者与其他对象进行对话的迭代过程，并且有自上向下和自下向上的结合。从这个层面来看，发展型评估应更多地被纳入决策过程。

---

① 发展型评估的核心概念是，评估人员和决策者是团队的一部分，他们试图实时了解政策的影响，并在复杂多变的环境中进行调整（Warwick 和 Nolan，2014）。

　　对于政策制定者而言，及时地监测和系统评估产业政策尤为重要，这能为及时调整与完善产业政策提供重要依据。既有文献普遍对产业政策的系统评估不足，各国政府很少对产业政策的成本和效益进行适当监测和评估。特别是对于工业战略或一揽子政策措施需要更为详细与系统的评估。这时需要在一个一致的框架下仔细、全面地评估政策，需要将定量研究与定性研究紧密结合起来。此外，在重大产业政策制定过程中，对于不同政策方案的预测性评估与比较也尤为重要，围绕产业政策预测性评估的方法与应用也有待进一步发展。

第三篇
技术进步理论演进

第七章 西方的技术进步理论

第一节 技术创新

一 西方学者对技术进步内生化的分析

1. 外生技术进步

Solow（1956）和 Swan（1956）认为技术进步可以解释经济增长的长期持续性，他们最早将技术进步纳入生产函数中，提出了新古典经济增长模型。新古典经济增长模型中假设技术是一种外生变量，并且保持一种固定的增长速度，即技术进步率。以新古典经济增长模型为基础，形成了新古典学派。该学派还关注并开展了技术创新中政府干预作用的研究，提出当技术创新出现市场失灵时，政府采用财政、税收、金融、法律、政府采购等宏观调控手段进行干预以促进技术进步，进而带动经济发展的必要性。同时，以工业化国家的经济增长历程为例的大量实证分析也基本证实了技术进步在经济增长中的重要性。

2. 内生技术进步

新古典经济增长理论为了解释经济人均变量的增长、长期经济增长，引入技术进步这一变量，具有较强的解释能力。但是，它将长期经济增长最根本的决定因素——技术进步归结为外生因素，没能说明技术进步来自何处，这一点是无法令人满意的。Arrow 于 1962 年提出的"干中学"模型是最早将技术进步内生化的尝试。他认为技术上的改善既不是自发产生的，也不是由公共部门提供的公共投入品，它来自私人部门的生产或投资活动。但是，他虽然成功地将技术进步内生化，但是并未改变资本边际收益递减的趋势，从长期看，仍然无法促进长期经济增长。到了20世纪80年代中期，Romer（1986）在 Arrow（1962）的基础上，将经济增长理论研究带入一个新的发展时期。Romer（1986）认为知识积累才是经济增长的原动力，他把技术进步视为经济的内生变量和知识积累的结果。他认为技术具有公共物品属性，其产生成本高昂，但是复制极为廉价，这就为国家干预技术创新以实现技术水平提高和技术有效转移、扩散和增值提供了必要性。Lucas（1988）从人力资本的角度解释了长期经济增长的源泉。人力资本即通过教育和培训增加的人类的基本技能。Lucas（1988）认为人力资本不同于有形资本，它能够不断地提高边际收益而不是降低边际收益。关于内生增长模型的其他讨论可参见经济增长领域的经典教科书（Barro and Sala-i-Martin，2004）。本章接下来将重点介绍目前内生增长理论的发展前沿——熊彼特增长范式及其应用。

二 熊彼特式增长理论

熊彼特于1912年最早提出了创新理论，并在以后的著作中系统地发展了他的创新理论，其被后来经济学家认为是创新理论的创始人。Aghion 和 Howitt（1992）最早用严谨的经济学模型表达熊彼特的思想。熊彼特式增长理论从理论和实证的角度丰富了熊彼特的创造性破坏的思想，即创新取代旧技术的过程。理论层面上，首先，熊彼特式增长模型为经济增长过程提供了几个新的微观视角，包括竞争方面、企业动态以及跨公司和跨部门的资源重新配置。其次，它使用了丰富的关于进入、退出和公司规模分布的微观数据来验证与其他增长理论不同的预测。在这两个方面，熊彼特式增长理论有助于弥合微观经济学和宏观经济学之间的鸿沟。

熊彼特式增长理论主要提供了三个方面的独特预测。第一，熊彼特增长范式使我们能够分析增长与产业组织（IO）之间的关系，使我们能够讨论增长与产品市场竞争之间的关系。更快的创新驱动型增长通常与更高的离职率相关。此外，竞争似乎与增长呈正相关，因此竞争政策往往与专利政策互为补充。第二，熊彼特增长范式阐明了经济增长与企业动态之间的关系。该框架可用于将增长与公司动态联系起来，从而对市场和公司的动态模式（例如，进入、退出、重新分配）以及这些模式塑造整体增长过程的方式进行预测。小企业的退出行为比大企业更加频繁。在存活的企业当中，小企业成长得更快，企业规模和年龄之间存在很强的相关性。第三，熊彼特式增长理论能帮助我们协调增长与发展。首先，它帮助我们了解制度发展如何塑造企业规模分布以及再分配和增长之间的关系。其次，它提出了适当增长制度和政策的概念，即推动远低于世界技术前沿水平的部门（或国家）增长的因素不一定是推动技术水平较低的部门（或国家）增长的因素。其中，在推动处于技术前沿的部门（或国家）的过程中，创造性破坏起着更重要的作用，Aghion 等（2015）认为民主在处于技术更前沿的经济体中更能促进增长。

1. 经济增长与产业组织

实证研究表明增长与产品市场竞争之间存在正相关关系（Blundell et al.，1995，1999；Nickell，1996）。然而，这与非熊彼特式增长模型的预测不一致。AK 模型假设完全竞争，因此没有解决竞争与增长之间的关系。此外，在 Romer（1990）的产品多样性模型中，更高水平的竞争意味着横向差异化投入之间的可替代性更高，这反过来意味着创新者的租金更低，因此，研发激励更低，从而降低增长。

相比之下，熊彼特增长范式可以解释线性回归中发现的竞争与增长之间的正相关关系，此外，还解释了其他增长理论无法解释的有关竞争和增长的几个有趣事实。Aghion 和 Griffith（2006）首次尝试综合关于竞争和增长的理论与实证辩论。Aghion 等（2015）得出了以下三个发现。首先，现有企业的创新和生产力增长似乎受到竞争和进入的刺激，特别是在靠近技术前沿的公司或与竞争对手并驾齐驱的公司中，而在前沿以下的公司则不然。其次，竞争与生产率增长呈现倒 U 形关系。初始竞争水平较低时，更高水平的竞争刺激创新和增长；初始竞争水平较高时，较高水平的竞争对创新和生产力增长的正面影响较小，甚至出现负面影响。最后，在鼓励研发投资和创新方面，需要采用专利保护措施，使之与产品市场竞争。

了解竞争与增长之间的关系也有助于加深我们对贸易与增长之间关系的理解。事实上，这种关系有几个方面。首先，存在规模效应，即贸易自由化增加了成功创新的市场，从而增加了创新的动力。这自然会被任何基于创新的增长模型捕捉到，包括熊彼特式增长模型。其次也存在贸易开放的竞争效应，只有熊彼特式增长模型才能捕捉到。后一种效应似乎在实施贸易自由化改革的新兴国家（如 20 世纪 90 年代初期的印度）中发挥了作用，这也解释了为什么贸易限制对更多处于科技前沿的国家的增长不利。

熊彼特式增长模型给出了以下三个可通过实证检验的预测。

预测 1：竞争与创新呈倒 U 形关系，行业内的平均技术差距随着竞争的加剧而增大。

Aghion 等（2005）分析了这一预测，他们使用 1973~1994 年 17 个两分位数标准工业分类（SIC）行业的英国公司面板数据，构造的产品市场竞争指标为 1 减去勒纳指数。其中，勒纳指数本身定义为扣除折旧、准备金和财务资本成本后的营业利润除以销售额，取一个行业年中各公司的平均值。Aghion 等（2005）发现行业内企业之间的平均技术差距随着行业竞争程度的加剧而增大。

预测 2：更激烈的竞争会促进前沿企业的创新，但可能会阻碍非前沿企业的创新。

直觉上，前沿企业可以通过创新来逃避竞争，不像非前沿企业只能赶上其行业的领先者。Aghion 等（2009a）对此预测进行了实证检验。他们使用 1987~1993 年英国公司在 180 个四位数 SIC 行业的 5000 多个现有业务线的面板数据，基于技术先进的外国新公司进入的数据，从工厂级数据构建了竞争的代理变量。他们发现竞争越激烈（新企业进入率越高），接近技术前沿（技术水平高于中位数）的在位者的创新更多，带来的生产率增长更快，即并驾齐驱的部门中存在逃避竞争效应。另外，他们发现竞争越激烈，离技术前沿较远（技术水平低于中位数）的在位者带来的生产率增长更慢，即落后者创新的熊彼特效应（Schumpeterian effect）。

预测3：在促进创新方面，专利保护与产品市场竞争具有互补性。

熊彼特式创新的预测是，竞争和专利保护在促进增长方面应该是互补的而不是相互排斥的，与 Romer（1990）的产品多样性模型不一致。在该模型中，竞争总是不利于创新和增长，而知识产权方面的专利保护有利于创新，即竞争降低了创新后的租金，而专利保护增加了这些租金。Acemoglu 和 Akcigit（2012）通过逐步创新对熊彼特式增长模型中的最佳专利保护进行了分析。直观上看，竞争减少了非创新企业的利润流，而专利保护可能会增加创新企业的利润流。这两者都有助于提高创新过程中并驾齐驱的公司的净利润收益。换言之，这两种政策倾向于增强逃避竞争效应。Aghion 等（2013）证实了这一预测。他们使用20世纪80年代以来经济合作与发展组织（OECD）国家—产业面板数据，发现实施增加竞争的产品市场改革（大规模的欧洲单一市场计划）增加了知识产权强国的产业创新，但知识产权较弱的国家则不然。此外，在知识产权强国，创新对产品市场改革的积极反应在更依赖专利的行业企业中，比其他行业的企业更为明显。总体而言，这些实证结果同知识产权与竞争之间的互补性是一致的。

2. 经济增长与企业动态

这一领域存在如下预测。预测1：企业的规模分布高度倾斜。预测2：企业规模与企业年龄呈正相关（Akcigit and Kerr，2018）。预测3：小公司退出的频率更高，幸存的小公司增速高于平均水平（Akcigit and Kerr，2018）。预测4：很大一部分研发是由现有企业完成的。预测5：进入者和在位者都在创新。此外，现有企业之间的资源再分配，以及从现有企业到新进入者的资源再分配，是生产力增长的主要来源。

3. 经济增长与经济发展

这一领域存在如下预测。预测1：企业增长速度会随着企业规模的增长而下降。预测2：给定其他条件不变，在法治更强大的经济体中，创造性破坏和公司之间资源的重新分配概率更高。这一预测与 Hsieh 和 Klenow（2009）的主要发现一致，表明发展中国家缺少增长和重新分配。预测3：经济体越接近技术前沿，增长就越多地由促进创新型（而非促进模仿型）政策或制度驱动（Acemoglu et al.，2006）。预测4：一个经济体越接近技术前沿，该经济体的增长就越依赖研究型教育。

4. 前沿研究方向

熊彼特式增长框架可以在几个有趣的方向上进一步发展。第一个方向是创新驱动的增长、最高收入份额和社会流动性之间的关系。熊彼特增长范式预测，更多的创新应该增加最高收入份额（包括对成功创新者的奖励）和社会流动性（通过创造性破坏，这意味着新的创新者应该不断挑战以前创新者的既得利益）。第二个方向是分析创新驱动的增长与社会福利之间的关系。一方面，更具创造性的破坏意味着更多的工作破坏，这应该会降低当前就业工人的福利。另一方面，更具创造性的破坏意味着创造更多新的就业机会和更高的增长率，这两者都应该提高福利。第三个方向是分析企业规模与企业追求的创新类型之间的关系。特别是，较小的公司还是较大的公司追求更激进的创新，这个问题的答案在发达国家和欠发达国家是一样的吗？熊彼特增长范式的潜在研究空间还很大。

第二节　技术创新与生产率

一　全要素生产率的测算

首先是新古典经济增长理论和内生增长理论关于生产函数中生产率的

贡献识别。全要素生产率（TFP）的概念由 Solow（1957）首次提出，其代表了除资本要素和劳动要素增长之外的其他所有因素对产出增长（经济增长）的贡献。理解 TFP 对于研究经济增长这一重要问题十分关键。一个国家长期经济增长可以归结为要素投入的增加与全要素生产率的提升，对 TFP 的研究有助于厘清经济增长的来源。众多学者的研究表明，全要素生产率可以用来作为解释许多经济高速增长的国家的经济减速（Eichengreen 等，2011）、日本经济"失去的 10 年"（Hayashi 和 Prescott，2002）、国家之间在人均收入水平上的差异（Caselli 和 Gennaioli，2003；Hsieh 和 Klenow，2010）。

全要素生产率测算的关键在于处理好"估计方法"和"要素投入度量"两大问题（白崇恩、张琼，2015）。其中，估计方法主要包括索洛剩余法、生产函数法、控制函数法等，进一步细分全要素生产率时还要使用随机前沿分析法（Stochastic Frontier Analysis，SFA）和数据包络分析法（Data Envelopment Analysis，DEA）。要素投入度量的争议主要集中在物质资本和人力资本存量的实际测算方面。以下依次讨论。

索洛剩余法与生产函数法主要用于测算宏观层面的 TFP。索洛剩余法最早由 Solow（1957）提出，在此基础上，OECD（2009）进一步推广，通过细分要素投入（资本与劳动），将索洛剩余中要素投入的影响进一步剔除。索洛剩余法的特点在于为全要素生产率的测算提供了严谨的经济理论背景，这些理论假设主要适用于市场竞争充分的发达国家，但是对于市场竞争不足的发展中国家，使用索洛剩余法，将对 TFP 的测算造成较大的偏误。相比之下，生产函数法的核心在于总量生产函数形式的设定，依据生产函数形式确定待估参数，随后使用计量方法进行估计。生产函数法的优点在于，其只要求完备的宏观数据以及确定的生产函数形式。

但是，索洛剩余法与生产函数法测算得到的全要素生产率的变化并不能直接等同于技术进步，因为其实际上包括了基于现有技术的生产效率变化、技术进步、规模效率变化等（基于数据可得性，现有研究主要考虑这三种因素）。这里要区分生产效率这一概念。生产效率指的是生产是否达到现有技术所允许的生产可能性边界，现实中可能存在的各种市场摩擦会导致现有技术不能被充分有效地利用。因此，在测算全要素生产率的影响因素时，需要分解出生产效率变化。现有研究基于不同假设，主要使用两种方法，分别是基于参数模型的随机前沿分析法（Battese and Coelli，1995；Kumbhakar and Lovell，2003）与基于非参数模型的数据包络分析法（Färe et al.，1985；Tone，2002）。随机前沿分析法将函数形式设定为随机扰动项与生产无效率项，从而存在随机性，但是这种方法依赖于具体的生产函数设定与随机扰动项分布设定。数据包络分析法可以克服函数或分布的误设问题，但是这种方法无法区分随机扰动项与生产无效率项，从而只要随机扰动项存在，将高估生产无效率。

不同于宏观层面测算 TFP，基于企业层面测算 TFP 时存在严重的内生性问题。内生性问题可能来源于回归方程中因遗漏重要的解释变量而导致的遗漏变量偏误（Omitted Variables Bias），也可能来源于观测到的企业的进入退出决策所导致的选择偏误（Selection Bias）。学者们使用了不同的方法，试图解决内生性问题，传统方法的尝试主要包括使用面板数据固定效应模型、引入工具变量（IV），前沿方法则主要包括使用动态面板模型（Anderson and Hsiao，1982）以及基于结构估计的控制函数法（Olley and Pakes，1996；Levinsohn and Petrin，2003）。接下来将主要介绍控制函数法。

Olley 和 Pakes（1996）首次使用控制函数法解决内生性问题，该方法得到了 Levinsohn 和 Petrin（2003）、Ackerberg 等（2015）的进一步完善。Olley 和 Pakes（1996）假设企业的投资决策取决于生产率，则在一定条件下投资可以作为不可观测的生产率的代理变量，进而可以使用两步估计法获得生产率的一致估计。Levinsohn 和 Petrin（2003）基于现实数据中的大宗投资导致样本中大量企业报告投资额为零的现象，提出使用中间投入品作为代理变量。Ackerberg 等（2015）克服了 OP 法和 LP 法中的函数依赖问题，提出的改进方法可以在不同的数据生成过程（Data Generation Process）中得到更一般且稳健的估计。

关于 Olley 和 Pakes（1996），Olley 和 Pakes（1996）最早提出了两步一致估计法，其核心思想是把公司的投资水平作为生产率的代理变量。该方法假定企业根据当前企业生产率状况作出投资决策，因此用企业的当期投资作为不可观测生产率冲击的代理变量，从而解决了同时性偏差问题。一般来说，状态变量通常是资本，而自由变量通常为劳动。OP 法需要满足投资与生产率之间是单调递增关系。

关于 Levinsohn 和 Petrin（2003），OP 法需要满足投资与生产率之间是单调递增关系，这就意味着那些投资额为零的样本并不能被估计。事实上，并非每一个企业每一年都有正的投资。LP 法则对 OP 法进行了改进，其核心思想是：不是用投资额作为代理变量，而是代之以中间品投入指标。LP 法使研究者可以根据可获得的数据灵活选择代理变量。

关于 Ackerberg 等（2015），OP 法和 LP 法都假设企业面对生产率冲击能够对投入进行无成本的即时调整。Ackerberg 等（2015），Bond 和 Söderbom（2005）则认为劳动（自由变量）的系数只有在自由变量和代理变量相互独立的情况下才能得到一致估计。否则，第一步的估计系数之间存在严重的共线性。针对此问题，他们提出了修正方法。

Young（1995）测算了二战后东亚新兴经济体（新加坡、中国香港、韩国和中国台湾）的增长来源，反驳了当时学界盛行的"东亚新兴经济体生产率（尤其制造业生产率）较高"这一命题，认为东亚经济的增长主要是靠投资拉动和人力资本积累等要素投入，其研究结果表明 1966~1990 年东亚经济的全要素生产率年均增长速度在 2%~3%。Young（2000，2003）对中国国家统计局公布的资本存量和价格指数等数据进行修正，使用索洛剩余法测算了中国非农业部门的 TFP，并研究 TFP 对中国经济增长的贡献。估算结果表明，中国 1978~1998 年的 TFP 年增长率仅为 1.4%，TFP 提升可以解释中国经济增长的 23%。Holz（2009）重新验证了 Young（2000）提出的观点和证据，从逻辑和证据上反驳了 Young（2000）关于中国跨省贸易壁垒上升的相关论点。他的研究认为 Young（2000）对贸易壁垒和其他证据的因果链条的论证是不充分甚至不可信的。

Brandt 等（2013）同样得出了与 Young（2003）不一致的结论，他们的研究基于中国工业企业数据库，发现 1998～2007 年以增加值衡量的 TFP 的年均增速高达 7.96%，且增速逐渐加快，1999～2001 年 TFP 增速为 2%～6%，2002～2007 年 TFP 增长速度为 11%～16%。他们据此认为 2001 年加入 WTO 大幅度提高了中国工业企业的全要素生产率水平。

基于以上发现，Brandt 等（2017）更细致地从产出和投入品进口关税的角度，研究了加入 WTO 带来的关税下降对中国工业企业加成（Markups）和生产率的影响。他们的研究发现产出关税降低了加成，但提高了生产率；投入品关税提高了加成和生产率。Hsieh 和 Klenow（2009）从企业间资源错配的视角研究全要素生产率，通过估算企业之间要素投入边际产量的差距，刻画资源错配程度，认为相比美国，中国企业间存在更严重的资源错配问题。而且，如果中国的资源配置效率与美国一致，1998～2005 年中国制造业的 TFP 年均增长率将提升 2%。Holz（2006）对测算中国的全要素生产率所需的数据作了非常完整的整理。

二 有偏技术进步的测算

Brandt 等（2013）在一个两部门模型中测算了 1985～2007 年国有和非国有部门间以及省际生产要素错配导致的非农业部门的 TFP 损失。他们的研究发现如果样本期间内国有和非国有部门间和省际均不存在资源错配，那么非农业部门的 TFP 将平均提升约 20%。Cao 和 Birchenall（2013）测算了 1978～2008 年农业生产部门的全要素生产率，并进一步讨论了其对中国改革开放以来经济增长和结构转型的影响。他们的研究使用微观企业层面数据，发现一方面农业部门劳动投入平均每年减少 4.5%～5.5%，另一方面 1991～2009 年农业生产部门的全要素生产率增长率为 6.5%。他们的研究认为农业对经济总体的贡献主要在于将劳动投入重新配置到非农业部门。Dekle 和 Guillaume Vandenbroucke（2010）核算了 1978~2003 年的中国经济增长，将经济增长分解为农业部门、公共部门和私有部门的增长，以及劳动投入的跨部门重新配置。他们的研究发现，对经济增长影响最大的是私有部门的 TFP 提高（约 30%），其次是劳动力在农业部门和非农业部门间的重新配置（约 26%）。

第三节　对技术创新的政府干预

一　西方学者对政府在企业创新中角色的分析

Porter（2011）的国家竞争优势理论认为，在创新驱动经济发展阶段，企业技术创新和政府干预都是构建一国竞争优势的重要因素。对于政府如何干预技术创新这一问题，应回溯到西方经济学关于政府与市场关系的讨论。西方经济学理论中通常强调市场在资源配置过程中具有重要作用，关于政府在经济运行中应扮演什么样的角色仍是现有前沿研究的重要方向。现有理论主要有两种观点，分别是市场失灵理论与市场创造理论。

1. 市场失灵理论

市场能有效促进资源配置，然而市场在促进资源配置的过程中不可避免地会出现失灵现象。市场失灵理论认为，政府存在的意义是在市场失灵时干预经济，矫正市场缺陷。通过市场"看不见的手"与政府"看得见的手"对经济运行的联动作用，形成合力实现经济发展。实践中，政府干预主要表现为政府经济管理部门通过法律、法规和政策等工具适度介入经济运行。与其他市场一样，技术创新的市场同样存在失灵现象，为了更好地协助企业在市场竞争环境下主动创新，政府干预不可或缺。一方面，政府可以通过法律、法规和产业政策等方式激励企业创新；另一方面，政府也可以通过监管将技术创新所产生的风险和负面效应降到最低，以保障国家经济平稳运行。

在国家干预的理论辩论中，以亚当·斯密的"看不见的手"的市场主义与凯恩斯的政府干预主义最广为人知。历史已经证实，完全由市场或政府都不可能实现经济的健康发展，两只手必须协调并用。政府干预主义方面，Greenwald 和 Stiglitz（2013）认为政府制定的法律法规，以及法律法规的执行，深远地影响了经济的运行。反对政府干预主义方面，作为公共选择理论的代表人物 Buchanan（1986）认为，政府干预与市场制度一样具有局限性和缺陷，过分依赖政府干预也会产生不尽如人意的后果。

近年来，还有理论认为政府扮演的是"掠夺之手"的角色。Shleifer 和 Vishny（1998）比较了经济学领域通常看待政府的三个视角，即看不见的手、扶持之手和掠夺之手，认为从"掠夺之手"的视角出发更有可能给出一些重要经济问题的正确答案。"看不见的手"认为市场可以自主地正常运行，无须政府干预；而"扶持之手"则依据凯恩斯的政府干预主义，认为政府具有最大化福利这一目标。"掠夺之手"的视角认为政府所追求的目标并非社会福利目标，而是其相关利益群体本身的利益目标。政府相对市场有信息优势，可以通过合法手段掠夺经济成果，进而导致腐败、寻租、抑制创新等问题。这一观点对于政府如何干预技术创新、促进经济转型发展具有一定的借鉴意义。

2. 市场创造理论

近年来，随着新一轮科技革命的到来，各国政府在引领科技创新领域的投入越来越多，例如，我国对 5G、大数据中心、工业互联网等新型基础设施建设的投入。Mazzucato（2011，2016）提出政府的"市场创造理论"，该理论拓展了传统理论中政府"修复失灵的市场"作用的理解，认为政府在科技革命时代"创造市场"是一种积极的干预行为，有助于理解政府利用公共投资来领导和促进技术变迁。

《德国工业战略 2030》明确表明，国家是否干预取决于其经济意义有多大。在发展平台经济、人工智能和无人驾驶等极为重要的事情上，国家的直接参与必要且合理。为推进"社会 5.0"建设，日本政府围绕生产、物流、交通、健康、医疗、金融、公共服务等诸多领域，关注从消费侧推动社会的转型升级。根据社会发展的实际需求，进一步带动产业的转型升级，有效解决因社会结构、社会生活和社会需求的改变而产生的一系列社会问题，如高龄少子化所导致的医疗压力问题、劳动力不足问题，以及交通、服务等社会资源分配不均的问题。

二 西方学者对科技促进经济发展的分析

国家间经济竞争实质上是科学技术实力和技术创新实力的竞争。创新不仅关系到企业的生产和发展问题，而且关系到一国，尤其是赶超中的发展中国家在国际社会中的竞争力，政府应重视科学技术发展和技术创新活动的开展。

1. 研究与开发对增长的影响

研究 R&D 对增长的影响和 R&D 投资政策的影响的重要文献包括 Romer（1990）、Grossman 和 Helpman（1991）、Aghion 和 Howitt（1992）。前沿文献开始从更微观的视角出发，构建模型以解释、匹配企业级数据，代表性的研究有 Klette 和 Kortum（2004）、Lentz 和 Mortensen（2008）、Acemoglu 和 Cao（2015）、Akcigit 和 Kerr（2018）、Acemoglu 等（2018）。

最早在一般均衡框架下研究企业创新及其动态的是 Klette 和 Kortum（2004）、Lentz 和 Mortensen（2008）。Klette 和 Kortum（2004）基于 Grossman 和 Helpman（1991）、Aghion 和 Howitt（1992）的内生增长模型，在一个包含了异质企业动态、允许企业进入和退出行为，并存在技术变革的一般均衡模型中匹配了企业级的证据。它旨在通过创造性毁灭过程所引起的资源重新分配来捕捉其对增长的影响。该文解释了企业研发投入的持续性、现有企业中研发的集中度、研发与专利之间的联系，还解释了为什么企业生产率与研发占收入的比例呈正相关，而与企业规模或收入增长并不相关。尽管 Klette 和 Kortum（2004）允许生产异质性，但企业生产率和收入增长并不相关，因为其模型中收入增长的成本和收益都与企业生产率成正比。Lentz 和 Mortensen（2008）发现其研究的丹麦企业数据中的关系并非如此，为了与数据保持一致，他们认为必须引入企业收入增长与生产率之间的正相关关系。

也有文献研究在位者与新进入者在创新投资上的差异。Acemoglu 和 Cao（2015）拓展了熊彼特式的基本内生增长模型，允许在位者进行创新以改善其产品，而新进入者则进行更多的"激进"创新来代替现任者。Akcigit 和 Kerr（2018）建立的增长模型中，多产品公司通过投资内部创新来改善其现有产品，而新进入者在外部创新上进行投资以获取新的产品线。Acemoglu 等（2018）构建了一个引入内生的进入和退出特征的生产率增长和再分配的模型。该模型的特点在于引入对创新能力高、低企业之间的选择机制。他们认为通过鼓励创新能力较低的公司退出，并腾出高技能劳动力以供高创新能力型企业进行研发，再向在位企业的持续运营征税，将带来可观的收益（福利提高 1.4%左右）。而现有企业的 R&D 补贴无法实现这一目标，因为它们鼓励了低创新能力企业的生存和扩张。

R&D 投资和外部性对增长和技术扩散的重要性，是新熊彼特主义理论的核心要素（Aghion and Howitt，1992）。尽管其中许多论文都强调了创新的毁灭过程，新公司成为创新的载体，但 Garcia Macia 等（2019）的最新研究发现，生产率提高中的很大一部分来自现有公司。

2. 技术融合的影响因素

也有文献研究技术融合成败的决定因素（Hall and Jones，1999；Klenow and Rodriguez-Clare，1997；Acemoglu and Zilibotti，2001）。许多经济学家认为，技术知识的差异是造成收入差异的主要原因，这种观点得到了许多研究的支持。这些研究发现各国之间存在显著的"全要素生产率"差异（Hall and Jones，1999；Klenow and Rodriguez-Clare，1997；Hsieh and Klenow，2010）。Acemoglu 和 Zilibotti（2001）发现最不发达国家使用的许多技术是在 OECD 中开发的，旨在最有效地利用这些较富裕国家的劳动力的技能。他们认为技能供应的差异使这些技术的要求与最不发达国家工人的技能不匹配,并导致最不发达国家的生产率低下。即使所有国家都能平等获得新技术,这种技能的不匹配也会导致全要素生产率和劳均产出存在巨大差异。

三 西方学者对防范技术风险的相关研究

从机器人技术和人工智能到材料科学和生命科学等领域,在未来几十年,创新将影响我们日常生活的各个方面。这些技术可以加速人类经济社会发展,但是,独特的风险与独特的机遇相伴而生。生物改性与合成的新工具旨在帮助科学家更好地了解疾病,却可能被滥用以提高可用作武器的传染因子的效力。在外层空间,本应为轨道卫星加注燃料或提供维修的机器人系统很有可能被用以发动攻击,对其他航天器造成损害。3D 打印已被用于制造军用飞机和导弹的部件以及生产手枪。网络空间中的漏洞也可能对银行系统、医院、电网和其他联网的关键基础设施构成威胁。在这些领域,科技突破的武器化可能会产生意想不到的危险。此外,大数据和人工智能的进步引发了关切:不用人为控制,机器就能夺走人的性命。致命自主武器系统,俗称"杀手机器人",可能对国家和地区稳定构成新的威胁。例如,它们可能造成各种敌对行为难以归咎,制造冲突意外升级的新风险,以及通过零伤亡战争的承诺降低政府使用武力的门槛。恐怖团体和跨国犯罪网络等非国家行为体可以利用相关技术实现各自的企图。

解决这个问题的关键在于,应该如何在不扼杀当前蓬勃发展的技术创造力和技术进步的同时减少上述种种风险。Tomas Hellstrom 于 2003 年首次提出"负责任创新"的概念。同年,美国颁布 21 世纪纳米技术研究与发展法令时提出"责任式发展"概念,旨在降低技术创新的风险。风险社会概念提出者 Ulrich Beck(1998)也认为风险社会来临的关键原因在于一直以来人们引以为豪的知识和相关决策、生产力的迅猛发展和科技进步以及风险的无责任主体导致的"有组织的不负责任"。

为了实现负责任创新，政府作为法律、法规和政策的制定者，其干预尤为重要。创新主体应当基于社会伦理和道德考量，客观评估创新可能蕴含的各种不确定性和风险，从而最大限度地规避创新可能带来的风险。这种新型经济发展理念为政府在新时代对技术创新的有效干预提供了新的定义。

四 西方学者对后发优势与技术引进的讨论

后发优势与技术引进的文献主要分为技术模仿、技术追赶以及技术赶超。其中，后发优势认为后起国可以在技术发展到一定程度、本国已经有一定技术创新能力的前提下实现技术赶超（Gerschenkron，1962；Abramovitz，1989；Brezis et al.，1993）。Gerschenkron（1962）的后发优势理论，首次从理论视角展示了后发国家工业化存在相对于发达国家而言更高效的可能性，同时也强调了后发国家在工业化进程方面赶上乃至超过先发国家的可能性。Abramoitz（1989）提出的"追赶假说"、Brezis 等（1993）提出的"蛙跳模型"（Leap-flogging）都指出后发国家具有技术性后发优势，并讨论了后发优势"潜在"与"现实"的问题。

Gerschenkron（1962）首次提出后起优势，并探索了经济落后国家实现经济增长的有效途径。后起国家引进先进国家的技术和设备可以节约科研费用和时间，快速培养本国人才，在一个较高的起点上推进工业化进程；资金的引进也可解决后起国家工业化中资本严重短缺的问题。Abramovitz（1989）提出了"追赶假说"，即无论是以劳动生产率还是以单位资本收入衡量，一国经济发展的初始水平与其经济增长速度是呈反向关系的。这一假说是潜在的而不是现实的，只有在一定的限制下才能成立。第一个限制因素是技术差距，即后发国与先发国之间存在技术水平的差距，它是经济追赶的重要外在因素，正因为存在技术差距，经济追赶才成为可能，即生产率水平的落后使经济的高速发展成为可能。第二个限制因素是社会能力，即通过教育等形成的不同的技术能力以及具有不同质量的政治、商业、工业和财经制度，是经济追赶的内在因素，即与其说是处于一般性的落后状态，不如说是处于技术落后但社会进步的状态，才使一个国家具有经济高速增长的强大潜力。Brezis 等（1993）在总结发展中国家成功发展经验的基础上，提出了基于后发优势的、技术发展的"蛙跳模型"。他们认为在技术发展到一定程度、本国已有一定的技术创新能力的前提下，后进国可以直接选择和采用某些处于技术生命周期成熟前阶段的技术，以高新技术为起点，在某些领域、某些产业实施技术赶超。

现有的前沿文献主要关注国家如何从技术模仿转向技术创新。早期文献主要从宏观视角出发，发现经济欠发达国家在发展初期经济增速较快，存在经济增速收敛的现象（Barro and Sala-i-Martin，1992；Van Elkan，1996）。Barro 和 Sala-i-Martin（1992）认为一国进行技术模仿的成本是该国过去已经模仿的技术种类占现有技术总数量比例的增函数，即一国过去模仿的技术越多，其继续实行技术模仿的相对成本就越高。Van Elkan（1996）在开放经济条件下建立了技术转移模仿和创新的一般均衡模型，他强调的是经济欠发达国家可以通过技术的模仿、引进或创新，最终实现技术和经济水平的赶超，转向技术的自我创新阶段。

Acemoglu 等（2006）强调了发展过程中创新与模仿之间的二分法。他们认为处于发展初期的国家奉行以投资为基础的战略，该战略更依靠现有的发达国家的企业和管理者。本国技术与世界技术前沿更接近时，经济转向基于创新的战略。但是，这些政策可能会产生较大的长期成本，因为它们使社会更有可能陷入以投资为基础的战略中，而无法融入世界技术前沿。König 等（2020）在一个考虑了异质生产率和扭曲的企业动态模型中纳入模仿（企业间学习）和创新（研发新技术）两种提高生产率的机制，从而形成内生的生产率分布。

五　西方学者对共性技术研发的关注

现代产业的国际竞争已经从市场化阶段的技术竞争走向竞争前技术的

竞争，而共性技术作为竞争前技术，是一种基于能应用于未来商业或为特殊的商业原型所进行的早期非常不确定的技术，它是一种使能（enabling）技术，即提供大范围的潜在应用机会，并且形成一个未来特定产品的重要的技术基础。

共性技术是指在很多领域可能被普遍应用、研发成果可共享、对整个产业或多个产业及其企业能够产生深度影响的一类技术，它已经成为支撑一国在全球竞争中保持终极优势的战略性经济要素。由于共性技术具有准公共产品性质，政府参与共性技术开发成为必然。但如果政府盲目参与或过度参与共性技术开发，有可能导致开发效率低下。

六 西方学者关于国家法律、法规和政策如何影响创新的研究

一个国家的法律系统（法律、法规的设计和执行）对科技创新有着根本的影响。近年来，许多研究分析了法律系统对科技创新的影响，包括产权（诉讼）法、商标法、知识产权保护法、破产法、股东保护（诉讼）法、内部关联交易法则等法律法规。政府法规和政策同样影响着创新，包括政治不确定性、政治联系，以及政府支出、补贴和税收等政策。He 和 Tian（2018，2020）对相关文献作了较全面的梳理。

知识产权法有助于保护创新，但是研究发现其对创新的影响是不确定的。Stiglitz 等（2014）认为在学习型社会当中，每家公司都参与创新不仅有助于知识的积累，而且还可以通过知识产权和专利从中获取知识。他表明在一定条件下，更强大的知识产权甚至可能对创新产生负面影响，而知识产权的长短期影响可能不同。近期的实证文献研究发现专利法、知识产权保护法和商标法等法律可以保护创新成果、激励创新。Fang 等（2017）探讨了在中国法律和金融机构薄弱的环境下，知识产权保护如何影响国有企业和私营企业的创新活动。他们发现，一方面，知识产权保护对企业的创新激励是有益的，但是这种积极影响主要存在于非国有企业而不是国有企业中；另一方面，国有企业私有化后创新会增加，而这种增加

在拥有强大知识产权保护的城市中更为明显。

Moser（2005）使用19世纪的数据，研究了专利法如何影响创新的方向。他发现，一个国家缺乏专利法，导致其发明者将创新活动集中在少数具有保密特征的行业中，例如科学仪器、食品加工和染料等，从而使该国成为这些行业的技术领导者。在后续论文中，Moser（2012）再次使用历史数据，证明了有效的知识产权制度对企业创新的影响。具体来说，如果专利政策为早期的发明者授予了强大的知识产权，它们可能会阻碍创新。但是，如果政策可以传播思想，允许进入并刺激竞争，则它们可能是鼓励创新的有效机制。Lerner（2009）研究了国际背景下专利政策对创新成果的影响，分析了150年间60个国家专利政策中177个重大的变化。但是，他发现加强专利保护对创新率有负面影响。为了解释这个令人困惑的结果，讨论了三种可能性：第一，专利可能无法完全代表创新；第二，某些样本国家的政策变化不确定性高；第三，经济学家普遍认为专利保护会鼓励创新行动的想法被夸大了。Heathand Mace（2020）通过分析1996年《联邦商标稀释法》（FTDA），研究了商标保护如何影响企业的创新和产品战略，发现FTDA通过更强的商标保护引发了更多与商标有关的诉讼，减少了企业创新，降低了产品质量。

Ding和Li（2015）全面概述了中国政府为促进研发而采取的干预措施。1999年政府推行了刺激创新的系统性政策干预措施，并在2006年通过了《国家中长期科学和技术发展规划纲要》。首先是政府通过建立技术园区、研究中心直接为研究提供资金。在此类计划中，最重要的是企业孵化器，该计划旨在通过创建创新集群、技术企业孵化器和促进风险投资来启动创新、发展初创企业。其次，政府战略的重要组成部分是税收奖金，用于工资、研发人员的奖金和津贴、公司税率的降低以及研发补贴等。此外，具有创新资格的企业可以免征进口税和用于研发目的的进口物品的增值税，受邀加入科技园的公司通常免征财产税和城市土地使用费。最后，"创新企业"获得投资补贴，未使用的税收优惠可以结转以抵消未来的税收。但是，政策干预在部门之间、公司之间也可能是异质的，通常取决于政治联系。

一些研究还探讨了政府支出、补贴在产生创新过程中所起的作用。大量文献验证了政府补贴对创新的积极作用（Bayar et al.，2016；Howell，2017；Jaffe and Le，2015）。Bayar 等（2016）建立了一个理论框架，分析认为政府和非营利机构可以使用补贴计划和奖励措施来刺激基础创新的发展，这些基础创新具有较高的社会价值。Howell（2017）使用美国能源部小企业创新研究资助计划中排名申请者的数据，评估了政府研发补贴对创新的影响。他发现，早期资助可以提高创新活动的融资、成功率和盈利能力；对于面临更多财务风险的初创企业来说，这种影响更为明显。Jaffe 和 Le（2015）使用了 2005～2009 年新西兰公司的样本研究发现，获得 R&D 补贴会大大增加公司的专利申请倾向。他们还发现，研发支持对引入新产品和服务有积极的影响，但对流程创新和产品创新的影响很小。与前文相对地，也有研究认为政府补贴对创新具有负面影响（Kong et al.，2021；Cheng et al.，2019）。Kong 等（2021）的研究发现政府支出对创新产出有负面影响。他发现，政府支出扼杀企业创新可能的一种潜在机制是部分企业过度依赖政府补贴。Cheng 等（2019）使用中国雇主雇员调查的数据研究了政府补贴对创新的影响。他们发现，国有企业（尤其是具有政治联系的企业）在获得此类补贴方面具有优先权，并且补贴的接受者在国内产生更多的专利，更有可能推出新产品。政府财政激励对创新影响很重要的因素之一是专利的 R&D 支出弹性，即 R&D 支出每提升 1 个百分点，专利申请量会提升多少个百分点。也有文献试图估计专利的 R&D 支出弹性。Hu 和 Jefferson（2009）使用 1995～2001 年中国大中型企业的数据（这些企业占中国研发投入的 40%），估计专利的 R&D 支出弹性为 0.3（甚至更低），比美国和欧洲公司的类似估计要小得多。在美国和欧洲公司中，较早的研究结果发现弹性在 0.6～1.0。Dang 和 Motohashi（2015）基于国家统计局数据与专利数据，在 1998～2012 年发现了类似的结果。

另一项研究重点是政府税收政策。Chen 等（2018）利用中国 InnoCom 计划的准实验分析财政激励对研发投资和生产率增长的影响，该计划是企业所得税减免形式下对研发投资的一项重大财政激励措施。他们发现，公司对 InnoCom 计划提供的税收优惠政策反应强烈。另一篇使用中国数据检验税收对创新影响的论文是 Cai 等（2018），考虑了中国的制造业公司的税制改革，发现降低的税率提高了公司创新的数量和质量。

还有文献使用来自中国的丰富数据研究政府政策如何影响公司的创新活动，如地方政策、股权分置改革、私有化以及偶尔暂停 IPO 的政策环境（Tian and Xu，2018；Cong and Howell，2018）。Tian 和 Xu（2018）利用中国国家高新区数据，发现基于地方的政策对当地创新产出和创业活动产生了积极影响。进一步的分析揭示了该政策增强创新和企业家精神的三种可能机制：更容易获得融资，更大程度地减轻行政负担，以及国家高新区促进更好的人才培养。Tan 等（2015）使用中国在 2005 年股权分置改革中产生的部分私有化变化，探讨了中国国有企业的部分私有化如何影响企业创新，发现更好的私有化前景会鼓励国有企业的管理者进行更多的创新，部分私有化对公司创新有积极作用。Cong 和 Howell（2018）利用中国偶尔暂停 IPO 的准实验环境，研究了延迟上市是否会影响创新，发现 IPO 暂停而导致的暂时延迟上市，会降低以专利成果衡量的受影响公司的创新产出，延迟上市的公司面临的不确定性增加、缺乏及时的公共股本资本而导致的融资约束是产生这种效应的两个主要机制。

还有实证研究发现，就业非歧视法、解雇法等保护劳动者权益的法律有助于企业创新（Gao and Zhang，2017；Acharya et al.，2013a，2013b；Gao et al.，2020）。Gao 和 Zhang（2017）研究了美国州一级的就业非歧视法（ENDA），认为雇佣年轻、受过更好的教育、更宽容、更开放、更冒险的员工有助于创新。Acharya 等（2013b）发现保护员工免受不公正解雇的法律，可以刺激创新和新公司创立。Acharya 等（2013a）还使用美国、英国、法国和德国的解雇法律在国家/地区层面的变化，发现更严格的解雇法会鼓励创新，特别是在创新密集型行业。Gao 等（2020）研究了禁止吸烟的法律对公司创新的影响，发现这种法律改善了发明人的健康和生产力，并有助于吸引更多有生产力的发明人。但是也有研究持不同意见。Bozkaya 和 Kerr（2014）发现，拥有更严格的就业保护法律的国家不太可能吸引与激进创新相关的行业中的风险投资。

除了有关创新者和雇员的法律外，一系列论文还探讨了保护债权人利益的破产法对公司在创新过程中的激励和效力的影响，如反倾销法、破产法、股东保护等（Appel et al.，2019；Acharya and Subramanian，2009；Brown et al.，2013）。他们的研究分别发现减少诉讼风险、更好地保护债务人权益、具有更强大的股东保护可以促进研发投资。Acharya 和 Subramanian（2009）认为，对债权人友好的破产法由于导致担心过度清算，可能不会鼓励创新企业追求创新；而对债务人友好的破产法可能带来更多的创新。此外，他们发现，对于技术创新型行业的公司来说，债权人友好型破产法对创新的负面影响更为明显。也有文献提出不同的观点，Cerqueiro 等（2017）使用 1995~2005 年的美国数据调查了个人破产法对公司创新的影响。与 Acharya 和 Subramanian（2009）相反，他们发现提供更强债务人保护的破产法减少而不是增加了小企业产生的专利数量。同时，加强债务人保护也会减少平均质量以及创新质量的差异。原因之一可能是债务融资的供应减少，这一影响对高度依赖外部融资的行业尤其重要。

政治不确定性和公司与政府间关系相关联，也会影响创新的动机和效率（Bhattacharya et al.，2017；Akcigit，Baslandze and Lotti，2018）。Bhattacharya 等（2017）使用跨国数据，探讨政策不确定性是否会影响企业创新，使用来自 43 个国家的数据发现，政策的不确定性而非政策本身对一个国家的创新活动产生了深远的影响。具体来说，在国家大选的政策不确定时期，专利成果质量显著下降，创新密集型行业尤其如此；政策不确定性会损害一个国家进行创新的动力，从而降低其创新数量、质量和原创性。Akcigit 等（2018）使用关于公司和员工的意大利数据，研究了政治联系如何影响公司动态、创新。他们发现公司层面的政治联系对就业、收入和生存能力产生了积极影响，但对生产率增长和创新努力产生了负面影响。

第八章　发展中国家技术创新

现代技术基本上全部出自发达国家，包括中国在内的发展中国家在全球创新领域处于边缘化地位。但是，这对于后起的发展中国家，特别是低收入国家来说，实际上有大量可采用的现代技术，尤其不能错失当下新的信息技术变革浪潮。每个国家都需要有与其发展阶段相适应的科技创新政策。对一些国家来说，这将意味着推广前沿技术，同时继续致力于充分利用现有技术，使经济多样化，并提升传统行业技术水平。另一些国家可以更深入地参与前沿技术的开发和适应。对于发展中国家而言，它们没有必要将大量资源投入具有风险和不确定的研究项目，而是要把重点放到对现有技术的使用和转换上，同时需要让个人和企业为一个快速变革时期的到来做好准备。

第一节　西方学者对全球创新体系的关注

一　技术采用与技术贸易

发展中国家早期的技术进步主要通过技术购买、技术贸易以及放开外商直接投资（FDI）等方式实现。技术购买方面，发展中国家可以通过进口知识产权或具有技术内涵的设备，提升本国的技术水平，但直接经济成本较高。例如，2003 年中国签署了价值 134.5 亿美元的技术进口合同，其中 95 亿美元用于进口知识产权，39 亿美元用于购买具有技术内涵的设备[1]。

---

[1] 《中国科技统计年鉴》，2004。

技术贸易方面，中国政府通过"市场准入换取技术"方式，引入拥有世界前沿技术的高科技公司在本国投资建厂，尽管存在知识外溢性，但对本土产业是个不小的挑战。例如，Mu 和 Lee（2005）指出上海贝尔股份有限公司（合资）就是一个成功案例。由于外方并不是技术领先者，所以为了取得中国市场进入权，不仅同意转让技术，还同意在中国生产用于中国通信设备的定制大规模集成芯片。这家合资企业得到了原邮电部的帮助，克服了商业上的困难。作为回报，许多中国工程师都在这家企业里受训或轮岗，接触到了数字通信的理念和技术。这些技术影响了中国通信设备企业的发展，其中就包括华为和中兴。

二　国际合作创新

国际合作创新指的是在开放的国际环境下去实现自主创新，在这个过程中不同国家互惠互利。和国际组织、其他国家加强交流与合作，是非常重要的一个方面。不仅是参与，现在我们有了一些自己发起的新的倡议，包括在"一带一路"国际合作高端论坛上，习近平总书记提出的青年科学家到中国短期工作计划、联合共建实验室，这些计划得到了发达国家的关注和支持，更得到了发展中国家、欠发达国家的关注和积极参与，认为中国现在不仅角色越来越重要，也在通过自己的一些倡议和行动引领相关方面的发展。

三　技术银行

最不发达国家牵头组织的一个技术银行，其目的是面向最不发达国家和其他欠发达国家，提供经济发展中必需的技术转移、技术储备、人员培训以及资金支持。有很多公开的技术，以及一些过期的专利，可能在美国不一定适用了，但是在非洲或者其他国家还是适用的，而且还是低成本的。这样可以帮助很多发展中国家。

四 财政支持

发展中国家在通过国际合作和官方援助获得技术时，需要政府和国际社会的支持。在以下几方面尤其需要技术和财政支持。首先，需要加强国家科技创新方面的能力建设，这意味着增加最不发达国家和低收入发展中国家科技创新方面的发展援助。然后，需要平稳转让技术，国际社会可以为当地相关产品和服务的技术转让提供便利。这可能涉及开放贸易准入和知识产权所涵盖的技术。其次，需要提高前瞻性和技术评估水平，国际社会可支持战略性"前瞻和技术评估"计划，以便更好地了解新技术和创新技术对社会经济和环境的影响。最后，需要推动包容式讨论。发展中国家尤其是最不发达国家需要参与以下方面的国际讨论：新技术如何影响公民的权利、隐私、数据所有权和网络安全，特别是新技术如何促进可持续发展目标实现。发展中国家的关切需要体现在规范性框架和监管制度中，从而平衡个人和集体权利，同时鼓励私营部门创新。

第二节 西方学者对发展过程中国家创新体系作用的关注

Freeman（1987）在对日本战后经济分析时，提出了"国家创新体系"（National Innovation System）这一概念。通过研究战后日本经济发展过程后提出，日本之所以能够在技术落后的情况下，以技术创新为主导，只用了几十年的时间便成为工业化大国，是因为日本政府特别是通产省及其产业政策在推动企业的技术创新中起着非常重要的作用。在一国经济的发展和赶超过程中，仅靠自由竞争的市场经济是不够的；推动一国的技术创新仅靠企业的力量是不够的，需要从国家层面寻求推动技术创新的制度与政策。Freeman认为日本的创新系统具有以下几个重要特色：一是政府的重要干涉作用，尤其是通产省的重要作用；二是企业研究与发展的作用，尤其是在引进技术基础上的创新；三是教育和培训的重要作用，如强调对就业工人的培训、教育，打破白领工人和蓝领工人的界限；四是独特的产业结构，尤其是企业集团的重要作用。Freeman 给国家创新体系下的定义为："公私部门的机构组成的网络，它们的活动和相互作用促成、引进、修改和扩散了各种新技术。"他重点关注四种因素：政府政策的作用，企业及其研究与发展努力的作用，教育和培训的作用以及产业结构的作用。在 Freeman 的国家创新体系的框架中，国家创新体系可以提高国家竞争力。Nelson（1993）比较分析了 15 个国家的国家创新体系后总结认为，现代国家的创新体系在制度上相当复杂，既包括各种制度因素以及技术行为因素，也包括致力于开发公共技术知识的大学和研究机构，以及负责政府基金和规划之类的机构，制度设计的任务是在技术的私有和公有两方面建立一种平衡。其中，以营利为目的厂商是所有这些创新系统的核心。《国家创新体系》研究报告认为，国家创新体系是"公共和私人部门中的组织结构网络，这些部门的活动和相互作用决定着一个国家扩散知识和技术的能力，并影响着国家的创新业绩"。

Nelson 和 Freeman 关于不同国家支持技术创新的比较制度分析，由于研究角度的不同，强调的重点也不相同。Nelson 突出的主要是市场制度、专利制度、政府支持技术进步的政策和计划以及研究与开发制度等；Freeman 则更多强调政府的产业政策和教育培训制度及某些社会制度的功能。在 Freeman 提出的国家创新体系的概念基础上，OECD 提出了大致相似的定义：国家创新体系是政府、企业、大学、研究院所、中介机构等为了一系列共同的社会和经济目标，通过建设性地相互作用而构成的机构网络，其主要活动是开发、引进、改造与扩散新技术，创新是这个体系变化和发展的根本动力。其中，创新需要使不同行为者（包括企业、实验室、科学机构与消费者）之间进行交流，并且在科学研究、工程实施、产品开发、生产制造和市场销售之间进行反馈。创新体系是由存在于企业、政府和学术界的关于科技发展方面的相互关系与交流所构成的。这个系统中的互动直接影响着企业的创新成效和整个经济体系。从一定的意义看，创新是不同主体和机构间复杂的互相作用的结果。技术变革并不以一个完美的线性方式出现，而是系统内部各要素之间互相作用和反馈的结果。这一系统的核心是企业，是企业组织生产和创新、获取外部知识的方式。外部知识的主要来源则是别的企业、公共或私有的研究机构、大学和中介组织。研究国家创新体系的政策含义是解决技术创新中的系统失效和市场失效问题。

国外关于国家创新体系的创造性理论研究，对在新时期开展自主创新体系研究探索提供了许多思路，产生了积极而深远的影响。但是，国外学者的研究往往从某一国或地区的经济发展特点出发，具有片面性，而国家创新体系受环境、历史、体制等多种因素影响，必然具有各国自身的特点，只能具有单方面的指导和参考作用。另外，中国国家创新体系理论研究起步较晚，尚未形成一个系统的、联动的指导框架，与中国国情结合需要一个尝试过程和借鉴吸收过程。

1978年全国科学大会召开以来，中国科技体制改革和创新体系建设取得了丰硕成果，也使中国的整体科技发展水平位居发展中国家前列。中国的创新体系伴随着科技体制改革不断完善。改革开放为科技体制改革和创新体系建设提供了制度保障，后者推动了经济建设等各项事业的发展。在计划经济体制下，中国的科研机构独立于企业，研究开发以科研机构为主。科研机构根据计划进行研究开发活动，国家负责技术推广，技术成果无偿向企业转移；企业只是生产单位，基本不进行研究开发，仅进行一些与生产过程有关的技术改造和实验活动。随着计划经济向市场经济转轨，中国科技体制改革不断深入，创新体系建设经历了从科技与经济结合、科研机构与企业结合的科研体制改革，到建立以企业为主体、产学研相结合的创新体系，乃至建设创新型国家的过程。

Naughton（2006）发现中国2003年政府科研机构的人员占到了总研发人员的19%，其研发支出占26%；而大学机构的人员占了总人员的17.3%，其支出占10.5%。这与其他多数国家中政府和大学各自所占份额恰恰相反。一般而言，政府科研投入通常占到全部研发投入的 10% 左右，大学则占 20% 或者更多。因此他认为，中国研发投入的特点是有一个相对强势的政府部门、相对弱势的大学部门，以及依然不够成熟的商业研发力量。

第三节　西方学者对发展中国家区域创新体系的关注

如今区域经济的发展变得越来越有区域特色，区域之间通过知识和贸易流动互相联系，变得充满活力。每个区域都有当地特色的公司和组织。一个区域的公司和组织所拥有的知识资源、教育体系、大学、研究实验室、人力和社会资本等，都是该区域特定的科学、技术和创业知识基础。

在全球化进程中，区域经济发展面临着重大挑战。为了灵活应对全球化进程中带来的挑战，区域创新体系（Regional innovation system）的建设与发展需要重点关注创新创业个体、公司和社区的能力以及创新基础设施建设。过去，廉价的土地和劳动力等传统生产资源决定了地区的成败。现在，劳动力技能、获得资本和信息的渠道以及创新活动等资源决定了经济成败。经济增长和发展并不仅仅来源于生产要素，也来源于这些要素如何相互整合，为社会提供利益（Feldman and Storper，2018）。Feldman 等（2016）认为经济发展是通过实现个人、公司和社区的潜力来实现的，而经济发展所需的能力可以大致分为以下四个维度。社区能力，影响经济发展的物质、社会和环境资源；企业和行业能力，与企业和行业相关的资产，包括劳动力、设施、设备、组织和供应链；创业能力，产生新的小企业的潜力，包括冒险文化、网络以及获得金融资本和熟练劳动力的机会；创新基础设施，在设施、支持服务和承担风险的意愿方面支持新产品、流程和组织的能力。这四个维度的进步将助力区域经济增长。

不同区域在新知识的可及性方面存在差异，这意味着创新潜力因地区而异。较大的地区通常市场更大，具有更大的潜力。个体层面，较大地区的居民通常受教育程度较高，工作经验更加丰富，个人网络也更加广泛，这些地区因此具有优势。大而密集的城市地区具有许多其他地区所不具备的优势。这些地区拥有更多的创业机会、更大的创业人力资本存量和更大的创业潜力。因此，这些地区不仅会有更多创业成功的经历，更丰富的创业经历还会进一步促进创业人力资本的快速积累（Karlsson and Gråsjö，2019）。成功的创业活动和创新会刺激这些地区的增长和产业结构变迁，进而产生更多的创业机会和创新。而且，在大城市地区更容易出现新产品，因为那里开发创新合作网络的成本较低，并且可以参访具有相关知识和能力的公司（Grant and Baden-Fuller，2004）。当然，创新型公司，尤其是那些隶属于跨国组织的公司，也可以从其他地区获取知识（Davenport，2005）。

大城市的特征是有更多的企业家和创新公司以及足够大的需求。大城市的公司能遇到更多需求广泛、多样化的客户（Johansson and Andersson，1998；Vernon，1966）。大城市提供了足够大和多样化的市场机会，从而使创新的推出有利可图。此外，这些地区的地理交易成本相对较低。因此，创新活动倾向于在大城市集中（Karlsson，2016），知识密集型和高科技产业也往往位于较大的城市，在那里可以获得前沿的高等教育和先进的研发设施。

一 区域创新政策

在过去的几十年里，人们普遍认为创业和创新是区域发展和经济增长的主要驱动力。企业家精神和创新被证明是区域经济发展的强大驱动力，因为它们为应对不利国际环境带来的挑战提供了潜在的解决方案（Audretsch et al.，2011；Stuetzer et al.，2018）。然而，创业和创新活动本身在空间上的分布非常不均匀，这可能是导致发达国家和发展中国家持续存在区域不平等的主要原因。因此，深入了解创业和创新在区域层面差异的驱动因素和影响，对研究旨在释放所有地区（特别是农村、落后和边缘地区）发展潜力的政策有重要作用。厘清创业和创新在区域层面差异的驱动和影响，有助于最大限度地发挥不同地区的优势，促进国家繁荣发展。

许多研究强调了创新与经济发展之间的联系（Fritsch and Mueller，2004；Aghion et al.，2009）。创新对经济发展的贡献，与地区的制度和组织背景、创造和利用知识以及为不同形式的知识制定政策的过程有关（Bernhard，2016）。这些过程由经济中的不同个体驱动，其中主要的个体是企业家（Audretsch and Keilbach，2004；Cooke，2007；Huggins and Thompson，2015）。由于长期的区域增长与创业之间的关系很强，因此企业家精神被认为是区域经济增长的重要引擎。企业家通过在当地创造新的就业机会，促进区域经济发展（Acs and Armington，2003）。因此，一个地区的创业潜力在推动研发和创新投资、进一步创造需求和促进经济增长方面发挥着至关重要的作用（Audretsch and Keilbach，2004；Huggins and Williams，2011；Guerrero et al.，2016）。

多位学者认为地区差异会影响创业精神，因此政府在发展经济中心的同时，也应兼顾非经济中心的资源利用（Audretsch and Keilbach，2004；Audretsch and Peña，2012；García-Rodríguez et al.，2017a）。换句话说，创业成功的条件因地区而异，每个地区都有各自的特点，正是这些地区的特点决定了创新投资对经济增长的影响程度。例如，非经济中心的特点是区域创新体系不发达，充满活力的公司和科学研究组织较少（García-Rodríguez et al.，2017b）。而且，周边地区大学与研究机构较少，导致企业与区域创新系统主体之间的网络和联系比较薄弱（Huggins and Thompson，2015）。

另外，创新创业个体需要成立新公司，将潜在创新转化为真正创新，政府需要助力融合以下两种类型的网络（Shapero，1984；Sorensen，2003）。一是知识网络。首先需要与许多具有相关技术的人，尤其是目前正在特定领域进行研发的人建立联系。目前在特定领域或行业进行研发的人由于能够获得现有相关技术，在识别当前创新机会方面具有优势。而且，创新个体需要知道在某个细分市场或利基市场存在盈利机会，即有足够的财务激励开展新业务（Klepper，2001；Klepper and Sleeper，2005）。二是资源网络。创新机会需要必要的资本、熟练的劳动力和知识才能实现。而在成立新企业时，社会、商业和专业网络在招聘员工、引进投资者、打通上游供应商和争取客户的过程中发挥着至关重要的作用。当然，创新个体自身的财务状况在说服投资者为合资企业融资方面也起着关键作用。

二 区域产业政策

Karlsson 和 Tavassoli（2021）回顾了产业政策如何从解决市场失灵的"被动"政策，发展为给经济增长、提升国际竞争力创造更好条件的"主动"政策。他们讨论了产业政策概念，并进一步概述了支持和反对产业政策的论点。他们强调产业政策的理论基础和新旧产业政策之间的差异。他们特别关注产业政策的"空间"方面，讨论了产业政策应该是地方中立还是以地方为基础。他们最后还讨论了与产业政策制定和实施有关的困难。

三 发展中国家的区域政策

Tsareva 等（2021）认为，大多数发展中国家和转型经济体的小企业发展存在显著的区域差异。他们发现这些差异可以由不同的制度环境解释。具体地，他们使用俄罗斯小企业的样本，研究了制度和其他区域特征对小企业发展的影响。他们的计量分析结果证实了投资风险、资金短缺和行政负担制约了小企业发展。在大多数北高加索和远东地区，贷款资金短缺、过度监管和高犯罪率将企业推向了非正规部门。该研究试图给出基于实证结果的最优区域政策，或将有助于推进国家立法时更仔细地考虑地区差异。

四　地方、国家和世界创新体系的整合

现代技术大部分出自发达国家，发展中国家可以通过技术购买、技术贸易、国际合作、技术银行等方式，不断采用并学习世界先进技术，缩小与发达国家之间的技术差异。尽管在这一过程中，放开发达国家进入本国市场的准入限制对本国产业发展带来了一些挑战，但是技术和知识可以通过在区域经济层面的知识外部性促进人力资本积累、地方产业发展，甚至可以进一步推动国家经济产业转型升级。发展中国家也需要在人力资本、产权保护以及财税政策等方面做好准备。发展中国家需要积极投入教育，积累人力资本，提高使用技术者的能力；同时需要积极为产权保护立法，优化本土企业发展所需要的营商环境，进一步促进全球合作；还可以采用鼓励创新的税收减免等财政政策。地区层面，需要发挥各个地区的比较优势，结合国家产业政策发展区域经济，围绕重点科学技术开发产业园区，增加知识和技术的正外部性，促进地区的产业发展。

以美国为代表的发达国家形成了由企业、大学、公共部门相互配合的国家创新体系。以企业为主体，由市场驱动，联邦政府发挥调节作用。美国国家创新体系在未来发展中，还会进一步解决创新源泉和传播机制的问题，国防研发继续发挥"火车头"的作用。借鉴发达国家的经验，我国在创新体系建设中，应重视世界前沿技术的采用和引进，加大对国防研发和基础研究的投入，统筹人才培养与引进政策，适当使用鼓励创新的减免税收优惠政策等。

第四篇
金融发展

金融体系通过动员储蓄、管理风险、揭示信息、促进公司治理和便利交易而促进经济增长。自20世纪初以来，熊彼特、凯恩斯、索洛等一大批著名经济学家讨论和研究了金融与经济增长的关系这一主题，形成了诸多成熟的理论和分析框架，随后实证研究从多方面展开论证金融与经济增长的关系。本篇第一部分介绍了金融与经济增长关系的相关文献。随着Mckinnon（1973）和Shaw（1973）的奠基性的研究，以发展中国家为研究对象，围绕金融如何发展的相关问题，理论界和实证界开始展开了广泛的研究。第二部分的文献综述围绕发展中国家金融发展路径及相关问题展开。

第九章　金融发展和经济增长的关系

第一节　新古典增长理论中的金融发展

一　货币和金融对经济增长影响的争论

受货币中性假设的影响，古典主义学派往往围绕资本产出和就业的关系展开研究，往往忽略货币和金融对经济的影响更遑论作用机制；20 世纪 30 年代大萧条发生后，已有的经济理论很难解释经济剧烈波动的现象，此时，建立在国民收入核算理论基础上的凯恩斯主义模型由于能更好地解释经济波动和货币之间的关系而深受理论界的推崇，成为研究金融与经济关系的理论基础之一。凯恩斯主义认为由于边际消费倾向递减、投资的预期回报率递减以及流动性陷阱的存在，产品市场、货币市场、资本市场常常处在非出清状态，短期的刺激政策有助于经济恢复到潜在生产力水平上，所以货币中性假设在经济波动的层面上是站不住脚的，从而动摇了货币中性假说的信念，为后来金融发展的研究破除了信念层面的障碍。

为了解释经济长期增长，Solow（1956）以柯布－道格拉斯生产函数为基础，建立了新古典主义增长模型，其内核延续了古典主义理论，认为长期看，经济将收敛到特定的稳态均衡点，同时也继承了货币中性假说。但是这个理论很难解释人均收入的持续增长，为了完善新古典主义理论，经济学家尝试很多路径（严成樑、龚六堂，2009），其中受熊彼特等创新理论的启发，Segerstrom 等（1990）、Romer（1986）、Grossman 和 Helpman（1991）等分别进行研究，其中以 Romer 为典型代表，他将资本的定义扩大化，他认为资本不仅包括实物产品，也包括知识等不以实物形式存在的产品。在此定义下，实物资本的边际收益递减和非实物资本边际收益提升带来的超额利润可以互相抵消，从而使经济呈现稳定增长状态。内生经济增长理论的主要贡献是将新古典经济增长理论的部分假设变成内生变量，并较为合理地解释了事实上的经济增长状态。

20世纪90年代以来，内生经济增长理论对金融发展的经济增长效应机制作出了深刻剖析，认为金融要素能够提高技术创新水平，进而推动经济的增长。Greenwood等（1990）从内生经济增长模型中获得经验证据，发现，当经济规模达到一定水平后，金融发展才能促进经济的增长。Bencivenga等（1991）研究发现，金融中介的存在改变了投资方向倾向性，低收益流动资产将更不受到关注，这也说明了金融中介对提高经济增长的重要性。Aghion等（1992）利用内生理论研究思路发现，由于风险偏好的差异，金融发展有助于技术创新和经济增长。Lucas（1988）认为，金融发展对经济增长的作用被过度夸大。Demetriades等（1995）的研究中也未发现支持金融因素在经济发展过程中起引导作用的证据。

二 主流经济学在研究金融发展中的局限

由于假定均衡增长（新古典增长理论），以及围绕均衡增长波动（凯恩斯主义），金融以及金融如何影响经济增长的解释缺乏说服力；而源于不同的理论基础，长短期研究遵循了不同的脉络，形成"长短期二分法"的研究现象，无法将金融和增长结合起来建立统一且有说服力的理论框架。

第二节 演化经济学中的金融发展

演化经济学的观点很明确，其先驱熊彼特认为金融通过促进创新来促进经济发展。熊彼特（1911）指出金融中介通过动员储蓄、评估项目、管理风险、监督管理人和促进交易从而对创新和经济增长起到关键作用。熊彼特（1939）描绘了技术变革和经济增长的演化过程，提出，通过破坏性创新的过程，经济实现增长并表现为周期性的波动，强调金融资本有利于成批的重大创新的出现和商业化。基于此，王韦程（2020）认为熊彼特是系统论证金融对发展重要性的先驱者。

由于各种原因，比如，研究的主题与同时期的凯恩斯相似，但凯恩斯已久负盛名，或数据来自二手研究，或忽略了重要的法律因素等（Kingston，2006），熊彼特的理论和思想直到 20 世纪 90 年代才重新获得广泛的注意（严成樑、龚六堂，2009）[1]，成为新古典增长理论的依据，并促使正统增长理论的研究从外生增长理论向内生增长理论转变，而由于正统增长理论的内在发展逻辑，熊彼特强调的金融的功能和作用被忽略了。与正统的增长理论重视生产函数不同，演化经济学增长理论不采用均衡的研究假设：①创新努力的特点是对技术和商业成果具有不同程度的适用性和不确定性；②技术体现了一定程度的隐性知识，是特定的、本地的和积累的（"专业知识"）；③创新是来自个人或组织（公司）的搜索和学习过程的结果。知识建设和解决问题活动的特点是组织或行为惯例（"有限理性""满意"）；④作为①和②的结果，技术在公司或技术范式的边界内沿着相对有序的路径（"轨迹"）发展，后者指的是在人工制品的主导设计的基础上决定研发实践和技术发展模式的集体框架，技术很可能会被范式所锁定，这意味着一定程度的不可逆性（"历史很重要"）；⑤由于①、②、③和④的结果，公司和部门内部之间与部门之间使用的技术的多样性是经济正在经历技术变革的一个基本特征。无论是早期的内生经济增长理论还是演化经济学增长理论都共同忽略了一件事，那就是金融

---

① "熊彼特增长理论成长于 20 世纪 90 年代，其中 Segerstrom 等（1990）、Romer（1990）、Grossman 和 Helpman（1991a）、Aghion 和 Howitt（1992）作了开创性的工作"（严成樑、龚六堂，2009）。

与经济增长的关系①。

而卡萝塔·佩蕾丝（Carlota Perez）的《技术革命与金融资本：泡沫与黄金时代的动力学》在熊彼特的基础上用演化经济学的分析框架细致刻画了金融资本与技术革命之间的互动关系。不同于熊彼特通过强调银行来分析金融是如何通过发挥其功能来促进技术创新，Carlota Perez（2002）通过辨析金融资本和产业资本的差别来论述金融促进技术变革的一般性规律。

表9-1　金融资本与产业资本

类型	行为者	目的	特点
金融资本	以货币或其他账面资产形式持有财富的那些当事人	通过钱生钱实现财富保值增值	无根基，流动性强
产业资本	通过生产产品或提供服务而创造新财富的那些人	通过提供产品或服务创造财富	扎根于特定领域，仅具有部分流动性

资料来源：根据卡萝塔·佩蕾丝（2007）整理所得。

同熊彼特一样，Carlota Perez（2002）认为技术以创造性毁灭的方式推动经济增长和波动，是经济发展的根本动力。作者根据技术成熟度将每轮的技术发明与扩散的过程大致分为四个阶段：第一阶段，新产品、新产业爆发性增长和迅速创新；第二阶段，新产业、技术体系和技术设施全部呈现集群化发展态势；第三阶段，创新和市场潜力的全面扩张；第四阶段，产品和产业接近成熟和市场饱和，相伴而生的是金融与新技术的互动。金融资本会在第一阶段积极为新技术、新产品和新产业融资而对旧资产轻视；第二阶段金融资本与产业资本出现分离，表现为企业的账面价值与真实价值的分离，出现资产价格泡沫；第三阶段中金融资本再度与生产资本耦合，账面资产向真实资产靠拢；第四阶段金融资本再度与产业资本分离，并开始寻找新技术、新产品和新产业，直到下一轮技术革命浪潮的到来。

---

① 见苏克斯大学的克里斯·弗里德曼所作的序（卡萝塔·佩蕾丝，2007）。

第十章 金融抑制理论

主流经济学家往往以发达国家为样本，研究金融与经济增长的关系。麦金农（McKinnon）和肖（Shaw）则将目光转向了落后国家，并提出了著名的金融抑制理论，为发展中国家金融改革奠定了理论基础，与此同时也对主流理论提出了建设性的贡献。本章第一节以 Shaw（1973）为基础，介绍金融抑制理论的主要内容；第二节进一步介绍金融深化的方向；第三节以 McKinnon（1993）为基础，介绍金融市场化最优次序；第四节简要介绍金融抑制理论的最近研究；最后一节是简要的评述。

第一节 金融抑制理论

1973 年，有两本著作问世，将视角从发达国家的金融研究转向落后国家。创新之处除了研究范围扩大外，对经济理论和经济思想也有增量贡献。这两本著作分别是罗纳德·I. 麦金农的《经济发展中的货币与资本》和爱德华·肖的《经济发展中的金融深化》。自此，金融抑制理论和实证研究逐渐增多，并成为发展中国家实施金融市场化的理论基础。

麦金农和肖注意到很多落后国家的金融往往有以下特征：金融领域设定基准利率，实施配给制同时货币不稳定等。他们以此为研究起点，提出金融抑制的概念，Shaw（1973）指出金融抑制的经济表现有很多标尺：存量指标有金融资产存量与收入之比偏低；流量指标，资本积累依赖于财政预算和国际资本项目，银行系统包揽了有组织的金融活动，其他金融活动只能通过外汇交换、高利贷和互助团体等非法市场进行。落后国家的金融抑制的特点集中体现在三个方面：利率和价格管制，信贷、外汇等金融资产和重要物资实施配给制，以及相伴随着通货膨胀。

二战之后和20世纪60年代，发展经济学形成初期，国家干预主义曾获得很多经济欠发达经济体的认同，如拉丁美洲、非洲和亚洲部分地区的欠发达经济体，金融领域普遍实施金融抑制战略，以期实现经济的增长和繁荣，但是成功者了了，墨西哥、中国台湾、韩国、印度尼西亚、南斯拉夫、巴西、伊朗、马来西亚等国家和地区均受到了金融抑制的挑战。

为什么众多的落后经济体选择这种金融模式，而不是市场化[①]的金融市场？Shaw（1973）给出了理论上的解释。

一　金融抑制理论提出的理论背景

古典经济学有"货币中性假说"，即货币对经济的影响是中性的，对真实的产出和就业（至少长期内）没有实质影响。基于这种假设，古典经济增长模型和经济周期模型很少将金融、货币乃至金融市场和货币市场纳入分析框架。但由于古典经济学很难解释20世纪30年代发生的大萧条，即古典经济学模型不能解释在真实的变量，如资本、劳动力和技术等没发生大的变动情况下，产出缘何出现大幅下降，且长期（一年以上）持续下降的现象。而凯恩斯提出的国民收入分配模型很好地解释了大萧条，逐渐为主流经济学接受，并成为宏观经济学的主要流派。

凯恩斯提出产出下降的三大假说：边际消费倾向递减，即随着收入的增长，消费支出逐渐下降；资本边际收益递减，随着资本劳动比不断提高，投资的边际收益逐渐下降；流动性陷阱，边际收益越来越低，但是存款利率降低到零以后，储蓄会储存货币而不是消费和投资，因为存在流动性偏好，通过利率下降鼓励投资和消费减少现金和储蓄的做法无济于事。

---

① 金融市场化或称金融自由化，邵伏军、许晓明和宋先平翻译为金融自由化（爱德华·肖，2014）。

于是，即使资本、劳动力和技术没有发生变动，产出也会下降到潜在产出以下，发生萧条甚至大萧条。

对于货币和金融的分析，凯恩斯主义主要贡献之一是将货币以及货币需求理论纳入分析框架，分析货币如何影响实际产出。在货币市场上，货币政策当局可以通过增加货币供给，影响利率，进而影响投资从而对产出和就业产生影响。凯恩斯的后继者们发现了菲利普斯曲线，这样凯恩斯主义分析框架中对货币对真实周期和增长的影响路径也越来越清晰。

Shaw（1973）指出，尽管凯恩斯主义解释了萧条以及萧条的产生，但是错误的货币财富观误导了政策制定者，从而导致政府实施干预主义策略，实施金融抑制，陷入经济落后的漩涡，无法自拔。

凯恩斯主义经济学中的错误的货币财富观认为货币是财富。Shaw（1973）指出货币被当作财富，广泛存在于"《旧约》、《古兰经》以及《就业、利息和货币通论》中"。

二　货币财富观产生的后果——金融抑制

在货币财富观的指导下，公众倾向于储存货币，甚至相对于物质财富和债券等非货币金融资产而言，更青睐货币。集中体现在对名义货币余额的积累和储蓄。财富观持有这样的观点：实际货币的增长会对实际资本增长具有替代效应，这意味着金融深化将减少资本，从而降低产出。在这种观点的指导下，财政部门倾向于发行货币，因为货币会增加财富；社会会不鼓励储蓄，以增加投资。政府接受这种财富观的误导会采取以下措施：一是压低存款利率，以降低储蓄，"增加"投资，提高未来资本投入，于是给予政府干预货币市场、压低利率的正当理由；二是因为货币是财富，导致财政更倾向于发行货币获得财政收入，因为相对于征税而言，发行货币成本为零；三是为促进投资，贷款利率也会规定上限，这就是麦金农和肖指出的金融抑制。

Shaw（1973）认为除了货币财富观外，很多其他观念为金融抑制提供了合理的理由：第一类是对传统高利贷的憎恶；第二类是对名义货币增长率和物价变化率不能进行有效的控制；第三类是许多用于指定经济发展政策的总体经济模型忽视了或者误解了金融的作用；第四类是实证分析表明，金融发展带来的好处并不能抵消其带来成本，解决资本短缺的其他办法可能要更加有效。

三　金融抑制理论的运行逻辑

在金融抑制条件下，政府会限定名义利率上限和贷款利率上限。假定名义利率上限为 aa'，实际贷款利率为零，即名义贷款利率为 aP^*，那么市场上可供提供的贷款量为 Oa，贷款需求为 Of，这意味着大量企业想要获得低利率贷款，从而形成了资金市场供不应求的局面，为此需要配给来维持信贷市场秩序。实际上信贷市场的出清利率的存款利率为 cc'，贷款利率为 cc''，此时边际收益等于边际成本，从而市场会实现自动出清。

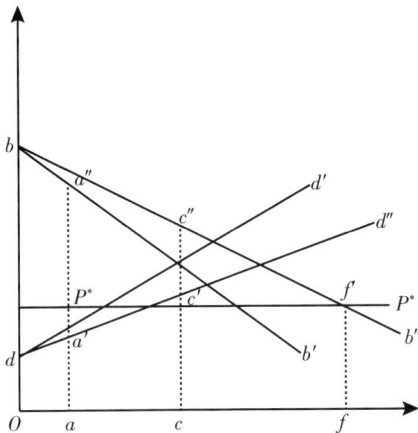

图 10-1　利率与配给

Shaw（1973）详细阐述了金融抑制实现经济发展战略的机理。

低利率政策。通过实行通货膨胀的金融政策，名义利率不变（利率管制）的情况下，实际利率较低①。较低的实际利率通过两种机制实现经济发展战略目标。一是会导致信贷市场供不应求，即存款少而贷款多，为维持市场的平衡需要实施配给制。贷款的配给方向一般是产业优先发展的方向，多数是工业优先发展战略。二是由于通货膨胀，物价有上涨压力，为了稳定物价，国家会实施普遍的价格管制。这些国家本身的产业结构是以初级产品为主，于是初级产品的价格较低，一方面有利于出口换汇，缓解外汇短缺压力（这种外汇短缺内生于本国的发展战略安排），另一方面为工业企业提供较低的原材料，为工人提供价格较低的食品，缓和工人提高工资的需求，为工业提供低成本劳动力。在低利率政策下，工业可以获得低成本的贷款、低工资的劳动力和低价格的原材料，进而有利于经济发展战略的推进。

高估本币价值。高估本币而低估外币，会导致外币供不应求，于是需要辅助以外汇配给制。实现经济发展战略的机制有两种：一是直接配给制，外汇配给会优先配置给优先发展的产业中的资本设备，以及相应的零部件和生产用料；二是由于外汇汇率低，用外汇进口的原材料价格和生产设备成本极低，而国内生产的初级产品相对价格也无价格上涨压力，于是也能稳定在较低的价格水平上，导致工业用原材料和设备成本较低。

Shaw（1973）指出，金融部门与经济发展息息相关，而金融发展深度越高越能促进经济增长，反之金融发展受到抑制，经济增长也会受到负面影响。金融机制会促使被抑制经济摆脱徘徊不前的局面，加速经济增

---

① Shaw（1973）提出金融资产的四种价格：票面单位、购买力、实际利率和汇率。以货币为例，票面单位就是货币单位的法定价格；购买力则是价格指数，购买某些商品和劳务的购买力指数，金融抑制的国家或地区中，尽管存在价格管制，但管制程度随着国家战略的不同而有所调整，于是购买力也会随着货币存量的增加而增加。货币的利息用名义利率减去通货膨胀率获得。汇率是一个国家的货币与另外一个国家的货币的比值。在金融抑制的国家中，由于利率管制的原因，名义利率基本保持不变，实际利率是名义利率减去通货膨胀率，而通货膨胀率往往比较高，于是实际利率甚至在零以下，他举例 1969 年的加纳的赛地名义利率为零，通货膨胀为 10%，于是实际利率为-10%。

长；但是，如果金融领域本身被抑制或扭曲的话，那么，它会阻碍和破坏经济的发展。

第二节　金融深化方向——经济自由化

金融抑制的国家或地区可以通过金融深化来促进金融发展，从而释放因金融抑制导致的货币和资本产出潜力。

一　金融深化的措施——金融市场化改革

金融深化的核心特征是金融能更好地挖掘潜在投资和消费需求，从而促进经济增长。破除货币财富观之后，干预主义的理论基础就不再牢固，金融市场化改革就会顺利推行。金融市场化改革会带来金融深化，会产生收入效应、储蓄效应、投资效应、就业效应和收入分配效应，从而提高资本产出率。Shaw（1973）指出，落后经济体中存在广泛的市场分割，货币深化有助于分割市场间的要素和商品的交换，从而产生收入效应。金融深化的一个方向是增加公众的实际货币余额需求。由于放开存款利率，实际利率得以提高，相对于消费，公众更愿意储蓄，从而使储蓄增加，产生储蓄效应。储蓄增加将缓解资金的过度需求，从而增加投资，产生投资效应。随着资本的增加，资本边际收益降低，劳动的相对边际收益提高，从而促使增加劳动投入，产生投资效应。随着资本收益降低，劳动收益将提高，从而全社会从劳动中所获的收益相较于资本收益提高。分配将更加公平，产生收入分配效应。

二　金融深化的原则

Shaw（1973）指出，不同的国家基础不同、干预程度各异，金融深化有多种可行模式，但有一些通行的原则：第一个准则是有独立的货币当局；第二个准则是货币体系对货币当局的控制手段具有敏感性；第三个准则是货币体系极力缩小存贷款利差，以便促进银行体系的竞争；第四个准则是货币体系的有效经营，以节约投入要素；第五个准则是提高实际货币需求的技术性变化的反应程度；第六个准则是资本配置效率，静态意义上，货币持有者有多种储蓄配置途径，动态意义上，提高发现贷款机会的能力；第七个准则是清偿能力，注意货币体系的违约风险；第八个准则是货币体系的组织结构不应该对收入分配和财富分配产生不利影响。

第三节　金融深化的次序

McKinnon（1973），Shaw（1973）金融抑制理论提出后，国家干预主义开始动摇；亚洲"四小龙"和亚洲"四小虎"等东亚国家市场化的成功经验，加剧了国家干预主义式微的局势，中国就是其中一个典型的例子，1978年便开始在农村地区实施放松管制的尝试。1991年苏联解体后经济自由化受到空前的重视：除了拉丁美洲、非洲和印度次大陆之外，东欧各国以及苏联等纷纷加入经济自由化的阵营，价格放开、企业私有化等自由化浪潮不断涌现。但是，经济自由化的理念尽管深入人心，并非所有的经济自由化的尝试均能取得成功，实际上除了东亚几个国家的成功案例外，大多数国家陷入价格不稳定的泥淖，并未出现产出的增长和经济的繁荣。1991年，麦金农的另外一部关于金融抑制理论巨著《经济市场化的次序：向市场经济过渡时期的金融控制》探讨了这个问题。

一　成功案例的特点

Mckinnon（1993）观察那些成功实现市场化的国家，比如，拉丁美洲的智利（唯一成功的拉丁美洲国家）和日本，保持了金融均衡和总体价格水平稳定。也就是说，在金融深化的过程中，在中央政府的干预政策完全消失前，货币—金融—财政体系必须从适应计划机制的被动模式转变为能为分散决策的市场主体提供服务的主动模式，即金融需要适应改革的步伐；通过适当的金融和财政限制，保持总体价格水平稳定，但无须控制单个商品的价格。

二　市场化的次序

为了达到金融均衡和总体价格稳定，即非通货膨胀型金融均衡，各类市场的市场化相对较快，干预主义政策和国内外贸易控制退出的速度需受到一定的限制。政府不能也不该同时实施全部市场自由化的措施。不同的国家初始条件不同，最优的经济市场化次序是不同的。

首先，国内贸易在市场化改革的同时，要保持财政平衡。干预主义政策的前提是能实施干预，实施干预的前提是控制了企业或者资源的所有权，政府在减少干预的过程中必然伴随着所有权的私有化，依赖所有权所得剩余价值将大幅减少；而市场化过程中，过去以干预手段压低的价格会在市场力量作用下不断上涨，引发通货膨胀。政府想要控制价格水平，则需要财政支持，此时财政锐减，显然很难担当重任，作者建议建立宽税基、低税率的税收体制，在这种税收体制建立之前，甚至在经济还无法实现市场化运作之前，需要适当控制部分工业企业和资源的所有权，以平衡财政收支，应对可能的通货膨胀。20世纪80年代以墨西哥、阿根廷和巴西为代表的拉美债务危机就是财政平衡的反例。这些国家在私有化的过程中且在税收制度未完善的前提下，实施了私有化改革，结果政府税收锐减，尽管可以在已经存在的资本市场上发行政府债券，但是由于债券利率过高，政府陷入债券难以偿还的困局，爆发南美债务危机。

物价平稳，财政赤字消灭后，国内资本市场才可以开放。首先，非存款类金融机构在市场化开始之时即可放开管制。这一般需要商业法的颁布和运行，二者可以相互促进。但是，价格没稳定、财政赤字没得到根本保证之前，即便有了商业法的保护，债券市场和股票市场也很难得到较大的发展。其次，存款类金融机构需要谨慎地市场化。财政赤字得不到抑制，便利的通货膨胀税或对存款者要求过度的存款准备金率极易被政府采纳，货币发行机构不得不接受官方指导，陷入价格不稳定的漩涡。财政平衡之后，国内资本市场开始市场化改革。但是存款利率需要谨慎地放开，因为存款利率包含风险报酬，改革本身处在巨大的风险中，存款利率极易过快上升，从而使借款人成本过高而影响投资和资本积累，所以需要谨慎地安排存款和贷款利率，逐渐放松存贷款利率的管制。

国内贸易和金融市场化之后，外汇市场化改革就可以提上日程了。经常项目市场化优先于资本项目市场化。国内外贸易市场化改革本可以同时放开，但外汇汇率需要统一。落后国家往往有官方汇率和黑市汇率，甚至不同商品规定不同汇率。汇率价格统一需要先于对外贸易价格市场化。贸易市场化改革也需要遵循一个最优次序。以实行计划经济管理的社会主义国家为例，由于针对上下游产品采取了不同程度的保护措施，自由贸易的价格齐头并进放开，会导致价格的剧烈波动和保护程度高的产业产出剧烈下滑。所以，贸易市场化需要遵循一个精致的设计，才不至于发生不可承受的动荡。

第四节　金融抑制理论的最新进展

自 Mckinnon 和 Shaw 的研究之后，众多西方学者对这类理论进行了深入研究，构建了解释力度更大的研究模型，不断验证金融市场、金融中介服务对经济增长的作用机制，不断扩大金融深化理论和金融抑制理论的适用性和应用广度。比如，在居民消费领域研究方面，由于发展中国家的政府对金融系统过多干预，金融的发展受到了抑制，而在普遍优先发展工业的背景下，消费领域受到抑制。即当消费者面临流动性约束时，如果金融市场无法提供有效的信贷供给，将会抑制消费的增长。King 等（1993）将金融变量引入标准增长模型，发现金融深化与人均收入增长之间存在显著的正向关系。Rousseau 等（2000）利用 1980～1995 年多个国家年度面板数据验证了金融深化对经济增长的重要作用。Levchenko（2005）则发现金融发展可以通过国际风险分散对消费起到平滑作用，从而拉动消费增长。Demirguc-Kunt 等（2008）认为，众多理论研究和经验证据均强调了金融深化对长期经济增长存在重要影响。Bittencourt（2010）将研究拓展至福利分析，证明了金融深化对减少贫困与不平等有重要作用。Bulter 等（2011）证明了金融可获得性对促进生产率增长的作用十分显著。但部分学者也有不同意见。Jappell 等（1989）的研究结果发现金融欠发达地区的信贷约束对消费的抑制更加明显。Bacchetta 等（1997）从利率的角度进行研究，发现贷存利率差与社会消费总额显著负相关。Boyreau-Debray（2003）和 Hasan 等（2009）认为金融发展实质上阻碍了经济增长。

第五节　金融抑制理论评述

一　贡献

经济思想往往影响经济理论的发展，Shaw（1973）在开篇就开宗明义阐述自己的理论渊源"赞同相对价格（而不是绝对价格，编者按）对经济发展有影响，属于新古典主义；赞同货币及其相对价格会影响实际经济发展过程，属于货币主义"。

金融抑制理论的贡献如下。第一，作者通过对凯恩斯主义暗含的货币财富观的批驳，指出货币是债务中介而非财富基点，描绘落后国家是以分割市场而非统一市场为切入点，阐述货币作为支付手段、结算手段和财富储藏手段而联系分割市场，挖掘现有社会的储蓄潜力、消费潜力和投资潜力促进就业和增长，而货币参与经济的深度越广泛，也就是金融深化程度越大，所释放的经济潜力越大，从而促进落后经济不断向前发展。

第二，产业与通货膨胀之间的替代关系是宏观经济学中一个非常重要的关系即菲利普斯曲线，这一关系直接将劳动力市场纳入分析，形成了宏观经济的总供给曲线。Shaw（1973）直接否定了这一关系的存在，客观上推动了宏观经济学对总供给曲线的深化研究。

理论上的贡献是对于后世货币经济学研究以及宏观经济学研究产生了深远的影响,至今宏观经济学分析的首要工作就是对名义变量和实际变量进行区分;而政策实践中货币政策当局的货币发行规则化,当然不是按单一规则,不同国家选择不同货币规则,目前有价格(利率)目标制和数量(供应量)目标制,后期还出现了通货膨胀目标制。

Mckinnon(1973)和 Shaw(1973)的研究对落后国家金融市场化起到重要的推动作用。中国显然受益于金融抑制理论。1973 年,金融抑制理论的开山之作,即麦金农《经济发展中的货币与资本》和肖的《经济发展中的金融深化》出版,五年之后中国开始实施改革开放;1991 年,麦金农的另外一部关于金融抑制理论的巨著《经济市场化的次序:向市场经济过渡时期的金融控制》出版,一年之后,中国全面改革框架绘就,基本遵循了保持财政基本平衡的同时,国内外贸易市场化、汇率并轨、利率市场化以及外汇市场化改革渐次推进的顺序。而每个大类改革中,都精准控制内部改革的节奏和力度,以利率市场化改革为例,中国人民银行就提出"先外币,后本币;先贷款,后存款,存款先大额长期、后小额短期"的市场化次序,从商业银行市场化改革开始(20 世纪 80 年代中期)到 2013 年放开短期存款利率上限,花了近 30 年时间。

二　局限性

尽管 Shaw(1973)反驳了凯恩斯的财富观,但是采用的分析方法依旧是弹性分析,这种分析方法存在的主要问题是其值不稳定性,且很难解释背后的机理,即卢卡斯批判。随着真实周期理论(Kydland 和 Prescott,1982)的发表,弹性分析方法逐渐式微。

第五篇
对外开放与经济全球化理论

在全球化的浪潮下，各个国家的对外开放带来了全球产业链的融合协作，推动经济快速发展，同时也造成了全球财富差距的不断扩大。对外开放中的发展经济学受到学术界与各国政府的重视，如何在开放中推动本国经济发展成为研究的重点。有鉴于此，本篇对国际贸易理论的演进脉络与发展政策进行系统梳理，并回顾拉美、东南亚等地区发展中国家以及欧洲国家的实践经验，总结国际贸易学与发展经济学的适用性与局限性。焦点上，随着中国改革开放以来经济发展取得巨大进步，国外学者逐步聚焦于对中国问题的研究与解释。根据对相关理论的最新前沿进行展望，包括异质性企业贸易理论、偏向性技术进步、创新发展与绿色发展四个领域，未来的研究将围绕全球生产网络、创新行为、数字化技术应用、企业组织内部贸易、产业链安全性等在国际贸易理论中的应用展开。

第十一章　经典国际贸易理论深化与发展

经典国际贸易理论主要包括三大内容：亚当·斯密的古典贸易理论、伊·菲·赫克歇尔和贝蒂·俄林的新古典贸易理论、保罗·克鲁格曼的新贸易理论。本部分将分别详细梳理古典贸易理论、新古典贸易理论和新贸易理论的代表性文献，并着力阐述每个理论在国际贸易产生原因、国际贸易模式与国际贸易利得等方面的贡献。

第一节　古典贸易理论与发展

古典贸易理论的两个代表性理论分别是亚当·斯密的绝对优势理论和大卫·李嘉图的比较优势理论，本节将先分别介绍这两大理论的背景、内涵及意义，最后对古典贸易理论作简要评价。

一　亚当·斯密的绝对优势理论

亚当·斯密，1723 年出生于苏格兰一个海关关员的家庭，14 岁进入格拉斯哥大学学习数学和哲学，并对经济学产生兴趣，17 岁时转入牛津学院学习。亚当·斯密成长于英国产业革命前夕工场手工业时期，新兴的工业资产阶级要求从国外大量购买原材料以满足国内日益兴起的机械化大生产的需求，而这与已经盛行了两个世纪之久的重商主义理论背道而驰。在这样的背景下，急需新的贸易理论来支撑工业资产阶级利益和资本主义经济的发展。

亚当·斯密受到法国自由学派和道德哲学的影响，反对重商主义，并在此基础上系统地阐述了自由贸易思想。法国自由学派之祖——皮埃尔·德·布阿吉尔贝尔，主张"自由放任"和"极简政府"（Roberts，1935；Hutchison，1988）。自由放任是指，个体行为的动机出于私利，无意中却为公众提供着服务，初步阐述了私人行为和公共福利之间的关系，亚当·斯密在结合道德哲学观点后，对此做了进一步阐发，也是其分工理论和自由贸易思想的重要根基之一。极简政府强调，摆脱政府制约的市场在自我运作时，反而会为市场参与者带来好处。这一思想也深远地影响了亚当·斯密。

道德哲学主要讨论一个重要问题，那就是自我利益与群体利益之间的关系，或者说私人行为与公共福利之间的关系。英国政治家、哲学家托马斯·霍布斯在其1651年出版的《利维坦》中断言，"自我利益主宰着人的激情，这种私利本质上破坏成性、混乱不堪。然而，人们在经过理性权衡后，会把权威托付给一个强势的国家政权，由其来遏制人的有害天性、借以保护群体利益"（Hobbes，1651）。这就是私利破坏成性理论。该言论引发了激烈的争论，有赞同也有反对。英国人伯纳德·曼德维尔1714年出版《蜜蜂的寓言：私人的恶德、公众的利益》，指出对奢侈和自爱的追求造就了勤勉的社会和繁荣的经济。曼德维尔还指出，贸易的本质是交换，如果只愿意他国购买本国货物，而不愿意本国购买他国货物，那他国就不会再与本国进行贸易，而会转向愿意接受他们的货物的其他国家（Mandeville，1924）。这在一定程度上驳斥了重商主义所支持的只出口不进口的观点。但是曼德维尔关于商业政策的思想却与重商主义大同小异，认为政府应该对不同货物实行差异化的关税政策，这样便能随心所欲地改变和转移贸易流向，并且在卖出自己货物时尽量只收下货物而不是其他东西。亚当·斯密的老师弗兰西斯·哈奇森（苏格兰人），批驳了曼德维尔的"自爱"在人类动机中的核心位置，并提出每个人均具有"天然自由"，不应该加以剥夺，因为"人们冒失妄为地行使其天然自由，恐怕会酿成苦难，但若因其冒失妄为而剥夺其天然自由，却往往会制造更大的苦难"（Hutcheson，1755）。但是哈奇森并没有利用天然自由这一逻辑来支

持自由贸易。亚当·斯密继承了哈奇森关于"天然自由"的思想，尊重
每个人的经济自由。

1776 年，亚当·斯密的《国民财富的性质和原因的研究》（简称
《国富论》）出版，反对重商主义，系统地提出了分工理论和绝对优势理
论，倡导自由贸易。亚当·斯密是古典经济理论和古典贸易理论的鼻祖
（Smith，1776）。

当两个国家之间的生产成本在绝对值水平上存在明显差异，就会导致
专业化分工和国际贸易。具体地，A 国生产葡萄酒的成本低于 B 国，B 国
生产纺织品的成本低于 A 国，此时，两国则可以进行国际贸易。A 生产
且向 B 国出口葡萄酒，B 国生产且向 A 国出口纺织品。因此，一国应该
专业化生产并出口其具有绝对优势的产品，而进口其具有绝对劣势的产
品。亚当·斯密指出，各国能够通过分工和贸易来提高生产效率，国际贸
易能够反过来促进分工、提高贸易参与国家的福利。

在《国富论》中，亚当·斯密也讨论了重商主义政策的缺陷所在，
并给出了新的衡量贸易政策效应的方法。重商主义政策的手段包括限制输
入和奖励输出，且主要判断依据是征收关税导致对接受此类保护的部门的
就业和产出的增加，但是这显然是不够的。为此，亚当·斯密主张，评估
这些政策时需要考察政策对总体经济的影响，即对一国国民收入（或产
出）的实际价值的影响。此外，亚当·斯密详细阐述了分工与自由贸易
之间的关系。分工受制于市场的范围，自由贸易显然可以扩大市场的范
围，使更精细的分工成为可能。而且，自由贸易促进了知识交流，人们可
以相互传播新的生产方法和新的商业方法。最后，亚当·斯密也指出了两
种适用于征收进口关税的情形。其一，特定产业，为国防所必需；其二，
国内产品被征收了某种税负，而同类国外产品却无此税负。

二　大卫·李嘉图的比较优势理论

亚当·斯密的绝对优势理论为自由贸易学说奠定了基础，但是也存在

明显的缺陷，那就是该理论无法解释各种产品上都具有绝对优势的国家与不具有绝对优势国家之间的贸易往来。大卫·李嘉图在 1817 年出版的《政治经济学及赋税原理》中提出了比较优势理论，有效地解决了这一问题。该书第七章列举了葡萄牙和英国交换酒和布的著名例子，据说葡萄牙在两种商品的生产中均有绝对成本优势，但在酒这里拥有比较成本优势；抑或，英国在两种商品的生产中均具有绝对成本劣势，但在布这里拥有比较成本优势。这个时候两国仍然能够通过生产并出口本国具有比较成本优势的产品、进口本国具有比较成本劣势的产品来获取更多的可消费的产品，从而增加社会总体福利。在这个例子中，葡萄牙应该生产并出口酒，英国应该生产并出口布（Ricardo，1817）。

比较优势理论是在绝对优势理论的基础上发展而来的，其核心要点在于"两利相权取其重，两弊相权取其轻"，即通过对两国生产情况的动态化比较分析，一国对于多种商品的生产上都显现出了较高的生产率以及优势，反观另一国则处于劣势地位。此种情况下，有优势的一国应将重点放在优势显现较为突出的商品上，而另一国则应当将重点放在劣势显现较小的商品上。也就是说，一国应该专业化生产和出口其具有比较优势的产品，而进口其具有比较劣势的产品。

现有研究对大卫·李嘉图提出的比较优势理论存在不同的观点。有观点指出，李嘉图区区三段的讨论文字表述不清晰，在章节安排的位置上不很自然，而且未能说到理论的点子上。约翰·奇普曼甚至说，"李嘉图对有关法则的表述相当欠缺，乃至让人不免怀疑，他自己是否真懂所谈问题"（Chipman，1965）。威廉·斯维特提示，实际上詹姆斯·穆勒才是李嘉图那个三段例子的构想者，理由是，穆勒读过托伦斯的有关章节并认识到其中的价值，或者穆勒在自己的那篇关于殖民地的文章中阐述 18 世纪规则时提出了这一理论（Thweatt，1976）。詹姆斯·穆勒 1818 年发表了一篇关于殖民地的文章。其中关于比较成本理论的表述，如果我们要进口产品，我们必然需要支付，支付靠的是我们出口了自己部分劳动的产出。

但为什么不用那部分劳动在国内来生产进口产品呢？回答是，因为通过在国内生产其他产品再去海外交换谷物，我们便可以获得更多的谷物，数量会多于在国内自己生产之所得。……因此，阻止谷物进口的法律只能产生一个效果，那就是，为了生产社会所需的食物，将需要投入更大比例的社会劳动（Mill，1824）。

一些实证检验也支撑了比较优势理论。例如，MacDougall（1951）基于 1937 年英国和美国 26 个制造行业，分别测算了每个行业的美国对英国的劳动力生产率，美国对英国的出口比例，结果发现，两个变量之间存在明显的正向关系，也就是说，相对于英国而言，在美国具有更高生产率的制造行业中，对英国的出口也越多，与比较优势理论的观点一致。与MacDougall（1951）类似，Stern（1962）用 1950 年的数据更新了研究，同样将英美两国作为研究对象，不同的是，使用了对"第三国"的出口来衡量比较优势，结果依然支持比较优势理论。

三 对古典贸易理论的评价

与古典经济学同时代的国际贸易理论被称为古典贸易理论，以完全竞争市场结构为理论模型构建基础。古典贸易理论中的比较优势理论为国际贸易提供了强有力的理论解释，自此之后，自由贸易成为国际贸易学者的研究焦点。

但是古典贸易理论中完全竞争市场结构和单一生产要素的假设，与现实情况并不相符，而且无法讨论国际贸易的收入分配效应等问题。此外，古典贸易理论忽视了对比较优势来源的深度讨论，仅仅认为两国在劳动生产率之间存在差异，但是没有探讨生产率的差异来源。

第二节 新古典贸易理论与发展

新古典贸易理论主要包括赫克歇尔—俄林模型、赫克歇尔—俄林模型的拓展、对要素禀赋理论的检验，本部分将分别介绍这三部分的代表性文献，最后对新古典贸易理论进行评价。

一 赫克歇尔—俄林模型

绝对优势理论和比较优势理论均假设国家之间仅存在生产率的差异性，且假设只存在一种要素（劳动力），也就是说，国家之间仅存在产品劳动力生产率的差异性。但是这两大理论均没有清楚地介绍生产率差异或者是绝对（比较）优势的根本来源。

赫克歇尔—俄林模型在比较优势理论的基础上进行了拓展和深化，构建了一个包含两个国家、两种产品和两种生产要素的国际贸易理论模型。与比较优势理论不同，赫克歇尔—俄林模型假设两国之间不存在生产率差异，但是存在要素禀赋差异；此外，生产要素不止一种，而是多种，为了模型简单，他们假定生产一种产品需要投入两种要素。与比较优势理论相同的是，两国市场都是完全竞争的，两国有相同和类似的偏好，生产要素在一国内自由流动，但在两国之间不能流动。

赫克歇尔—俄林模型认为，两国使用相同的生产技术生产同一种产品，区别在于所使用的生产要素的成本存在差异，一国使用其相对丰裕要素生产的产品具有相对较低的成本和价格，因此，该国能够专业化生产和出口该产品，而进口其使用相对稀缺要素生产的产品，这时两国均会从贸易中获利（Ohlin，1933）。

二 赫克歇尔—俄林模型的拓展

由于赫克歇尔—俄林模型涉及两种生产要素，不同生产要素对应不同的生产要素提供者群体，例如，资本的拥有者是资本家，劳动的提供者是劳动者，赫克歇尔—俄林模型允许两种生产要素在两种产品之间流动（一国之内），而国际贸易会使两国在产品的生产中发生重新分工，这无疑将会影响要素收入，也就是会影响国内收入分配。此外，外生的要素供给变动会如何影响产品价格分布和收入分配，也是一个重要的问题。围绕这些问题，萨缪尔森、斯托尔珀、罗伯金斯基等人对赫克歇尔—俄林模型进行了一系列有益的拓展。

1. 对要素收入分配的影响

在赫克歇尔—俄林模型下，随着一国从封闭到开放，产品相对价格会变动，本国出口相对价格上升，而进口相对价格下降，这会如何影响要素相对价格，要素所有者的收入分配如何变化？斯托尔珀和萨缪尔森回答了这一问题，并将该拓展理论称为斯托尔珀—萨缪尔森定理，其内容为：当要素可以在不同部门流动时，一种产品相对价格上升会使生产该产品所密集使用的要素所有者获益、生产该产品不被密集使用的要素所有者受损（Stolper and Samuelson，1941）。

2. 阐述要素禀赋变化对产出变化的影响

斯托尔珀—萨缪尔森解释的国际贸易对收入分配的影响问题，这是从需求到生产再到供给的逻辑。现在换一个方向来思考问题，也就是从供给到生产的逻辑。具体地，假设一国的某种资源禀赋突然增大，在赫克歇尔—俄林模型框架下，这将如何影响该国的生产和贸易结构呢。这就是罗伯金斯基定理：在保持产品价格不变的情况下，某一要素禀赋的增加会导致密集使用此要素的产品产量增加、不密集使用此要素的产品产量减少（Rybczynski，1955）。

3. 阐述国际贸易对要素价格差距的影响

赫克歇尔—俄林模型的前提假设是两国之间的要素禀赋存在相对差异，那么两国的要素价格也是存在差距的。那么国际贸易会如何影响两国之间的要素差距呢？是驱动还是异化，如果驱动的话，最后会相等吗？萨缪尔森在赫克歇尔—俄林模型下证明了国际贸易会使国家间的要素价格完全相等，这就是要素价格均等化定理。其背后的逻辑是，国际贸易扩大了市场，这增加了对使用相对丰富的要素禀赋生产的产品的需求，进而会提升相对丰富的要素的价格，因为这相当于提高了对该要素的需求，在均衡状态时，两国的要素价格差距为零。该理论的意义在于，即使生产要素在国家之间不能流动，但是生产要素能够通过产品在国家之间的流动而实现再配置（Samuelson，1948）。

三　要素禀赋理论的实证检验与解释

赫克歇尔—俄林模型基于要素禀赋的比较优势来阐述国际贸易的原因，也被称为要素禀赋理论。根据赫克歇尔—俄林模型，资本丰裕的国家会出口资本密集型产品，劳动丰裕的国家会出口劳动密集型产品。要素禀赋理论诞生后，不少学者使用实践数据对其进行检验。其中，最早的也最著名的是里昂惕夫的研究（Leontief，1953）。他使用美国1947年的数据，计算出美国每1万美元出口额需要资本—劳动力相对投入为137美元/人，而每1万美元进口额需要资本—劳动力相对投入为182美元/人。由此可见美国的进口相对其出口更加资本密集型，而美国是一个资本充裕的国家，理应出口相对其进口更加资本密集型的产品，这与要素禀赋理论不符，也就是著名的"里昂惕夫悖论"。后来，利摩尔提出了一个新的验证方法，那就是比较净出口品的劳动力人均资本占有量和消费品的劳动力人均资本占有量，同样使用1947年美国数据，发现前者大于后者，符合美国是资本丰裕型国家的预测，证明赫克歇尔—俄林模型是正确的（Leamer，1980）。此外，鲍德温采用了一个全新的方法进行验证，那就是将每个行业调整后的净出口额[1]对其生产单位产品所需的劳动力和资本进行回归，得到估计系数，根据估计系数进行检验。基于1962年贸易数据的结果发现，科学家、工匠、领班以及农民人数占总工人人数比例越高的行业，会有越高的出口量，这与美国作为一个高技术水平劳动力和技术都密集的国家的预测是一致的。但是，与里昂惕夫一致的是，他也发现资本—劳动力比率越高的行业，倾向于出口越少的产品。对此结果，鲍德温

---

[1]　调整后的净出口额是指，每100万美元的总出口额中的行业出口额除以每100万美元的总进口额中行业进口额。

做了思考和解读。一是在给予要素禀赋理论解释国家贸易时，不应将要素局限于资本和劳动力两类，还应该考虑其他要素，例如土地、人力资本、技术等。二是模型还应该考虑要素的流动性障碍，即使是在一国内部（Baldwin，1971）。

四　对新古典贸易理论的评价

与古典贸易理论一致，新古典贸易理论仍然以完全竞争市场结构为假设，但是不同的是，其放松了单要素的假设，而认为生产一种产品至少投入两种不同的生产要素；且认为国家之间即使不存在生产效率差异，当要素禀赋存在相对差异的时候，国际贸易也能产生。因此，新古典贸易理论既探讨了比较优势的来源，那就是一国要素禀赋；也能用于分析国际贸易对不同要素所有者的收入分配的影响。但是新古典贸易理论仅能解释产业间贸易，而不能解释产业内贸易，也不能解释具有相同的要素禀赋、技术优势的国家之间的贸易，因此，新贸易理论应运而生。

第三节　新贸易理论、新经济地理理论与发展研究

前面两部分分别介绍了古典贸易理论、新古典贸易理论，这一部分将介绍新贸易理论以及随着新贸易理论诞生的新经济地理理论。与前文类似，我们将着重阐述新贸易理论、新经济地理理论的诞生背景、主要代表性文献和观点、主要拓展和评价。

一　新贸易理论

1. 现实背景

第二次世界大战后，尤其是到 20 世纪 70 年代，学者越来越清楚地看到并非所有的国际贸易的特征都能够被要素禀赋理论或者其他给予比较优势的国际贸易理论很好地解释。因为这些理论预测，国际贸易应该在不同

类型产品之间形成，而且两国之间的生产差异性越大，两国之间的交易越多。但是现实却并非如此。第二次世界大战后的近30年里，国际贸易则主要发生在类似国家与类似产品之间，例如，发达国家之间的制造业产品之间的贸易。更进一步地，Grubel 和 Lloyd（1975）等文献发现，不管行业的定义范围是宽还是窄，国际贸易更多地发生在行业内部，而非行业之间。因此，古典和新古典贸易理论均无法解释行业内贸易，因而急需新的贸易理论来解释现实的贸易模式。

2. 理论背景

亚当·斯密的绝对优势理论、大卫·李嘉图的比较优势理论、赫克歇尔—俄林模型及其追随者均假设市场是完全竞争的，而且不存在规模报酬。因此，这些模型假设上的缺陷决定了其无法解释新近的产业内贸易现象。Chamberlin（1933）提出的垄断竞争市场框架、Dixit 和 Stiglitz（1977）提出了垄断市场竞争结构与产品多样化的一体化的分开框架，但是二者均没有用于分析国际贸易。而这一工作则由克鲁格曼在其1979年发表的论文中完成。

3. 基准模型

Krugman（1979）构建了一个包含垄断竞争市场结构、差异化产品和规模报酬递增的国际贸易理论模型，这完全绕过古典和新古典贸易理论中关于比较优势的观点。在该模型中，国家之间既不存在生产率差异，也不具有要素禀赋差异，但是仍然能够专业化生产不同的产品，并通过国际贸易为消费者提供更多种类差异化的产品。Krugman（2008）指出，其提出的基于规模经济新的解释国际贸易的理论并非替代了比较优势理论和要素禀赋理论，而是对其的一个有效补充。为此，当假设行业内所有的差异化产品均使用相同的要素比例所生产时，我们可以使用要素禀赋理论来解释行业间贸易，基于规模报酬递增来解释行业内贸易。这也得到了 Helpman（1981）、Dixit 和 Norman（1980）的印证，他们指出，基于规模经济的新贸易理论能够很好地解释相似贸易（similar-similar trade），这表明相似国家之间相互之间并不具有明显的比较优势，所以它们之间的贸易的主要驱动力来源于规模经济，从而体现为产业内贸易。

4. 拓展模型

克鲁格曼的新贸易理论模型分析框架如何解释收入分配的问题呢？这是对新贸易理论的第一个拓展方向。Balassa（1966）就欧共体的成立对成员国的产业和贸易的影响进行了观察与研究，他发现欧共体的成立并没有导致成员国的某些产业的消亡，也没有导致任何成员国的制造行业的衰落。Krugman（1981）在 Krugman（1979）的基础上，进一步考虑国际贸易利得的模型结论证实了在某些条件下斯托尔珀—萨缪尔森定理是成立的，也就是说，贸易自由化将会损伤稀缺要素所有者的利益，其前提条件是比较优势很强且规模经济效应很弱。如果条件反过来，那就是比较优势很弱且规模经济效应很强时，这正好符合包括欧共体在内的工业化国家之间的关系现状，这些国家之间的贸易将是双赢的。

Helpman 和 Krugman（1985）进一步构建了一个同时包括比较优势和收益递增的国际贸易理论模型，模型结论表明，为了重建一个一体化的经济体，有必要将受到规模经济影响的所有产品根据比较优势由某一个国家专业化生产。

5. 总结与评价

新贸易理论指的是自 20 世纪 80 年代以来诞生的一种全新的国际贸易理论，该理论系统性地对国际贸易的成因进行了说明，并指出了国际分工的决定要素，体现出最优贸易政策、贸易保护主义的观点。代表人物以克鲁格曼为主。该理论具有丰富的实践经验，突破了原有古典以及新古典贸易理论研究对象的局限性，其以规模经济和垄断竞争为基本假设，并将变量分析拓展到企业上。

具体包括以下几点。第一，从技术、需求、供给差距方面，进一步对贸易基础、动因等进行了说明，指出垄断竞争行为产生于具有规模收益递增但市场竞争结构却不健全的市场环境，由此成为当时贸易行为的主要动因。第二，从贸易政策角度出发，提出了外部经济、利润转移两个论点。该理论推翻了古典贸易理论中提到的"自由性贸易"观点，对自由市场环境下贸易行为的有效性表示怀疑，指出政府的政策扶持有助于良好外部经济环境的建立，由此来保障企业商品生产活动的顺利开展，使企业能够在贸易中表现出更大的竞争力。如今各国产业战略性发展规划的提出，正是从该理论发展而来的，该理论的提出为各国对于本国贸易的发展、保护起到了关键性的作用。

二 新经济地理理论

1. 提出背景

新经济地理理论结合传统区域经济地理理论和新贸易理论，并尝试提供一个整体的框架来解释跨区域和跨国家贸易。长期以来，国际贸易学者在国际贸易理论模型中或多或少地忽视了一些比如距离、空间和运输成本等重要概念。赫克歇尔—俄林模型和新贸易理论都没有考虑以上因素。即便如此，有一些国际贸易学者也对距离等因素在国内和国际贸易中的作用进行了初步的研究。例如，俄林在其1933年出版的《区际贸易与国际贸易》中，分析了运输成本如何影响贸易类型和专业化。他认为，国际贸易理论是无法被理解的，除非将其置于一般的区域理论中来看（Ohlin，1935）。然而，在接下来的几十年里，距离和空间等方面的讨论仅见诸区域经济学者中，直到克鲁格曼在1991年出版的专著《地理与贸易》中提出新经济地理理论，这一情况才发生了根本性的扭转（Krugman，1991a）。自此之后，相关研究如雨后春笋般出现和发展起来。

与传统的区域科学一致，新经济地理理论也研究一个基本问题：哪些因素已经影响了以及还将继续影响经济活动的地理分布？例如，为什么经济活动主要集中在城市？为什么产业空间分布特征会较长时间地持续下去？为什么制造业的空间布局会发生变动？传统区域科学学者主要从所谓的"第一自然"（first nature）优势这个视角来解释。具体地，某个地区相对于其他地区具有更加优越的自然禀赋，或者具有河流或者港口这类先天的交通优势，这些地方就更可能吸引某些企业和产业的集聚，进而形成一个城市。诚然，"第一自然"优势能够为经济活动的空间分布提供很好的解释，但是对于那些不具有明显的所谓"第一自然"优势的也称为经济中心的地区而言，该理论则无法提供解释。这就需要新的理论来对其进行解释。

2. 基准模型

克鲁格曼提出的新经济地理理论为解释上述问题提供了答案。他将规模报酬递增和交通成本引入传统的经济地理理论，用以解释大规模的产业集聚现象（Krugman，1991a；1991b）。其基本逻辑是，规模报酬递增趋向使企业集中在某个地方生产某一产品；进一步当交通成本发挥作用时，最有吸引力的生产位置将是那些离市场较近或者离供应商较近的地方；最后，集中生产的地点对生产要素具有更强的吸引力，例如，劳动者能够在那里较为容易地找到工作和购买到其愿意消费的产品；与此同时，随着劳动者数量的增多，这个地区的市场会更大，企业也更愿意将厂商设置在这里。这就形成了一个自我强化的良性循环，这就是所谓的"第二自然"优势：该地区对企业具有吸引力，因为许多其他企业已经在那里生产，而不是因为这个地区具有较为优越的自然禀赋。如果以上促进产业集聚的因素被称为向心力的话，那么抑制产业集聚的因素就可以被称为离心力。产业集聚和人口分布的均衡结果就是向心力与离心力达到平衡时候的状态。

3. 主要拓展

克鲁格曼在其1991年发表的论文和著作中的新经济地理理论基准模型虽然能够很好地解释"第二自然"优势对经济和人口分布特征的作用，但是该模型设置了一些较强的研究假设，放松这些假设的研究进一步丰富了新经济地理理论的内涵。这些假设包括，企业之间不存在直接的负向外部性，也就是不考虑污染、拥堵等问题；不存在住房和土地市场；人们只关心工资，不关心其他因素，例如污染、气候等。放松这些假设将引入新的离心力。在克鲁格曼的基准新经济地理模型中考虑到的离心力因素是企业服务边缘地区的欲望。现在本章来梳理其他学者如何引入其他的离心力因素，例如，技术外部性、城市土地租金和高质量生活偏好。Brakman 等（1994）引入技术负外部性来修改克鲁格曼的模型。假设固定成本和边际成本随着区域内企业数量的增加而增加，这就刻画了拥挤效应。负的拥挤外部性使主要的生产区域具有额外的成本，这会导致集聚不会是完全的，部分企业会搬到没有那么拥挤的外围地区。这一发现也就解释了一个问题：制造业完全集聚在一个地区的现象很少发生，以及外围地区也会有一些制造业的存在。Livas-Elizondo 和 Krugman（1996）进一步考虑了城市土地租金和通勤成本作为离心力的来源因素，也就是认为存在住房和土地市场，集聚将需要支付更高的工资以补偿更高的土地租金和通勤成本。随着离城市中心的距离越远，通勤成本越高，但是土地租金更低。随着离城市中心距离越近，土地租金越高，但是通勤成本越低。该文认为，制造业工人集聚在一个地区，将促使这个城市的范围扩大，这将会同时提升通勤成本和土地租金，反过来降低集聚的概率。Asilis 和 Rivera-Batiz（1994）进一步考虑了高质量生活偏好。在该模型中，消费者不仅对消费产品具有偏好，而且对居住的地理位置也存在偏好，具体而言更加偏好居住在远离中心的地方，这样能逃离污染。但是这些偏好需要与随之而来的通勤成本、制造业产品的运输成本增高导致的生活成本提升进行权衡。尽管如此，考虑了对位置的偏好后，集聚的向心力会有所减弱。

此外，克鲁格曼的基准的新经济地理模型假设不存在中间品，也就是忽视产业链中的前向和后向关联的问题。放弃该假设，也就是引入中间品，将会导致额外的前向和后向关联的问题。基准模型表明，集聚的产生均是由于企业离劳动力较近，反之则无法形成集聚，这是因为劳动力流动加强了最初的区位优势。传统区域科学领域文献还强调了企业之间垂直关联。例如，上游企业因离需求商距离较近而受益，下游企业因离供应商距离较近而受益。基于此，新经济地理理论也将这一问题考虑进来。这些模型虽然与克鲁格曼原始模型一样强调运输成本，但是并不依赖劳动力流动。因此，它与相关地区属于不同国家的问题相关。本章将综述这方面的文献。具有首创意义的文献是 Venables（1996），随着运输成本从高到中，集聚变得更有可能。随着运输成本的进一步降低，外围地区较低的工资促使外围地区在世界贸易总销售额中的份额提高，从而降低了集中的趋势。Krugman 和 Venables（1995）构建了一个类似的模型来解决下面这个谜题。在 20 世纪六七十年代，全球化被认为是深化了南方和北方之间的差距，但是到八九十年代，全球化被认为更多地伤害了富裕的北方国家的利益。在前一个时期，贸易成本下降，世界经济呈现一个中心—外围结构；但是随着贸易成本的进一步下降，这也是第二个时期的情形，这意味着靠近中心地区的重要性减弱、生产成本的重要性增强，这就有利于外围地区，进而有利于缩小中心和外围的差距，也就是南方和北方的差距。Krugman 和 Venables（1996）构建了一个类似 Venables（1996）的模型，来分析一体化的加强是否会使国家之间的产业结构趋同。两个垄断竞争的产业不再是上下游的关系。不同的是，这两个产业所生产的产品，一个用于消费，另一个作为中间品。在该模型中，当运输成本很高时，两国的行业结构相同，运输成本较低时，行业内关联度更强，这会导致专业化分工，每个地区的企业专业化于该产业。简而言之，依赖于企业之间的垂直联系而不是劳动力流动的新经济地理学模型的变体为更好地理解国际经济学中的一些重要问题提供了一些希望。

第十二章　经典国际贸易与发展政策演进

自从亚当·斯密的绝对优势理论，尤其是大卫·李嘉图的比较优势理论提出以来，自由贸易思想取代了保护贸易成为国际贸易的主要学说，也成为国际贸易学者的共识。即使如此，也有少数怀疑者质疑自由贸易，但是其只能在某个具体方面提出造成保护的新理由，例如，保护幼稚产业，南北贸易导致南方国家贸易条件恶化等。因此，本章将首先分别回顾幼稚产业保护理论的提出、继承与发展，以及南北贸易模型的提出背景、原因及其经济社会效应。此外，本章还结合发展经济学，回顾后发国"蛙跳型增长"的背景、相关理论和经验文献，并总结发展中国家实现技术和经济"蛙跳型增长"的主要路径，为当下的发展中国家和欠发达国家的发展提供启示。

第一节　幼稚产业保护理论的继承与发展

一　幼稚产业保护理论的提出

幼稚产业保护理论是最源远流长的保护贸易理论，至少可一直追溯至伊丽莎白时代。在重商主义时期，重商主义者主张为扶植一个产业而实行临时保护；道德哲学派学者代表性人物认为，"一切机械性工艺，不管是较简单还是较复杂的，都应该加以鼓励，否则我们的财富会消耗于购买外国的制成品"。这都一定程度上体现了幼稚产业保护的观点。

美国首任财政部部长亚历山大·汉密尔顿支持对幼稚产业提供保护，

认为如果放任自由，国内产业不会自动走上最有利可图的发展道路。汉密尔顿还提出了促进国内制造业的四项政策，分别是征收保护性的进口关税、进口禁令、征收原材料出口关税、对国内产业进行资金补贴，并指出最好的策略是，通过征收进口关税获取财政收入，然后以这笔资金来补贴国内生产。汉密尔顿主张幼稚产业保护观点是与当时美国来自英国的制造产品进口竞争的现实背景相一致的。

直到弗里德里希·李斯特1841年出版《政治经济学的国民体系》，幼稚产业保护理论奠定了其最重要的保护贸易理论的历史地位，该书在保护贸易主义领域内的地位犹如《国富论》之于自由贸易主义者，李斯特也成为新兴工业化国家中最受欢迎的保护贸易倡导者。李斯特主张保护贸易，尤其是对幼稚制造业进行保护的原因主要有以下几点：①他认为亚当·斯密及其追随者主张的是"世界主义经济学"，忽视了每个国家在世界上所具有的独特经济利益；②他认为财富的生产力的重要性远远超出财富本身；③制造业可转变为生产资本、财富和国家实力，创建本国制造业能够给未来争取到的好处将远大于保护会带来的短期经济成本。李斯特的幼稚产业保护理论产生了重大而广泛的影响。到19世纪末，如阿尔弗雷德·马歇尔这样的著名英国经济学家也承认并接受李斯特有关发展中国家幼稚产业的许多基本思想。

进入20世纪后，尤其是第二次世界大战后，很多国家援引幼稚产业保护理论对本国的幼稚产业，尤其是工业进行保护。后来的经济学者从理论和经验两个方面继承和发展了幼稚产业保护理论，本章将分别综述这两方面的文献。

二　继承与发展幼稚产业保护理论的观点

继承与发展幼稚产业保护政策的理论依据来源于国际贸易理论和经济增长理论。在国际贸易理论中，李嘉图的比较优势理论是支持自由贸易的最强有力的理论依据。根据比较优势理论，一国应该专业化生产并出口其具有比较优势的产品，完全放弃生产比较劣势的产品。假设存在 A 国和 B 国，A 国在香蕉生产上具有比较优势，B 国在计算机生产上具有比较优势。根据比较优势理论，A 国完全生产香蕉、B 国完全生产计算机。根据经济增长理论，一国要实现增长需要实现产品升级（产业升级）。对于 A 国而言，A 国需要从生产香蕉转向生产计算机，因为计算机的技术水平和附加值更高。但是，在比较优势理论主导的自由贸易框架下，A 国甚至没有生产计算机，更不用谈提升 A 国的计算机生产率和实现 A 国的产业升级。

20 世纪 80 年代之前，以索洛经济增长模型为代表的新古典经济增长理论是主流的经济理论。新古典经济增长理论假设（资本或劳动）生产要素报酬递减，认为具有较低资本—劳动力比的发展中国家比具有较高资本—劳动力比的发达国家拥有更高的经济增长率。因此，这个模型预测落后的发展中国家通过资本积累便能实现经济增长，并缩小与发达国家的差距，最后实现发达国家与发展中国家之间的收敛。但是这一理论并没有得到实证。实证结果反而发现，发达国家与发展中国家之间的经济增长收敛不存在，发展中国家的经济增长依然较慢且没有明显加快，发达国家的经济增速依然较为稳定且没有明显放缓（例如，De Long，1988）。新古典经济增长理论无法解释这一现象。

考虑外部性和规模经济的新增长理论应运而生。例如，Hausman 和 Rodrik（2003）构建了存在外部性的模型来解释市场失灵。企业家在寻找和发现一种可以用于出售的产品之前往往要经历很多的试错，而上市后的产品很容易被其他竞争企业所模仿，以及产品研发和生产技术也可能通过某些渠道为竞争者所获取。随着其他企业生产类似甚至相同的产品，先锋企业的市场份额和销售收入减少，甚至可能无法覆盖用于研发该新产品的投入成本。这种负的外部性，导致大部分企业不愿意作为先锋企业进行新产品开发，从而减缓技术进步和经济增长的速度。这个时候，如果政府能够给先锋企业一些生产补贴，先锋企业愿意继续研发和生产新产品，从而来提升技术进步和经济增长的速度。

以上是负向外部性导致市场失灵的情形。现在来介绍规模经济如何导致市场失灵，从而也有必要引入政府的干预。规模经济的存在一定程度上支持政府采取幼稚产业保护政策。这是因为，如果某个行业具有规模经济效应，那么政府通过设置进口壁垒或者给国内行业提供生产补贴，这有利于扩大该行业的生产规模，从而能够发挥该行业的规模经济效应，否则该行业的规模经济效应无法发挥出来。Otsuka 和 Sonobe（2009）发现当生产规模超过一定额度后，行业生产率会提升。

综上所述，继承并支持幼稚产业保护理论的学者主要从市场失灵需要政府干预的视角论证。

三 检验幼稚产业保护理论经验证据

1. 实行幼稚产业保护政策的证据

英国自 14 世纪到 1846 年以前，一直实行幼稚产业保护政策。根据 Bairoch（1993），美国在 1820~1945 年，对制造业进口产品征收的关税税率高达 40%~50%，在发达国家中是最高的。Chang（2003）研究发现，只有两个发达国家没有实行过幼稚产业保护政策，那就是荷兰和瑞典，那是因为它们无须实行这一政策，因为它们从一开始就已经处于世界技术前沿水平。由此可见，英国和美国作为自由贸易的倡导者，在其产业发展处于初步阶段的时候，也均实行了幼稚产业保护政策。

2. 检验幼稚产业保护政策的证据

Irwin（2000）以 18 世纪 90 年代美国锡行业为研究对象，结果发现对锡行业的进口征收关税在长达 10 年的时间里有效地促进了美国锡行业的发展，但对总体福利的提升不明显。Ohashi（2005）以 20 世纪五六十年代的钢铁行业为分析对象，他同时分析了钢铁行业贸易保护政策的动态影响效应（"干中学"效应）和企业之间的溢出效应。结果发现，"干中学"效应显著且解释了 20% 的政策效应，但是行业内企业间的溢出效应不存在。这两个经验证据均是以某一个具体行业为研究对象的，其经验结果可能只适用于所分析的行业。

Beason 和 Weinstein（1996）、Lawrence 和 Weinstein（2001）则基于横截面数据来检验幼稚产业保护政策的效应。他们实证研究了借贷、关税、补贴等政策措施对日本受保护行业的全要素生产率增长率并没有明显的统计显著性。

Krugman 和 Obstfeld（2003）指出，许多享受政府特殊政策的行业事实上并没有增长，这很有可能是由于政府没有选择对该得到保护的产业。这就是新古典经济学家所指出的，政府失败可能比市场失败更加严重。这一观点使得有些学者指出，政府应该扶助所有的行业，因为他们实在无法选取出哪些行业是正确的应该得到特殊支持的行业（例如，Ranis，2003）。后来有学者对如何挑选正确的行业提出了自己的看法。例如，Rodrik（2007）指出，政府在选取受保护的行业时，应该摒弃原来那样类似"委托—代理"关系的方法来选取行业，而应该让行业也加入进来，通过政府与行业共同组成审查委员会的方式来决定哪些行业是影响经济发展的关键行业，进而挑选出正确的行业。

四　对幼稚产业保护理论的评价

自从亚当·斯密《国富论》发表以来，自由贸易学说是国际贸易的主要思潮，保护贸易学说虽然并没有完全消失，但是最多只是自由贸易思潮上的"浪花"，无法成为潮流。在众多保护贸易理论中，幼稚产业保护理论是最成功的一种。这主要是因为幼稚产业理论具有较强的理论说服力。

不管是发达国家还是发展中国家，均实行过幼稚产业保护政策，因为，幼稚产业保护政策并非发展中国家的专利。但是是否所有实行幼稚产业保护政策的国家都从中获益了呢？答案是否定的。例如，第二次世界大战结束后，大部分发展中国家由于经济落后、政治制度差异等原因均实行幼稚产业保护政策，具体是对国内产业进行补贴和扶持以实现进口替代，国际贸易额非常小。但是事实证明，幼稚产业保护政策并没有给这些发展中国家带来经济的发展，甚至相对于美国等发达国家而言，其人均收入不增反降。相反，一些发展中国家放弃幼稚产业保护政策并转向出口导向政策之后，经济却快速发展起来。例如，韩国自20世纪60年代对外开放，中国自20世纪80年代对外开放，印度自20世纪90年代对外开放，这些国家相继出现了高速的对外贸易增长和经济发展。

综上所述，幼稚产业保护政策可以在个别行业酌情运用，但是不能普遍用于全部行业，也不能将其发展为禁止进口的程度。

第二节 南北贸易模型下发展问题的讨论与深化

南北贸易是指发展中国家与发达国家之间的国际贸易，解释南北贸易的产生原因以及阐述南北贸易的影响效应的相关理论被统称为南北贸易模型。本章分别综述解释南北贸易的产生原因和南北贸易的经济社会效应这两类文献，最后对文献进行评论。

一 南北贸易的成因

1. 从贸易条件和要素流动的视角解释南北贸易

Findlay（1980）基于新古典增长模型的框架，引入贸易条件来分析南北贸易。结论表明，北方的有效劳动自然增长率决定了北方的经济增长，北方的经济增长通过国际贸易会影响南方的经济增长。具体地，短期来看，如果南方产品的需求大于供给，南方贸易条件改善，南方经济可以快速增长；如果南方产品的需求小于供给，南方贸易条件恶化，南方经济增长减缓。长期来看，北方的技术进步和投资均能通过提升有效劳动自然增长率来促进北方经济增长；南方的生产率和投资增长却因导致产品过剩和贸易条件恶化而抑制南方经济增长。Saveedra-Rivano（1984）在Findlay（1980）模型的基础上，考虑资本和劳动力的跨国流动，研究发现，由于北方资本丰裕，资本从北方向南方流动，也就是北方在南方国家投资，这会增加对北方产品的需求，提升北方产品的价格，导致南方贸易条件变差、北方贸易条件变好。Darity（1990）在Findlay（1980）模型的基础上也考虑了资本的流动，此外，其模型不是新古典模型，而是凯恩斯模型，那就是北方处于非充分就业状态。该模型指出，南北方利润率存在差异，这促使资本跨国流动，南北方利润率相同时，资本流动停止，实现均衡。此时，北方在国际市场具有垄断定价能力，而南方国家则不得不依赖于资本边际产量定价，这就导致北方的贸易条件优于南方。

以上主要基于新古典贸易理论框架，从北方国家和南方国家的要素禀赋出发，或考虑或不考虑资本等要素的跨国流动，解释南北贸易模式，并阐述南北贸易模式下的贸易条件动态变化，以及贸易条件动态变化对南北贸易模式反向作用。

2. 从规模经济的视角解释南北贸易

南北贸易的鲜明特点之一是北方国家拥有规模经济优势。这一支文献结合新贸易理论中的规模经济效应来解释南北贸易。Krugman（1981）基于新贸易理论框架，也就是引入规模经济来解释南北贸易。具体地，他认为北方国家的制造业由于具有外部经济而具有规模报酬递增效应，因此，扩大投入能更大幅度地获得产出，具有较高的利润，从而有利于扩大出口。相反，南方国家的制造业产品并不具有规模效应，因而被锁定在初级产品的生产和出口中。Dutt（1986）从生产和技术发展的惯性视角进一步发展了Krugman（1981）的思路，他指出，北方国家一贯生产和出口技术含量高、工艺程序复杂、管理密集度高的产品，它们在这些产品的生产中积累了坚实的技术基础和丰富的操作和管理经验，这进一步降低了它们生产和出口这些产品的边际成本。南方则相对应地在出口技术含量低、工艺程序简单和管理密集度低的产品上具有较为丰富的生产经验，这导致南方国家在这些产品的生产和出口中形成了路径依赖。

3. 从技术创新、产品生命周期视角解释南北贸易

南北贸易的另一个鲜明特点是南北方技术差距巨大。因此，这一支文献从技术创新的视角来阐述南北贸易，并结合产品生命周期理论深化论点。Krugman（1979）引入技术差距来解释南北贸易模式。具体地，全球北方国家具有很高的技术创新水平，而南方国家则没有技术创新能力，北方国家创新和生产新产品，并将新产品出口到南方国家；当新产品变成旧产品后，南方国家也能掌握这些产品的生产技术，这个时候北方国家不再生产这些旧产品，但是北方国家仍然存在对这些旧产品的需求，因而，南方国家能够向北方国家出口旧产品，这就解释了南北贸易模式。Grossman和 Helpman（1991）在 Krugman（1979）的基础上进一步内生化技术进步，认为北方具有更高的技术创新能力是源于其具有较高的人力资本和高端生产设备。因而北方和南方分别着力于创新和模仿，北方和南方通过国际贸易都会使产品质量阶梯上升。Benarroch（1996）从动态的视角以及引入生产模式深化 Krugman（1979）的研究。北方国家投入更多要素用于创新和生产新产品，产品种类变多，这会增加消费者对北方国家的产品需求，这进一步导致北方国家扩大生产，从而加大对劳动力的需求，使工人工资水平上升。如果工资水平的上升幅度大于其产品利润率的上升幅度，这就会减弱北方国家的比较优势，缩小南北方之间的差距；相反，北方国家则将继续保持现有的优势。

二　南北贸易的经济社会效应

南北贸易如何影响南方国家和北方国家的经济社会发展，这是南北贸易模型关注的另一个重要问题。本章从发展中国家技术进步、经济增长、环境这三个方面来综述南北贸易的经济社会效应。

1. 南北贸易与发展中国家技术进步

已有文献关于南北贸易对发展中国家技术进步的作用可以归纳为促进和抑制这两个方面。①促进作用。由于模仿创新的成本明显低于自主

创新，而且发展中国家知识产权保护成本较低，这就导致发展中国家能够通过南北贸易较容易地学习和模仿发达国家的先进技术，获得技术进步和经济增长（Krugman，1986；Grossman et al.，1991a；Eaton and Kortum，1999）。②抑制作用。发达国家的先进技术不适宜于发展中国家的要素禀赋结构，也就是先进技术与发展中国家不匹配，如果发展中国家盲目模仿，反而阻碍其技术进步（Atkinson and Stiglitz，1969；Diwan and Rodrik，1991；Basu and Weil，1998），这可以归纳为"适宜技术"。Casetti 和 Coleman（2000）指出"适宜技术"是解释南北生产率差异、发展中国家技术进步缓慢的重要因素。Evenson 和 Westphal（2003）同样指出，发展中国家如果想真正模仿一项先进技术，往往需要大量的后续投资并违背发展中国家自身的要素结构，从而在模仿后期带来负面效应。此外，发达国家预期到发展中国家会在南北贸易中模仿其先进技术，因此会特意增加技术模仿难度，不利于发展中国家模仿技术（Thoenig and Verdier，2003）。

2. 南北贸易与经济增长

Dinopoulos 和 Segerstrom（2006）构建了解释南北贸易与经济增长的动态一般均衡模型。创新、模仿以及南北国家之间的工资差异都是内生决定的。北方企业进行研发类的 R&D 投入并生产高质量产品，南方企业则进行模仿类的 R&D 投入，且模仿北方的先进产品。模型结论表明，南方市场扩大能永久地提升南方模仿北方产品的比例以及促进北方创新概率的短期提高；南方国家知识产权保护加强会永久地降低南方模仿北方产品的比例以及促进北方创新概率的临时降低；贸易成本降低对以上两个方面均没有影响。Arnold（2002）将失业引入南北贸易模型，该模型假设由于南方国家模仿，北方国家的工人失业状态将维持一段时间，也就是说，南方国家的模仿将导致北方国家的摩擦性失业。模型发现，外生的模仿率与内生的稳态下的经济增长率之间的关系取决于劳动力市场灵活性。在劳动力市场灵活性较高的情形下，二者为单调正向关系；在劳动力市场灵活性中等情形下，二者关系为驼峰状；在劳动力市场灵活性较低的情形下，二者为单调负向关系。南北贸易中，贸易与经济增长的关系一定程度上预示着劳动力市场灵活性，这个模型也能较好地解释美国和欧洲当时的情形。

3. 南北贸易与环境

Copeland 和 Taylor（1994）构建了研究国民收入、污染和国际贸易之间关系的简单静态南北贸易模型。模型假设两个国家生产连续产品，产品之间的污染强度不同。结论表明，高收入国家环境保护程度更高，而且专业化生产相对清洁的产品；自由贸易会增加世界总体污染；北方国家生产增加会增加污染，而南方国家生产增加会减少污染，生产从北方向南方转移会减少世界总体污染。Chichilnisky（2001）研究了国家之间产权差异在南北贸易中的作用，以及对环境的影响。该文研究发现，即使南北方的生产技术、要素禀赋和偏好都相同，但是南方相对于北方在环境资源上的产权保护制度较为落后，这个时候，南方更多地生产污染密集型产品，并向北方出口，北方所消费的污染密集型产品的价格被低估，这将不利于全球的环境治理。基于此，促进南方国家加强环境资源的产权保护是当务之急。

三　对南北贸易模型的评价

传统上的南北贸易模型有一个共同的结论，那就是北方更多地出口资本、技术密集型产品，而南方则出口初级产品，北方贸易条件改善，南方贸易条件恶化；北方技术进步和产品升级，南方则很难获得技术进步和产品升级。但是在适当条件下，南方国家可以通过南北之间的技术外溢改善贸易条件并获得高速增长。这里的适当条件是指：①南北间的技术外溢是非对称的；②要有一个稳定的宏观经济环境；③政府要进行适时的调节。因此，作为南方国家，应该清楚地认识到自身的比较优势，充分发挥比较优势，生产和出口自己具有比较优势的产品，与此同时，还应该营造一个稳定的经济发展环境，适度地引进外商直接投资，积累资本和技术，从而实现短期和长期的技术进步和经济发展。

第三节　后发国"蛙跳型增长与发展赶超研究"

新增长理论强调外部经济的作用，并且非常关注贸易与增长之间的关系，并借此来研究国家之间经济增长收敛的可能性（Robert Lucas，1988；Alwyn Young，1991；Paul Romer，1990）。一些研究发现国家之间的经济增长呈现收敛的趋势（例如，Barro and Sala-i-Martin，1991）。从历史视角来看，荷兰的领先优势随着英国的崛起而消失，而美国和德国的崛起使得英国失去了其世界第一强国的地位，以及日本曾一度赶超美国。这些均是国家之间经济增长收敛的例子。那为什么先发国会被超越呢？后发国家赶超领先国家到底是偶然事件还是历史的必然呢？其背后的原因是什么呢？本节对已有文献的综述将回答这些问题。

一　后发国"蛙跳型增长与发展赶超"的理论解释

1. 社会制度的视角

Gerschenkron（1952）最先提出后发国优势。他认为，后发国可能产生和形成与先发国截然不同的发展路径，如会有不同的产业结构，他还进一步指出，形成不同的发展路径的原因很有可能是后发国实行了与先发国不同的社会制度。此外，Mancur Olson（1982）认为一个先发国制度将僵化和腐败，最终削弱其经济表现。

2. 资本积累的视角

资本形成是后发国经济增长的重要制约因素。人均资本拥有量不仅是发展水平的标志，而且是发展水平提高的最基础性原因。由于资本积累不足，后发国往往会陷入"贫困恶性循环"和"低水平均衡陷阱"。Leibenstein（1957）提出的"临近最小努力"理论认为，要打破"恶性循环"跳出陷阱，发展中国家必须首先使投资率大到足以使国民收入的增长超过人口的增长，从而使人均收入水平得到明显提高，即以"临界最小努力"使国民经济摆脱极度贫穷的困境。Rosenstein-Rodan（1961）的"大推进"理论认为，后发国要改变自己的经济面貌，必须全面大规模地推进投资，特别是要重视基础设施的投资。Chenery（1967）也认为发展中国家要实现经济增长，必须是资本形成率达到经济发展计划目标所要求的水平。总之，早期的发展经济学家已经认识到资本积累对后发国经济增长的重要性，并对资本积累的来源和方式做了有益的探索，但他们往往忽略了后发国在资本形成及资本使用低效率。只有二者并进，才能推进后发国经济的快速发展。

3. 技术传播和技术冲击的视角

Soete（1985）从国际技术传播的视角分析工业化的驱动力，并指出发展中国家应该充分利用国际技术传播这一途径来实现在微电子领域的"蛙跳型增长"。Brezis 等（1993）从偶然的技术冲击的视角来解释后发国的蛙跳型增长。具体地，当这种先进技术突然出现时，该技术对于先发国而言可能并非那么先进和重要，但是后发国则会采用该技术，后发采用该技术后能够使得其进入与先发国相同的市场，一旦该技术最后发展得比先发国原来使用的技术更加先进，那么该后发国将实现赶超，也就是实现了"蛙跳型增长"。该理论表明，先发国即使在既有技术上具有绝对优势，但是其在面对新技术时，由于已有技术的沉没成本和采用新技术的转移成本较大，它们往往会犹豫不决甚至不采用新技术，而后发国则没有相应的顾虑，从而给后发国追赶先发国技术提供了机会。但是，Brezis 等（1993）构建的模型也存在一些不足。例如，该模型假设技术冲击是外生的，以及后发国可以无障碍地获取先进的新技术。但是事实上，受限于技术水平和人力资本水平，后发国自身可能无法研发出先进的技术；此外，如果该先进技术产生于先发国，先发国可能会阻碍该技术被后发国所获取和采用。Redding（1996）的研究一定程度上弥补了 Brezis 等（1993）的模型缺陷，他假设技术产生内生于企业进行研发投资和员工提升人力资本。当后发国能够较好地做好这两项工作，他们实现"蛙跳型增长"的概率更高，也就是越有可能赶超先发国。

4. 集聚经济的视角

Amiti（2001）从集聚经济中负外部性的视角来解释"蛙跳型增长"。该理论模型指出，上游产业为古诺寡头竞争结构及下游产业为完全竞争结构的地区更容易产生集聚经济，该地区有利于新技术的诞生，但是不利于新技术的发育和成长，这是因为该地区的不可流动的要素价格上升。因此，新技术更可能会被不可流动要素价格较低的地区所采用，长此以往，原来集聚地区会不断衰落，而其他地区则会形成"蛙跳型增长"。

二 后发国"蛙跳型增长"的经验证据

关于后发国"蛙跳型增长"的经验研究主要有支持和不支持这两方面的结论，现在分别综述这两支文献。

1. 支持"蛙跳型增长"的经验证据

Lee 和 Lim（2001）以韩国为研究对象，发现韩国是一个较为典型的实现"蛙跳型增长"的国家，并具体指出韩国私有和国有资本合作的研发投资项目、与外资企业合作拓展的国外市场是韩国实现"蛙跳型增长"的关键因素。Lee 等（2005）以韩国企业在数字电视领域的追赶为例验证"蛙跳型增长"理论。韩国在数字电视领域通过"换道赶超"的方式突破日本企业在该领域的围堵。其主要策略有两个：其一，重视从研发设计、生产、调试到市场销售的全流程的国际化合作；其二，不急于创新技术和知识，而是充分将自身的商业化能力优势与先发企业的核心技术有机结合。

以上文献是基于已经实现了"蛙跳型增长"的国家对象，分析这些国家实现"蛙跳型增长"的成功经验。还有一篇文献是以尚未实现"蛙跳型增长"的国家为对象，研究这些国家若要实现"蛙跳型增长"所需要具备的条件和必须采取的措施。例如，Gray 和 Sanzogni（2004）以泰国为对象，研究泰国"蛙跳型增长"的影响因素和实现路径。他们指出，文化转变的程度、政府的支持、教育和私人部门的研发投入等是影响泰国能否实现"蛙跳型增长"的重要因素。泰国若要在电子商务领域实现"蛙跳型增长"，需要建设电信基础设施、提升互联网覆盖率和成立科技园区。

当今世界已经进入数字经济时代。移动支付已经在很大程度上取代了现金支付，这在发展中国家也容易实现并且变得流行起来。这对于金融体系不发达国家的居民来说，移动支付的普及能够为没有正式银行账户的人提供金融交易服务，从而"跨越"了正规银行提供服务的阶段，因而这也是一个数字经济时代的"蛙跳型增长"的例子。

值得一提的是，传统意义上的"蛙跳型增长"通常是指技术和经济增长等方面，环境经济学者将这一概念运用在能源和环境领域，也就是所谓的"能源蛙跳型发展"，其含义是一国在能源结构和能源使用效率方面实现快速的迭代与升级。Gallagher（2006）以中美合资的三家汽车企业为对象，研究发现，直到 20 世纪 90 年代后期，中国的汽车工业几乎并没有因为从美国引进汽车生产技术而引致能源或环境的蛙跳型发展，也就是说，在能源结构和效率方面也没有显著的改善，因此单纯地从发达国家引进先进技术可能无法改善外部环境，这就需要引进国配套出台相应的能源和环境政策来推动该国的汽车行业的能源结构优化和使用效率提升。

2. 不支持"蛙跳型增长"的经验证据

Hobday（1994）基于新加坡的电子行业发现，新加坡的电子行业的技术是在学习中逐步积累起来的，并非跨越式的。他还发现，新加坡的企业倾向于在产品生命周期的成熟阶段进入电子行业，而非"蛙跳型增长"理论所揭示的在产品生命周期的早期。更值得一提的是，新加坡电子工业的技术发展具有相关的产业基础，例如，机械和精密工程，此外，还具有较好的教育和人力资本基础与基础设施基础。

三 对"蛙跳型增长"理论的评论

"蛙跳型增长"理论解释了英国、美国、日本、韩国乃至中国在不同历史阶段的技术和经济赶超模式。不同国家由于其地理区位、资源禀赋、技术基础、人力资本等方面的差异以及所处的历史背景的不同，呈现不同的"蛙跳型增长"的路径。但是后发国赶超先发国不是一蹴而就的，而且"蛙跳型增长"也需要有充分的准备。结合较近的日本、韩国和中国等国家的"蛙跳型增长"的成功经验，总结以下实现"蛙跳型增长"的三点重要条件和路径。其一，后发国创新面临失败的风险，私人企业可能无法承担风险，这会导致创新动力不足，因此政府资本介入具有好处，也就是采用政府与私人合资的方式。其二，重视与外国具有最先进技术或者先进知识的机构合作。其三，数字经济时代，新型技术迭代更新速度较快，这就需要将最新技术快速商业化，以免过时。

第十三章　发展中国家实践经验
与理论分析

本章重点从发展中国家实践经验出发，分析对外开放与经济全球化对发展中国家产业升级和经济增长的影响机制与经验证据。从第二次世界大战后拉美和东亚经济学家的相关学说出发，分别从"中心—外围"理论下贫困化发展与破解研究、雁阵理论动态发展研究与最新进展、新结构经济学的兴起与后发优势研究进行了文献综述，全面、深刻展示了当前发展中国家的实践经验并为推动高质量发展提供了必要理论基础。

第一节　"中心—外围"理论下贫困化发展与破解研究

"中心—外围"理论是从开放经济视角分析发展中国家贸易利得的重要文献，这部分首先从该理论产生的背景和论证的典型化事实出发，在此基础上分析有关全球价值链位置与获利能力演进的相关研究，结合中国参与全球价值链分工福利效应的典型化事实进行理论分析。

一　拉美国家、欧洲国家贸易条件与福利变动的早期研究

1. 对不同类型国家出口行为与价格条件变动的特征事实分析

传统的古典贸易理论与新古典贸易理论均是基于发达国家对外贸易发展现实，主流观点认为，在劳动生产率或者要素禀赋比较优势情况下，不同类型国家通过自由贸易均可获利。第二次世界大战以后，部分经济学家

发现贸易收益在发达国家与发展中国家分配上是不均等的，发达国家出口工业品的价格条件显著改善，发展中国家出口初级产品的价格条件显著恶化，形成了"中心—外围"体系（Singer，1950；Prebisch，1959）。"中心—外围"体系下英国、美国等发达国家通过工业品生产出口获取了规模经济优势，技术进步主要发生在发达国家，发展中国家密集出口初级产品引致价格条件恶化，进而产生了"贫困化增长"问题（Prebisch，1962）。英国最早完成了工业革命，19世纪，全球形成了以英国为"中心"、拉美等发展中国家为"外围"的分工格局，初级产品和农产品生产并出口的相对价格指数呈现逐步下降趋势，进一步加深了"中心"与"外围"地区的不平等，该理论框架首次从发展中国家视角出发揭示了自由贸易可能对长期发展造成的负向影响。进一步，相关文献还从技术进步的分配差异、贸易周期运动的不同影响和不同地区工会作用差异等方面对造成"中心—外围"分工格局进行了机制分析，其核心观点是技术创新首先产生于"中心"，技术创新促进劳动生产率提升，进而拉大了"中心"与"外围"地区的贸易利得差距（Prebisch，1959；Prebisch，1962）。在此基础上，部分文献从技术中心的动态转换视角分析了美国取代英国成为"中心"后的效应异质性。基于长时间序列的面板数据检验表明，美国由于相对较低的进口系数和更为丰裕的初级产品供给，进一步压低了初级产品的需求价格弹性，进而使发展中国家的贸易条件在20世纪中期以来呈现更为显著的下降趋势（Harvey et al.，2010）。

2. 动态视角下的"中心—外围"理论分析框架

"中心—外围"理论较为成功地解释了贸易自由化后发达国家与发展中国家的贸易利得差异性，但是忽视了动态效应的可能影响，未能从进出口结构和价格指数变动等深层次视角进行更为全面的考察。相关文献从动态视角出发考察了主要国家的贸易条件，研究结论表明发展中国家整体上贸易条件并未显著恶化，另外总体上发展中国家进口商品的质量与复杂程度呈现上升趋势（Grilli and Yang，1988；Ardeni and Wright，

1992），上述研究一定程度上对基准"中心—外围"理论提出了挑战，从价格指数变动和进口产品结构等方面进行了可能性分析。部分研究进一步从初级产品动态发展视角出发，指出，发展中国家即使聚焦于初级产品出口，由于存在技术进步和工业品的成本下降等多重因素，部分初级产品的相对价格提升，基准"中心—外围"理论夸大了初级产品价格指数恶化的典型化事实（Cuddington，1992），自由贸易仍是现阶段发展中国家实现经济增长的主要渠道。部分近期研究基于更新的跨国层面数据检验表明，21世纪以来初级产品贸易条件呈现优化趋势（Yamada and Yoon，2014；Geronimi and Taranco，2018）。可能的原因是，发达国家在21世纪后科技创新的相对缓慢，第三次产业革命进入生命周期的成熟期，工业品相对价格逐步由增长转向稳定。发展中国家初级产品由于技术条件演进，劳动生产率显著提升，获得了较高的市场溢价水平，进而改善了其贸易条件。这说明基准"中心—外围"理论可能存在一定缺陷，较强的理论假定削弱了不同时间序列下实证检验的稳健性程度（Winkelried and Diego，2018）。

3. 基于"中心—外围"的不同类型国家技术扩散分析

上述基于静态和动态情形的"中心—外围"理论均假定不存在技术扩散，事实上，发达国家与发展中国家存在显著的技术扩散趋势（Grieben，2010）。部分研究分析了发达国家和发展中国家基于全球价值链分工的技术扩散效应，发展中国家通过资本积累实现产业转型升级，一定程度上削弱了"中心—外围"理论的现实解释力，客观上催生了以东亚地区为代表的后发工业国（Parra-Lancourt，2019），上述国家随着工业化进程深化贸易条件呈现显著改善趋势。基于上述文献分析，"中心—外围"理论进一步演化为具有静态和动态意义的完整分析框架。从不同类型国家受技术扩散的效应异质性角度出发，相关文献实证检验表明东亚地区实现了从"外围"向"中心"的动态转换，通过吸引外商直接投资和加工贸易等形式嵌入全球价值链以实现快速工业化，是东亚地区通过贸易开放提升产业发展水平的重要原因。非洲地区应发挥劳动等要素成本优势，加快优化国内市场营商环境等，是实现"外围"国家动态升级的关键路径（Jomo，2004）。

二 有关全球价值链位置与获利能力演进的前沿研究

"中心—外围"理论下发达国家与发展中国家基于比较优势进行产业间分工，本质上仍属于古典和新古典贸易理论的分析范畴。随着贸易成本的显著下降和产品生产环节的可分性逐步提升，产业间贸易逐步转向产品内分工（Hummels et al.，2001），"中心—外围"体系转为发达国家与发展中国家在不同价值链环节的分工，在此基础上逐步形成了全球价值链理论框架和测算指标（Koopman et al.，2014）。这部分将从产品内分工视角初步界定全球价值链经济含义，出口国内增加值率视角的全球价值链参与度，上游度、下游度等视角的全球价值链位置综述相关文献。

1. 产品内分工视角下的全球价值链的经济含义初步界定

早期贸易分工的相关研究主要聚焦于产业间和产业内，其中新贸易理论开创了产业内贸易规范分析的基本框架（Krugman，1979）。"中心—外围"分工格局的最新发展是发达国家与发展中国家沿着全球价值链实施垂直专业化，逐步形成产品内分工的贸易格局（Hummels et al.，2001）。相关研究发现，中国等发展中国家嵌入全球价值链后垂直专业化程度呈现显著提高趋势（Dean and Fung，2011），发展中国家基于比较优势占据生产制造环节，发达国家重点推动上游研发和下游营销等高附加值环节。产品内分工是全球价值链在贸易形态上的反映，相关文献进一步研究了全球价值链的经济意义，提出了以生产分工位置和国内增加值占比等为代表的具体内涵，分别刻画新的"中心—外围"分工格局下全球价值链地位和获利能力，提供了附加值贸易这一与产品内分工密切相关概念的测算框架（Koopman et al.，2014）。另一类重要的文献是基于内生边界模型的全球价值链位置的理论刻画与经验测算框架（Antràs and De Gortari，2020）。结合上述两支文献，产品内分工视角下"中心—外围"模型逐步演变成刻画不同类型国家在全球价值链分工的具体环节与增加值占比情况。以下将从上述两种视角具体展开分析。

2. 出口国内增加值率视角下的全球价值链参与度分析

这部分文献总体沿着两个方向展开，一是从宏观层面基于世界投入产出表（WIOD）测算的各国各行业出口国内增加值率，二是从微观层面基于海关数据与中国工业企业数据测算的企业层面出口国内增加值率。基于中国数据的相关研究，重点探究了在广泛存在的加工贸易情形下如何准确测算贸易的国内增加值率（Koopman et al.，2012），后续研究进一步扩展了里昂惕夫逆矩阵的分解维度，优化了基于宏观数据的出口国内增加值率测算框架（Koopman et al.，2014）。此外，部分文献从企业微观视角出发，基于中国工业企业与海关匹配数据测算了微观层面出口国内增加值率，并构建了将出口国内增加值率分解为企业加成率与中间品投入国内国外相对价格的解释框架（Kee and Tang，2016）。从中国发展实际出发，上述文献分析了技术进步引致的进口替代是出口国内增加值率显著提升的重要原因，进一步还从外商直接投资引入等跨国公司全球价值链治理行为分析了对中国出口国内增加值率的影响。

3. 上游度和下游度视角下的全球价值链位置分析

全球价值链分工位置是另一支文献的主要分析对象，其中上游度和下游度是最重要的全球价值链位置刻画变量。按照与最终消费者的相对距离，有关研究界定了上游度的基本内涵和测算方法（Antràs et al.，2012）。按照与初始投入品的相对距离，有关研究界定了下游度的基本内涵和测量方法（Antràs and Chor，2018）。上游度和下游度分别从后向关联与前向关联视角刻画了企业所处的生产阶段，一定程度上扩展了全球价值链地位的分析框架，为测算微观层面和行业层面全球价值链地位提供了可行的方法。进一步的相关研究从产业链长度视角丰富了全球价值链位置的分析范畴，为分析不同行业全球价值链分工复杂度和国内国外相对占比提供了可借鉴的代理变量（Wang et al.，2017）。

三　有关中国参与全球价值链分工福利效应的相关研究

"中心—外围"理论中"外围"国家呈现变动趋势，中国从"入世"后深度嵌入全球价值链并逐步发展为"世界工厂"，因此基于中国经验事实的研究成为近年来"中心—外围"理论的重要扩展方向。这部分将从中国参与全球价值链分工的获利能力、中国参与全球价值链分工位置和中国参与全球价值链分工的动态演进等方面进行综述。

1. 中国参与全球价值链分工的获利能力分析

中国在"入世"早期主要是基于要素成本优势嵌入全球价值链，重点聚焦生产制造等中低端环节，加工贸易等参与方式占比相对较高，因此，部分文献从出口国内增加值率和企业加成率等视角对中国参与全球价值链分工的获利能力进行了分析。早期文献基于垂直专业化的测算方法对中国出口的国内增加值比例进行了测算，研究发现，总体上中国出口的国内增加值比例相对较低，其中加工贸易出口的比例显著低于一般贸易出口比例，较高的加工贸易占比是影响中国出口贸易获利能力的重要因素（Upward et al.，2013）。在此基础上，基于中国工业企业和海关匹配数据的微观测算框架一定程度上优化了垂直专业化测算方法，进一步概括为出口国内增加值率（DVAR），该变量可作为企业参与全球价值链分工程度和获利能力的重要代理变量（Kee and Tang，2016）。横向比较显示，中国的出口 DVAR 显著低于美国等发达国家，表明整体上中国企业出口获利能力相对较低且对全球价值链的依赖度相对较大；纵向比较显示，中国的出口 DVAR 呈现出加快的增长趋势，表明动态上中国企业出口获利能力呈增强趋势且对国外投入的依赖度逐步降低。影响因素分析表明，技术进步和吸收外商直接投资是中国出口 DVAR 显著增长的主要原因。进一步研究发现，中国出口 DVAR 增长与生产率提升、研发投入和资本深化具有显著正向关联（Yu and Luo，2018）。基于中国增值税改革的准自然实验检验表明，中国企业出口 DVAR 显著提升与国内资本投入成本下降具有正向因果关系（Wu et al.，2021），一定程度上证实了国内政策对企业外向性行为的影响。另一支文献重点分析了企业加成率在贸易开放后的变动情况，对出口企业加成率的静态特征检验发现，部分样本存在"低加成率陷阱"现象（Yang，2021），主要发生在加工贸易出口样本中，进一步证实了这一贸易方式相对较低的获利能力。此外，从进口中间品贸易自由化视角的分析表明，中国企业加成率水平受中间品进口关税下降影响而显著提升，获得了显著的成本节约效应（Fan et al.，2018）。从中间品和最终品两种自由化视角的分析表明，中国企业加成率水平受中间品关税下降影响而显著提升，而最终品关税下降显著降低了企业加成率水平，产生了显著的竞争加剧效应（Liu and Ma，2021）。从动态效应出发，相关研究表明，产品创新可通过降低消费者需求价格弹性显著增强企业定价权，进而对加成率有显著正向作用（Dai and Cheng，2018）。从企业加成率出发的文献进一步论证了中国企业参与全球价值链分工的福利效应，总体上呈现改善趋势且随开放政策影响呈现结构变化趋势。

2. 中国参与全球价值链分工的位置分析

这部分文献侧重从行业或是企业参与全球价值链分工的具体位置对福利效应进行分析。早期文献通过世界投入产出表（WIOD）构建了上游度分析的基本框架，在此基础上测算了中国等发展中国家的行业上游度情况，总体上发达国家中资本密集型行业的上游度相对较高（Antràs et al.，2012）。具体从中国参与全球价值链分工的福利效应出发，部分文献检验发现出口上游度提升显著拉大了工资差异，导致上游行业的工资溢价现象，发展中国家提升相关行业的上游度水平是改善贸易后福利效应的重要路径（Chen，2017）。进一步的相关文献研究了创新驱动等政策性因素对中国整体行业上游度水平的正向作用，实证检验发现，由要素成本向创新驱动型政策演进显著提升了各类行业的上游度水平，同时催生了部门行业下游领域的对外直接投资（Du and Lu，2018）。近期研究关注了企业在不同上游度行业的攀升行为对工资水平的影响，研究发现企业转入更高上游度的行业会显著增加其对技能型劳动力需求、提高工资溢价水平（Wang et al.，2021）。结合生产阶段的细致研究表明，中国企业在全球价值链中呈现分化趋势，总体上进口产品的上游度提升而出口产品的上游度较为稳定，出口企业中生产阶段相对较多且生产步长相对较长的具有更高的生产率和利润水平，这反映了参与全球价值链分工的福利效应存在结构性差异（Chor et al.，2021）。这部分文献检验了中国企业参与全球价值链分工位置对福利效应的影响，提供了增加上游度和生产步长对促进发展中国家转型升级的有效路径。

3. 中国参与全球价值链分工的动态演进分析

中国参与全球价值链分工的模式存在动态变化，早期嵌入全球价值链的环节相对低端，总体是以要素成本优势参与全球化分工（Chor et al.，2021）。随着技术水平的显著提升，中国出口企业呈现出进口替代趋势，出口国内增加值率显著提升（Kee and Tang，2016），这一阶段中国参与全球价值链分工的基本格局由中低端向高端迈进，呈现出由要素成本主导型向要素成本和技术创新双轮驱动型转变。在此基础上，部分文献分析了中国企业参与全球价值链分工与生产率和融资约束水平有关，随着生产率水平的显著提升和外部融资约束的显著改善，中国企业参与全球价值链分工地位呈现显著优化（Lu et al.，2018）。早期中国参与全球价值链以生产制造环节为主，近年来呈现由货物贸易向服务贸易的转向，部分文献指出，相对于货物贸易而言，中国在服务贸易中存在较高的贸易逆差，国际竞争力水平相对较低是制约中国产业整体分工地位提升的重要问题（Claus et al.，2015）。这部分文献证实了中国参与全球价值链分工存在动态演进趋势，总体呈现由中低端向高端演进趋势，特别是近年来服务贸易相对占比提升扩展了中国参与全球分工的福利效应研究范畴。

第二节　雁阵理论动态发展研究与最新进展

相比于拉美地区发展中经济体，东亚地区具有更为突出的工业化成就，孕育了日本、"亚洲四小龙"、中国大陆等具有代表性的发展样板。基于东亚经济体产业升级和区域内转移的特征性事实，Akamatsu（1935）最早提出了日本产业发展中存在的雁阵理论，即产业存在"进口—出口—转移"的动态趋势，该理论为产业生命周期理论提供了一定经验事实基础。这部分将重点结合东亚国家区域价值链分工模式的理论研究、产业生命周期理论与分工模式的理论研究、中国参与区域价值链分工模式的前沿研究三个方面对雁阵理论的早期观点和近期扩展进行综述。

一　东亚国家区域价值链分工模式的理论研究

这部分主要从日本对东亚经济体的产业转移动因和效应视角进行分析，在此基础上对比日本对东亚经济体产业转移模式与发达经济体的差异性，基于动态视角分析雁阵模式的发展过程及其动因。

1. 日本对东亚经济体的产业转移动因和效应

部分文献指出日本对外直接投资和产业转移的重点在于市场规模、贸易开放度和东道国的制度环境，因此第一阶段的产业转移发生在"亚洲四小龙"，与上述经济体相对较高的技术水平和稳定的市场化环境具有显著正向关系，"广场协议"后日元的快速上涨是推动这一进程的重要因素之一（Chiappini and Viaud，2020）。第二阶段的产业转移主要发生于日本对中国大陆和"亚洲四小龙"对中国大陆，特别是"入世"后中国大陆成为东亚价值链的"共轭枢纽"和具有全球影响力的制造业中心之一。在此基础上，部分文献比较了中国和日本对外直接投资的区别，研究表明，中国对外直接投资中制造业占比相对较高，服务业"走出去"程度相对较低，中国对外直接投资的广度和深度均显著低于日本，由于行业分布和市场分布均相对集中,中国对外直接投资的风险性相对较高(Wu and Ma,2014)。部分文献还分析了日本和中国对东亚地区产业转移的环境影响,研究表明,规模效应、技术效应和结构效应(Hao et al.,2020)整体上降低了东道国的环境污染水平。上述文献表明日本作为东亚经济体的"头雁"整体上带动了地区产业升级,推动"亚洲四小龙"和中国大陆逐步成为成熟工业化经济体。

2. 日本对东亚经济体产业转移模式与发达国家的比较

根据经典的对外直接投资理论,发达国家对外直接投资是由所有权优势、内部化和区位条件共同决定的(Dunning,2001),因此对外直接投资可能存在"逆比较优势"问题,降低了发展中国家依托比较优势实施工业化的可能性(Kojima,1964)。相比于其他发达国家,日本优先转移的是发展中国家具有比较优势的劳动密集型产业,在此基础上逐步转移资本和技术密集型产业,日本的产业转移显著促进了东道国市场就业和技术水平提升,更好地发挥了东道国市场的要素成本优势(Kojima,1973)。日本的这一特性被称为"顺比较优势",日本与其他发达国家的差异主要是源于其自身相对后发的产业地位和以制造业为主的产业结构。

3. 雁阵模式的动态演进过程及其动因

早期研究侧重从"雁阵模式"的产生和发展过程梳理其理论价值,并进一步推广至对发展中经济体的政策含义,研究表明,"雁阵模式"是具有发展中经济体产业转移特性的重要方式,是后发经济体在开放条件下实现产业转型升级的重要路径之一(Kojima,2000)。近期文献分析了东亚经济体中"头雁"的动态转换,中国逐步成为具有区域影响力的制造业转移中心,通过构建"一带一路"倡议形成了具有包容性和共享性的产业链供应链体系,进一步深化了对东南亚国家的投资和产业合作,提升了亚洲地区的产业发展水平(Negara and Suryadinata,2021)。进一步的相关文献分析了中国引领的"雁阵模式"与日本的差异,一方面,中国引领下更加重视发展中经济体在区域价值链合作中的利得,另一方面,将发展和安全等多维因素纳入区域价值链发展（Brautigam et al.，2018；Xu and Hubbard，2018）。这部分文献进一步反映了发展中经济体产业转移的基本模式变迁和动力转换，从推动特定国家国内产业转型升级向优化区域产业链供应链协同方向进行了深入拓展。

二 产业生命周期理论与分工模式的理论研究

这部分文献主要分析产业生命周期理论的产生和演进过程，重点分析产业生命周期的技术溢出效应和对发展中国家的福利效应。从发达国家视角分析产业转移对发展中国家产生的技术溢出效应和就业增加效应。

1. 发达国家产业生命周期演进

在参考雁阵模型的基础上，基于美国的经验事实相关研究提出了国际贸易和国际投资的重要动因之一是产业生命周期（Vernon，1966），该理论框架更为具体地说明了前沿发达国家（美国）和准前沿发达国家、发展中国家之间的贸易和投资变动趋势，首次将产品按照技术路径和产业发展的成熟度分为新产品、成熟产品和标准化产品，并认为在成熟产品阶段即出现前沿发达国家对准前沿发达国家的产业转移，在标准化产品阶段出现准前沿发达国家对发展中国家的产业转移，一定程度上将国际产业转移现象上升至具有经济学内涵的分析框架。另一部分文献分析了技术全球化对产业生命周期理论适用性的影响，由于存在技术研发的"多中心"趋势，单一前沿经济体新产品研发向其他发达经济体扩散的基本假定可能不成立，产业转移呈现更为复杂的网状结构（Cantwell，1995）。基于微观视角的研究发现，由于存在不完全契约，发达国家对外直接投资的微观基础由跨国公司内部贸易逐步转向企业间贸易，这部分文献证实了制度环境是影响产业转移和产业生命周期理论的重要调节因素（Antràs，2005）。

2. 产业生命周期的技术溢出效应

这部分文献重点研究产业生命周期随产业转移的技术溢出效应，相关研究表明，前沿国家新产品的研发过程对准前沿国家具有显著正向溢出效应，广泛存在的协同创新和合作研发行为进一步提高了该效应的实现概率（Van Everdingen et al.，2009）。在此基础上，部分文献分析表明，由于存在前沿国家的成熟技术路径，后发经济体的研发行为存在显著的成本节约效应，即通过实施"引进吸收再创新"的模式降低研发成本，提升研发成功概率。这种技术路径的相对收敛解释了发达经济体增长率相对收敛过程的微观基础（DeGraba and Sullivan，1995）。进一步的相关文献分析了产业发展过程中技术溢出现象对发达国家的整体收益情况，分析表明，跨国外包的技术溢出可能会降低发达国家通过技术独占获取的垄断收益，一定程度上有利于东道国企业的技术升级和产业进步（Stanko and Olleros，2013）。

3. 产业生命周期对发展中国家的福利效应

产业生命周期理论主要是从发达国家视角分析产业创新和转移的动态过程，客观上发达国家成熟和标准化产品的转移提升了发展中国家的福利水平。部分文献从就业视角出发进行了理论分析和实证检验，理论上产业转移存在就业引致效应，实证检验表明发达国家的产业转移主要增加了发展中国家制造业就业数量，更大程度上吸收了非城市地区的剩余劳动力（Norton and Rees，2007）。另有文献指出，整体上发达国家的产业转移既增加了就业数量又提升了劳动力技能水平，主要存在技术溢出效应和技能匹配效应，更高技术水平的产业转移需要更高技能水平劳动力，进而显著提升了东道国产业发展水平（Zhu，2005）。产业转移不仅是发达国家过剩和相对落后产能的转移，而且显著提升了东道国的技术水平进而产生了显著的创新诱致效应，从资源配置优化和产业创新两大渠道显著提升了东道国的全要素生产率水平（Jinnai，2015）。基于微观企业视角的研究发现，产业生命周期的变动有助于发展中国家企业提升研发实力进而显著提升其加成率水平，技术吸收能力和企业技术水平是重要的调节变量（Jaimovich and Floetotto，2008）。产业生命周期的动态演进一定程度上对于熨平发展中国家的经济周期、保障经济长期平稳增长具有正向作用。

三　中国参与区域价值链分工模式的前沿研究

中国作为继日本以后兴起的东亚区域价值链"头雁"，已逐步成为具有世界影响力的制造业"共轭枢纽"，对中国参与区域价值链分工模式的前沿研究主要集中于产业转移的动因和效应、中国产业转移的动机和内外效应，在此基础上分析中国对共建"一带一路"国家和地区产业合作的经济效应。

1. 中国接受产业转移的动因和效应

部分文献指出中国大规模地接受产业转移主要始于 20 世纪 90 年代之后，一方面是中国市场环境相对稳定，国企改革等市场化进程显著优化了营商环境；另一方面是"广场协议"后日元汇率大幅上涨，东亚区域价值链呈现"西向"发展趋势，"亚洲四小龙"也增加了对中国的直接投资，逐步使中国成为世界范围内的"共轭枢纽"。2001 年底中国"入世"进一步提升了产业转移的国际化水平，来自欧盟和美国的直接投资大量涌入（Deng et al.，2007）。在此基础上，部分文献分析了中国接受对外直接投资后技术水平的显著增长，主要基于研发水平的显著提升，实证检验表明，中国国内研发水平提升是高技术产业转移的重要动因之一（Hu et al.，2005）。从中国接受产业转移的效应出发，部分文献指出了存在"污染天堂"效应，即中国接受外商直接投资承接了制造业产业转移，显著提升了国内环境污染水平，近年来随着中国环境政策的强化和高技术产业的发展，中国环境污染水平呈现动态优化趋势，整体上表现出先增长后下降的"倒 U 形"趋势（Li et al.，2019）。

2. 中国产业转移的动机和内外效应

随着中国技术水平的显著提升和国内产业的相对成熟，部分产业呈现对外直接投资的趋势，特别是"一带一路"倡议提出以来，基于区域价值链建设的需要，中国更大程度地实施对外直接投资。部分文献指出"一带一路"建设中"民心相通"建设一定程度上降低了不同类型产品存在的"边界效应"，进一步促进了中国对东南亚等共建"一带一路"国家投资（Shao，2020）。更为细致的研究发现，中国对外直接投资的重要影响因素是地理距离、经济距离和信息距离，进一步研究发现中国的对外直接投资具有显著的资源获取性导向，文化距离并不是显著的影响因素（Ren，2020）。从内外部效应的研究分析表明，中国产业转移对内显著提升了制造业技术水平，增加了高技术产业的相对占比，企业更加聚焦于研发设计和品牌营销等上下游核心环节，但是一定程度上导致制造业"脱实向虚"的空心化问题（Huang et al.，2020）。中国对外直接投资的外部效应显著提升了东道国就业水平和产业技术水平，一定程度上促进了东道国工业化水平提升（Huang et al.，2020）。

3. 中国与共建"一带一路"国家产业合作的经济效应

部分文献从中国推动"一带一路"建设对东道国当地环境影响的视角出发进行了研究，实证分析表明，"一带一路"倡议提出之前中国企业倾向于投资至环境规制水平相对较低的地区，2013 年后环境规制对中国企业直接投资的影响逐步下降，东道国当地市场化水平和产业发展程度是更为重要的影响因素（Dong et al.，2021）。在此基础上，相关研究还丰富了中国对共建"一带一路"国家投资的引致效应，其中东道国基础设施建设水平是持续提升中国对外直接投资水平的重要因素，主要包括交通、能源和通信基础设施。中国对共建"一带一路"国家的投资显著提升了中亚、南亚、东南亚等主要国家的产业发展水平（Wang and Zhong，2021）。部分文献从共建"一带一路"国家和地区直接投资对中国企业创新行为的影响进行了分析，实证研究表明，中国对上述国家的直接投资存在长期的资产开发效应和短期的知识转移效应，总体上呈现显著正向的长期创新效应和一定程度的短期创新效应，对外直接投资推动了中国企业的创新发展（Li et al.，2020）。上述文献表明，中国对共建"一带一路"国家和地区的直接投资由中低端导向向高端导向升级，区域创新链与价值链整合程度逐步提升，对外直接投资中产能合作与创新效应初步显现。

第三节 新结构经济学的兴起与后发优势研究

新结构经济学是在结构主义、发展经济学和国际经济学等交叉领域形成的，基于发展中国家产业转型升级静态特征和动态转换的新兴研究领域。新结构经济学论证了顺比较优势的"因势利导"战略对于推动经济体长期增长的重要作用，特别强调将一国内部的要素禀赋纳入新古典经济学分析框架，这部分还将分析新结构经济学的前沿扩展方向与发展战略转型。

一 新结构经济学的理论源头与现实背景研究

新结构经济学的理论源头主要是新古典贸易理论与内生增长理论，在此基础上，新结构经济学的现实背景和关注重点是发展中国家的增长与发展问题，因而发展经济学是该理论的重要根基之一。

1. 基于要素禀赋比较优势的新古典贸易理论

新古典贸易理论的重点在于分析产业间贸易的形成原因及其福利效应，不同于古典贸易理论中侧重劳动生产率比较优势的分析范式，新古典贸易理论放松了仅有劳动力一种生产要素的假设条件，将资本、土地等要素纳入分析框架，开创了以要素禀赋分析不同国家贸易比较优势来源的理论基础（Jones，1956）。随着第一次产业革命的兴起和第二次产业革命的发端，资本等生产要素的重要性显著提升，劳动生产率并不能完全反映一国在特定产业的比较优势，要素禀赋是更为契合的分析对象。在此基础上，相关研究更为深入地对赫克歇尔—俄林（HO）模型的基本结果进行了分析，从国家—行业层面验证了要素禀赋对国别行业贸易比较优势的影响（Leamer，1995）。进一步的研究从理论层面证实了 HO 模型的正确性，采用新古典贸易理论的基本框架证实了要素禀赋对国际贸易结构的影响及其福利效应（Deardorff，1982）。基于连续化产品的深入研究进一步丰富了 HO 理论的现实适用性，将要素禀赋理论进一步一般化（Dornbusch et al.，1980）。从动态情景出发的研究表明，多部门之间存在要素转移进而影响一个国家内部特定行业的比较优势，动态情境下存在一个国家内部要素在不同行业内的优化行为（Mussa，1978）。

2. 基于经济长期演进过程的内生增长理论

一国产业转型升级的过程主要与技术和资本积累有关，这方面经济学的重要分支是内生增长理论（Romer，1994）。基于外生增长理论的基本分析框架，内生增长理论重点从技术升级和创新行为的内在动力出发进行了理论分析与实证检验，并检验了国别层面收入差距与技术创新之间的关系（Howitt，2000）。在此基础上，相关研究将宏观经济学一般框架与内生增长理论进行了结合，论述了内生增长对于就业稳定、经济增长和国际收支平衡的作用机制（Helpman，1992）。进一步的相关研究考察了内生增长框架下对经济增长收敛的影响效应与动态演进规律（Ortigueira and Santos，1997）。实证检验表明，物质资本和人力资本是推动内生增长和产业转型升级的重要影响因素，一国经济的长期增长与上述资本的积累丰裕程度具有显著正向关系（Caballé and Santos，1993）。内生增长理论为新结构经济学提供了产业动态与产业升级相关方面的分析框架。

3. 基于后发国家背景的发展经济学

发展经济学的重要理论源头是 Rosenstein-Rodan（1961）的大推进理论，该理论最早从发展中国家视角出发，分析了存在最低限度的资本积累以及潜在外生的技术推进，然而该理论并未分析发展中国家实现初始积累的主要渠道与产业升级的内在机制。在此基础上，相关研究从不完全竞争市场分析了需求溢出效应对大推进的影响机制，内生化了大推进理论的微观基础（Murphy et al.，1989）。从资源禀赋视角出发，部分研究分析了拉美地区新发现的矿产资源对初期工业化水平提升的重要推进作用，然而这种贸易和产业的增长存在长期贸易条件恶化的趋势，最终造成上述国家长期处于"中等收入陷阱"（Sachs and Warner，1999）。进一步地，部分文献将发展经济学框架引入增长理论，构建了基于发展中经济体的内生增长分析框架，揭示了与发达国家增长经验的异质性（Banerjee and Duflo，2005）。

二　新结构经济学的基准模型建立与福利分析研究

新结构经济学的奠基之作是关于要素禀赋结构、产业动态和经济增长的相关分析（Ju et al.，2015），在此基础上建立了动态条件下应用要素禀赋结构分析国家产业转型升级的基本框架，基于这一框架在中国国有企业改革、对上游金融部门最优结构的影响和产业动态的影响等多方面开展了具体研究，进一步丰富了新结构经济学的福利分析范畴。

1. 中国要素禀赋对国有企业改革的影响

中国广泛存在的国有企业是社会主义市场经济的中坚力量，也是中国市场经济相比西方发达国家的显著特征之一，国有企业存在"预算软约束"和承担社会责任等多元任务，企业自身的目标函数可能偏离利润最大化原则，新结构经济学在发展早期即用以分析国企改革对中国产业结构和市场经济的影响（Lin et al.，1998）。对国有企业的认识经历了动态发展过程，早期研究认为国有企业与市场经济存在一定对立性，基于新结构经济学的分析框架，新的认识表明，在国内要素禀赋相对倾向于发展轻工业等中低技术产业时，国有企业具有逆比较优势发展资本和技术密集型产业的显著优势，因此，对于发展中国家而言，在战略性领域和非充分竞争领域，由于存在显著的公共品外部性问题，国有企业有助于解决上述困境推动资本和技术的早期积累（Lin，2015）。部分研究还从国有企业代理成本出发，对国企改革的主要路径进行了有针对性的分析，增强产业界定的明确性和推动资本与经营分离是可能的有效路径（Mi and Wang，2000）。

2. 中国要素禀赋对上游金融部门最优结构的影响

金融业一直以来是中国开放程度和发展程度相对较低的部门，大量文献对中国的金融业结构和转型升级、开放发展等问题进行了前期研究。新结构经济学基于要素禀赋的动态发展揭示了金融业的最优结构存在动态性，即工业化前期由于相对较低的产业发展水平和占比相对较高的农业部门，最优金融结构应是服务中小企业的分散型金融体系。随着产业发展水平提升，最优金融结构呈现动态集中趋势，即由分散型金融体系向集中型大金融体系转型（Lin et al.，2013）。该分析框架将产业发展从以第二产业为主转向二、三产业融合的新领域，为发展中国家通过采用分散型金融体系推动国内产业升级提供了重要的理论基础，一定意义上为适度动态的金融业开放提供了可行的政策路径。

3. 中国要素禀赋对产业动态的影响

该领域是新结构经济学的主攻方向之一，奠基之作即分析了中国要素禀赋变动对国内产业比较优势的影响，一定意义上扩展了国际经济学和发展经济学动态行为的分析范畴（Ju et al.，2015）。在此基础上，新结构经济学将信息不对称、协同成本和外部性问题纳入基准分析框架，揭示了发展中国家经济增长过程中政府需要发挥的重要作用，在主流经济学理论基础上丰富了政府作为有效规制者和赋能者的重要作用及其理论机制（Lin et al.，2011）。随着中国环境规制的日趋强化和"碳达峰""碳中和"等重要政策目标的确定，产业绿色化转型成为新的研究热点，中国产业的绿色化转型与绿色专利等研发基础具有较强的正向关联，相关研究进一步深入分析了产业绿色化转型对新型投资和就业等行为的影响（Tong et al.，2020）。在新结构经济学分析框架下，发展中国家应沿着要素禀赋确定的比较优势甄别最优产业结构，在此基础上随着要素禀赋的动态变化实施主导产业的转型升级，在具有战略性意义的前沿产业可由国有企业等实施"弯道超车"式非均衡发展模式，但是强调对一般竞争性领域实施逆比较优势发展模式可能造成资源错置和低效率发展困境。

三　新结构经济学的前沿扩展方向与发展战略转型研究

新结构经济学的前沿扩展方向是基于要素禀赋分析框架下，对发展中国家就业水平、创新行为和产业链发展等动态演进的扩展性分析。

1. 新结构经济学视角下发展中国家就业的动态演进

这部分文献重点从新结构经济学视野下发展中国家的就业变动趋势进行了分析，相关研究表明，随着要素禀赋的变动，发展中国家呈现由以低技术劳动力为主向中高技术劳动力动态演进的过程（Lin，2013）。进一步相关研究对不同部门的结构变动与产业升级进行了分析，结果表明，随着要素禀赋的动态变迁，劳动密集型产业和资本与技术密集型产业呈现迁移趋势，即劳动力由劳动密集型产业向资本与技术密集型产业转移，特别是高技术的生产性服务业部门对劳动力需求显著增加（Ngai and Pissarides，2007）。部分研究从产业政策的视角分析了产业结构变动对就业水平的影响，基于新兴产业的政策冲击将提升该类产业的发展水平，增加该类产业的就业需求，总体上提升一国的就业质量与工资水平（Andreoni and Chang，2019）。

2. 新结构经济学视角下发展中国家创新行为的动态演进

这部分文献分析了要素禀赋变动与产业结构升级对发展中国家创新行为的影响，相关文献指出，随着技术水平的显著提升，发展中国家受到显著的技术溢出效应和竞争加剧效应，部分企业存在正向创新激励，创新水平的不断提升促进了产业的动态升级（Bianchini and Pellegrino，2019）。基于一般均衡模型的分析表明，发展中国家产业动态变迁过程与技术创新选择具有正向互动关系，即跨越"中等收入陷阱"和促进产业转型升级的内在动力是选择更高水平的技术创新路径，而路径选择与国内要素禀赋结构和技术水平具有显著正向关系（Zhang et al.，2020）。另有一篇文献强调了技术溢出效应的作用，认为发展中国家接受来自发达国家的产业转移是促进产业升级和技术升级的重要渠道，强调了技术差距对产业追赶行为的影响，即存在由以技术溢出为主向以自主创新为主的门槛值，政府可以通过产业政策和贸易政策引导企业向技术升级方向转变以提升一国整体的产业竞争力水平（Dosi and Tranchero，2019）。

3. 新结构经济学视角下发展中国家产业链动态演进

这部分文献重点从产业链供应链视角对发展中国家的升级过程进行了

刻画，早期文献研究表明，发展中国家的产业链发展具有跟随性，即根据发达国家的产业转移和自身的市场规模大小判断其产业链升级水平，部分国家由于产业升级容易出现"脱实向虚"的问题，总体经济发展水平与上述因素存在显著正向关系（Rossi-Hansberg and Wright，2007）。部分文献分析表明，经济增长水平提升伴随着人力资本的动态变迁，人力资本与物质资本的优化匹配以实现创新驱动是提升产业链供应链水平的根本路径（Teixeira and Queirós，2016）。另有一篇文献分析表明，发展中国家相对中等发展程度的要素禀赋结构与产业链中部环节更为契合，一般认为发展中国家具有在上述环节生产的比较优势，且生产效率和利润水平与上下游环节大致相当，即新结构经济学视野下一国的产业链动态发展应是顺比较优势型的，过高的产业链环节嵌入程度将造成资源错置和低效生产（Shen et al.，2018）。

第十四章　贸易与发展
前沿研究领域进展

内生增长理论与异质性企业贸易模型的建立推动国际贸易理论取得了显著突破，本章重点关注了贸易开放对偏向性技术进步、创新、绿色发展的前沿研究，分别从相关变量界定、测度以及国际贸易的相关经济效应影响机制等方面展开论述。

第一节　异质性企业贸易理论与发展研究

异质性企业贸易理论基于贸易发展新的典型化事实，以企业异质性视角分析微观主体进入国际市场的决策与路径。该理论系统地解释为何仅有少数企业从事出口贸易，出口部门中多数企业均只参与国内市场。企业国际化的路径选择如何，水平型对外直接投资与出口决策的决定机制？全球价值链背景下，企业从事全球化生产时采用垂直一体化还是外包形式？针对上述典型化事实的研究构成了异质性企业贸易理论。

一　异质性企业贸易模型

新贸易理论中多数文献聚焦开放条件下企业生产行为的决定机制研究，对内销、出口和对外直接投资的排序关系进行了深入研究，这类文献从异质性企业视角扩展了新贸易理论，进一步揭示了国际贸易存在的"资源重置效应"和"出口中学效应"。

1. 关于异质性企业贸易理论基准模型的开拓性研究

来源于新贸易理论，异质性企业贸易理论兼容前置理论中关于规模经济和差异化产品的基本设定，同时引入企业异质性扩展了出口的决定机制及其福利效应。多数学者对这一片新领域进行了学术探索，其中，与新贸易理论模型一脉相承的 Melitz 模型，因其简明性和可扩展性，成为异质性企业贸易理论的基准模型。Melitz（2003）采用 DS 模型和 CES 效用函数，保留了垄断竞争框架下同质性企业贸易理论的假设，并在此基础上增加了两个重要假定，一是企业生产率服从特定分布，二是企业出口和内销具有差异化的固定成本投入。因此，由封闭转向开放经济的过程中，高生产率企业选择进入国外市场，从而扩大其在行业内的份额，低生产率企业只能从事内销或者退出市场，从而产生行业内"资源重置效应"，显著提升可贸易部门的全要素生产率。同期，BEJK 模型基于 Bertrand 竞争的李嘉图框架分析了异质性企业条件下贸易的决定机制，该模型引入了国家层面和企业层面的比较优势，在封闭经济情况下，由于比较优势和垄断竞争的存在，企业投入相同要素组合生产差异化产品。由封闭经济转为开放的过程中，由于贸易成本的存在，高生产率企业选择出口，出口促进企业生产率的提高，进一步对低生产率企业产生挤出效应。与 Melitz（2003）不同，该模型强调了贸易开放引致的竞争效应。一方面，出口竞争促使本国出口企业提高生产率；另一方面，进口产品进入国内市场竞争，取代了低生产率的本土企业，从而提高了整个行业的生产率水平（Bernard et al.，2003）。另一类关于企业异质性来源的研究认为同质性企业采用不同的生产技术，雇佣不同的劳动力，使用不同要素组合，为企业异质性提供了一个更为连贯和详细的解释。该研究认为技术差距和劳动力技术水平决定了企业是否选择出口，解释了国际贸易中的技术溢价现象（Yeaple，2005）。

2. 关于基准模型的拓展

一是对企业进入国际市场方式的拓展。Helpman 等（2004）拓展了基准模型，考虑了本土企业建立海外分公司的情形，分析了企业选择出口或者水平型 FDI 的决定机制。假定存在差异化的市场进入成本，研究表明，企业选择国际化的具体方式由生产率决定，高生产率企业选择出口还是水平型 FDI 根据其生产率排序决定，本质上出口与水平型 FDI 存在替代关系。二是对固定加成率模型的改进，由于基准模型假定了不变替代弹性的 CES 效用函数（Melitz，2003），因而贸易后不存在企业加成率的变动，无法有效刻画贸易存在的"竞争加剧效应"。为更好地解释贸易后存在的"竞争加剧效应"，相关研究放松了效用函数的设定方式，采用可变替代弹性效应函数进行了扩展性研究。代表性理论成果有 MO 模型、AB 模型和 ACDR 模型等。其中，Melitz 和 Ottaviano（2008）运用拟线性效用函数并给定生产率的 Pareto 分布形成了异质性企业贸易理论的重要分支，MO 模型成功刻画了贸易存在的"竞争加剧效应"。AB 模型在国际贸易定价模型中嵌入不完全竞争和可变加成，用于研究中大型企业定价行为的决定因素（Atkeson and Burstein，2008）。ACDR 模型在垄断竞争框架下纳入 VES 需求函数，研究了贸易带来的竞争加剧对一国贸易自由化的福利影响（Arkolakis et al.，2015）。三是对多产品模型的拓展，基准模型假设特定企业仅生产一种产品，以 Bernard（2010，2011）为代表的学者放松了单一产品假定并引入贸易成本和多国的开放经济，进而得到基于 CES 扩展的多产品异质性企业贸易模型。该模型细化了出口的固定成本，将其分解为企业的总体出口固定成本、对特定市场的出口固定成本、对特定产品的出口固定成本，上述成本变化均会引起总体贸易量的变化，同时也可得出细化的由不同层面可变和固定成本变动引致的企业出口贸易量变化，可涉及出口市场数量、特定市场中特定产品出口量等指标。这为当前基于高度细化的海关数据研究提供了理论支持。在 MO 模型的基础上进行多产品拓展的研究，相对于 CES 函数框架下多产品模型的显著进步在于可衡量不同竞争激烈程度市场中企业行为变化，特别是对企业产品种类选择的影响（Mayer et al.，2014）。

二　异质性企业贸易模型的福利研究

Melitz（2003）与 Bernard 等（2003）在不完全竞争贸易模型框架下

讨论了企业异质性情形，因而对福利水平的影响渠道分析也与传统贸易模型有所差异。目前关于异质性企业的贸易福利研究主要是基于 Melitz（2003）模型、可变加成率模型和 ACR 模型的基础框架及拓展研究。一是基于 Melitz（2003）模型的贸易福利研究，该模型假定垄断竞争下完全对称的两国参与国际贸易时，各国厂商仅生产一种产品，仅投入劳动这一种生产要素，该要素规模报酬递增。由封闭转向开放经济的过程中，高生产率企业可进入国外市场，进而扩大在行业内市场份额，低生产率企业仅能内销或者退出市场。因此，即使开放后单个企业生产率未发生变化，整个行业平均生产率也显著提升，整个社会福利水平显著提高。贸易引致行业生产率水平上升，也被视为继比较优势和规模经济之后的又一贸易利益来源。通过对自由贸易引致的行业内资源再配置效应进行系统讨论，该模型在一定程度上巩固了新古典贸易理论的核心观点，即自由贸易使贸易双方福利均有所提高（Baldwin，2005）。大量研究在这一基础上进行拓展，不断放松 Melitz（2003）模型假设或引入其他异质性因素，用以进行细分领域的研究。例如，引入国家间技术非对称假定，讨论了贸易成本下降情形下贸易自由化的福利影响。研究表明，国家间技术差距是贸易再分配的关键因素，若此时贸易自由化使贸易成本下降，则高技术水平国的福利水平显著提升，而落后国的福利蒙受损失（Demidova，2008；Falvey et al.，2011）。二是可变加成率模型，相关研究将内生化可变加成率纳入异质性企业贸易模型，揭示了新的贸易福利来源，即由"竞争加剧效应"引致的加成率下降。模型假设中不同的市场结构和需求结构的多元组合也会影响内生加成率（Arkolakis and Morlacco，2017），其代表性理论成果有 BEJK 模型、MO 模型、ACDR 模型以及 AB 模型。还有文献基于 MO 模型讨论了出口补贴、进口关税等政策措施的福利效应，考察了对称的两国MO 模型，引入进口和出口从价关税，该模型的福利被描述为消费者在差异化商品部门获取的剩余。研究表明，该模型下的福利来源于提高进出口规模、少量的进口补贴、少量的出口补贴，前提是贸易成本低且生产率分散程度高（Bagwell and Lee，2020）。基于 AB 模型框架，有文献揭示了贸易政策对企业市场势力的影响，使用 12 个发展中国家和新兴国家所有出口企业按产品和目的地划分的出口数量和价格，结合目的地关税和非关税壁垒信息，实证考察了出口企业受不同贸易政策影响从而拥有不同市场势力的情况（Asprilla et al.，2016）。三是 ACR 模型，该模型分析总结了主流贸易模型的假设条件，将分析集中在具有 DS 偏好、单一生产要素投入、线性成本函数、专业化分工和冰山贸易成本的模型上，证明了在 CES 进口需求系统和引力方程都满足的基础上，无论何种竞争市场都存在一个共同的贸易福利，即都满足一个简单的福利公式（Arkolakis et al.，2012）。不同模型间结构形式的差异可能会对贸易福利分析造成影响，ACR 模型的假设条件使其能弱化这种影响，为贸易福利的估算提供了相对简化且更为兼容的量化方法，尤其是在自由贸易的福利分析方面运用广泛（Goldberg and Pavcnik，2016）。例如，扩展 ACR 公式，揭示"竞争加剧效应"对一国贸易自由化的福利效应研究（Arkolakis et al.，2015）。又如，在 ACR 的基础上，量化分析了几种贸易壁垒带来的福利水平变化情况（Felbermayr et al.，2015）。

第二节　全球价值链理论与发展研究

由于全球生产网络中中间品贸易的广泛出现，国际经济学领域的研究热点之一是将 Porter 的价值链理论与全球生产网络相结合，构建具有中间品贸易的国际经济学分析新框架。这一框架广泛纳入投入产出分析和内生边界理论，近年来的拓展方向是将宏观层面全球价值链测算框架微观化。

一　宏观层面全球价值链理论与测算方法研究

宏观层面的研究更加关注全球价值链视角下的制造业竞争力刻画，以出口国内增加值率、上游度、下游度等变量进行了测算，更好地处理了全球分工引致的"统计假象"问题（Hummels et al., 2001；Koopman et al., 2012；Koopman et al., 2014）。早期国际经济学实证研究依赖总量贸易数据分析比较优势、市场势力等，存在的主要问题是忽略了中间品贸易的影响，无法解决中间品进口引致的"重复计算"问题，在全球生产网络发展背景下越来越难以满足国际经济学实证研究的真实需求。一是基于垂直专业化指数对全球价值链进行了初步测算和数量研究。这一支文献的奠基之作是 Hummels 等（2001），最早界定了出口产品中采用进口中间品这一现象是垂直专业化（vertical specialization），在此基础上基于 OECD 提供的世界投入产出表测算了 10 个 OECD 国家和 4 个新兴市场国家的出口垂直专业化程度，证实了 1970~1990 年 30% 的出口增长源自垂直专业化，首次提供了基于世界投入产出表的全球价值链测算框架（HIY 法）。在此基础上，相关研究测算了中国制造业分行业的垂直专业化程度，根据 2002 年中国非竞争性投入产出表测算表明，中国制造业出口中总体垂直专业化程度约为 35%，部分行业中存在超过一半的垂直专业化水平且存在逐步上升的基本特征，这可能与中国入世后相对较高的加工贸易比例有关（Dean et al., 2011）。将宏观测算框架与动态李嘉图模型相结合的研究表明，垂直专业化程度可以解释一半以上的世界贸易增长情况，以及在任务贸易条件下关税减让对特定国家贸易发生的非线性影响（Yi, 2003）。二是基于出口国内增加值率进一步细致化了全球价值链宏观研究的测算框架。HIY 法较为成功地测算了宏观层面进口中间品比例，一定程度上刻画了全球生产网络中存在的任务贸易情形，然而也存在较为明显的假设缺陷。即 HIY 法假定国内消费品与出口品所使用的进口中间品的比例相同，这一假设在发达国家中基本适用，原因是发达国家以一般贸易出口为主，国内生产后进行国内消费或者出口取决于企业利润最大化的最优选择。但是，以中国为代表的新兴市场国家存在较高比例的加工贸易出口现象，国内生产后进行内销或者出口的中间品来源可能存在显著差别。在 HIY 法的基础上，相关文献将一般贸易和加工贸易出口中国内中间品的投入产出矩阵进行了区分，深入考虑了加工贸易完全复出口和较高进口中间品比例等特征，较为准确地测算了中国"入世"前后制造业出口国内增加值率（DVAR）情况，研究表明，总体上"入世"后中国出口国内增加值率显著上升，技术复杂度相对较高的电子信息行业出口国内增加值率仍相对较低（Koopman et al.，2012）（KWW法）。在此基础上，KWW法进一步吸收了垂直专业化和出口国内增加值率测算框架的基本内容，构建了测算总体贸易分工格局的基本分析框架，将增加值贸易分解为多个具有统计学意义的部分，全面扩展了全球价值链宏观测算的内涵和外延，将这一体系推向了国际经济学主流分析框架（Koopman et al.，2014）。三是基于中国开放宏观经济发展现实进行了跟进式研究。将KWW法运用至中国出口贸易的实际测算分析中，根据贸易品价值来源、最近吸收地和吸收渠道等差异性归纳了16种不同路径的出口贸易增长渠道（Koopman et al.，2014）。基于中国就业视角的实证研究表明，中国出口贸易的快速发展与劳动力技能结构变动存在显著的互补关系，即高技术领域中间品进口与高技能劳动力需求存在正向互补关系（Ma et al.，2019）。基于中国国际贸易市场关联性的研究表明，中国与主要发达经济体的关联程度显著上升，中国与发达经济体存在"较高进口增加值与较高出口增加值"并存的特征性事实，一定程度上刻画了"入世"后中国嵌入全球价值链深度加强，制造业总体技术和市场依赖度相对较高（Tang et al.，2018）。基于国内价值链和全球价值链融合视角的研究表明，从增加值流转视角出发将国内价值链与全球价值链嵌套，中国沿海地区的垂直专业化程度显著高于内陆地区，"入世"后国内增加值重复计算问题显著增加，区域再流出是国内价值链的主要嵌入模式（Song et al.，2021）。随着数字经济等生产性服务形态贸易在全球价值链中广泛出现，如何有效刻画这一发展新趋势对全球价值链测算的影响，更为准确地分析各国在全球价值链的真实获益情况成为研究前沿方向（Zhan，2021）。

二　企业层面内生边界理论

1. 企业内生边界理论基准模型的建立

Antràs（2003）将 Grossman-Hart-Moore 的契约不完全分析框架与 Helpman 和 Krugman（1985）的贸易模型有机结合，建立了一个关于企业边界的不完全契约模型，旨在分析企业全球化和产业组织决策。当产品中所含有的高端要素特别是研发要素较多时，其产权分配应倾向于发达国家的研发者；当产品生产标准化后，其产权分配应倾向于发展中国家的制造者，这种分配方式可以为各市场参与者提供最优激励，同时也影响着企业区位选择和组织方式，很好地解释了资本密集型产业的公司内贸易较多的内在原因（Antràs，2003），以及跨国公司倾向于将处于生命周期早期的产品在母国生产或对外投资而非外包的内在原因（Antràs，2005）。该理论将跨国公司理论纳入国际贸易主流框架。

2. 关于企业内生边界模型的发展

一是对基准模型的拓展，相关研究将 Melitz 的企业异质性思想与 Antràs 的企业边界理论相结合，在差异化模型假设下探索了不同生产率水平企业在确定企业边界和市场进入方式的区别，代表性理论成果有南北贸易模型、外包的一般模型以及对跨国公司生产组织策略的研究等（Antràs and Helpman，2004，2006；Antràs，2005；Grossman and Helpman，2005）。二是对中间品贸易的研究，相关文献将中间机构作为一个经济主体，构建中间品贸易模型，研究其在贸易过程中的作用，并分析了此过程中中间品贸易公司与各经济主体之间的利益分配问题和跨国公司的贸易模式选择（Antras and Gostinot，2009）。相关研究将中间品做了更为细致的分类，研究了进口中间品结构与质量的变化对企业出口影响，Feng 等（2016）利用中国制造业企业数据估计了进口中间投入品使用与企业出口行为的因果关系，研究发现，中国企业通过进口中间品的使用提升了出口产品质量，进而获得了更高的出口市场参与度。三是基于企业层面出口国内增加值率的测算研究。Kee 和 Tang（2016）提出了一种新方法测算了异质性企业出口国内增加值率，并利用企业和海关交易层面的数据，研究了中国逐步上升的出口国内增加值率。该方法包含了对企业异质性的研究，从而减少了加总误差。研究发现，2000~2007 年出口企业采用国内投入品替代进口中间品，使中国产品的出口国内增加值率由 65% 增至 70%，这显著提升了中国参与全球价值链的获利能力。该文分析了中间品替代的原因：中国的贸易和投资自由化促进了进口商品的技术外溢，使国内同类中间品种类增加、价格降低。Kee 和 Tang（2016）框架从企业微观层面界定了出口国内增加值率的基本影响渠道，确立从企业加成率和国内国外中间品相对价格研究相关渠道的基本做法，后续研究从外资进入、增值税改革等方面检验了中国出口企业国内增加值率变动的原因（Yu and Luo，2018；Wu et al.，2021）。

第三节　贸易开放与偏向性技术进步研究与进展

一　偏向性技术进步的建立与测算

早期研究中有关偏向性技术进步的论述未能形成统一框架，加之使用CD 生产函数这一最基本函数形式，暗含了技术进步中性与单位替代弹性，因而难以从理论模型层面展开分析。20 世纪 90 年代以来，随着技术进步内生化增长理论的出现，学者们对技术进步的要素偏向性问题的研究逐渐丰富。一是关于偏向性技术进步基础模型的建立，这方面研究以Acemoglu 为代表，其相关文献在内生增长理论框架下建立了偏向性技术进步的基础模型，理论推导出资本与劳动的替代弹性同技术进步方向的关系。该研究指出，在产权保护制度完善的市场中，规模效应和价格效应是决定技术进步方向的关键因素，技术进步偏向劳动或者资本取决于替代弹性的大小（Acemoglu，2002）。进一步的研究深化了偏向性技术进步的理论内涵：若技术进步促进了某种生产要素相对边际产出的增加，那么这种技术进步具有偏向性（Acemoglu et al.，2007）。二是关于偏向性技术进步的测算，偏向性技术进步引致的直接影响是改变了投入要素相对产出，要素间替代弹性是判断技术进步偏向性的关键因素。目前有关偏向性技术进步的测算围绕三类生产函数展开：可变替代弹性生产函数、不变替代弹性生产函数和无具体形式生产函数。部分文献指出，使用可变替代弹性生产函数更符合经济现实，主要有基于 VES 生产函数的资本与劳动的替代弹性测算（Karagiannis，2004）和基于超越对数生产函数的替代弹性测算（Sanstad et al.，2006；Karanfil et al.，2010；Shao et al.，2016）。相关研究指出，这类函数虽能更准确地刻画现实，但表达形式呈现多样化，缺乏明确的经济含义界定（Klump，2007），因而在实证研究中未见广泛应用。目前，基于不变替代弹性的 CES 生产函数仍是偏向性技术进步研究使用的主流方法，基于美国微观数据计算出的替代弹性总体在 0.4～0.6，由于使用的数据不同，存在一些波动，但都显著小于 1，且技术进步都偏向于资本（Chirinko，2002，2008；Klump，2007，2008；Young，2013），还有文献利用英国企业面板数据估算的替代弹性值为 0.4（Barnes et al.，2008），基于加拿大 1961～2010 年的数据估算出的替代弹性均显著小于 1，因而表现为劳动要素偏向性技术进步（Li et al.，2014）。相对于参数化方法，数据包络分析法（DEA）通过分析实际观测数据，采用局部逼近的办法构造前沿生产函数模型，无须预设生产函数形式，避免了生产函数经济意义不明确的问题。因此，还有少量文献采用 DEA 和 Malmquist 指数测度偏向性技术进步，先用 DEA 测算全要素生产率，再进一步分离为产出和投入偏向性技术变化、效率变化和规模变化（Managi and Karemera，2004；Barros et al.，2010；Chen and Yu，2014）。

二 贸易开放对偏向性技术进步的影响研究

相关研究主要分为出口对偏向性技术进步的影响和进口对偏向性技术

进步的影响。一是研究了出口对偏向性技术进步的影响。出口活动会通过价格效应和规模效应对技术进步的方向产生影响，价格效应会使技术进步偏向稀缺要素，而规模效应会使技术进步偏向丰裕要素。①出口通过价格效应影响偏向性技术进步，早期研究认为，一国为减少稀缺资源的使用，会使其技术进步偏向相对价格较高的生产要素。贸易开放后发达国家高技术产品价格上升，则发达国家会发生高技能偏向性技术进步。即价格效应促使技术进步偏向稀缺要素，但后续研究发现，要素价格的上涨可能导致企业利润下降，进而阻碍技术进步（Acemoglu，2010）。②出口通过规模效应影响偏向性技术进步，相关文献指出偏向性技术进步的最终形成会受到出口目的国知识产权保护程度的影响：在发达国家出口到发展中国家的贸易情形中，若发展中国家不重视知识产权保护，开放条件下发达国家的出口市场扩大却难以刺激其创新规模，此时出口的价格效应大于规模效应，出口高技术产品价格上涨，发达国家发生高技能偏向性技术进步。若发展中国家的知识产权保护完善，出口将刺激发达国家创新，同时受到出口的价格效应和规模效应影响，技术进步方向须由技能劳动与非技能劳动间的替代弹性决定（Acemoglu，2002）。基于英国棉花贸易对纺织业偏向性技术进步的研究验证了该推论（Hanlon，2015）。二是研究了进口对偏向性技术进步的影响。①进口通过竞争效应影响偏向性技术进步，相关文献表明贸易开放使国内市场竞争加剧，突出表现在资本、技术密集型产业，政府和企业资源配置会偏向资本和技术密集型产业，企业进行倒逼式创新，使技术进步产生偏向性（Theonig and Verdier，2003；Bloom，2016）。②进口通过技术溢出影响偏向性技术进步，相关研究认为，世界技术前沿国家的技术进步呈现资本偏向性，而技术落后国家引进先进技术也具有资本偏向性特征，最终使落后国也呈现资本偏向性技术进步的特征（Acemoglu and Zilibotti，2001；Gancia and Zilibotti，2012）。

第四节　贸易开放与创新发展的研究与进展

本部分讨论贸易开放对企业创新行为的影响，重点从创新行为的测度方式、出口和进口贸易对企业创新的影响出发进行研究，反映当前国际经济学和产业组织理论交叉的前沿研究方向。

一　企业创新的测度

1. 关于企业创新行为的测度

企业创新的测度主要从创新投入和创新产出两个维度开展，从创新投入看，企业创新主要由 R&D 投入衡量，包括 R&D 费用和 R&D 人员（Kim and Lee，2008；Block，2012）。在研究韩国企业治理问题时，相关研究聚焦公司财务与研发投入之间的关系，认为，韩国模仿学习前沿国的技术并建立自主技术能力，主要依靠大规模研发投入，因而揭示研发投入的影响因素及其作用机制对韩国技术创新能力的提升至关重要（Kim and Lee，2008）。基于美国公司管理问题的研究也指出，研发投入可影响企业开发新产品和创新的能力，研发投入特别是对技术密集型产业的投资，显著提升企业创新水平（Block，2012）。研发投入可被视作企业内生的创新意愿，但无法反映产出状况，且不必然会产生创新效益，因而部分学者将视角转向创新产出。从产出视角构建指标更加注重综合性与复杂性，单一指标在研究方法上降低了计量的复杂程度，但难以保证结果的可靠性和稳健性，忽视了变量间的整体关联性（Boyd et al.，2005）。实证研究发现，部分企业倾向于仅注重衡量创新投入和产出的支出，进入市场的速度和新产品的数量，而忽视创新活动的中间过程，对创新能力和实践进行量化、评估是重要而复杂的问题，重要的挑战是衡量影响组织创新能力的复杂过程，因此，构建创新评价体系包含诸如专利数、创新项目数、新产品增值等多方面因素（Adams et al.，2006）。

2. 关于企业创新效率的测度

相关文献常采用参数法和非参数法进行测度，分别以随机前沿分析（SFA）和数据包络分析（DEA）为代表。一是采用 SFA 方法的相关研究。SFA 方法需要预先设定生产函数，如 Translog 生产函数、CD 生产函数，利用计量工具对生产函数进行参数估计，根据估计结果对创新效率进行评价，还能分析相关因素对个体效率差异的影响。SFA 的优点在于预先设定了生产函数，能够剔除影响技术效率的随机干扰项和技术非效率项。基于 SFA 方法对技术创新效率的实证研究较为广泛，为研究西班牙中小制造业企业技术效率低下程度及其影响因素，相关文献采用 SFA 方法，利用西班牙 1995~2001 年微观企业数据，结果表明中小企业技术效率低于大企业，企业组织方式与人员管理具有调节作用（Diaz and Sanchez，2008）。还有文献探讨了制度环境对西非棉农技术效率的影响，使用了 SFA 方法处理农场水平数据，计量结果优于前期方法，研究表明，农户水平特征和制度环境均会影响生产者技术效率（Theriault and Serra，2014）。现有研究为衡量高端制造业绿色技术创新效率构建了一个 RAGA-PP-SFA 模型，该模型刻画了高端制造业创新活动高产出、高污染的特点，并利用 2010~2015 年中国高端制造业面板数据，实证考察并比较了中国高端制造业绿色技术创新与传统技术创新在效率和区域上的异质性（Li et al.，2018）。二是使用 DEA 方法的相关研究。该方法首先利用数学规划思维求出最优生产前沿，创新效率主要是测算微观决策个体偏离最优生产前沿的距离。相关文献使用 DEA 模型对中国多个行业的效率进行测算，研究表明，相较于传统的比率分析，DEA 模型能更好地识别观测样本的特性，对误差的存在更为敏感，适用于多个行业效率测算及对比分析（Avkiran，2011）。将可变规模报酬纳入传统 DEA 方法中形成的 BCC 模型是测算技术效率的主流方法，因其可进一步将技术效率分解为纯技术效率和规模效率，更大程度上满足了微观分析的需要。基于该方法，相关研究测算了 240 个尼泊尔有机咖啡农场与传统咖啡农场的技术效率，采用 Tobit 回归方法对测算的技术效率进行回归分析，结果显示，技术创新效率与农场主受教育程度、农场经营、培训服务推广和信贷获取有关（Poudel et al.，2015）。还有研究基于该模型考察了乳制品部门和牛肉生产部门的技术效率，采用匈牙利 2013~2017 年行业数据的估计结果显示，乳制品部门技术效率高于牛肉生产部门，且大型农场比小型农场技术效率更高（Krisztián and Ratnesh，2017）。另有一支文献提出了基于松弛变量的DEA 方法，测算整体利润效率中的技术效率成分，以保证帕累托效率实现。根据该方法并使用最小边界距离模型加以扩展，相关文献研究了企业配置效率与规模效率的关系（Ruiz and Sirvent，2012）。

二 企业出口活动对其自身创新的影响

1. 关于出口贸易技术溢出对企业创新的影响

一国或地区的出口产品中所含技术成分属于共有知识，就一定会有技术溢出效应产生，通过实证研究 OECD 成员国的相关数据证实了该观点（Falver et al.，2002，2004）。出口企业可能通过人力资本的迁移，促进技术的垂直溢出和水平溢出。根据技术差距论，贸易双方的技术差距越大，技术落后方的学习效应越强，因此，这部分文献主要考察了出口企业的"出口学习效应"，通过对西班牙 1990~1997 年代表性制造业产品的创新和专利申请数量的实证研究，采用非线性的 GMM 法验证了出口技术溢出效应的存在，出口商通常可获得各种国外知识输入，上述知识可以回流到焦点企业，通过对这类知识学习可促进企业创新（Salomon and Shaver，2005）。基于意大利制造业企业数据，运用倾向得分匹配法考察出口与企业关系的文献也验证了"出口学习效应"，同时文章还发现"出口中学效应"会受到企业规模、所在行业及企业学习能力的影响（Serti and Tomasi，2008）。基于中国数据，相关文献实证研究了出口对中国本土企业创新产出的影响，发现中国本土高科技企业存在"出口学习效应"，在加入学习能力变量后，东道国 R&D 显著促进了中国本土高科技企业的创新产出（Liu and Buck，2007）。从地区来看，与沿海地区企业相比，中国内陆地区企业与前沿国企业技术差距更大，在出口过程中获得更大的学习效应（Lin et al.，2015）。

2. 关于扩大出口对企业创新的影响

出口规模的扩大为企业带来了更大的国际市场，也是对企业国际竞争力的巨大考验，因此这支文献聚焦于规模效应与竞争效应对企业创新的影响。正向的规模效应与激烈的竞争环境将促使企业通过创新提高自身竞争力，相关研究分析了北美自由贸易协定签订背景下，出口行为对加拿大企业创新效率的影响。研究表明与美国企业的竞争有利于加拿大出口企业生产率的提高。同时，出口企业在生产过程中会与美国进口商合作开展研发活动，使自身创新能力显著提升（Baldwin and Gu，2004）。Aghion 等（2005）为研究产品市场竞争（PMC）与创新关系，构建了一个纳入竞争和创新的增长模型，理论研究发现，PMC 与创新之间存在倒 U 形关系，随后运用 1968～1997 年英国企业数据实证检验了这一假设，拓展了熊彼特增长模型。相关文献还研究了南方共同市场的自由贸易协定对阿根廷企业技术升级的影响，将技术选择引入异质性企业贸易模型，运用阿根廷的微观数据实证研究表明，贸易自由化扩大了阿根廷的出口规模，提高了出口企业收入，提升了出口企业的技术创新投入水平（Bustos，2011）。基于法国制造业企业数据的实证研究发现，生产率较低的企业进入出口市场后，激烈的竞争使其创新受到抑制，与之相反，高生产率企业会因此获得更多创新激励（Aghion et al.，2018）。此外，出口扩大可能会导致国内出口企业间的竞争，一个行业或地区出口企业过多，可能会产生负的出口溢出效应。基于中国出口商的实证研究表明，适当的出口集聚会产生正向溢出效应，企业可通过相互分享出口信息和经验获益。若出现过度的出口集聚，为避免更多出口商进入，现有企业可能会采用提高出口成本或降低出口价格争夺海外市场份额（Bao et al.，2016）。

三 进口贸易对企业创新的影响

一方面，国内企业得益于技术溢出、进口成本削减，整体创新能力在贸易开放过程中不断增强；另一方面，贸易开放引进大量国外优质商品可能会挤占国内企业市场，从而将国内企业锁定于低端行业，不利于国内企业创新。该部分从进口中间品和最终品视角回顾进口贸易开放对企业创新的影响。

1. 关于中间品进口对企业创新的影响

现有文献对中间品进口影响企业创新的结论并不一致，一是持促进论的观点认为中间品进口可以通过进口学习、技术溢出、削减创新成本的渠道促进企业创新，基于印度 1987~2000 年海关数据的实证研究表明，进口中间品能够提升印度企业的创新能力，贸易自由化扩大了印度进口中间品的种类，同时进口中间品价格指数下降使国内企业创新成本下降，进而提升了企业的创新能力（Goldberg et al.，2009）。还有文献通过构建降低成本和知识溢出促进企业创新的理论模型，利用中国 2000~2006 年微观企业数据与海关数据，实证研究了进口对中国企业创新的影响，研究发现，中间品进口提高了进口企业的研发强度，来自技术水平较高的发达经济体的进口中间品可通过知识溢出刺激中国本土企业创新，高科技企业与私营企业在创新强度上增长更快（Chen et al.，2017）。二是持阻碍论的观点认为中间品进口会通过锁定效应和依赖效应阻碍企业创新。Liu 和 Qiu（2016）研究了中间品投入关税下调对国内企业创新活动的影响，利用 1998~2007 年中国企业层面数据，发现 2002 年中国加入 WTO 后投入关税大幅降低，反而导致中国企业创新能力下降，表现为以专利申请量为代理变量的企业创新活动减少。中间品投入关税下调对中国企业创新活动存在正向和负向影响，一方面，企业能购买到种类更丰富、质量更高的进口中间品，低成本的购买行为替代了创新行为，从而抑制了企业创新活动；另一方面，企业可以通过使用进口中间品进行研发，其创新活动可能受益于进口中间品中包含的先进技术。实证研究表明负向的替代效应占据主导地位。

2. 关于进口最终品对企业创新的影响

现有文献较为一致地认为最终品进口会通过竞争效应对企业的创新行为产生影响。优质的进口最终品涌入国内市场，导致市场竞争加剧，激烈竞争环境可能会倒逼企业创新，Teshima（2008）基于墨西哥企业数据检验关税变化对企业研发的影响，研究发现贸易自由化通过最终品进口竞争效应刺激了工厂的研发活动。文章进一步将研发活动分解为过程研发和产品研发，研究表明，过程研发对生产系统效率的提升是主要影响因素。利用欧洲国家的面板数据，Bloom 等（2016）实证研究了中国进口竞争对广泛技术变革（诸如专利、互联网技术和全要素生产率）的影响，结果表明，中国进口竞争促使企业内部的技术变革增加和资源的重新配置，劳动力资源流向了技术更先进的企业，相比之下，发达国家由进口竞争引致的创新没有显著增加。但另有文献显示存在关于竞争程度的倒 U 形曲线关系，通过对美国上市制造业企业的丰富数据进行实证分析发现，以加成率倒数衡量的竞争与以专利引用量衡量的创新之间存在倒 U 形曲线关系（Hashmi et al.，2013）。也有研究表明，进口竞争效应总体上抑制了企业创新，仅当企业能通过创新逃离竞争时，进口竞争才会促进企业创新。通过建立内生竞争和创新并存的动态结构性贸易模型，利用 2000~2006 年中国微观制造业企业数据和海关数据，指出了创新行为存在的"竞争逃避效应"（Lim et al.，2018）。基于中美贸易视角，Hombert 和 Matray（2018）从行业异质性角度研究了来自中国的进口竞争冲击对美国研发型企业的影响，结果表明，进口增加会导致本土企业盈利能力下降，但存在研发密集度的调节效应，研发密集度相对高的行业面临进口竞争的正向创新效应相对更大，表现为生产更多差异化产品削弱进口竞争的负向效应。

第五节　贸易开放与绿色发展的研究与进展

目前，关于贸易与绿色发展问题的研究成果数量可观，本节主要围绕学术界对绿色发展的界定与测算、贸易与环境的理论与实证研究及各方观点展开论述。

一 绿色发展的界定和测算

从经济学角度出发的绿色发展是以效率、和谐、可持续为目标的经济增长方式，包括但不限于环境保护。对绿色发展的宏观层面研究主要从能源环境、绿色经济、循环经济、低碳经济等视角出发，微观层面则聚焦于绿色技术创新的研究。第一支文献是宏观层面对绿色发展的研究，一是能源环境视角，大多数文献将节能减排作为绿色发展的重点，相关文献关于能源环境绩效的测度大致可分为单因素指标和总因素指标两类。有文献指出，早期常用能源与 GDP 的比值作为一国能源强度，以此衡量能源效率，但它是一个粗略指标，存在一定局限性。因此，该文章使用能量距离函数法，考虑投入和产出组合重新定义了全球生产边界，一国相对能源使用效率由该国实际投入产出组合与生产边界的距离决定（Stern，2012）。此外，绿色全要素生产率（GTFP）作为评价能源和环境绩效的宏观指标也得到广泛应用，分别将能源消耗量与污染物排放量作为投入与产出指标，纳入传统全要素生产率分析框架，所得即为 GTFP。不少学者基于该指标测算了国家绿色发展状况，如 Managi 等（2010）运用 1992~2003 年省级层面工业制造业数据测算 GTFP 以考察环境政策的实施效果。二是绿色经济视角，相关研究以绿色 GDP 测算和分析为主，许多学者从行政区划、自然资源等维度对绿色 GDP 增长展开了研究。相关学者运用投入产出分析法研究了泰国总体及农业、采矿业、制造业等 10 个产业部门的绿色 GDP 增长情况，研究发现，超过 80% 的直接排放来自四个行业：制造业、发电、交通运输和农业（Kultida et al.，2017）。三是低碳经济、循环经济视角，相关文献提出了一个兼容多层次多视角的系统性理论框架，可用于微观和中观层面低碳技术创新的影响因素分析、能源系统过渡路径中各种要素相互作用的机制分析和宏观层面低碳经济转型对经济增长的影响分析（Foxon，2011）。从中国视角出发的低碳经济研究中，相关文献认为建设低碳城市是实现低碳经济的关键，要从生产端与消费端共同推行低碳理念：生产上控制能源投入与污染物排放，消费端重点放在居民日常生活的低碳选择。文章指出建设低碳经济不仅是应对全球气候问题的需要，也是中国经济健康发展的需求（Li，2013）。第二支文献是微观层面对绿色发展的研究，以绿色性技术进步为主。技术进步是抵消能源使用和碳排放的重要因素（Stern，2012），从微观上看，绿色技术进步主要分为研发、"干中学"和技术溢出效应。早期研究考察了技术研发活动对 CO_2 排放的影响，研究表明，技术研发可以降低 CO_2 的治理成本。将环境因素纳入经济增长的理论框架，发现提高企业的研发水平可以帮助国内企业有效吸收发达国家技术，从而降低碳排放（Ang，2007）。相关研究通过设置"干中学"研发曲线，构建了技术进步内生化模型，该模型捕捉了世界各地区之间主要经济体相互关系，旨在分析作为动态博弈结果的每个地区最优经济与环境政策（Bosetti，2006）。为研究技术进步对中国区域环境绩效的影响及其途径，相关研究采用松弛模型（SBM）和基于熵模型（EBM）对中国环境绩效及其变化指标进行了估算。结果表明，中国整体环境绩效有所改善，但不同地区的改善速度存在较大差异。这可能是由不同地区绿色技术创新水平的异质性特征和变化所致。考虑到环境污染在不同区域间溢出效应，文章又采用空间计量经济学方法研究了不同技术进步模式对中国区域环境绩效影响。具体而言，自主创新未能有效提升区域环境绩效，而技术和模仿创新引入显著提升了区域环境绩效。此外，在引入自主创新和人力资本交叉项后，技术引进和模仿创新通过人力资本吸收能力对中国区域环境绩效的影响仍然显著。而自主创新通过人力资本吸收能力对区域环境绩效的影响日益明显（Ai et al.，2015）。

二　贸易开放对绿色发展的影响

有关贸易开放对绿色发展的影响，相关研究集中于理论模型研究和贸易开放对环境政策的影响研究。

1. 关于贸易与环境的相关理论模型

一是环境的库兹涅茨曲线。早期研究发现，经济规模与环境污染水平之间存在非线性关系，以收入水平作为横坐标，污染排放量作为纵坐标，可以获取倒 U 形曲线，该曲线后被称为"环境的库兹涅茨曲线"（EKC）。近期有关 EKC 研究中，相关实证研究表明，巴基斯坦存在经济与环境的 EKC，同时该研究还发现，无论短期还是中长期，能源消费都将促进 CO_2 排放，而从长期来看贸易会抑制 CO_2 排放（Shahbaz et al.，2012）。二是"环境三效应"模型，又称 ACT 模型。该模型由 Antweiler、Copeland 和 Taylor（1995；2001）建立，将贸易开放度纳入其中，研究了污染物排放密度与贸易开放之间的关系。Managi 等（2009）运用修正的 ACT 模型，进一步将经济发展与环境的关系分解为规模效应、技术效应和环境效应，规模效应指生产的增加对污染排放的影响，技术效应指收入增加对污染排放的影响，环境效应指污染排放量如何影响国家产业结构，产业结构由贸易开放度与比较优势决定。随后文章实证分析了 OECD 和非 OECD 国家的相关情况，运用 GMM 方法和工具变量解决内生性问题。结果表明，贸易开放对这两类国家污染物排放量的抑制程度有不同影响且需要考虑动态效应。三是运用联立方程组、可计算的一般均衡模型（CGE）等方法分析贸易与环境的相互关系。相关文献建立了一个联立方程模型估计贸易自由化与环境的关系，主要考虑了开放对收入增长的影响以及收入增长对环境破坏的影响。基于这一模型的实证研究运用了中国水污染升级统计数据，建立了一个考虑内生因素的两商品贸易实证模型。对该模型的估计表明贸易自由化通过对贸易条件的影响直接加剧了环境破坏，但通过对收入增长的影响间接减轻了环境破坏程度（Dean，2002）。还有文献将投入产出分析、IPAT（Impact＝Pollution×Affuction×Technology）方程与结构分解分析结合起来，解析中国 CO_2 排放量增加背后的关键驱动因素。研究表明，出口增长在很大程度上推动了 CO_2 排放量的增长，并预测到 2030 年 CO_2 排放量将是 1980 年的 3 倍（Guan et al. 2014）。四是"环境贸易条件"（ETT）和"贸易污染条件"（PTT）的提出丰富了有关贸易隐含污染的研究。基于扩展和修改的投入产出分析法对泰国的实证研究表明，1980～2000 年泰国与 OECD 国家贸易的 PTT 显著大于 1，这一结果与泰国以 FDI 带动出口的增长路径有关，该结果对采取类似政策的国家具有参考意义（Mukhopadhyay，2006）。Glen 等（2006）构建了一个包括区域间技术差距的模型刻画进口国技术与进口产品之间的联系，并以挪威进口产品为实证研究对象，运用 IO 分析法得出挪威的污染排放量有六成来自进口商品。还有文献构建了一个全球 SO_2 排放强度数据库，将总体污染排放量分解为规模效应、技术效应和跨国家跨部门的组合效应，用于分析贸易对资源的再分配效应如何影响到 SO_2 的排放。基于多国多部门的实证研究发现发展中国家的外贸 PTT 指数显著高于发达国家（Jean et al.，2008）。

目前，贸易对环境影响的有关评价中，折中论居主导地位。利用东盟与日本 1970～2006 年面板数据的实证研究表明，日本对东盟的进口对东盟国家污染排放量的增加影响不显著（Atici，2012）。还有文献指出，在全球价值链分工与专业化生产背景下，区分贸易方式而非贸易伙伴国将有助于准确地评估贸易对环境的影响（Dietzenbacher et al.，2012）。从产品差异化和产业内贸易视角出发的研究也得出相似结论：国内贸易和国际贸易将对环境产生不同影响（McAusland et al.，2013）。

2. 关于贸易开放对环境政策的影响

相关研究主要有"污染光环"假说、"污染天堂"假说与"向底线赛跑"假说。一是"污染光环"假说，该假说认为跨国公司往往采用更严格的环境标准，在对外投资过程中也倾向于使用清洁技术。基于 2000～2005 年印度微观数据的研究发现，产业内贸易对环境更有利，但从总体上看，印度的贸易造成了环境污染恶化（Roy，2017）。二是"污染天堂"假说，该假说认为污染密集产业的企业倾向于建立在环境标准相对较低国家或地区，而大量实证分析在上述方面并未达成一致结论。Grether

（2003）重新审视了 1981~1998 年南北贸易模型中污染重工业区的转移路径，指出大多数污染严重的工业都有向发展中国家转移的趋势。与之相反，Don 等（2000）实证研究指出跨国界的生产会提高世界范围内的环境质量，生产过程中相对清洁的组装阶段被转移到发展中国家，资本、技术密集型行业对环境破坏更大，却留在了环境规制严格的美国。Kakali 等（2004，2005）指出"污染天堂"假说与资源禀赋论存在冲突，并提出了绿色"里昂替夫之谜"：污染行业主要是资本密集型行业，根据要素禀赋论，贸易自由化会使发达国家拥有更多资本，进而专业化生产资本密集型商品，这与污染行业将转移至发展中国家的假说相悖。三是"向底线赛跑"假说，该假说认为贸易开放使各国竞相扩大出口，这使各国纷纷降低环境标准门槛以提高其产品竞争力。Busse 等（2013）发现污染密集型产品净出口的增加导致环境法规的严格程度的降低，其认为这是污染密集型行业为缓解出口竞争压力而向政府游说造成的。也有学者认为"向底线赛跑"缺乏证据，一方面，发展中国家并非只关注利益，环境保护会使他们获得长期利益；另一方面投资者与消费者都十分重视环境绩效，他们的市场决策将激励厂商降低污染排放。因此，高收入经济体与低收入经济体的环境都有所改善才是合理的长期预测（Wheeler，2001）。Harris 等（2002）指出早期研究中可能存在不合理的模型设定，才得出严格环境规制将抑制贸易流动的结论，该文章采用固定效应模型，同时考虑了进口国与出口国的具体情况，发现环境规制对贸易流动的影响不显著，从而不支持"向底线赛跑"论。

结束语

发展经济学的对外开放与经济全球化理论逻辑是由先发国家转向后发国家的发展经验，研究焦点由拉美地区转向东亚地区，随着中国改革开放以来经济发展取得巨大进步，发展经济学逐步聚焦于对中国问题的研究与解释。研究的基本理论基础从"中心—外围"理论、雁阵理论到新结构经济学等实现了由静态比较优势向动态比较优势的转型，对发展中国家经济发展的认识由被动嵌入式转向主动寻求发展，将新古典经济学基本框架与传统发展经济学中的"赶超"学说进行了交叉，进一步从生产率异质性和企业内生边界等新视角，扩展传统的新贸易理论。进一步深化了对发展中国家从经济起步向经济发展进而转向发达经济体的研究。未来的潜在研究方向如下。

（1）纳入全球生产网络的发展中国家的理论分析。目前，对发展中国家实践经验的总结多数集中于特定经济体，从该经济体自身资源禀赋、人力资本、产业结构等视角出发进行了理论分析，相对缺乏从全球生产网络视角的细致化研究。随着技术进步和运输成本的显著下降，全球生产模式由最终品分工转向产品内垂直分工，如何将这一基本经验事实纳入基准理论框架加以扩展，构建更具现实解释力的全球生产网络下发展中国家理论体系，这是未来研究的潜在方向之一。

（2）纳入创新行为的发展中国家的理论分析。目前，对发展中国家的理论刻画大多认为存在"北方创新、南方模仿"的"南北贸易"结构，随着新一轮科技革命和产业变革的发展，部分新兴市场国家与发达国家具有产业发展的同发优势，推动原始科技创新成为推动产业创新、模式创新的根本力量。如何将创新行为纳入发展中国家基本理论框架，特别是在发展经济学的基础上分析实施创新行为的影响因素、优化路径，推动创新行为由渐进式向激进式发展的可能渠道等，这是未来的潜在研究方向之一。

（3）纳入数字化转型的发展中国家的理论分析。目前，数字化技术应用成为推动产业转型升级的主要动力，新兴经济体中中国、印度等均具有一定数字技术基础，以数字化转型为引领成为未来一段时间内各国的一致选择。如何在传统的新古典经济学框架内纳入数字化要素投入、数字化转型等方面的基本要素，深入研究数字化转型对发展中国家产业转型升级的作用机制、经验证据等，是未来的潜在研究方向之一。

（4）纳入企业内贸易的理论分析。目前，对异质性企业贸易理论的刻画从单产品企业转向多产品企业，但是仍然忽视了企业内部之间，特别是跨国公司母子公司之间的贸易结构、决定机制及其福利效应。相关数据显示，这一企业内贸易占比相对较高，如何有效加以刻画，这是未来的潜在研究方向之一。

（5）纳入产业链安全性的理论分析。目前，对产业链安全性的分析尚未纳入企业内生边界理论，在当前经贸摩擦频发和新冠疫情外生冲击影响下，产业链安全性成为制约企业进出口行为的重要因素。如何将产业链安全性纳入异质性企业框架，构建兼顾产业链效率与安全的决策原则的一般均衡分析框架，是重要的潜在研究方向之一。

第六篇

西方收入分配理论的演进

第十五章　要素分配理论

西方学者研究收入分配问题主要从两个层面考察：一是要素分配，重点考察在国民收入的初次分配中劳动、资本等生产要素的收入份额及变化情况；二是再分配，考察的是国民收入在个体间的分配结果。第二次世界大战之后，一些西方国家在经济迅速发展的同时，其国内收入差距普遍缩小，收入分配问题逐渐引起学术界的关注，相关理论逐渐发展起来，其中颇具影响的理论有库兹涅茨倒 U 形曲线假说、刘易斯"二元经济模型"、麦金农"金融抑制"理论等，从不同角度分析了收入分配差距的影响因素和动态演化，为后来的研究奠定了基础。自 20 世纪 80 年代以来，西方主要发达国家国民收入差距呈持续扩大趋势。《世界不平等报告》（2018）指出：自 1980 年以来，收入差距在世界各个地区几乎都呈扩大趋势，但扩大幅度各有不同。其中，北美洲和亚洲的收入不平等现象迅速增多，欧洲增长温和，中东、撒哈拉以南非洲和巴西则持续处于高度的收入不平等状态。1980~2016 年，世界收入前 1% 的成人的收入增长总额是后 50% 成人的 2 倍。然而，后 50% 的成人的收入增长明显。相比之下，中等收入人群所占份额却不断缩小（Piketty et al.，2018）。这种全球范围内收入与财富分配不平等的长期演变趋势引起学术界广泛关注，相关文献大量涌现。为了解释该趋势，学者们聚焦基于要素资源配置的收入分配理论来考察要素投入结构、要素收入分配份额等是如何影响国民收入分配的。

第一节　西方学者对资本要素与收入不平等关系的分析

作为生产函数中的重要变量，资本要素被看作是影响收入分配进而导致收入不平等的重要因素。在分析家庭层面的收入组成对收入不平等贡献程度时，有学者发现，利用资本要素获得的投资收入是造成收入不平等的重要因素（Shorrocks，1981，1982）。针对世界收入分配变化状况，特别是20世纪80年代以来世界收入不平等加剧的特征事实，部分学者深入研究了资本收入在收入不平等中的影响。

有研究从长期角度考察发现，资本在国民收入中所占份额与个人收入不平等之间存在很强的长期正相关关系，且随时间推移，这种依赖性各不相同。其在20世纪二三十年代具有较强正相关性，但自80年代以来发展到最高水平，到2010年前后才稍弱（Bengtsson and Waldenstrm，2015）。针对斯里兰卡收入不平等的研究发现，1963～1973年，该国收入不平等现象有所减少，但自1973年以来，这种趋势发生逆转，租金、股息和利息收入等资本要素在收入中的比重增加，被认为是加剧该国收入不平等的主要原因（Karunaratne，1999）。Joachim等人在分析自有住房租金折算对收入分配的影响时也发现，拥有住房的资本所有者与承租者之间的不平等会导致社会收入不平等的加剧（Frick and Grabka，2003）。随着资本推动经济发展的程度逐渐加深，资本收入在可支配收入中的份额逐渐上升，该份额对总体不平等程度的贡献程度不断增加，尤其在资本发达的美国、德国等资本外流国家更为明显（Fräßdorf et al.，2011）。针对资本收入份额上升对家庭总收入不平等的影响，有学者利用德国2002～2008年的数据进行研究发现，资本收入在个人间或市场中流动的集中度对收入不平等具有显著的影响（Adler and Schmid，2013）。Schlenker等人对此表示认同，利用欧盟17国2005～2011年的数据研究同样发现，资本收入份额与家庭总收入的集中度呈正的相关性，而且资本收入份额的变化对家庭收入不平等产生重要的影响。这意味着，在诸多工业化国家中，收入不平等的演变过程，并非独立于过去几十年所观察到的要素收入趋向更高资本收入份额的结构性转变（Schlenker and Schmid，2014）。

早期资本的形态以实物为主，大量学者对实物资本投资影响收入差距的机制展开相关研究。随着资本形态逐渐丰富、金融市场日渐完善，"资本—收入差距"这一传导机制的内涵和外延得以深化和拓展。

一　资本要素收入门槛

在分析收入不平等的原因时，资本要素收入对总收入不平等加剧的贡献难以被忽视。研究"资本—收入差距"传导机制，面临的首要问题是，不同人群获得资本要素收入的机会是否均等，即所谓的资本要素收入门槛。一方面，资本投资进入门槛较高，这限制了部分人群难以获得资本要素收入；另一方面，在金融体系发展不健全情况下并非所有人获取资本要素的机会是均等的（Mckinnon，1974；Greenwood and Jovanovic，1990；Galor and Zeira，1993）。Greenwood和Jovanovic（1990）开创性地构建了信贷约束与初始财富假设模型，假设初始收入分配外生于经济增长和金融发展。研究发现，通过金融市场融资存在固定的金融参与门槛成本，并非所有人均能负担得起，因此，当金融中介使资本获得更高的回报率进而促进经济增长时，收入分配就会产生类似库兹涅茨倒U形假说的发展周期。特别是从原始的缓慢增长经济向发达的快速增长经济过渡过程中，一国会经历贫富差距扩大的阶段。之后穷人通过金融中介参与资本投资的门槛逐步降低，则有利于改善资本要素收入不平等现象。Aghion和Bolton（1997）也认为金融发展和收入差距在长期会呈现库兹涅茨曲线效应。研究发现，道德风险和信贷约束是资本市场不完美及持续收入差距的根源。金融发展水平较低的经济体，其生产效率低下，会造成财富不平等现象，扩大收入分配差距（Philippe and Bolton，1997）。对此，Matsuyama（2000）进一步解释道，伴随着金融发展水平或生产效率的提高，借贷增加、需求扩大，会促进利率提高，使收入较低的人能以较高的利率把钱贷出去，最终使收入差距缩小，富人的投资也会将穷人拉出贫困陷阱。Galor和Zeira（1993）认为，在不完全信贷市场模型中，由于金融结构不完善，利用金融中介的成本高昂，穷人因无法支付这一成本而不能获得金融服务，而富人融资则会更加方便，因此，金融效率低下加剧了收入差距扩大。Garcia-Penalosa 和 Orgiazzi（2013）考察了 1970～2000 年加拿大、德国、挪威、瑞典、英国和美国六国收入不平等的根源，发现资本收入不平等的增加在很大程度上导致可观察到的收入分配恶化。

二 资本积累

20 世纪 90 年代新古典主义复兴后，资本积累被部分经济学家归结为造成收入不平等的关键驱动因素。初始资本分配不平等、资产价格上涨、投资者个人能力甚至资本市场监管力度等都会导致资本积累的不平等，进而使收入不平等加剧。收入不平等会导致较高的储蓄，从而带来更高的人均收入和生产力的增长率，而总储蓄会随着收入不平等的加剧而降低，这在实证研究中得到验证（Edwards，1996；Alvarez-Cuadrado and Vilalta，2018）。对于储蓄与收入不平等之间的相关关系，虽然存在一些争议（Leigh and Posso，2009），但多数学者通过理论和实证分析后证实了两者之间存在正相关关系（Cook，1995；Servén，2000；Allen，2009）。例如，Servén（2000）实证发现，收入不平等可以影响家庭总体储蓄水平，也可以通过企业投资和公共储蓄对总储蓄产生间接的负面影响。就经济发展阶段而言，在工业革命的早期阶段，物质资本积累是经济增长的主要来源，不平等会引导资源流向储蓄倾向较高的个人（Galor and Moav，2004）。由于初始资产的所有权分配不均，伴随着资产价格上涨，收入不平等会不断加剧，原因就在于资本收入份额上升会通过资本收入的集中度来加剧收入不平等（Milanovic，2016）。特别是金融管制放松后，资产拥有者与无资产者收入不平等程度加深。随着时间的推移，财富不平等程度也会与长期资产价格上涨呈正相关关系（Roine and Waldenstroem，2012；Piketty and Zucman，2014）。当然，通过资本市场获取资本收入，就个人而言，需要投资者具备相当的成熟度，才能利用资本市场获取资本收入。这意味着，成熟投资者与不成熟投资者之间存在收入不平等（Kacperczyk et al.，2014）。

三　资本深化

资本和劳动要素在国民收入中所占的份额随着时间的推移和国家的不同而表现出很大的差异。理论界通常认为，在工业化中后期，劳动要素供应面临短缺，会引致劳动者报酬的比重提高、资本要素收入比重下降，而这会缩小居民收入差距。有学者认为，劳动者报酬与资本要素收入之间存在替代关系，且短期替代弹性小于 1，长期替代弹性等于 1（Jones，2003）。从长期看，随着工业化进程的推进，资本要素收入比重下降，会缩小居民收入差距。Allen（2009）认为，收入不平等的激增是增长过程发生的内在原因：技术变革增加对资本的需求，提高了利润率和资本份额。利润的增长使不平等加剧，反过来又通过向必要的资本积累提供资金来维持技术变革。自 20 世纪 80 年代初以来，全球劳动者份额显著下降，在多数国家和行业内，由于信息技术的发展，企业生产结构从偏重劳动要素转向资本要素（Karabarbounis and Neiman，2013）。进一步地，Goren（2017）研究认为，技术变革加剧收入不平等的原因在于，对新技术的投资在导致资本深化的同时，使总收入中劳动者份额相应减少了。

第二节　西方学者对劳动要素与收入不平等关系的分析

20 世纪 80 年代以来，约 2/3 的发展中国家、发达国家和过渡国家的国内不平等现象激增（Cornia et al.，2003）。其中，发达国家中美国、英国、澳大利亚和新西兰收入不平等程度逐渐上升。Atkinson 等（1995）指出，在 80 年代前期，瑞典和英国的收入不平等现象显著增多，相比此前一段时间不平等程度的下降趋势发生了逆转。特别是英国 1978~1991 年净可支配收入分配的基尼系数增加了 30%以上（Soltow，2008）。而东南亚地区 80 年代以来也出现了收入不平等显著扩大的现象。例如，泰国的基尼系数持续上升到 90 年代中期的 0.52。印度尼西亚经济在实施关税改革、金融放松管制等措施后，制造业与资本密集型的金融、保险和房地产部门发展迅速，使得其总体不平等从 1987 年的 0.32 上升到 1997 年的 0.38。全球范围内出现的收入不平等加剧现象引起了学术界的重视。一些经济学家指出，劳动要素收入份额在国民收入分配中的比重不断下降，是全球收入不平等加剧的主要因素之一（Fields and Yoo，2000a；Checchi and Alosa，2010；Karabarbounis et al.，2014）。事实上，自 20 世纪 80 年代以来诸多发达经济体和发展中经济体有两个显著特征，即劳动要素收入份额下降和收入不平等加剧。劳动力市场可以通过工资差距、劳动要素收入份额和失业率等渠道影响收入不平等情况。解释一个经济体中要素分配份额的变化对收入分配产生的影响，应当分析影响要素分配份额的各种可能因素。从宏观角度看，劳动要素价格扭曲、要素资源的错配以及劳动要素的人力资本积累等均会影响劳动要素在国民收入分配中的份额。

一　劳动要素价格扭曲

要素价格扭曲与劳动要素收入份额的变动具有密切联系。理论上，在完全竞争市场中，要素价格与要素边际生产力相等，但要素市场存在缺陷，致使要素价格扭曲，进而影响要素报酬在国民总收入中所占的比重。要素价格扭曲可以从两个方面影响劳动要素收入份额。一是劳动要素价格本身存在扭曲，使劳动力获得的劳动报酬相对较低。例如，在国民经济发展初期，产业结构以劳动密集型为主，劳动要素供应相对充足，使劳动者工资议价能力较低或者劳动工资具有刚性，难以随经济发展适时调整，由此会扭曲劳动要素价格（Knight and Wei，2011；Brandt et al.，2013；García-Belenguer and Santos，2013）。二是要素间的相对价格变化，使劳动要素收入份额变化，从而带来收入分配变化（Kemp and Yamada，2001）。这里又分为两个部分。一是资本要素与劳动要素的替代趋势（Hsiao，1976）。随着经济发展和产业结构升级，经济从劳动密集型转向资本密集型，劳动力成本上升迫使企业加大资本要素投入以替代劳动要素，导致资本有机构成发生变化，劳动力需求下降，使劳动力议价能力下降（Hsieh and Klenow，2009）。这种资本要素相对劳动要素的比例增加，能够影响各要素的分配比重（Kong et al.，2021）。二是全要素生产率的提高促使资本深化，在提高劳动生产率的同时，致使劳动要素投入份额降低，进而影响劳动要素在国民收入分配中的份额。这其中既包括生产技术进步带来的劳动生产率提高，也包括管理能力提升致使组织效率提高（Hill，1979；Grossmann，2007；Bhattacharya et al.，2013），进而促使劳动生产率提高。因此，劳动要素价格扭曲影响劳动要素收入份额。

二　劳动要素错配

近年来，全球劳动要素收入份额的变化成为发展经济学研究的重要主题之一，部分学者从要素配置方面展开研究，认为劳动要素错配是造成劳动要素收入份额变化的重要因素之一，不仅损害全要素生产率（Hsieh and Klenow，2009；Brandt et al.，2013），导致实际产出低于潜在产出（Vollrath，2009），而且从长期看确实降低了国民收入分配中劳动要素收入的比重。早在 20 世纪 80 年代初，有学者在研究孟加拉国的收入分配与贫困问题时便发现，国家在社会部门间的要素资源分配不当是导致其不平等和贫困现象急剧增加的重要因素（Islam and Khan，1986）。之后学者们对劳动要素在不同行业和不同地区间的配置与收入不平等的关系进行了一系列研究，发现，区域内收入和财富不平等与区域间劳动要素流动密切相关（Slottje and Hayes，1987；Hertel and Zhai，2006），这种劳动要素的区域错配可能对一个国家和地区的经济发展产生增强型倒 U 形的影响，即其对收入不平等的影响程度随时间推移而改变（Maxwell and Peter，1988）。随着相关研究的不断深入，有研究指出，城市家庭内部女性地位的提升、产业结构和职业结构的变化等导致劳动要素分配结构出现显著变化，也是城市间家庭收入不平等加剧的一个根源（Cloutier，1997）。而宏观因素对收入不平等的影响也逐渐受到学者们的关注。20 世纪八九十年代，所谓的华盛顿共识①下的经济改革政策对劳动力市场产生了深远的影响。有学者质疑，认为，共识下的经济改革政策狭隘地关注劳动力市场的配置效率，却忽略了提高劳动力素质以及改善劳动力参与者的社会公平感，由此严重损害了社会公平，阻碍了有利于低收入劳动力群体的长期发展政策推出（Hoeven，2000）。无独有偶，税收政策也会通过影响劳动要素在农业部门与非农业部门间的配置影响收入不平等（Fishlow，2001）。劳动要素作为生产要素投入的重要组成部分，其配置也与产业结构密切相关。研究发现，各行业间要素替代弹性存在差异性（Young，2013），因此，在面临经济发展模式转型时，各类制度障碍（如户籍限制）会影响要素资源配置的有效性，导致劳动要素在行业间配置不当，进而影响劳动要素在国民收入分配中的收入份额（Xin et al.，2020）。

三　人力资本

关于人力资本与收入不平等的关系的相关研究较多。普遍认为，人力资本积累对个体收入提高和国家经济增长具有显著的积极影响（Galor and Moav，2004；Danquah et al.，2010；Aghion et al.，2015）。但对于人力资本积累对收入不平等存在何种效应，观点不一。早期有学者研究教育对发展中国家再分配作用时发现，对于巴西、秘鲁等发展中国家，教育对收入分配的影响并非想象中的那么大（Carnoy，1978）。因为人力资本投资增加了专业化程度，非熟练劳动力难以跨辖区流动，增加了收入不平等扩大的风险（Wildasin，2000）。同时，人力资本积累会促进全要素生产率增长，进

---

① 20世纪80年代，绝大多数拉美国家陷入长达10余年的通货膨胀暴涨、债务危机爆发的经济困难时期。1989年，曾任职世界银行的经济学家约翰·威廉姆森执笔写了《华盛顿共识》，系统地提出了指导拉美国家经济改革的各项主张，包括：加强财政纪律，压缩财政赤字，降低通货膨胀率，稳定宏观经济形势；把政府开支的重点转向经济效益高的领域和有利于改善收入分配的领域（如文教卫生和基础设施）；开展税制改革，降低边际税率，扩大税基；实施利率市场化；采用一种具有竞争力的汇率制度；实施贸易自由化，开放市场；放松对外资的限制；对国有企业实施私有化；放松政府的管制；保护私人财产权；等等。

而引起资本有机构成变化，降低劳动要素在国民收入分配中的比重，这成为加剧收入不平等的决定性因素（Sequeira et al.，2017）。相反地，也有学者认为，随着人力资本积累增加和受教育程度提高，收入不平等程度会趋于降低（De Gregorio and Lee，2002）。因为人力资本积累引致工资上涨及劳动者报酬比重提高，同时劳动要素收入水平提高后，中低收入阶层储蓄倾向会增强，所拥有的资本要素增加，也会缩小由拥有资本要素不同而导致的居民收入差距（Aghion et al.，2015）。因此，富裕的个体和国家在教育上往往投入更多的资源，以期获得更多的人力资本积累，这反而造成了教育的不平等，进而导致收入不平等（Nogueira，2006）。即初始的资本不平等会扭曲人力资本缓解收入不平等的作用，形成恶性循环（Grabowski and Shields，1996）。所以，考虑到劳动要素流动性的限制与人力资本投入边际效用的下降，应当降低教育门槛，让更多的人有机会提高人力资本，从而能够在整体上增加总的人力资本积累，由此改善收入分配结构（Chiu，2010）。

第三节　西方学者对技术进步加剧收入不平等的分析

20 世纪 80 年代以来，全球经济增长与收入不平等程度加深并存。这一时期以互联网技术为代表的技术进步十分突出。新古典经济学理论肯定了技术因素在经济增长中的作用。在此基础上，熊彼特增长模型（Howitt，2000）等一系列用以解释技术进步与收入分配关系的理论相继诞生。技术进步对传统要素分配形式和分配格局产生了深远的影响（Allen，R. C.，2009；Shin et al.，2018），促使企业间竞争关系和企业内部生产要素构成发生转变。技术进步参与国民收入分配的方式和路径引起了众多研究者的兴趣。

一　技术进步与企业间收入差距

部分学者认为，技术进步是导致收入不平等程度加深的重要因素之一。一个重要方面是，不同企业的人均工资差别较大，但福利补贴的分配比工资或薪金的分配更不均衡，这对扩大收入差距产生了重要影响（Luo and Li，2007）。而技术进步有可能造成企业垄断，使企业间工资与福利差距扩大，最终加剧收入不平等（Datta，2019）。垄断力量最强的行业得到的相对利益最大，例如，在俄罗斯，金融行业收益最高，而农业部门收入最低（Galbraith et al.，2004）。并且技术进步带来的企业竞争会造成竞争壁垒，降低"技术工人"的外部价值，从而减少积累人力资本的动机，致使跨国收入不平等加剧（Marimon and Quadrini，2011）。对美国的一项研究表明，最具创新性的领域也是收入最不平等的领域。因为创新可以提高人力资本的回报率，从而导致局部的不平等。与其他行业相比，创新型行业可能面临更大的收入两极分化（Lee，2011）。

二 技术进步与企业内部收入差距

在企业内部，技术进步会使资本有机构成发生变化，进而改变企业劳动力需求结构（Autor，2014）。特别是在劳动力充裕的发展中国家，经济结构向高技术产业调整过程中，熟练工人和非熟练工人之间的两极分化加剧，最终导致社会收入不平等加剧（Alarcon and McKinley，1997；Kudasheva et al.，2015）。有研究考察人力资本积累如何影响经济增长和收入不平等，发现技术进步会使企业的劳动力需求存在技能偏差。一方面，技术导致企业的高技能劳动力与低技能劳动力需求结构变化，降低了低技能劳动力比重，提高了高技能劳动力比重，加剧两者间的收入不平等（Ochsen and Welsch，2019）；另一方面，技术也与两者存在互补性，企业通过快速推广新技术，直接用资本要素替代中高等技术工人以外的劳动力要素，减少企业对劳动要素的需求（Eicher，2001；Sequeira et al.，2017）。此外，通过技术手段，现代企业可以通过扩大离岸外包用外国劳动力代替国内工人完成特定的生产服务。由此可见，考虑技术进步对收入不平等影响时，需要从更广范围出发，考察经济体收入分配与就业分配的变化趋势（Acemoglu and Autor，2010）。劳动力需求结构变化的相关研究引出了有偏性技术进步的概念。有研究不平等的学者认为，有技能偏见的技术变革（如高技能工人的工作场所普及计算机）是收入不平等加剧的主要原因（Autor and Murnane，2003）。但也有学者对比美国行业计算机化前后收入不平等的情况发现，在美国，加剧不平等的主要因素是工人权利的丧失，而非技术因素（Kristal and Cohen，2017）。

三 技术进步偏向性与收入分配格局

20 世纪 80 年代以来，收入不平等加剧的另一个解释是技术变革偏向性的影响。在多数情况下，技术进步会呈现出偏向特定要素或者生产部门的趋势，并产生收入分配效应（Çalışkan，2015），这是来自要素和行业间生产率差异的影响（Acemoglu and Autor，2011）。Acemoglu 的一系列研究中，在内生技术进步模型框架上建立了偏向性技术进步模型，证实了技术进步偏向性方向取决于要素相对供应量及其价格，以及产品价格。企业在利润最大化动机下，会推动技术进步向增加相对丰富生产要素使用量、减少稀缺生产要素使用量的方向偏移，因此，要素间的替代弹性会决定技术进步的偏向性（Acemoglu，2000，2007）。早期的相关研究通过建立一般均衡模型对总生产率进行模拟，发现，经济增长未能减少收入不平等的主要因素是各种形式的技术变革（生产率增长）的放缓和偏向（Hanson and Rose，1997）。后来的研究也证实，人力资本积累与收入不平等之间的倒 U 形关系是通过技术进步的偏向性实现的（Castelló-Climent and Doménech，2021）。近年来，人工智能（AI）领域的技术进步导致大规模失业和各种类型的不平等。由于自动化程度的提高，中低技能岗位不断减少，失业率不断增加，中、高技能劳动力的收入差距进一步加大。而且相比发达国家，发展中国家的不平等程度也存在显著差异（Arjun and Ranjan，2020）。

第十六章 工资不平等

自20世纪80年代以来，全球经济进入快速增长周期，与之相伴的是全球范围内收入差距持续扩大，这引起了学术界的广泛关注。而作为居民收入构成的主要组成部分，工资收入的变化无疑在其中备受关注。事实上，与收入差距持续扩大状况相似，工资收入差距也随着经济发展持续扩大。各国学者从不同角度，运用多种方法进行了大量有益的研究。

第一节 西方学者对全球工资不平等演变的分析

全球劳动力市场在过去40余年时间经历了矛盾式的发展。20世纪80年代以来，伴随着世界范围内长期经济增长，工资水平普遍提高，但学者对多数发达国家、发展中国家的工资与收入差距扩大存在普遍担忧（OECD，2008）。

在欧洲地区，尽管80年代以来经济普遍增长，劳动生产率不断提高，就业形势也逐步改善，但学者们关注到劳动力收入在总收入中所占的份额在不断下降（Checchi et al.，2010）。例如，2016年波兰、匈牙利与捷克等国家的平均工资份额仅为52.7%，远低于欧盟63.3%的平均水平（Gyorgy and Olah，2017）。也有学者研究了1975～1999年英国工资不平等的变化情况，发现80年代英国工资水平的不平等程度急剧上升，到90年代中期仍在持续上升，此后基本保持不变。在工资的分布结构上，1975～1999年，英国与美国类似，其群体内工资水平不平等的增加在很大程度上造成工资差距扩大，特别是其整体工资不平等程度的增加多数来自工资分布的顶层与底层，而非中间部分（Prasad，2002）。2008 年国际金融危机爆发后，欧洲经济陷入大衰退，包括当时欧盟核心国的德国、法国和英国等在内的欧洲国家，普遍面对巨大的就业压力，工资水平变得更富有弹性，致使工资不平等程度加深（Atkinson，2015）。有趣的是，过去十年中，整个欧盟国家之间在工资水平和工资分布上出现了趋同的现象，主要的驱动因素是东欧国家的工资水平逐渐赶上欧盟其他国家的水平，在一定程度上降低了整个欧盟的工资不平等程度，使欧盟国家间的工资不平等趋向中等水平（Vacas-Soriano et al.，2020）。

同样地，80 年代以来，北美地区也出现工资不平等加剧的现象。有研究发现，1950~2009 年，虽然美国工人的平均工资增长了 105%，但是劳动力内部的工资不平等日益加剧，工资差距从 1950 年的 14215 美元增长到 2009 年的 51906 美元，增幅为 265%（Verdugo and Richard，2011）。也有研究从职业差异角度分析发现，1992~2008 年，美国职业差异导致的工资不平等程度增加了 66%（Kalleberg，2010）。越来越多的证据表明，工资不平等程度的增长非但没有"无处不在"，反而越来越集中在工资分配的高端（Piketty and Saez，2003；Lemieux，2006）。有研究从受教育程度、职业技能等方面给出了一定的解释。例如，Autor 等（2008）研究发现，1980 年以来，美国工资分布上尾（90/50）的不平等程度稳步增加，改变了劳动力构成，导致下尾（50/10）不平等变化，大部分不平等程度的增加均发生在工资分配的中位数以上。Zhang 和 Gunderson（2020）研究发现，执业许可证使加拿大劳动力实际工资平均水平从 1998 年的 6.1%提高到 2018 年的 13.8%；并且在工资分配的高端，许可证对工资的影响更大；随着时间的推移，这些不平等的促进效应变得更加明显。

除了上述针对发达国家的研究，学者们更加重视对发展中国家工资不平等的变化趋势的研究。在拉美地区，工资不平等程度的上升是普遍存在的现象。有研究显示，在 15 个拉丁美洲和加勒比海地区国家中，1950~

2000 年工资不平等程度出现了净增加。行业间工资不平等泰尔系数的未加权区域平均值从 0.014（1950～1973 年）增加到 0.019（1974～1989 年），并进一步增加到 90 年代的 0.031（Frankema，2012）。学者分析发现，在智利，高等教育的正向收入效应是导致其在 1992～2000 年工资不平等程度增加的主要原因。然而随着高等教育的普及，高等教育的边际报酬递减，使智利在 2000～2013 年工资不平等程度减小（Murakami and Nomura，2020）。细分看，2000 年之后智利削减关税的行为加剧了熟练工人与非熟练工人工资不平等（Yoshimichi，2021）。关于墨西哥，研究发现，80 年代以后，墨西哥劳动市场制度的变化加剧了其工资不平等（Cortez，2001）。也有研究观点认为，1994 年，在墨西哥汇率危机冲击下，生产率更高的企业具有更高贸易竞争力，其出口份额增长，使行业内不同生产率企业间的相对工资差距扩大，加剧了行业内工资不平等（Verhoogen，2008）。研究也证实，1994～2009 年，墨西哥制造业的工资份额呈下降趋势，这与贸易开放放大了汇率对制造业工资的影响有关（López G and Malagamba-Morán，2017）。20 世纪八九十年代，哥伦比亚也采取了大幅度削减关税的政策。这一政策使其大学回报率增加、行业工资发生变化，损害了最低工资较低的部门和非技术工人比重较高的部门，促使劳动力向非正规部门转移，从而使技能溢价提高，加大了熟练工人与非熟练工人工资不平等程度（Pavcnik，2004）。最新研究也证实，非正规部门就业的工人与正规部门就业相比，工资差距较大（Orlandoni-Merli，2021）。对于阿根廷，研究显示，减少非正规就业规模能够显著改善 2000 年以来工资不平等加剧的现象（Beccaria et al.，2015）。尤其是在 2002 年以后，其私营部门工资不平等现象有所减少，主要原因是受教育程度不同的工人工资差距在缩小（Beccaria et al.，2020）。

有关中国的研究则普遍认为，中国存在明显的工资不平等现象。具体而言，有研究发现，1995～2007 年，中国出现了工资不平等扩大的现象。细分看，1995～2002 年，工资不平等扩大幅度较大的是在工资分配结构的下半部分人口中。而 2002~2007 年，工资分配结构的上半部分人口的总体不平等扩大幅度较大（Xing and Li，2012）。也有观点认为，2002~2007 年中国城乡流动人口内部的工资不平等显著减少。进一步分析发现，高工资流动人口的工资增长速度慢于中低工资流动人口，这是流动人口工资不平等减少的主要原因。然而在乡村流动人口与城市居民之间，虽然总体工资差距在缩小，但在上层工资分配中也存在不平等扩大的现象（Qu and Zhao，2017）。最新的研究则显示，2003~2015 年，低工资制造业和高工资生产性服务业在很大程度上导致中国城市工资不平等加剧。研究还发现，生产性服务业内部的城市工资不平等是由于东部沿海一些发达的城市高薪工作岗位数量较多（Yang et al.，2020）。

　　除了关注整体工资不平等状况外，学者们更关注的是异质性下工资不平等变化情况。例如，关于性别工资不平等研究。1930~1970 年，苏联女性从事农业的人数明显减少。女性就业者更多地参与到工业、信息、培训以及其他服务型行业。如 1930~1970 年，从事工业工作以及与信息有关的工作的女性比例从 13% 上升到 52%，总体上显著缩小了性别工资不平等程度。但在经济领域工作的新增就业女性中，约有 40% 受雇于无技能或低技能岗位。这是因为部分工作不需要职业培训，降低了就业难度。这一指数约占整个就业人口的 30%，显然这也会导致新的工资差异（Gruzdeva and Chertikhina，2014）。在美国，1980~2010 年，性别工资差距大幅度减小。到 2010 年，在工资分配结构的顶端，性别工资差距的减小要慢得多，而在中层或底层显然要比顶层人群快（Blau and Kahn，2017）。有学者分析了法国 1900~2014 年国民收入分布的性别结构，发现近几十年来，尽管在最高劳动收入中性别工资差距减小得相当缓慢，但劳动收入中的性别不平等现象确实有所减小，如 1970 年女性在前 0.1% 的最高收入者中所占比例仅为 5%，1994 年为 7%，而 2012 年上升到 12%（Garbinti et al.，2018b）。

第二节　工资不平等的测度方法

在关于不平等的研究中，首先需要考虑的是对不平等的估计结果可能受异常值影响而导致估计结果产生偏误。考虑到精确衡量不平等的重要性，明确不平等的测度方法至关重要。

关于工资不平等的研究方法，一般常见的是基于参数、半参数方法。Becker（1957）将市场歧视系数定义为两种完全可替代劳动之间的工资差异百分比，对于两个因素不一定是完美替代品的情况，他将歧视系数定义为观察到的工资比率与没有歧视情况下工资比率之间的简单差异。为了研究劳动力市场上男女工资差异，Oaxaca（1973）在 Becker（1957）的基础上定义男女性别工资比率，认为只要男性的相对工资超过按照同样标准支付男女工资时的相对工资，就可以说存在对女性的歧视，以此衡量女性在劳动力市场受到的不公平对待，并将工资差异分解，确定了男女平均工资差异的来源。而面对美国 1979~1988 年最低工资的实际价值和工会化率下降显著加剧工资不平等的情况，Dinardo 等（1996）在 Oaxaca（1973）工资分解方法的基础上开发了一个半参数程序，将核密度方法应用于适当加权的样本，并将这种反事实方法称为 DFL 方法，以分析工会的影响以及供需冲击对美国工资分配变化的影响。之后 Fortin 和 Lemieux（1998）采用同样方法将性别工资差距的变化分解为三个部分，分别是技能分布的变化、工资结构的变化和女性在"参考分布"中地位的改善，来衡量 1979~1991 年美国的性别差距。之后 Lemieux（2006）研究发现工资不平等可能因为教育和经验的回报增加或群体内部不平等的增加而加剧。

针对工资差距的分解，Machado 和 Mata 提供了一种执行详细分解的自然方法。该方法基于边际工资分布的估计，与分位数回归估计的条件分布以及协变量的任何假设分布相一致，比较协变量的不同分布所隐含的边际分布，就可以进行反事实分析。并且，以此方法分析了 1986～1995 年葡萄牙数据，发现教育水平的提高对加剧工资不平等作出了决定性贡献（Mata，2005）。Fortin 等人比较了上述方法的优缺点，认为研究不平等的主要问题仍是设法超越平均值，构建有效的反事实分析框架，例如，他们认为，Machado 和 Mata 方法依赖于使用参数技术估计的条件分布来进行分解，表示方差，而 DFL 方法可以绕过这一问题，因为其优点是以较少限制的方式提供分布和影响其因素的直观清晰表示，并且允许将匹配过程简化为一维问题，这使其在大数据样本上比较通用（Fortin et al.，2011）。而 Fortin 等人也提出了基于 Oaxaca（1973）开发的无条件分位数回归方法，扩展了其应用范围。一方面，新的方法允许基本工资模型有更灵活的规范；另一方面，其允许量化协变量分布及其回报的变化对除平均值之外的其他泛函部分影响，如分位数、方差或基尼系数等。Kim 和 Min（2013）将此方法以及 Oaxaca-Blinder 分解应用于回归结果，使能够评估和分解工人的禀赋水平和禀赋（价格效应）的评估对工资分配的任何分位数的影响。研究发现，禀赋估值效应对工资分配变动的贡献大于禀赋水平效应。另外，这两种效应随着时间的推移会扩大工资不平等（Kim and Min，2013）。Beccaria 等（2015）也利用此方法评估了 2000 年以来阿根廷劳动力市场正规化进程在减少工资不平等方面所起的作用，发现劳动力市场正规化进程在这一时期产生了均衡效应。

　　另外一种基于回归方程的 Fields 不平等分解也是在参数回归基础上的因素分解方法。Fields 分解法就回归方程包含的信息提出"水平问题"和"分歧问题"。一是水平问题，给定一个由标准半对数回归估计生成的收入函数，每个解释因素的解释力度为多少；二是分歧问题，组间与组内不平等的差异有多大（Fields and Yoo，2000b）。也有研究综合运用上述多种方法，分析工资不平等问题。例如，Xing 和 Li（2012）利用参数方法中基于条件分布和分位数回归分解以及 DFL 分解，对剩余不平等趋势与影响因素进行了分析。首先利用分位数回归分析工资剩余部分的条件分布是否依赖于可观察到的特征；其次是利用 DFL 方法估计反事实的残差核密度。研究结论是，中国 1995~2007 年技能价格的变化在剩余不平等的增加中起主导作用（Xing and Li，2012）。也有研究分析 2002~2007 年中国城乡流动人口工资不平等的水平和变化时，同样利用了分位数回归的分配分解方法，发现流动人口的工资不平等显著减少，其主要原因是高工资流动人口的工资增长速度慢于中低工资流动人口（Qu and Zhao，2017）。

此外，也有研究就工资差距演变提出了一种非参数方法。在此方法中，如果个体表现出完全相同的可观察离散特征组合，则采用 k 维匹配程序进行匹配。其优点在于，一方面，可观测特征分布有很大不同，另一方面，为更深入地理解关于收入中无法解释的性别差异分布提供了可能。利用此方法研究分析了 1986~2000 年秘鲁男女工资差距的演变，并将工资差距分解为三个附加因素——11% 的支持差异、6% 的个体特征分布差异和 28% 的无法解释的差异，并且认为无法解释的差异中，约有 1/2 发生在工资分配的最高 1/5 位置（Ñopo，2009）。Mohd 等（2021）面对不平等估计的异常值污染问题，采用基于适用于正收入数据的半参数方法，结合逆帕累托分布、经验分布和帕累托分布进行分析，并还采用基于概率积分变换统计量的稳健估计方法，以允许在收入分布的上下尾存在异常值，然后推导出洛伦兹曲线的半参数形式和三个不等式测度，包括基尼系数、广义熵指数和 Atkinson 指数。对比结果表明，基于半参数方法的收入不平等测度优于传统的非参数方法。Josefa 等人也利用半参数方法来估计哥伦比亚正式和非正式城市部门之间的工资差距。按照组别估计了核密度函数，反事实则通过将非正规部门工人的工资与他们在正规部门工作的可能性进行加权来产生（Orlandoni-Merli，2021）。

按照维度不同，可以简单地将不平等测度分为两类：单一维度不平等测度与多维不平等测度。就单一维度不平等测度而言，常见量化指标有洛伦兹曲线、基尼系数、广义熵指数、Theil 指数和 Atkinson 指数等；多维不平等测度上，多见的是 Tsui 指数、多维基尼系数等。上述参数、

半参数与非参数估计方法多与上述指标结合，对工资不平等进行了分解
分析。

第三节 西方学者对工资不平等影响因素的分析

工资不平等的加剧可归因于各种相互关联的机制因素。对工资不平等
的各种解释机制因素大致可以分为两类：个体因素，包括劳动力的受教育
程度、技能熟练度、工作经验、性别、种族、移民身份、勤劳程度等个体
特征；宏观经济体制因素，包括经济制度变革、工会制度、产业结构调
整、技术变革、全球化等因素。

一 个体因素与工资不平等机制

教育或者人力资本积累与工资不平等在文献中被广泛讨论。大量的研
究发现，一般来说，受过良好教育的人比受教育程度低的人挣得多。同时
还认为，更好的工作与技术技能和教育有关。由于这些以及其他的原因，
研究人员和政策制定者长期以来一直在推动提高人口的教育水平。在不平
等程度很高的国家，教育领域的进展往往被放在改变不平等状况政策建议
清单的首位。但来自巴西的证据表明，虽然教育回报率下降是整个工资分
配的一个均衡因素，但劳动力教育构成的变化所产生的不均衡会影响工资
分配的顶层，导致总体工资不平等程度的下降难以达到预期（Sotomayor，
2004）。而利用简单人力资本模型分析发现，在早期教育与经验回报率增
加阶段，工资不平等程度会加深（Lemieux，2006）。高等学历教育的扩大
对工资不平等会产生怎样的影响呢？有学者利用美国 1950~2009 年调查
数据，研究高中以下学历、高中学历、大学学历和大学以上学历的教育回
报率，发现不平等扩大最初是由高中以下学历的人推动，后来转嫁到拥有
高中学历的人。近年来，由于接受过大学教育的人收入更高，致使工资不
平等程度加深。此外，受过大学教育的人之间的工资不平等比其他人之间

更严重（Verdugo and Richard，2011）。来自韩国的证据也表明，工资分配的变化主要是由教育程度变化和履职经历变化所引起的。从禀赋效应和价格效应两方面看，工作经验和教育程度是影响工资不平等的主要因素（Kim and Min，2013）。也有研究性别工资不平等的文献发现，对于女性而言，教育和经验回报率的差异是工资分配中间阶段工资结构效应的重要贡献者。在女性工资分配的低端，教育和经验回报率的差异是主要因素（Cai and Liu，2015）。近年来，技术革新导致自动化程度不断提高的现象也引发学者们对教育的关注。有学者通过建立一般均衡模型来模拟预测，发现教育将自动化对低技能劳动力和高技能劳动力工资差距的边际影响降低了3个百分点。原因是促进自动化和技能形成互补的教育政策将减少对劳动力市场和日后财富再分配干预措施的需求（Bentaouet Kattan et al.，2021）。针对教育与工资不平等机制的争论，有研究利用巴基斯坦近30年数据进行了检验，发现教育确实导致工资不平等的加剧，因为不同分位数的教育成就水平显著不同，同一教育水平下的工资差距呈不断扩大的趋势。在工资分配中，教育水平越高，工资不平等程度越高。教育的边际回报率也表明，不同学历的回报率在30年间随着时间的推移而增加。然而，不同教育水平的总体教育回报率随着时间的推移呈下降趋势。因此，提高教育的质量与数量、增加技能教育与就业机会，可能会解决这些工资不平等的问题（Hakro et al.，2021）。

另外，劳动力市场就业结构与技能分布也会导致工资不平等。早有研究证实了职业差异和职业水平对工资不平等具有显著影响（Kalleberg，2010；Zhang and Gunderson，2020）。随着劳动力市场改革进程的推进，市场模式趋于更加灵活和自由。这造成了就业结构中的大量正式与非正式工作、临时就业与长期就业等差别的存在，这些显然都会影响工资差距（Hölscher et al.，2011）。阿根廷2000年后工资不平等的改善便源自减少非正规就业规模（Beccaria et al.，2015）。在哥伦比亚，非正式工作普遍存在，几乎有50%的工人受雇于非正式工作部门，虽然这是解决失业的一个办法，但其显著增加了正式和非正式部门工人之间的工资差距（Orlandoni-Merli，2021）。在技能分布上，熟练工人与非熟练工人的相对工资差距也十分显著，掌握技能的熟练工人在技能价格变化时工资比非熟练工人增加更多，技能分布是工资不平等扩大的重要因素（Gupta and Dutta，2011；Xing and Li，2012；Madariaga et al.，2019）。

男女之间存在工资差距是众所周知的事实，近年来，关于性别工资不平等的讨论日渐深入。有研究从人力资本、融入工作、社会资本、文化资本和婚姻状况方面评估劳动力市场中性别收入的不平等，发现高等教育能够缩小性别工资差距（Freitas，2015）。更深入的研究则发现，性别工资差距在不同职业和行业存在显著差异。具体而言，传统的人力资本因素对性别工资差距的解释力度变得很小，但在高技能职业中，妇女的劳动力中断和工作时间缩短仍然是导致性别工资不平等的重要因素。并且职业和行业的性别差异，以及性别角色和性别分工的差异仍然很重要（Blau and Kahn，2017）。女性在劳动力市场还会因生育和抚养子女而受到歧视，这使母亲受到工资惩罚，相应地，男性引致工资溢价增加（Glauber，2018）。更深入的研究则发现儿童人数对男女劳动力参与的影响，贫穷妇女参与劳动力市场会受到严厉的孕产惩罚（Muniz and Veneroso，2019）。而且即使同样的工作岗位也存在性别间同工不同酬的现象（Neill et al.，2021）。

二 宏观经济体制与工资不平等机制

20 世纪 80 年代以来，以产品、服务与技术贸易跨国流动为特征的经济全球化，使各种生产要素在全球的流动和国际分工在促进经济全球化的同时，无疑也对各国生产要素价格造成冲击。对于新兴市场经济体而言，为加入国际贸易体系而采取的贸易自由化、调整关税与放开外国资本进入等策略无疑会对其经济造成冲击，也会对劳动力工资产生显著影响。有研究显示，农产品贸易自由化和关税税率调整缩小了技术性与非技术性工资差距，外资流入的增加可能导致工资不平等程度的恶化，要素专用性和要素密集度排序对经济改革后产出结构、要素报酬和失业率的变化起着重要的决定作用（Banerjee and Nag，2011）。经济全球化下的生产分工对贸易国产业结构产生深刻影响。有研究讨论了21世纪初俄罗斯的产业分工对工资不平等的影响，发现，就业的行业构成、行业工资溢价和行业内工资差异是决定这种影响的主要因素（Gimpelson，2016）。也有研究证实，贸易开放有助于放大汇率变动对制造业工资份额的影响，导致行业垄断程度的变化以及成本构成变化对工资不平等产生了显著影响（Frankema，2012；López G and Malagamba-Morán，2017）。对于小型开放经济体而言，经济全球化中贸易政策冲击下其工资差距变动显著，贸易自由化增加了技能工人与非技能工人的工资差距（Giuranno and Nocco，2020）。具体而言，有研究发现，由于出口关税降低，进口竞争加剧，行业内的技能升级，从而增加对技术工人的需求，提升了技能溢价，使技能工人与非技能工人的工资差距扩大，这种影响在考虑不同行业生产率水平差异后仍具有稳健性（Yoshimichi，2021）。这种技术升级显然具有偏向性，因为技术被认为是一种要素增加形式，通过补充高技能或低技能工人，可以产生技能偏向的需求转移（Acemoglu and Autor，2010）。这种技术偏向性革新无疑会削弱劳动力议价能力，在降低劳动力工资份额的同时，扩大技能工人与非技能工人的工资差距（Gyorgy and Olah，2017）。此外，也有学者关注到企业规模在工资不平等变化中的作用，认为企业规模与工资分配密切相关，工资分配结构的上半部分集中于大型企业，而使中小企业职工工资与其职工工资差距较大（COSIC，2018；Pinkovetskaya，2020）。

在工资不平等加剧的原因中，劳动力市场制度的变化与工资不平等相互关联，包括工会、最低工资制度等在内的变化会显著影响工资不平等程度。工会的作用也得到众多学者重视。首先是在工会与工人收入的关系上，有研究发现工会普遍支持压缩工资，尤其适用于试图将低收入和高收入或技能工人组织在同一部门中的工会，推动工资标准化（Visser and Checchi，2011）。有学者研究了欧洲国家（西德和东德、瑞典、挪威、意大利、荷兰和英国）1985~2002 年的数据，证实了在相对收入对工会成员的影响中，中等收入组的工人工会密度高于低收入或高收入者（Checchi et al.，2010）。显然，工资不平等加剧会使工会成员脱离，致使工会衰落（Gyorgy and Olah，2017；Jaumotte and Osorio，2017）。工会衰落则会造成工资不平等的进一步加剧。如美国的研究则显示，工会的减少使工人丧失议价权利，最低工资实际值下降，是美国 1968~2012 年工资不平等加剧的主要因素之一（Kristal and Cohen，2017）。而来自加拿大的证据则表明，1998~2018 年，加拿大工会工资溢价从 1998 年的 9.2% 稳步下降到 2018 年的 5%。工会确实能减少总体工资不平等，但这种平等效应随着时间的推移而减少（Zhang and Gunderson，2020）。研究工会作用还可以发现，工会在私营部门和公共部门间对工资不平等的影响存在显著差异，在公共部门，工会对工资不平等的影响要大得多（Card et al.，2020）。工会可以提高其成员的工资，也可以通过将工会部门的工资标准化来减少总体工资不平等。南非的研究则显示，1993~2019 年，其工会工资溢价极高，工会成员越来越集中在工资分配的最高层和公共部门。这加深了南非工资不平等程度（Andrew and Martin，2021）。探讨最低工资变动对工资不平等影响发现，虽然差别最低工资方案导致工资分配更加平等，但这种方案会通过迫使技能较低的工人在未覆盖的部门停留更长的时间而造成工资不平等加深（Larraín and Poblete，2007）。在最低工资标准制定时，政策关注点不同也会造成不同影响。有研究重点分析了日韩两国最低工资制定机制的制度、过程和结果，发现韩国制定最低工资政策更关注缩小工人之间的收入差距，日本则是更关注具体的低工资工人群体（Tae and Soo，2019）。2008 年国际金融危机以来，世界经济增长普遍放缓，政府提高最低工资标准，有利于放缓工资不平等加深。但若最低工资制度主要是支持低收入和低工资人群，就可能切断收入对中高工资阶层的经济影响（Tae and Soo，2019）。

第十七章 再分配与转移支付

国民收入分配的起点是初次分配，即国民收入在要素间的分配。在此阶段，收入分配是市场自发性分配的结果。市场经济发展模式是资源配置的有效方式，初次分配更注重效率、市场经济模式存在的市场失灵等造成初次分配的结果必然包含收入分配的不同。因此，国民收入初次分配的结果需要政府部门加以调节，以促进国民收入分配的公平性。这就是再分配。作为纠正初次分配不公的手段，再分配有助于实现收入分配公平正义，起到调节收入差距、稳定社会的重要作用。对此，许多学者进行了广泛而深入的研究，发展出一系列理论与方法。

西方经济理论将分配理论视作其核心，较早地对其进行了系统研究。西方古典收入分配理论以生产要素为核心研究对象，研究土地、劳动与资本等要素对收入分配的影响，先后出现亚当·斯密分配理论、李嘉图古典分配理论等古典分配理论。伴随西方经济学的发展，新古典收入分配理论出现，研究市场自由竞争下要素边际生产率与收入分配中要素所占份额的关系，先后有马歇尔市场均衡价格理论等。凯恩斯主义收入分配理论则认为分配不公造成有效需求不足，并提出给富人加税等主张。而马克思的劳动价值论揭示了商品经济形态的发生，对价值的形成及其分配进行深刻分析。库兹涅茨提出后来著名的倒 U 形曲线假说，将收入分配与经济增长规模相联系，成为发展经济学的重要概念之一。这也成为现代收入分配理论的出发点。之后人力资本理论被舒尔茨和贝克尔提出，揭示了人力资本投资与经济增长的关系，也拓展了劳动力要素与收入分配的研究。在此基础上，索洛、卢卡斯等人继续完善和发展了人力资本理论。

当前全球范围普遍出现收入差距日益扩大的趋势，这与初次分配不公问题日益严重和再分配调节手段不足密切相关，因此，对收入分配问题的研究核心已经转变为再分配问题。早期经济学收入分配理论中已包含再分配思想。从凯恩斯理论的充分就业与收入分配，到福利经济学"收入均等化"的概念都体现了对收入分配的思考。之后福利经济学家帕累托的收入分配曲线、希克斯的社会福利函数理论、阿罗"不可能定理"等均对研究收入分配起到重要作用。这里将从初次分配与再分配关系出发，就收入分配新问题的研究，梳理学者们从再分配角度对国民收入初次分配中出现的不足的讨论和提出的解决方法。

第一节　西方学者对收入再分配的讨论

国民收入再分配是在初次分配的基础上全社会范围内进行的分配。再分配的主要工具有税收、转移支付等。税收通过征收对象、税率等参与国民收入再分配过程。而转移支付则以养老金、失业救济金、财政补贴、医疗保障等形式，无偿支付给特定人群，实现国民收入的再分配。税收和转移支付收入分配效应的共同作用是，它们缩小了不同收入水平人群之间的收入差距。但平均而言，发展中国家的税前收入分配低于发达国家。然而，与发达国家不同的是，发展中国家一般无法有效地利用税收和转移政策来减少收入不平等。早期研究发现，20世纪八九十年代，诸多发展中国家的收入不平等加剧与其再分配政策效果不佳具有显著相关性（Chu et al.，2000）。对此，Ferranti 等（2004）就拉丁美洲不平等现象，从经济学、社会学和政治学角度进行了广泛深入的研究，并提出要解决这一问题，拉丁美洲必须建立更加开放与公平的政治和社会机构以及政策，增加穷人获得教育、卫生、水电等高质量公共服务的机会，并且需要改革收入转移方案，使其惠及最贫困的家庭。一般来说，欧洲国家收入不平等程度低于其他国家，原因在于其完善的社会再分配手段与福利制度。Borissov

等（2020）则扩展了 Lucas（1988）模型，引入两类具有异质技能、折扣因子和初始人力资本禀赋的代理。其研究发现，再分配制度下的社会福利水平始终高于精英制度下的社会福利，并且人力资本分配的不平等在时间上增加，从长远看，不平等总是促进增长。

一 税收与收入再分配

税收收入是政府财政收入的重要组成部分之一，也是政府调节国民收入分配的重要手段之一。税收可以通过收入再分配弱化初次分配后出现的收入不平等，并为政府转移支付等再分配手段提供资金支持。税收的收入再分配效果会因税制结构、征收对象、税率等因素而变化。因此，学者们在评估税收工具再分配效果的基础上，讨论了税收制度合理性，并提出税收制度改革建议。

税收的累进性是影响其收入再分配效果的重要因素。对智利税收累进性的研究发现，政府通过累进税制进行直接收入再分配的范围是相当有限的（Eduardo et al.，1999）。一组对环境税的研究也证实，税收累进或累退直接影响其收入再分配效果。例如，丹麦的汽油税和汽车登记税是累进的，而水、零售集装箱和碳排放等大多数环境税则为累退的（Jacobsen et al.，2003）。关于爱尔兰碳排放税的研究也发现其是一种累退税。毫无疑问，累进性税收能够缩小收入不平等程度（Callan et al.，2008）。细分到税收种类上，直接税与间接税的累进性或累退性存在显著差异。如乌拉圭税收中的直接税是累进的，间接税是累退的（Bucheli et al.，2012）。另一项关于拉丁美洲的阿根廷、巴西、乌拉圭、墨西哥与玻利维亚等国税收的收入分配效应研究发现，直接税降低收入不平等的效果不显著，因为五国中直接税占 GDP 的比重很低。而在玻利维亚和巴西，间接税的累退性几乎完全抵消了现金转移支付对减贫的影响（Lustig et al.，2013）。

部分学者则从税收负担的角度对税收再分配效应进行研究。如 Breceda 等（2010）对比七个拉丁美洲国家、英国和美国社会支出和税收发生率后发现，拉丁美洲的税收结构与美国相似，为富人承担大部分税收负担。而英国则在更大程度上向中产阶级征税。这会使富人因在承担国家福利的大部分税负后，却得不到相应的福利，而抵制国家福利的扩张，进而使收入不平等陷入长期状态（Breceda et al.，2010）。对南非主要税收和社会支出项目累进性的研究则发现，其个人所得税、增值税、烟酒消费税和燃料税的税收落到了南非最富有的人身上（Inchauste et al.，2015）。

研究税收负担的归宿，不仅对于减少收入不平等具有重要意义，也会通过收入不平等的间接影响而具有重要意义。在研究美国通过税收政策减少收入不平等对经济增长的影响时，学者发现减少中低收入家庭之间的收入不平等可以促进经济增长。然而，对中等收入家庭和高收入家庭征税来减少收入不平等会降低经济增长（Biswas et al.，2017）。对中国燃油税税收归宿的研究也发现，燃油税的总分配效应是适度累进的，即与低收入家庭相比，高收入家庭将承担更多的税收负担。这意味着燃油税可以改善不公平的收入分配状况（Jiang and Ouyang，2017）。对乌克兰现行税制的研究则发现，乌克兰个人所得税的税收负担被转移到正规经济部门的广大工薪阶层。这反过来又加剧了税收对工资增长率和一般人口经济活动再生产条件的负面影响（Verkhovod et al.，2020）。

对税收归宿的研究涉及税收制度对效率与公平的权衡。效率反映的是税收制度获得公共税收的能力，公平则反映社会资源的配置情况。税收制度是政府重新分配收入的主要杠杆，但公平与效率之间存在潜在的平衡。因此，税收制度变革的目的是制定能刺激更大的公平但对效率没有或几乎没有影响的政策措施（Bejakovic，2020）。由此需要对税收制度改革的效果予以评估。

对于拉丁美洲 20 世纪 90 年代的税收改革政策评估认为其取得了重要进展，但在税收公平、税收管理效率以及财政联邦制带来的障碍等方面仍面临重要挑战。原因在于拉美国家所得税征收特别是个人所得税方面存在困难。增值税成为其主要税种，但其征收效率存在国家异质性（Tanzi，

2000；Bird，2009）。罗马尼亚的统一税制改革则导致收入不平等加剧
（Voinea and Mihaescu，2009）。一项对俄罗斯 2001 年统一税制改革的研
究发现，其个人所得税的直接效应加剧了收入不平等，而税前分配的变化
（间接影响）也对不平等产生了很大的负面影响。因此，俄罗斯的统一税
制改革对缩小收入不平等的实际效果较小（Duncan，2014）。关于对中国
能源资源税改革的收入分配效应评估，有学者认为，实施煤炭、天然气资
源税与原油资源税改革，均能缩小城镇居民收入差距，促进收入公平分
配。但前两者会扩大农村居民内部收入差距；三者同时实施改革时，收入
分配效应取决于三者的税率组合；利用能源税收补贴农户，可以缩小农户
之间的收入差距，有利于收入分配公平（Pang et al.，2020）。

发达国家税制改革的收入分配研究方面也有一系列成果。1989 年瑞
典提出以大幅降低税率、扩大税基、增加对有子女家庭津贴为主的税制改
革，结果其对税率变化的不平等增加效应被改革的其他组成部分的变化所
抵消（Gustafsson，1991）。有学者将税收再分配效应分为纵向效应和横向
效应。纵向效应是指从税前收入分配向税后收入分配转变过程中对收入分
配的压缩，而税收的横向效应则是平等待遇的不平等。2006 年挪威税收
改革改善了税收的纵向再分配效应，同时也减少了横向不公平（Thoresen
et al.，2012）。对韩国 2008 年以后家庭所得税改革的评估则试图分析名
义税率结构和扣除措施改变对家庭间收入分配的影响。研究发现，税制改
革降低了再分配指数和总有效负担率，增加了累进率和非纳税人的比率，
致使家庭间收入分配严重恶化（Park and Jeong，2017）。

二 社会保障与收入再分配

收入不平等的演变不仅是经济力量的共同产物，还代表了国家政策的
影响。社会保障制度在代际与代内的收入再分配效果显著，因此，得到了
社会保障福利的接受者以及最贫穷的纳税人的支持，其如此重要，以至于
在全球范围内普遍存在（Tabellini，2000；Klaauw and Wolpin，2008）。为

此，学者们将社会保障政策演变纳入收入不平等研究的范畴，取得了卓有成效的效果。

针对发达国家的研究显示，社会福利对再分配的影响比税收大得多。就社会方案而言，公共养老金是减少收入不平等的最大因素，尽管各国的模式各不相同。在较小程度上，社会援助、残疾和家庭福利也有助于缩小收入差距（Wang et al.，2012）另一项研究则发现，公共养老金和遗属计划以及所得税占收入不平等总减少额的50%以上。例如，在南欧国家，公共老年福利占总再分配的80%以上，而盎格鲁—撒克逊国家（20%～34%）、北欧国家（31%～48%）、欧洲大陆国家（47%～57%）和中东欧国家（54%～70%）的比例要低得多。盎格鲁—撒克逊国家的社会援助和儿童及家庭福利的再分配效应相对较高（9%～28%）。在北欧国家，各种其他社会方案也有助于减少不平等，特别是残疾人救助方案（9%～15%）（Wang and Caminada，2011a）。对法国2013年社会保障改革长期分配影响的研究发现，修改固定收益参数和名义固定缴款计划虽然改善了总体福利方面，但造成福利变化的不平等分配，使得低技能工人处于劣势。根据这一改革，低技能工人将推迟两年退休，且养老金大幅下降，因为工作期间的不平等直接转化为养老金的不平等（Fonseca and Sopraseuth，2019）。

对发展中国家的研究发现，社会保障制度在防止低收入人口落入赤贫水平方面发挥了重大作用，保护了受社会风险影响的贫困人口，并逐步实现收入再分配，进而促进了储蓄投资、降低通货膨胀、促进发展（Mesa-Lago，2006）。但发展中国家现行社会保障制度的不完善使之公平与效率受到质疑。如巴拿马社会保障体系退休部分的收入再分配效应被夸大，原因在于社会保障覆盖人群中，以前的高薪和城市工人在其接受者中所占比例过高（Burkhauser，2006）。这也是拉丁美洲收入不平等国家普遍存在的现象。收入再分配政策的效果显著使再分配政策在制定和通过中争论十分激烈，因而解决不平等问题的政策进展缓慢（Teichman，2008）。

三　新形势下再分配问题的讨论

20世纪80年代以来，世界范围内经济增长迅速，国民财富规模也不断扩大，但收入分配问题却日益成为全球各界关注的焦点之一。原因在于1980年以来，收入差距在世界各个地区几乎都呈扩大趋势。根据《2018世界不平等报告》，虽然1980~2016年世界收入占比后50%成人收入的增长速度非常显著，但世界收入占比前1%的成人收入增长总额是后50%增长总额的2倍，相比之下中等收入人群所占份额也不断缩小。在美国，20世纪八九十年代劳动收入在美国高收入人群总收入中所占份额迅速上升。但自2000年以来，美国所得税累进性税收大幅下降，导致其资本收入所占份额回升显著，收入差距不断扩大。经济政策与社会制度是造就收入差距的重要因素。国民经济初次分配的失灵现象、人力资本积累、技术进步等要素分配形式的转变等均引起学术界对再分配问题的讨论。

从经济增长方式出发可以发现，自20世纪80年代以来，经济增长的特点是主要依赖知识的生产、应用和创新，知识积累成为经济增长的主要动力。知识经济的蓬勃兴起，知识以前所未有的深度参与到经济增长，使经济增长和收入分配格局发生根本转变。一方面，知识因素通过生产技术创新和管理创新等形式渗透到经济的方方面面；另一方面，知识经济强调对知识和信息的掌握，使人力资本积累的重要性日益突出。因此，知识上的差距无疑会造成收入分配差距。随着经济增长方式从原有的资源要素投入型逐渐转变为注重管理变革、技术进步的质量型增长方式，而由于人才是知识经济的核心，所以对劳动力质量和人力资本积累对国民收入再分配影响的研究逐渐得到重视。

早期的研究发现，哥伦比亚教育的公共财政有助于收入从富人向穷人的再分配，且这种影响在城市地区比农村地区更具决定性，因为城市地区的高收入群体强烈倾向于让子女进入收费私立学校。中央政府税收和转移支付政策的共同作用是将用于初等教育的公共资金从富裕部门重新分配给贫穷部门，这增加了穷人子女接受教育的机会（Jallade，1976）。有研究考察教育收益率与收入分配的关系，发现，社会中高收入群体受益程度越高，各级教育的回报率越高，底层 40% 和中层 40% 的收入群体损失越大；而对低收入群体来说，最不利的是小学教育水平。由于高收入群体受益于各级教育，特别是针对穷人的教育投资可能比对教育的总体投资更能减少收入不平等。这实质上是一种收入在富人与穷人间的再分配（Tilak，1989a）。来自韩国的经验证据也表明，扩大中小学教育范围，改善中小学教育质量，提高劳动力利用率，是实现收入分配更加平等的途径（Jin，1992；Fields and Yoo，2000a）。教育公共支出在减少收入分配不均方面的效率问题也是研究者关注的问题。教育支出的分配是不公平的，在大多数国家，政府仍然是最大的教育资助者和提供者。这就需要公共教育支出起到更大作用。Brun 和 Compaore（2021）评估了 1980~2010 年发展中国家的效率。结果表明，发展中国家在不改变公共教育支出的情况下，平均可以减少 30% 的教育不平等。不同教育阶段上的公共支出分配则需要更具有针对性。特别是在后小学阶段，与高收入群体相比，低收入群体的代表性不足。有针对性地融资和重新界定政府相对于非公有制部门的作用有助于实现更高水平的公平和效率（Vawda，2010）。

第二节　西方学者对转移支付的讨论

早期对收入不平等的研究发现，从总收入（包括社会转移）转向净可支配收入（总收入减去社会贡献和税收），福利国家的总再分配规模表现为市场收入和净可支配收入之间的基尼系数的减少。这一结果得到了检验。Ervik（1998）对澳大利亚、丹麦、芬兰、德国、挪威、瑞典、联合王国和美国等 8 个经济体的研究显示，转移支付制度确实能够实现收入再分配，且在一些国家，如瑞典、英国、芬兰和美国等，转移支付的再分配效应在过去 10~15 年减少，而在其他国家，如丹麦、澳大利亚、德国和挪威等，转移支付的再分配效应增加。但该研究并未涉及具体机制。

作为税收以外的另一项重要的收入再分配工具——转移支付与税收对收入进行再分配的作用程度差别很大。有学者认为讨论减少收入不平等的重点应是政府转移支付重新分配的数额、公共支出目标而非依靠税收的累进性（Eduardo et al.，1999），发现，通过公共现金转移实现的再分配通常比家庭税收的再分配更大，而且具有针对性方案的国家往往比其他国家花费更少。来自卢森堡收入研究微观层面数据库（LIS）36个国家财政再分配的数据表明，平均而言，转移支付减少了85%以上的收入不平等，而税收只占15%。得益于完善的社会公共养老金等社会保障制度，一些欧洲国家在减少初始收入不平等方面达到最高水平，而墨西哥、哥伦比亚和秘鲁等社会保障制度欠缺的发展中国家的总体再分配效应相当有限（Wang and Caminada，2011b；Scott，2014）。就玻利维亚财政政策对再分配的影响的研究也证实，相较于税收政策，直接财政转移支付对缩小收入不平等效果更显著（Arauco et al.，2014）。Lustig（2017）在评估2010年前后拉丁美洲16个国家财政政策对不平等和贫困的影响后也建议各国政府应考虑是否可以通过扩大有针对性的现金转移以减少收入不平等。将税收与转移支付结合，在税收直接调节收入再分配的基础上，为转移支付提供财政资金，可使税收得以间接影响收入再分配。对爱尔兰环境税的研究认为，如果税收收入用于增加社会福利和税收抵免，那么参与收入分配的家庭状况就可以得到改善（Callan et al.，2008）。在拉丁美洲，乌拉圭将所有税收和政府转移支付结合起来，在减少收入不平等方面也取得了显著成效（Bucheli et al.，2012）。

除了直接对目标个人提供现金转移支付外，政府在公共服务方面支出规模与结构同样影响收入不平等程度，在某种意义上，可以将其视为一种非现金式转移支付。教育、国家医疗服务、住房补贴等基本公共服务支出对收入不平等程度影响显著（Evandrou et al.，1993；Smeeding et al.，1993；Aaberge and Langørgen，2006）。如Smeeding等（1993）总结了20

世纪 80 年代初 7 个国家非现金收入、健康和健康教育福利以及估算租金对生活水平、收入分配和贫困的影响，结果发现非现金收入能够强化收入再分配影响或传统（现金）税收转移机制。Aaberge 等（2010）对地方公共服务的收入分配影响评估发现，挪威的非现金收入可以减少约 15% 的收入不平等，减少近 1/3 的贫困率。然而，调整各收入群体对公共服务的需求差异后，约 1/2 的不平等减少和部分贫困减少被抵消。Aaberge 等（2018）基于北欧国家提供的医疗、长期护理、教育和儿童保育等公共服务数据，证实纳入公共服务对衡量不平等性具有重大影响，并能将贫困估计数减少约 50%。

第十八章　贫困与反贫困

第一节　西方学者对发展中国家贫困问题的关注点

一　经济增长的减贫效应

经济增长的减贫效应是重要研究方向之一。早期多数研究对经济增长的减贫作用持肯定态度，认为经济增长是消减贫困的决定因素之一。但发展中国家持续存在的贫困问题使学者们开始对经济增长在减少绝对贫困方面的效力产生怀疑。学者们认为经济增长发挥减贫作用并非必然，原因在于贫困的程度取决于两个因素——平均收入水平和收入分配不平等程度，其中，平均收入的增加会减少贫困，但是收入分配不平等的加剧则增加了贫困（Kakwani，1993；Adams，2004）。

具体看，一是经济增长所带来的平均收入水平提高对贫困的影响受到收入分配不平等程度的制约。Kakwani（1993）的研究证实，贫困对经济增长是高度敏感的，但是在经济增长过程中，如果不平等加剧，贫困甚至可能会随着经济增长而增加。因为贫困阈值越小，贫困对收入不平等变化的敏感性相比于其对平均收入变化的敏感性越大。针对中国20世纪80年代中期以来减贫速度放缓的一项研究也认为，造成中国经济高速增长与减贫速度放缓悖论的主要原因是该时期经济增长质量有所下降、收入不平等有所加剧（An-Gang et al.，2006）。新近证据也表明，亚洲地区的经济增长伴随着该地区相对贫困和收入不平等的加剧，较高程度的收入不平等会减缓减贫速度（Perera and Lee，2013）。二是经济增长对贫困的影响受到增长的区域差异性和结构差异性的制约。若经济增长存在较大的区域差异性，贫困地区不能从经济增长中获益，那么区域不平等会加剧贫困。例如，20 世纪 80 年代中期至 21 世纪初巴西减贫步伐缓慢。对此，有研究发现，不同部门、不同空间区域、不同时间的增长减贫效果差异很大，服务业部门的增长比农业和工业部门的增长更能减少贫困，工业部门的增长对不同国家的贫困有着明显不同的影响（Ferreira et al.，2010）。三是经济增长的减贫作用也受到初始不平等程度的影响。对中东和北非地区 1985~2009 年数据的研究发现，初始收入不平等使该地区的经济增长下降，同时加剧了贫困（Ncube et al.，2015）。

二 基础设施服务的减贫效应

在世界大部分地区，贫困人口收入水平较低，获得自来水、卫生服务、电力、通信和交通道路等基础设施服务的机会有限（Parker et al.，2008）。这种基础设施服务的缺乏成为贫困人口落入"贫困陷阱"的重要原因。因此，许多学者强调基础设施投资在促进经济增长以及减贫方面的作用。

诸多研究显示，缺少基础设施服务是贫困持续存在的重要原因，通过发展基础设施服务来减少贫困的理论主张得到了实践的支持。研究显示，基础设施建设、经济增长与贫困之间的关系在经验上是稳健的（Jerome，2011）。发展中经济体的基础设施投资往往表现出城乡、地区层面的巨大差异。例如，尼日利亚的基础设施服务总体上可以减少贫困，对城市社会基础设施的大规模投资将大大减少城市地区的贫困，农村地区种植业与畜牧养殖业受益更明显（Ogun，2010；Idris and Kabiru，2019）；对坦桑尼亚半干旱地区的研究也发现，当地补充灌溉系统关系到农民在干旱年份是否会耗尽资产，进而陷入贫困（Enfors and Gordon，2008）；巴西的基础设施公共投资与贫困之间存在显著的反比关系，并且，基础设施服务在农村地区效果更好，原因在于农村地区人口收入更低，人口更多，人均基础设施服务水平更低（Marinho et al.，2017；Medeiros and Oliveira，2020）。

在这其中，道路交通基础设施对经济增长和贫困的影响尤为突出。有研究对中国 1978~2002 年的区域经济增长比较发现，交通投资尤其是公路投资构成了经济增长的源泉，贫困地区公路建设的公共投资对增长和扶贫至关重要（Zou et al.，2008）。其机制在于，良好的道路基础设施可以促进区域间的连通，降低运输成本和物流成本，从而提高产品竞争力，加快经济发展。同时，改善交通基础设施能够降低穷人的生活成本，为穷人提供从经济增长中受益的机会（Wahyuningsih et al.，2020）。

值得注意的是，虽然基础设施服务对减贫的影响毋庸置疑，但政策效果受多种因素制约。有研究指出，不仅是数量，非洲的基础设施服务质量也远低于国际标准，获取并负担得起的能力和服务质量仍然是所有基础设施部门的关键问题（Jerome，2011）。对巴西基础设施投资的研究发现，卫生基础设施、互联网、交通、电话服务和电力方面的城乡不平等产生负面影响（Medeiros et al.，2021）。在卫生基础设施服务方面，研究显示，疟疾与贫困密切相关（Worrall et al.，2005）。1995 年，无论是否为非洲国家，疟疾严重的国家只有无疟疾国家 33% 的收入水平，消灭疟疾的国家之后五年的经济增长通常大大快于邻国（Gallup and Sachs，2015），因此卫生基础设施提供对减贫意义重大。对秘鲁 20 世纪 90 年代卫生基础设施服务扩张的研究发现，其在城市地区产生了积极影响，但在农村地区没有，原因在于穷人与卫生基础设施距离较远、等待时间更长，使政策效果欠佳（Valdivia，2004）。卫生基础设施服务的不平等现象在 2020 年尤为突出，以南非为例，对于生活在南非城市贫民窟的人群而言，获得卫生基础设施服务的机会有限，过度拥挤和高密度生活环境下，贫困人群的基本生存权利都受到致命威胁（De Groot and Lemanski，2021）。

三 贫困的制度诱因

许多研究都将贫困成因归结于制度因素，收入分配制度、司法制度、政治制度等制度因素被认为是造成贫困及其长期存在的根源。

　　根据新古典主义经济学的分析，由于技术进步与资本回报率边际效应递减的存在，穷国的增长速度应当高于富国，但现实情况截然相反，诸多穷国经济倒退或停滞。对此，一个重要的解释将其归结于制度缺陷，认为贫穷国家的制度环境无法与富裕国家媲美，其法治不完善、腐败普遍等问题在很大程度上限制了贫穷国家的发展（Keefer and Knack，1997）。就经济体可持续增长而言，强大的腐败监督制度、高效的政府和稳定的政治制度是前提条件，如此才能最大限度地减少收入分配冲突与贫困（Tebaldi and Mohan，2010）。腐败、政府效率低下和政治动荡不仅会通过市场效率低下损害收入水平，还会通过收入不平等加剧贫困。实践研究表明，政府稳定、法律秩序完善、监管体系高效与问责制落实等能够减少贫困（Perera and Lee，2013）。

　　具体而言，一项关于左翼政治制度对国家贫困程度影响的调查研究发现，1967~1997 年，16 个富裕的西方民主国家中，左翼政治机构的力量对贫困有着显著强大的消减作用。原因在于，左翼政党通过选民投票率和累积的历史权力影响国家福利政策，进而起到了减贫的作用（Brady，2003）；在社会保障制度方面，对 20 世纪 90 年代意大利贫困的研究发现，社会保障体系的不足使其未关注人口特征，过度偏向养老金领取者和"内部人士"，造成意大利劳动力市场中部分人口亚群体持续贫困（Rostagno and Utili，1998；Devicienti and Gualtieri，2007）；来自南亚减贫的研究发现，制度通过直接或间接渠道影响贫困，贫困又反过来通过这些渠道影响政府减贫决策，发展中经济体面临的紧迫问题是政府治理不善与体制结构薄弱（Siddique et al.，2016）；对中东和北非地区的研究认为，收入不平等使该地区的经济增速下降，加剧了贫困（Ncube et al.，2015）；传统观点认为，快速经济增长是由投资驱动的，而有研究利用 1981~2010 年 41 个撒哈拉以南非洲国家的数据发现，稳定的全球金融制度框架减少了该地区的贫困（Akobeng，2017）；也有研究指出，提高制度质量强化了金融对降低贫困的有益影响，且这种影响在较贫穷的经济体中比在较富裕的经济体中更为明显（Aracil et al.，2021）；在中国，也有研究认为，较高的制度质量使旅游业有助于降低短期和长期的相对贫困（Zhao，2021）。

四 个体特征导致的贫困

受教育程度、性别、疾病以及家庭规模等个体特征也是导致贫困发生的不容忽视的因素。

首先是教育，被看作是减少贫困的有效措施，不但能够提升本代人劳动技能素养和工资收入，还能阻止下一代人陷入贫困，使一次性"输血"的减贫模式转变为旨在提高贫困人口"造血"能力的可持续模式（Mihai et al.，2015；Eryong and Xiuping，2018）。实际上，长期以来，获得教育一直与终身福利和预防贫困联系在一起。接受高等教育可以提供强有力的社会和经济保护，但贫困往往会对这种机会造成物质和文化障碍，因为贫困限制人们支付大学学习费用的能力，还降低人们的教育期望，限制人们的视野（McNamara et al.，2019）。具体到微观个体，在劳动力市场上，受教育程度较高的人将有更大的机会受雇于收入更高的正式工作，而不是非正式工作，从而使工人能够摆脱贫困（Yang and Guo，2020）。其次是性别差异对贫困的影响。尽管两性平等对个人生产力和人类发展成果的微观影响已得到充分证明，但在世界多数贫穷落后地区，女性户主家庭比男性户主家庭更易遭受贫穷已是不争的事实（Morrison et al.，2007；Jayamohan and Kitesa，2014；Espinoza-Delgado and Klasen，2018）。特别是与男性相比，居住在农村地区的女性最有可能陷入贫困。一是两性不平等限制了妇女获得各种资源，这些限制使妇女更容易陷入贫困。二是这与家庭中的性别角色分工对妇女的伤害更大有关（Cheteni et al.，2019）。三是疾病对贫困发生影响巨大。疾病与贫困的结合可能会对受影响家庭产生破坏性的社会经济和健康影响。贫困家庭在疾病面前，往往是在逃避医疗与使家庭进一步贫困之间做出选择。在医疗保健系统主要依靠自费的情况下，巨大的医疗成本使病患者及其家庭在经济上处于不利地位（Kwan et al.，2020；Sapkota et al.，2021）。四是家庭人口规模对贫困发生的影响。家庭规模不仅对整个国家，而且对个人、家庭的福利与健康都非常重要。研究发现，高收入家庭的规模往往要比低收入家庭更小（Alfred and Gyang，2014）。来自埃塞俄比亚的证据表明，家庭总规模大和户主健康状况差会加剧农村家庭的贫困，从而降低农村家庭的生活水平（Eyasu，2020）。可能的原因是家庭人口规模扩大会减少儿童获得和接受福利的机会、降低程度，特别是在贫困收入家庭，人均资源的减少使儿童面临更少的资源用以健康、教育等，这使其面临同样的贫困状况（Curran，2021）。

第二节　贫困的识别和测度方法

要探究贫困的成因，前提条件便是准确界定贫困与精确测度贫困，这也是反贫困措施的基础。本节将就各类区分贫困线的方法与贫困测量方法进行梳理。

一　贫困线的标准设定

研究者与政策制定者所面临的首要问题之一是如何有效识别贫穷，并描述其程度。基于发达经济体历史的早期贫困研究将贫穷以满足消费水平的最低支出水平来界定，这种界定方法可被称为绝对标准。如 20 世纪初，本杰明·西伯姆·朗特里（Benjamin Seebohm Rowntree）在其著作《贫穷：对城市生活的研究》中将贫困定义为"家庭总收入不足以支付仅仅维持家庭成员生理正常功能所需的最低生活必需品（包括食物、衣物、住房与取暖等）开支"。具体而言，这种定义通过设定一组确定价格的食品满足最低营养需求，并增加衣物消费、住房以及取暖等其他生理需求支出的价格，最终确定满足一系列需求的最低支出水平，即贫困线标准。这种收支定义方法被学界沿用至今。世界银行现行贫困标准便是以此为基础，通过计算维持人类基本生存条件所需产品与服务的最低费用划分贫困线标准，而对全球贫困线的研究也是基于这一方法（Jolliffe and Prydz，2016；Kakwani and Son，2016）。这种以需求水平制定"预算标准"的方法也是部分国家贫困线制定的依据（Tronco and Ramos，2017）。如美国官方贫困线便是使用食品支出占总支出的临界比率来确定贫困线（Callan and Nolan，1991）；菲律宾的官方贫困线也是依据满足个人基本食物和非食物需求所需的最低标准来确定的。有研究在菲律宾贫困线食品清单的基础上提出了一种替代方法，即用一个有代表性的食品篮子清单（和一些空间价格指数来调整生活成本的差异）估算粮食贫困线（Albert and Molano，2009）。

但使用绝对贫困线也招致部分非议，因为绝对贫困线标准往往选取部分硬性指标作为判断依据，存在忽略贫困人口实际需求的可能。如在印度尼西亚，贫困是长期存在的问题之一，国家采用以满足食品需求水平衡量的绝对贫困线进行反贫困，但贫困人口认为以满足最低食品需求作为贫困线补助不足以满足他们的基本需求。研究发现，政府确定的农村贫困线远低于被调查者定义的主观贫困线，因为贫困人口除食物以外，还存在儿童获得就业、住房、保健和教育的机会成本需求（Firdausy，2016）。因此，政府制定贫困线与消除贫困的政策和方案时，应当考虑贫困人口与非贫困人口所看到的贫困的维度和变量的差异。

另外，正如 Sen（1976）所述，对贫困的测量不仅有绝对标准，还有相对标准。随着研究者们注意到贫困的相对含义，相对贫困线越来越多地被用于贫困研究（Zheng，2001；Ravallion and Chen，2019）。一种方式是采用基尼系数反映相对贫困的扭曲程度。一部分对中国的研究在回顾中国不同阶段移动贫困线和扶贫政策的基础上，在城乡差距的背景下估计了农村相对贫困的规模，提出中国在 2020 年以后应采用两区域两阶段的方法确定相对贫困线，即沿海地区应采用基于家庭可支配收入的相对贫困线，内陆地区应将绝对贫困线转换为相对贫困线（Gustafsson and Sai，2020）。还有一部分研究以家庭收入增速确定相对贫困线，认为中国城市相对贫困的风险与成年家庭成员缺乏工作、户主受教育程度低、生活在低收入城市、子女数量、年龄大且未领取养老金呈正相关（Gustafsson and Sai，2020）。

学者们对贫困的定义还有其他解释。为研究家庭规模与贫困的关系，有学者以家庭成员被问及其认为自己家庭的最低收入水平计算每个收入水平的平均值作为贫困线定义（Goedhart et al.，1977）；Townsend（1979）的研究基于这样一种思想，即如果人们被剥夺到缺乏资源参与社会中的惯常活动，进而在某种意义上被排除在社会之外，那么可以被视为贫困（Townsend，1979）；印度诺贝尔经济学奖获得者阿玛蒂亚·森（Amartya Sen）认为，贫困是贫困人口创造收入能力和机会的贫困，其实质是源于权力的贫困（Sen，1985）；而 Hagenaars 和 van Praag（1985）则认为贫困线定义取决于社会对贫困的认识：如果中等收入水平较高的国家的贫困线较高，则贫困线被称为相对贫困线；如果贫困线不随收入中位数变化，则被称为绝对贫困线（Hagenaars and Praag，1985）；Madden（2000）认为，在衡量一段时间内的贫困时，应当使用收入弹性的值决定使用绝对贫困线还是相对贫困线；也有研究印度性别贫困线的文献采用受调查人员幸福感排名的方式确定贫困线，之后生成贫困统计数据，女性使用土地、房屋类型、家庭依赖、职业和基础设施来描述贫困家庭的特征，而男性使用卫生、商业、土地占有、农业和职业来描述贫困家庭的特征（Goswami and Majumdar，2017）。伴随对贫困研究的深入，学者们也逐渐注意到依靠单一贫困指数衡量贫困发生存在较大局限性，因此，按照不同的解决思路，提出了不同的构建多维贫困指数的方法（Alkire and Foster，2011；Decancq et al.，2019）。通常而言，较富裕国家的贫困线通常较高，较贫穷国家的贫困线则较低，反映了国家对贫困者评估的相对性质。为反映全球贫困，Jolliffe 和 Prydz（2021）提出了一条社会贫困线，相对梯度为国民收入或消费中值的 50%，根据这一标准发现，自 1990 年以来社会贫困程度一直在稳步下降，但速度远远慢于绝对极端贫困。

二 贫困的测度方法

在确立贫困线或贫困标准后，便可以对贫困人口状况进行衡量。为此，不同的学者创立了不同的贫困指数。

一是广为使用的贫困衡量指数是贫困发生率和贫困缺口等国际公认的贫困指数。贫困发生率是贫困线以下人口占总人口的比例，也被称为 H 指数或人头比率。假设总人口为 n，贫困线以下人口为 q，则贫困发生率 $H=q/n$。H 指数反映了贫困现象的广度，是衡量贫困程度最基本的一个指标，可以测度一国或地区贫困人口规模与密度。但缺点在于不能反映贫困强度、贫困人口收入与贫困线距离（即不能指出救济贫困所需要付出的经济代价）、贫困人口收入分配状况等信息。

贫困缺口指数或贫困差距率指数 I，是指相对于贫困线而言，贫困人口相对收入短缺情况。假设贫困线为 z，贫困人口收入为 y_i（$i=1,2,\cdots,q$），公式如下：

$$I = \frac{1}{q} \sum_{i=1}^{q} \left(\frac{z - y_i}{z} \right) \qquad (18-1)$$

该指数可反映贫困人口总的收入差距大小，$0 \leqslant I \leqslant 1$，$I$ 值越大，贫困越严重，但该指数对贫困人口内部的收入分配不敏感，无法反映贫困人数和收入分布。

二是 Foster、Greer 与 Thorbecke 于 1984 年提出的 FGT 指数（Foster-Greer-Thorbecke Indexes）。其统一公式如下：

$$FGT_\alpha = \frac{1}{n} \sum_{i=1}^{q} \left(\frac{z - y_i}{z} \right)^\alpha \qquad (18-2)$$

其中，y_i 为第 i 个贫困人口的收入，即 $y_i \leqslant z$，α 可以被解释为一个不等式厌恶参数，通过增加 α，与最贫穷人均的收入相关的权重就会增加。

当 $\alpha=0$ 时，$FGT_0 = q/n = H$，为贫困发生率或贫困人口占比。

当 $\alpha = 1$ 时，$FGT_1 = \dfrac{1}{n} \sum\limits_{i=1}^{q} \left(\dfrac{z - y_i}{z} \right) = I_n$，为标准化贫困差距的平均值，即平均贫困缺口或贫困差距比率，反映贫困的深度。

当 $\alpha = 2$ 时，$FGT_2 = \dfrac{1}{n} \sum\limits_{i=1}^{q} \left(\dfrac{z - y_i}{z} \right)^2$，为标准化贫困差距平均值的平方，反映贫困的强度（Foster et al.，1984）。

三是 Sen 指数。为克服贫困发生率和贫困缺口指数的不足，印度经济学家、1998 年诺贝尔奖得主阿马蒂亚·森（Amartya Sen）提出了著名的 Sen 指数，成为被广泛应用的贫困测度指标之一。森指出，科学的贫困指数应该满足两个公理：单调性公理，即其他条件不变的情况下，收入低于贫困线人口减少，贫困测度增长；转移公理，即其他条件不变的情况下，把贫困线以下人口的收入转移至任意比其富有的其他人，贫困测度增长。据此森构建了新的贫困测度指数，即 Sen 指数，如下所示：

$$S = H \cdot \left[I + (1 - I) \cdot G_p \right] \tag{18 - 3}$$

其中，S 为 Sen 指数，H 表示贫困人口百分比，即贫困发生率，G_p 表示贫困人口的组内基尼系数，$G_p = \dfrac{q+1}{q} - \dfrac{2}{q^2 \bar{y}_p} \sum\limits_{i=1}^{q} (q+1-i)\, y_i$，$I$ 是贫困人口的收入与贫困线的差距的总和。Sen 指数值在 $0 \sim 1$，指数值越大代表贫困程度越深（Sen，1976）。

四是人类贫困指数（Human Poverty Index，HPI）。人类贫困指数是联合国（UN）制定的反映一个国家贫困水平和衡量一个国家的人民在多大程度上没有从发展中受益的指标（Sen and Anand，1997）。联合国认为，与人类发展指数相比，它能更好地反映贫困程度。对于发展中国家而言，HPI 指数主要由三个部分组成——寿命（以预期无法活到 40 岁的概率来衡量，以 P_1 表示）、知识（以成人文盲率衡量，以 P_2 表示）和生活水平（由无法获得清洁水、卫生服务的人口比例和 5 岁以下体重不足儿童比例未加权平均值衡量，以 P_3 表示）；对于发达国家而言，HPI 指数则由寿命

（以预期无法活到 60 岁的概率来衡量，以 P_1 表示）、知识（以成人文盲率衡量，以 P_2 表示）、生活水平（以收入贫困线以下的人口百分比——家庭可支配收入中位数的 50% 来衡量，以 P_3 表示）和社会排斥程度（失业率 P_4）。就发展中国家与发达国家不同情况，人类贫困指数分别以 HPI_1 和 HPI_2 表示，公式如下所示：

$$HPI_1 = \left(\frac{P_1^3 + P_2^3 + P_3^3}{3} \right)^{\frac{1}{3}} ; HPI_2 = \left(\frac{P_1^\alpha + P_2^\alpha + P_3^\alpha + P_4^\alpha}{4} \right)^{\frac{1}{\alpha}} \qquad (18-4)$$

其中，α 取值关系到各构成指标对指数的影响程度。HPI 值越高，说明贫困规模越大，反之则越小。

五是多维贫困指数（Multidimensional Poverty Index，MPI）。随着对贫困研究的深入，特别是阿马蒂亚·森将贫困的原因归结为权利贫困和能力贫困之后，学者们逐渐注意到贫困不仅仅是物质匮乏，而且是基本能力和权利被剥夺。因此，对贫困的社会方面的分析，逐渐将稀缺条件与社会中资源和权力分配有机联系，认为贫困还包括无法获得信息、教育、医疗和政治权利等。此时，单一贫困测度指标难以准确反映贫困信息，各国学者根据研究目的不同，分别构建了不同的包含更多测度指标的多维贫困指数。

阿特金森（2003）讨论了一种直观的多维贫困测量的"计数"方法，从社会福利角度出发，认为家庭可能在一个维度上被剥夺，但在另一个维度上不会被剥夺，据此研究了不同维度贫困剥夺的相互作用。在此基础上，Alkire 和 Foster（2011）提出了最为经典的贫困理论 A-F 双临界值方法。A-F 双临界值方法使用两个临界值来识别穷人：一是传统的特定维度的剥夺临界值，用以确定一个人是否在此维度被剥夺权利；二是临界值描述个体达到贫困的标准，被称为贫困临界点（剥夺发生的最小维度数值），并提出"调整后的 FGT"方法，以反映多维贫困的广度、深度和严重程度，这种"双重临界"识别系统给予那些遭受多重剥夺的人明确的优先权。Decancq 等（2019）则基于个人偏好提出了一种多维贫困衡量方法，主要区别在于多维贫困指标的加权值依赖于个人偏好，而非传统研究者选择的任意加权方案；个人偏好考察个人是否对贫困线敏感以及个人是否对收入与贫困线比率敏感；主要讨论了两类贫困指数，即数量指标和货币指标，多维贫困指标根据多维结果和偏好将贫困指数相加。

三 随机对照实验方法的应用

2019 年，诺贝尔经济学奖授予了三位从微观视角以随机对照实验方法（Randomized Controlled Trials，RCTs）研究全球贫困问题的经济学家阿比吉特·班纳吉（Abhijit Banerjee）、埃丝特·迪弗洛（Esther Duflo）和迈克尔·克雷默（Michael Kremer），使随机对照实验方法受到更多关注。早在 20 世纪 60 年代，西方国家便开始利用随机对照实验方法对社会实践中的各类问题进行研究。自 21 世纪伊始，得益于三位诺贝尔经济学奖得主的大力推广，加之由阿比吉特·班纳吉、埃丝特·迪弗洛和塞德希尔·穆来纳森（Sendhil Mullainathan）于 2003 年创立的反贫困行动实验室（The Abdul Latif Jameel Poverty Action Lab，J-PAL）的巨大贡献，随机对照实验方法被越来越广泛地应用于公共政策评估、经济发展研究等各个领域，为公共政策制定与实施提供了有效的评估工具。

在随机对照实验方法被广泛应用之前，学术界对反贫困问题的研究主要是从宏观视角，如人力资本投入的作用等，缺乏对具体实践方案的回答。由此，从微观视角出发，应用大量的经验事实实证分析与宏观政策进行结合，评估政策有效性的随机对照实验方法受到越来越多的重视。随机对照实验方法通过对比某项政策实施干预的可能结果和不施加干预的可能结果来回答一系列的"反事实"问题。与其他研究工具相比，随机对照实验方法的主要优点是，其可以通过每次控制单个影响因素，对比完成对因果关系的准确识别，从而避免复杂因果关系对实证结果的影响（Abhijit & Esther，2009）。

在应用范围上，早期的随机对照实验方法主要被应用于对教育政策的评估（Banerjee et al.，2003；Kremer，2003；Abhijit et al.，2007）。如最早将随机对照实验方法应用于减贫研究的是迈克尔·克雷默（Michael Kremer），其于20世纪90年代在肯尼亚开展的对包括提高入学率、提供教育投入和改革教育等计划在内的随机评估，为研究贫困国家如何有效提高人力资本水平、建立完善教育体系提供了具有积极意义的实证参考。与之类似，Banerjee（2003）介绍了在印度孟买和瓦多达拉进行的大规模补救教育项目两年随机评估的结果，以及瓦多达拉计算机辅助学习项目随机评估的初步结果。补救教育计划从社区雇用年轻妇女，向公立学校未掌握这些能力但达到三、四级标准的儿童传授基本识字和算术知识，成本极低（每个儿童每年花费5美元），并且易于复制。计算机辅助学习计划为四年级的每个孩子提供每周两小时的共享计算机时间，学生在其中玩教育游戏，增强数学技能。两个计划同时在印度20个城市实施，惠及数万名儿童。研究结果显示，补救教育计划非常有效，处于分布底部儿童获得的收益最大，延长这一计划的成本效益将是雇用新教师的4.5~6倍，但计算机辅助学习计划的初步结果并不理想。Banerjee（2007）进一步给出了上述计划的最新结果。研究显示，计算机辅助学习计划也非常有效，接受计划的学生第一年数学成绩提高了0.35个标准差，第二年提高了0.47个标准差，且结果不仅限于学生接受援助的时期，该计划在学生离开该项目后至少持续了一年。研究结果证实了仅通过增加公立学校资源来提高教学质量的努力不足以改善学生学习结果。

随着随机对照实验方法逐渐展开，其应用从简单的单一政策评估发展到解决更为复杂的经济问题（Duflo et al.，2011；Benhassine et al.，2013）。如Duflo等（2011）在评估肯尼亚教育政策成果时将随机追踪教师教学活动引入，发现追踪教师教学活动能使其更好地制定教学计划，所有同学都能从中受益，且成绩更低的学生更能从中受益。实验方法也从早期类似临床实验研究的简单形式发展到引入更多随机元素进行评估的程度（Duflo et al.，2006）。

而随机对照实验方法的应用范围也不断扩张，目前主要涉及领域有教育、农业、金融、健康、劳动力市场和政治制度等（Duflo et al.，2011；Abhijit et al.，2015；Pushkar and Subha，2016）。如对于发展中国家从事农业的贫困人口而言，合理的化肥使用能够提高农业生产效率，但前提是掌握正确的农业生产知识。研究者利用随机对照实验方法研究肯尼亚西部地区农民的化肥投资行为发现，许多农民未能利用明显有利可图的化肥投资，但其投资化肥是为了获得化肥（免费交付）成本的限时折扣。因此对化肥进行折扣补贴比自由放任政策或大量直接补贴具有更高的福利（Duflo et al.，2011）。对旨在改善发展中国家低收入家庭妇女劳动力市场结果的补贴职业培训计划，进行随机对照实验评估其短期与中期效果，发现短期内项目参与者更有可能被雇佣，工作时间更长，收入更高，且这些短期影响均在中期持续。研究还发现，信贷约束、当地准入和缺乏适当的儿童保育支持是项目参与和完成的重要障碍（Pushkar and Subha，2016）。而利用随机对照实验方法研究小额信贷这一作为发展中国家金融扶贫手段是否达到政策预期效果，则是各国关注的重点领域之一。来自蒙古国农村的随机对照实验证据表明，针对妇女的共同责任小额信贷计划，对女性创业和家庭食品消费产生了积极影响，但对家庭总工作时间或收入却没有积极影响。同时实行的个人责任小额信贷方案对贫困没有产生重大影响（Attanasio et al.，2011）。一项对摩洛哥农村地区推出的小额信贷计划随机评估结果显示，总体而言，作为计划衡量标准的收入或消费没有增加（Crepon et al.，2015）。一项来自撒哈拉以南非洲针对农业的小额信贷项目的随机评估结果则发现，与通常认知相反，改善信贷渠道可能不足以提高小农户的农业技术采用率、农业生产率和福利（Nakano & Magezi，2020）。而另一项针对印度街头小贩提供灵活小额信贷计划的随机对照实验数据显示，信贷额度可以促使利润增长，允许更灵活的借贷和还款将促使借款人投资更有利可图的商品，因此，提供灵活贷款是扩大小额信贷影响的可行战略（Aragón et al.，2020）。

第三节　西方学者对发展中国家反贫困的新近研究

如何反贫困是研究贫困问题的根本目的。讨论过贫困成因与测度后，下面就反贫困的观点进行梳理。

一　绝对贫困与相对贫困的理论意义

关于贫困的研究中，首先面对的一个基本问题是，贫困是绝对概念还是相对概念。如果贫困被视为一种绝对剥夺的情况，通常将被定义为独立于社会的一般生活方式。如果贫困被认为是一种相对贫困的情况，那么将根据社会的总体生活方式来确定。选择贫困的定义对于制定实施社会反贫困政策意义重大，因为相对贫困取决于人们的认知，只有在收入不平等减少时才会减少，而经济增长可以减少绝对贫困。目前世界各国中一部分国家使用相对贫困统计，而另一些国家使用绝对贫困统计方法，政府使用统计数据来评估或调整社会和经济政策，如美国官方贫困标准是由 Molly Orshansky 在 20 世纪 60 年代基于贫困的绝对概念开发的，而 2000 年后欧盟成员国同意使用一套共同的基于相对贫困概念的贫困和社会指标，也称为 "Laeken" 指标。这一决定的后果是巨大的，因为绝对贫困指标和相对贫困指标反映了确定福利水平不足但概念上不同的方法，会产生非常不同的贫困统计数据，特别是随着时间的推移，形成不同的反贫困政策（Notten and Neubourg，2011）。基于研究目的的差异，不同的研究也提出了各自的观点。

绝对贫困概念由来已久，是早期贫困研究中首先使用的定义方法。而相对定义相对较晚才受到重视。Townsend（1962）对相对贫困观点做出了开创性贡献，并产生了深远影响。他认为生活必需品是不固定的，随着社会及其产品的变化，其不断被调整和增强。Sen（1983）认为相对贫困也存在绝对的贫困核心。从技术角度而言，有研究发现，对家庭消费与贫困进行问卷调查时，相对贫困水平不受问卷设计变化的影响，能够避免随时间推移，调查问卷修改所导致的虚假估计问题（Jolliffe，2001）。有研究发现，自 20 世纪 90 年代以来，发展中国家绝对贫困和相对贫困的发生率一直在下降，但相对贫困发生率下降得更慢，尽管绝对贫困人口的数量有所下降，但相对贫困人口的数量变化不大，甚至 2008 年数量高于 1981 年数量（Chen and Ravallion，2013）。针对相对贫困与绝对贫困的差异性影响，Fritzell 等（2015）以收入中位数的 60% 衡量相对贫困，以美国贫困线为基础衡量绝对贫困，考察贫困与死亡率之间的跨国家和跨时间关联。其研究结果凸显了相对贫困对死亡率的重要性，特别是对婴儿和儿童死亡率的影响更甚。他们认为，相对贫困与总体不平等性密切相关，应当成为富裕国家反贫困的主要关注点。

在 40 余年的快速经济发展和政府反贫困措施中，中国在扶贫方面取得了相当大的成功，2020 年，中国宣告全面消除绝对贫困，使反贫困工作进入新阶段。有研究指出，中国成功的反贫困措施在很大程度上减少了"绝对贫困"，但"相对贫困"仍然严重，社会经济环境的变化仍然带来了重大挑战。对此，相关研究建议中国应当改变基本方法，从解决绝对贫困问题转变为解决相对贫困问题，增加受益面，提高福利水平，从农村贫困转向统筹城乡贫困，从国内贫困转向国际扶贫合作（Guan，2014；Gustafsson and Sai，2020）。

二　人力资本投资的反贫困效应

人口要素与贫困的关系是经济学家最早关注的领域之一。早在 18 世纪，英国经济学家马尔萨斯便提出"人类必须控制人口增长"的观点，其理由是人口的不断增长会导致劳动生产率降低、生态环境退化、社会总储蓄减少，不利于经济增长，最终致使贫困不可避免。在 20 世纪 50 年代，美国经济学家刘易斯在其著名的论文《劳动无限供给条件下的经济发展》中提出"二元经济理论模型"，认为发展中国家经济呈现二元特征，即同时存在边际生产率落后的传统农业部门与边际劳动生产率高的现代工业部门。传统农业部门人口过剩，而现代工业部门劳动边际生产率高于农业部门生产边际生产率，工资水平也略高于农业部门，所以可以从农业部门吸收农业剩余劳动力，促使农业剩余劳动力的非农转移，使二元经济结构逐步消减。

在此基础上延伸，进行人力资本投资，提高教育程度，这被认为是一种长期扶贫和改善收入分配的有效措施（Tilak，1989b；Cameron，2000）。原因在于，一方面，贫困家庭的孩子由于无力支付教育资金而无法提高自身人力资本水平，进而无法获得高回报工作，因而陷入贫困陷阱（Barham et al.，1995）；另一方面，公共教育支出增加能够促进人力资本积累、提高不同劳动技能的供给，并最终促进经济增长，同时增加公共教育支出规模、改善教育产出模式与劳动力有效需求结构之间匹配的措施，可以有效缓解贫困（Ceroni，2001；Thorbecke and Jung，2003）。

三　金融支持的反贫困作用

随着对贫困问题研究的深入，学者们也注意到金融资本对贫困的影响。有证据表明，人均小额信贷机构贷款总额较高的国家往往贫困指数较低，原因是小额供资在宏观层面上大大减少了贫困（Imai et al.，2012）。就微观个体而言，针对孟加拉国最贫困者的小额信贷会对项目参与者的减贫产生持续影响，并且具有积极的正向溢出效应，能够降低村庄一级的贫困程度，其效果在减少极端贫困方面比在减少中等贫困方面更为明显（Khandker，2005）。来自印度的实践发现，用于生产目的的小额贷款对于农村地区的减贫比城市地区更为显著。而在城市地区，增加小额金融机构数量比提供用于生产目的的小额贷款具有更大的平均减贫效果（Imai et al.，2010）。而对塞拉利昂的最新研究也证实，小额信贷可以向贫穷者提供缺乏用于商业发展的金融资本，减少穷人的外部制约因素，有助于实现可持续发展目标（Garcia et al.，2020）。对中国农村金融的研究也发现，农村金融是农业发展、农村经济增长和农民增收的重要力量（Sun et al.，2020）。

第七篇
制度经济学的演进

国外关于制度的研究主要从理论和实证两个层面展开。理论层面包含资源配置与制度分析、交易费用理论、产权理论、契约理论、组织理论和制度变迁理论。实证层面包含制度与经济增长的关系研究、不同制度和历史事件的新解读等内容。

从 20 世纪 60 年代开始，制度分析在西方经济学界受到更多的重视，20 世纪七八十年代，新制度经济学兴起。1991 年、1993 年、2009 年和 2016 年新制度经济学的四位代表人物科斯、诺思、威廉姆森和哈特先后获得诺贝尔经济学奖。

一般认为，新制度经济学的源头可以追溯到科斯 1937 年的文章《企业的性质》，在这篇文章中，科斯提到市场交易的成本，认为企业出现的实质就在于企业以其内部的性质管理来替代市场上的商品交易，从而节约市场交易费用。在科斯 1960 年的论文《社会成本问题》中，科斯系统阐述了以明晰产权安排来解决外部性问题的思想，并明确使用了"交易费用"这一概念。科斯反对新古典经济学教条式的经济学研究，主张理论分析要贴近现实，并广泛采用案例分析和经验研究。但同时，科斯也采用新古典经济学的边际分析、均衡分析等方法来分析制度问题。威廉姆森将这种理论与美国的旧制度经济学区分，将其命名为"新制度经济学"。科斯的思想被后来的学者广泛讨论和不断发展。阿罗、张五常、威廉姆森等人发展了科斯的交易费用理论，阿尔钦、德姆塞茨、巴泽尔、哈特等人发展了科斯关于产权安排的理论。契约经济学、新组织经济学随之也发展起来，关于企业的性质和公司治理结构的分析构成了新制度经济学的企业理论。诺思、福格尔等人运用交易费用理论和产权理论的分析思路，借助经济计量分析手段研究制度变迁问题，逐步形成了制度变迁理论与国家理论和新经济史学。

科斯认为当代制度经济学应该从人的实际出发来研究人，实际的人是在由现实制度所赋予的制约条件中活动的。诺思认为，制度经济学的目标是研究制度演进背景下人们如何在现实世界中作出决定和这些决定又如何改变世界。

舒尔茨在《制度与人的经济价值的不断提高》一文中给出了一个制度的定义。即一种行为规则，这些规则涉及社会、政治及经济行为。认为制度分为：①用于降低交易费用的制度（如货币市场、期货市场）；②用于影响生产要素的所有者之间配置风险的制度（如合约、分成制、合作制、保险、公共安全计划）；③用于提供职能组织与个人收入流之间的联系的制度（如财产、资历和劳动者的其他权利）；④用于确立公共物品和服务的生产与分配框架的制度（如学校、农业实验站）。总之，凡是制约人们行为的政治、经济、法律、社会规则都属于制度。

格雷夫认为制度是制度要素的组合，要素共同作用形成了授权、引导激励行为的规则。格雷夫强调了制度的特定情境分析的重要性。因为在给定情况下，可能存在多个制度均衡解，也就是说，在特定环境下，可能出现多种不同的制度。这样，对历史前后细节的分析将有助于阐明特定历史环境下具体制度产生及维持的原因，因为对历史的路径依赖是影响制度演进的重要因素。

诺思在《经济史中的结构与变迁》中指出，制度是一系列被制定出来的规则、守法秩序和行为的道德、伦理规范，它旨在约束主体福利或效应最大化利益的个人行为。在《制度、制度变迁与经济绩效》中，诺思认为制度是一个社会的游戏规则，更规范地说，它们是为决定人们的相互关系而人为设定的一些约制。在为《新制度经济学前沿》撰写的序言中，他指出制度是社会的博弈规则，并且会提供特定的激励框架，从而形成各种经济、政治、社会组织。

诺思进一步指出制度的重要组成部分为正式规则、非正式规则及两者的实施特征。正式规则即约束人们行为关系的有意识的契约安排，包括政治规则、经济规则和一般性契约，也就是包括从宪法到成文法和不成文法，到特殊的细则，最后到个别契约等这样一系列的人们有意识创设的行为规则（宪法、法令和契约）。非正式规则即从未被人有意识地设计过的规则，是人们在长期交往中无意识形成的行为规则。主要包括价值信念、道德观念、风俗习惯、意识形态等，它们在正式规则没有"定义"的地方起着约束人们行为关系的作用。正式规则与非正式规则如何实施也是制度的重要组成部分。制度的实施可以由专门机构如政府、法庭等作为第三方，以法律等手段来实施；也可以由交易的对方作为第二方，通过报复、威胁等手段来实施；也可以由经济主体自己作为第一方，通过自律行为来实施。后来，诺思从制度与意识形态（认知）的关系分析，认为意识形态和制度都可以归结为共享心智模式。同时，心智模式决定了正式规则和非正式规则外在的选择。制度被看成了共享信念或者协同性知识的总和，缩小了人们为了行事成功而必须了解的东西的范围，这有助于对他人的行为作出更准确的预期。

第十九章　制度经济理论

新制度经济学家主要就交易费用、产权、契约、组织和制度变迁等方面进行了理论研究。

第一节　交易费用理论

人类社会的经济活动包括生产活动和交易活动。新古典经济学关注生产活动，而新制度经济学重点考察交易活动。新制度经济学继承了康芒斯将交易作为人与人之间经济活动的基本单位的观点。

一　交易的概念及分类

1. 定义

关于交易，不同的学者有着不同的观点。古希腊思想家亚里士多德在其《政治学》中将"交易"视为三种致富技术（畜牧业、交易、矿冶和木材采伐）之一，认为交易分为商业交易、贷款取利、雇佣制度或者劳动力交易。康芒斯在《制度经济学》一书中指出交易是人与人之间的关系，是所有权的转移，是个人与个人之间对物的所有权的让与和取得，而不是人与自然的关系。威廉姆森在《资本主义经济制度》一书的序言中指出，交易的发生源于某种产品或者服务从一种技术边界向另一种技术边界的转移，由此宣告一个行为阶段的结束另一个行为阶段的开始。技术边界指的是技术上不可分的实体之间发生联系的区域。威廉姆森对交易的界定表明完成一项活动的总过程，如生产一种产品或提供一项服务等，从技术上可分解为一系列独立的活动过程，技术上不能分开的操作阶段就是一个独立的活动过程，每个独立的活动过程都可以看作完成该项生产或者服务提供总过程的一个阶段，一个活动过程完成后就进入下一个活动过程。一项活动从一个活动过程向下一个活动过程的转移，也就是由上一个阶段向下一个阶段移交的过程就是交易。可以说，企业之间、车间之间以及统一车间的操作工之间，都普遍存在交易关系。

为进一步区分各项具体交易之间的差异，威廉姆森（1984）以交易中的资产专用性、不确定性和交易频率为维度对交易进行比较，以区分不同交易。

资产专用性是指为支持某些特殊交易进行的耐久性投资而形成的资产，一旦形成便很难转移到其他用途上。威廉姆森认为造成资产专用性的因素可以分为三类，一是资产本身的专用性，如特殊设计的只能加工某种原料的设备；二是资产地理区位的专用性，如为节省运输费用，加工设备一般处在原料产地附近，一旦建成，转移较为困难；三是人力资本专用性，如果工作只需要低技术劳动力，无须专门训练，这些人力资本就无专用性而言，但是，如果一个雇员通过某一企业工作积累了对该企业运行的丰富经验，他的技术经验是特定于该企业或者该行业的，其人力资本的专用性就会很高。对于企业而言，重新训练一个这样的雇员可能要花费较多的时间和费用；对于雇员而言，他的经验不一定适用于别的企业，因而维持长期的雇佣关系对于企业和雇佣均有好处。

不确定性是社会经济生活的一个重要特点，对现实经济运行产生诸多影响。不确定性根据不同的研究需要可以作不同的分类。一般认为，在交易过程中，交易双方既要面临来自环境的不确定性，还要面临来自交易双方行为的不确定性。环境或者市场的不确定性是指市场未来状况的不确定性。例如，人们很难准确预测产品未来的价格、数量、质量等情况。威廉姆森更强调"行为的不确定性"，即由于策略性地隐瞒、掩盖或扭曲信息等机会主义行为而引起的不确定性。在不同的交易中，不确定性所起的作用和约束交易的程度不同。一般而言，短期的一次性交易，不确定性的影响相对较小，而长期交易，不确定性的影响较大。交易的不确定性存在意味着交易的决策必须是适应性、连续性的，需要设计相应的治理结构以弱化这种不确定性的影响。

交易的频率。交易频率可以分为一次、数次和经常三类。交易发生的频率是影响交易的成本和收益的一个重要因素。它对组织制度的选择也有重要影响，主要体现在设立某种治理结构的费用能否得到补偿，频率越高，交易治理结构的费用越容易得到补偿。

在威廉姆森看来，现实世界中的交易，不可能在新古典经济学所假设的完全竞争环境中进行，资产专用性程度、不确定性程度以及交易发生的频率会独立或者组合地影响交易行为，在不同的交易维度下所发生的交易各不相同，相应的契约行为和治理结构也会千差万别。

2. 类别

学者们从不同的角度对交易进行了分类。比如，康芒斯将交易分为三类。一是买卖的交易，即法律平等的人们之间自愿的交换关系，主要表现为市场上人们之间平等的竞争性买卖关系。二是管理的交易，即长期合约规定的上下级之间的不平等交易，主要表现为企业内上下级之间的命令与服从关系。三是限额的交易，也是一种上级对下级的关系，只是上级是一个集体，或者它的正式代表是政府、董事会，主要表现为政府对个人的关系。康芒斯认为这三种交易类型几乎涵盖了所有的人与人之间的经济活动，并且三种交易各种程度的多种组合形成了变化多端的制度形态。

而新制度经济学家诺思（1990）认为，交易主要有两种形式——人格化交易与非人格化交易。人格化交易是建立在个人之间互相了解基础上的交易。在这种交易中，专业化与分工处于较低水平，交易在彼此熟悉的当事人之间重复进行，买和卖几乎同时发生，当事人之间拥有对方的完全信息，彼此之间的利益也依赖于这种稳定的伙伴关系，因而，不需要建立正式的制度规则来约束人们的交易，道德准则、价值观念等非正式规则是交易双方的主要约束形式。信守合约的收益大于成本。非人格化交易形式中，由于专业化和分工的发展，交易对象有着广泛的选择范围，当事人之间的信息是不完全的、不对称的，交易也往往是一次性的，交易过程中各种机会主义行为必然出现。为避免专业化和分工发展带来的好处被过高的交易费用所抵消，在一个非人格化的交易世界中，必然建立正式的制度规则来约束人们的交易行为。

一些学者将交易分为经济交易与政治交易。韦伯（1968）认为制度经济分析的目标关注不止于经济交易，还包括某些其他"社会行为"，认为最重要的社会行为是建立、维持或改变社会关系。经济交易是一种特殊的社会交易，是经济活动赖以存在的制度结构的形成和维持所不可少的社会行为。菲吕博顿、芮切特（2015）认为政治交易是政治家、官僚、利益集团之间的交易，是这些集团在实施其公共权威时所开展的讨价还价或者规划活动。

二　交易费用的定义

科斯在《企业的性质》中列举了"市场交易"的成本所包括的一些项目如下。①通过价格机制"组织"生产的最明显的成本就是所有发现相对价格的工作，包括各种为获取和处理市场信息的费用，如了解价格分布、寻找交易对象的费用。这也是交易准备阶段的费用。②市场上发生的每一笔交易的谈判和签约费用，包括讨价还价、订立合约以及履行合约的费用。这也是交易活动进行时所发生的费用。③利用价格机制还存在其他方面的成本。如签订长期契约虽然节省因较多的短期合同而支付的部分费用，但是由于不确定性的存在或者预测的困难，其未来的实施一般需要较高的费用。在1960年《社会成本问题》一文中，科斯将交易费用概念进一步一般化，认为交易费用应包括度量、界定和保障排他性权利的费用，发现交易对象和交易价格的费用，讨价还价、订立交易合同的费用，督促契约条款严格履行的费用，等等。在1991年诺贝尔奖获奖演讲中，科斯指出：谈判要进行，契约要签订，监督要实行，解决纠纷的安排要设立，等等，这些费用都被称为交易费用。交易费用是谈判、签约及履行合同的费用。

威廉姆森从契约的角度出发将交易费用分为"事前的"和"事后的"两类。事前交易费用是指起草契约、谈判、保证落实某种契约的成本，也就是达成合同的成本。事后交易费用是指契约签订之后发生的成本，包含许多形式：第一，当事人想退出某种契约关系所必须付出的费用；第二，交易者发现事先确定的价格等合同条款有误需要改变所付出的费用；第三，交易当事人为政府解决他们之间的冲突所付出的费用，如法院费用；第四，为确保交易关系的长期化和持续性所付出的费用。

达尔曼（Dahlman，1979）根据交易过程本身所包含的不同阶段对交易费用进行分析。为使双方的交易能够达成，双方相互之间的了解就必不可少，这要耗费时间和资源；如果相互了解了，彼此打算相互接触，他们还得告诉对方可能提供的交易机会，这种信息的传递又需要耗费资源；如果潜在的讨价还价各方有多个代理人，在决定交易条件之前，还要产生某些决策的成本；相互同意的交易条件只有在各方讨价还价之后才能确定，这也需要花费成本；交易条件决定后，还有监督对方是否违约的成本等。简单地说，交易过程存在三个不同的连续阶段，与此对应，也存在三种不同类型的交易费用：寻找和信息费用、讨价还价和决策费用、监督和执行费用。

马修斯（Matthews，1986）认为，交易费用包含事前准备合同和事后监督及强制执行合同的成本，与生产费用不同，它是履行一个合同的费用。

埃格特森认为，当信息是有成本的时候，与个体间产权交易有关的各种行为导致交易成本的产生，这些行为包括如下几个。①寻找有关价格颁布、商品品质和劳动投入的信息，寻找潜在的买者和卖者及有关他们的行为与环境的信息。②在价格是内生的时候，为掌握买者和卖者的实际地位而必可不少的讨价还价。③订立合约。④对于合约对方的监督以确定对方是否违约。⑤当对方违约之后强制执行合同和寻求赔偿。⑥保护产权以防第三者侵权。

考特将交易费用区分为广义和狭义两类。狭义交易费用是指完成一项市场交易所需花费的时间和精力，当一项交易涉及处于不同地点的几个交易参与者时，这种成本会很高；广义交易费用是指协商谈判和履行协议所需的全部资源，包括制定谈判策略所需信息的成本、谈判所花时间以及防止谈判各方欺骗行为的成本。阿罗（Arrow，1969）将交易费用定义为经济制度的运行费用。具体包含制度的确立或者制定成本、制度的运转或者实施成本、制度的监督或维护成本，如果考虑到制度本身的创新或者变革，还包含制度的变革成本。张五常（1999）认为，交易费用实际上就是所谓的"制度成本"。他指出，在最广泛的意义上，交易成本包括所有那些不可能存在于没有产权、没有交易、没有任何一种经济组织的鲁滨孙·克鲁索经济中的成本。鲁滨孙·克鲁索的世界里，尽管也存在物质生产活动，但交易费用是不可能有的，因为在那个假想的世界里，根本就没有交易行为发生，在这样一个"无摩擦"世界里，如货币、企业等最基本的制度都是无关紧要的。

交易费用概念的提出是对新古典经济学资源配置原则的质疑。无论是假设交易瞬间完成还是假设完全信息、完全理性以及忽略机会主义行为，新古典经济学都在实际上排斥着交易费用，或者说假设交易费用为零。在交易费用概念提出以后，或者说交易费用大于零的条件下，对资源配置的分析就不再那么简单了。运用交易来实现资源配置的最优化，需要支付相关的费用。制度的优劣直接影响交易费用的大小，因此也直接影响资源配置效率，从而证明了"制度重要"命题的正确性。

三 交易费用的测度

由于交易费用概念的模糊，加之难以量化，学者们采用间接估算法来测度交易费用的大小。如诺思和沃利斯（1986）试图从国民经济账户的有关数据中分离出交易费用。他们把交易费用视为现实中的交易部门发生的费用。用这种方法，他们测算了 1870～1970 年美国交易部门规模与成本的变化，对交易费用做了近似的估计。他们估计了"企业在市场上出售交易服务所使用的资源，预计企业内部生产商品和劳务的交易所耗费的资源"。在私人领域，提供缴费服务的部门包括批发和零售业、金融业、保险业和房地产业，以及除政府部门外的主要从事贸易的便利和合作与监督工作的人员，如业主、所有者和经理、办事员、工头、警察和保卫人员等。他们发现上诉私人部门和人员所耗费的资源占整个国民生产总值的比重从 1870 年的 1/4 上升到 1970 年的一半以上。但是他们的度量仅限于购买或雇用的专业化的资源交易，而没有包括个人承担的一些交易费用，如购买商品和在要素与产品市场上的搜索费用。德姆塞茨（1968）则通过分析卖出价与买入价之间的差额及经纪人收费对使用有组织的金融市场的成本进行直接测算和估计。张五常（1999）以其"随意"的方法估计，在当今世界上，找不到一个富有的国家或地区，它的交易费用总额会少于国民收入的一半，在今天的香港，GDP 至少 80% 来自交易费用，这几乎包括全部第三产业产值以及第一、第二产业的量度和监管费用。

　　威廉姆森提出了的比较分析法，为交易费用理论的研究与应用提供了基础。威廉姆森在《资本主义经济制度》一书中指出，签订合同所付出的事前成本和事后成本是相互依存的。而且要计算这两种成本也往往很困难。不过，由于只有通过制度的比较，也就是把一种合同与另一种合同进行比较，才能估计出它们各自的交易成本。因此，说到交易成本的计算问题，其困难也不像初看上去那么大。因为只要比较出哪个大、哪个小即可，不一定非要计算出具体数值来。即使要分析实际例子中的交易成本，也几乎没有人想要直接算出其大小来。相反，研究实际例子的目的，只不过想搞清楚，这些组织内部的关系（签订合同的实践及治理结构）与交易成本理论所预言的、交易中各种属性的要求是否一致而已。交易费用的比较分析法是指，研究交易费用的大小，其目的在于分析不同制度或组织的效率水平。因此，只要能够就不同制度或组织环境下交易费用的大小进行比较即可，而无须详细具体地分别计算出不同制度或者环境下的交易费用的准确值。威廉姆森进一步分析了影响交易费用的因素，并将其分为两类：人的因素和交易的因素。人的因素是指经纪人的基本行为特征，交易的因素是指具体某一次交易其自身的特点。人的因素主要包含经济人行为的基本假设前提，即不完全信息、有限理性和机会主义。交易的因素就具体某一项交易而言，影响因素有资产专用性大小、交易的不确定性大小和交易的频率高低，以及竞争对手数目的多少。

第二节　产权理论

20世纪六七十年代斯蒂格勒等学者围绕着"外部性"和产权安排的相关理论进行了广泛的探讨和推广。

一　产权含义及结构

德姆塞茨是产权定义与特征研究的先驱者，德姆塞茨（1967）认为产权是使自己或他人受益或受损的权利，一组产权常附着于一项物品或劳务上，认为产权是因为物的存在而产生的权利。在《关于产权的理论》中，德姆塞茨比较系统地论述了原始产权理论，他将产权分为私有产权、共有产权和国有产权三大类。

阿尔钦认为产权是一个社会所强制实施的选择一种经济物品使用的权利，指出这种权利关系可以是法律法规和合约条款明确规定的，也可以是规范和约定俗成的。诺思（1990）认为产权本质上是一种排他性的权利，在暴力方面处于比较优势的组织拥有界定和行使产权的地位。菲吕博顿、配杰威齐（1972）认为产权不是人与物之间的关系，而是指由物的存在及它们的使用所引起的人们之间相互认可的行为关系。产权安排确定了每个人相应于物时的行为规范，每个人都必须遵守他与其他人之间的相互关系，或承担不遵守这种关系的成本。因此，对共同体中通行的产权制度可以描述为，它是一系列用来确定每个人相对于稀缺资源使用时的地位的经济和社会关系。巴泽尔（1997）认为产权由消费这些资产、从这些资产中取得收入和让渡这些资产的权利或权力构成。

大多数经济学家，如张五常（1989）、菲吕博顿（1991）和巴泽尔（1989）认为，一项财产完备的产权一般包括：①使用权，在允许的范围内自由使用该资产的权利；②收益权，在不损害他人的条件下可以享受从该资产中所获得的各种收益；③让渡权，改变资产的形式、内容和地点的权利。科斯认为产权可以包含所有权、合同条款或组织内部规则界定的各种使用权以及具体的决策与处置权。宽泛而言，只要是人的权利皆可以被视为人的财产。因此，产权等同于人权，产权与人权是统一的，广义的产权必须包括生命、自由和财产的权利。显然，这一泛化的产权概念为将产权理论运用于分析社会交易、政治制度等方面提供了巨大的潜力，但同时也存在缺乏可操作性的局限。

由于研究者研究目的和研究方法的不同，西方学者对产权的理解也存在许多差异，各自赋予产权的含义及强调的重点也有所不同。但是，总体来看，产权是一种权利，是一种社会关系，是规定人们相互行为关系的一种规则。

二　产权弱化

许多新制度经济学家如张五常都不赞成对产权施加约束，认为任何约束都会弱化产权。他们认为，每个人利用财产获利的能力大小，取决于其产权的实现程度。而对个人施加约束，一般都会限制个人的行动自由；对个人的产权施加约束，将会降低个人财产的价值，因此任何约束都是有害的。

但是巴泽尔（1989）则持不同的意见。他认为，任何个人的任何一项权利的强度都要依赖于：①个人为保护该项权利所做的努力；②他人企图分享这项权利的努力；③任何"第三方"所做的保护这项权利的努力。

由于这些"努力"是有成本的，因而世界上不存在"绝对权利"。他进一步举例说明，就奴隶的情况而言，即使按照法律他们是奴隶主的财产，奴隶主还是必须花费资源来促使奴隶进行生产；即使如此，奴隶也很少会尽全力进行生产。因此，虽然奴隶没有法律保护，但是奴隶产权本身从来都不是绝对的。通过给予奴隶一定的权利来交换奴隶主认为价值更大的奴隶劳动，奴隶主可以增加他们财产的价值。于是，奴隶也成为其自身劳动力的一部分产权所有者，有时还可以赎回自由。事实上，即使在资本主义国家，在市场经济中，个人也不能任意使用他的财产，他们的自由处处受到限制。正如科斯（1960）指出的，对个人权利无限制的制度实际上就是无权利的制度。因为，某些对个人权利的限制，看似"削弱"了他的权利，其实恰恰是加强了他的权利。

巴泽尔在《产权的经济分析》一书中，以电冰箱的产权安排为例，直观地说明了产权的分割与限制问题。电冰箱卖给消费者以后，其产权并未完全转移给消费者。购买了电冰箱的人占有电冰箱"制冷"这一属性的所有权，而冰箱厂则占有"制冷剂可能泄露"及"保修"这一属性的所有权。为了防止消费者染指厂商的权利，便有必要进一步限制电冰箱使用者的使用过程，如不得用于商业目的或者不得违法操作规则使用冰箱等。这些限制有助于区分厂商的质量责任与用户滥用的责任，有利于减少磨损和白占便宜的可能。

现实中的确存在产权"弱化"的问题。对产权不恰当的限制，对构成完整的权利束的部分内容进行删除，必然导致产权的残缺与弱化（德姆塞茨，1988）。

三　产权形成机制

德姆塞茨用案例阐述产权起源过程中的成本—收益问题，即界定产权所带来的收益大于产权界定所需要的成本时，产权制度才会形成。

贝茨（Bates，1987）构建了一个以博弈分析为特点的、关于产权制度形成机制的分析模型。模型描述了上尼罗河地区游牧部落中秩序的形成和维持。阿姆拜克（Umbeck，1981a，1981b）分析了加利福尼亚淘金热时期的经验事实，提出了非常著名的口号"强权界定权利"，解析了使淘金者相互尊重产权的机制或力量。

埃格特森（1996）指出，对"自有使用行为"的控制的形成以及排他性权利的出现包括四个相互联系的方面：①用武力或武力威胁建立排他性；②价值体系和意识形态，用以影响私人的动机从而降低排他性的成本；③习俗和习惯法，如社会中的界定个人所从属的氏族、合法婚姻及其他的一些行为规则；④由国家或其他代理机构强制实施的规则，包括宪法、成文法、普通法和行政法规。其中，自我强制、习惯法和价值体系，在包括现代国家在内的所有社会中，对于阻止自由使用和有害的掠夺财富的活动都有十分关键的作用。

四　产权效率

科斯认为在交易费用为正的情况下，帕累托最优条件需要重新解释。德姆塞茨（1969）指出，公共政策经济学中的许多观点都暗含着理想标准与现实"不完美"的制度安排之间的比较与选择。像"非最优"和"非效率"这些词都是含混不清的，极易令人误解，除非它们所描述的产出可以直接被改进。与流行的理想主义的分析方法不同，制度主义的方法应是在可行的现实制度安排之间进行选择，寻求"相对效率"的观念。相对效率的观点须涉及现实的稀缺性和人们的现实状况，而不是他们应该怎样。即正确的效率标准必须考虑人们的现实的行为约束。张五常（1974，1982，1999）进一步指出，既然在现实中人人都遵循约束条件下最大化行为的假设，"经济非效率"这一概念本身就暗含着矛盾。经济学家们之所以轻率地提出社会生活总会存在无效率，是因为他们漠视了某些约束条件。如果对某些约束条件不加以考虑，与帕累托最优相悖的无效率就会出现。

阿姆拜克等人（1986）亦提出了相似的观点，指出如果效率被定义为帕累托效率，那么从逻辑上讲，就不可能从含有在约束条件下寻求最大化的行为假设的微观经济模型中得出非效率的结论。根据新古典经济学的传统效率定义，当资源被对它估价最高且有支付能力的使用者使用时，资源就是被有效地利用了。因此，微观经济学模型中关于个人在既定约束下争取效用最大化的假设就可以从逻辑上推出产出必定是有效率的。而某些模型之所以得出非效率的结论，在于模型遗漏了一些约束条件，比如，集体行动的交易成本或者法律限制等，再如某些产权安排的交易费用。事实上，在约束条件下，模型中的经济主体都完成了所有有利的交易，而当对双方有利的交易都完成时，帕累托效率也就实现了。

科斯在《社会成本问题》中指出效率就是制度收益或效用与交易费用的比较。受制度约束的每一个人的制度效用都是既定的，因而在比较制度效率时，唯一的变量就是交易费用。这一思想成为一般的制度选择基准。

产权归谁所有，会直接影响产权的最优配置。产权以其所归属的经济主体的类型分为私有产权、共有产权、集体产权、政府产权以及公有产权。一种产权安排是否有效率，取决于它是否能为在它支配下的人们提供将外部性较大地内在化的激励。在私有产权下，产权主体在作出一项行动决策时，会考虑未来的收益和成本倾向，并选择他认为能使他的私有权利的现期价值最大化的行动方式，来作出使用资源的激励。并且，产权主体为获取收益所产生的成本也只能由他个人来承担，因而，在其他产权形式下的许多外部性在私有产权下能够被最大限度地内在化，从而产生有效地利用资源的激励。唯一的明确的主体使私有产权不会留下任何产权置于"公共领域"，从而约束了人们对非权利主体的争夺和染指，也激励了产权主体以最有效率的方式行使其产权。因此，大多数新制度经济学家偏爱私有产权。

科斯虽没有明确否定公有制能创造效率，却声称私有制能够实现效率最优。德姆塞茨认为，只有私有产权才能完成推进市场发展和提高经济效率的任务。阿尔钦指出，在一个知识发散的社会，人们必须得到有保障的、可转让的私有产权，即以双方同意的价格用较低的交易费用对经济资源和可交易产品进行转让的权利。这一制度协调发散信息的能力使更有价值的物品的可得性增加，并使生产它们的成本变得越来越低。诺思则从经济史的角度强调私有产权激励了技术和知识进步，推动了制度变迁与社会的发展。张五常更是指出"私有产权独步单方"。

五　产权界定

产权界定是对资源使用进行选择的排他性权力的分配，而不是对资源可能的使用所施加的人为或强制的限制。

1. 科斯第一定理

科斯认为如果定价制度的运行毫无成本，最终的结果（产值最大化）是不受法律状况的影响的。在《社会成本问题》一文中，科斯通过对走失的牛损坏邻近土地的谷物生产这一案例分析，阐述了以上的观点。这一表述一般被解释为，如果市场交易费用为零（即定价制度的运行毫无成本），且权利得到明确界定，无论产权归属何方，经济当事人都可以通过市场交易实现资源的最佳配置，即资源配置效率与产权安排无关。

对于科斯的上述思想，不同的经济学家理解不尽相同。罗伯特·考特（1996）认为，经过多年的争论，所有的解释似乎已穷尽了科斯定理的含义，这些解释可以概况为以下三种。

第一种表述，法定权利的最初分配从效率的角度看是无关紧要的，只要交换的交易费用为零。威廉姆森是这种解释的代表。

第二种表述，法定权利的最初分配从效率的角度看是无关紧要的，只要这些权利能自由交换。以布坎南为代表的公共选择学派持这种解释。

第三种表述，法定权利的最初分配从效率的角度看是无关紧要的，只要这些权利能够在完全竞争的市场进行交换。舒尔茨是这种解释的代表。

2. 科斯第二定理

科斯认为，在（市场）交易费用为正的情况下，合法权利的初始界定会对经济制度运行的效率产生影响。也就是说，在交易费用不为零的世界中，产权的初始界定影响经济效率和产出水平，产值最大化受产权安排的影响，不同的产权界定带来不同效率的资源配置。这就是科斯第二定理。

科斯得出这样一个总结：在由法律制度调整权利需要成本的世界里，法院在有关妨害的案例中，实际上做的是有关经济问题的判决，并决定各种资源如何使用。如果由于交易费用高昂，通过市场无法实现最佳配置，可以通过法院裁决实现这种调整。也就是说，如果我们从一个零交易费用的世界走向一个正交易费用的世界，法律制度在这个世界的至观重要性便立刻呈现出来。

基于以上分析，科斯还做了进一步的推论：在不同的经济、法律环境下，外部性问题存在不同的解决方法，所有的解决方法都有成本，问题在于哪种方法成本相对较低。因此，必须考虑工作社会格局的运行成本（不管是市场机制还是政府管理机制）以及转成一种新制度的成本，在涉及选择社会格局时，我们应考虑总的效果。这体现了科斯的制度选择的思想，其倡导的是一种以净产值最大化为目标的比较制度分析。

3. 科斯第三定理

科斯认为权利的界定是市场交易的前提。张五常认为产权的界定是市场交易的重要序曲。现实世界里，如果没有产权的界定、划分和保护、监督等规则，产权的交易就很难进行。因此，产权安排是人们进行交易、优化资源配置的前提。

六　政府在产权界定中的作用

科斯认为，政府在某种意义上是一个超大型企业，其优势在于它可以凭借暴力潜能强制性规定人们必须做什么或不得做什么，从而以较低的费用办成一些私人机构极其费力的事情。也就是在现实中，政府对于产权的形成和界定有着巨大的促进作用。

当然，政府界定产权也要付出很大的交易费用，包括当事人向政府部门进行的游说、双方在诉讼中的讨价还价以及界定产权之后付出的实施、监督和保护费用等。再有，如果政府直接决定产权分配，或者限制市场的价格机制的调节作用，那么会出现资源配置状态不符合帕累托效率。巴泽尔和张五常对价格管制分析很好地说明了这一点。政府为了平抑物价或者其他目的，常常会将某些商品的价格定在低于市场出清价格的水平上。这就会出现消费者对商品愿意支付的价格与政府的最高限价之间有一个差额，从产权的观点看，它是一种非排他性收入（如果价格管制未采用票证配额等分配这部分收入的制度），这就意味着商品的一部分价值被置于公共领域，成为消费者和厂商角逐的对象，导致一些新的产权安排和行为。消费者方面，通常会选择排队的方式，即通过花费恰当的时间排队等候获得对管制商品的权利。这样，消费者需要支付的价格不仅是政府的限价，还包括排队的时间成本，即等待价格。巴泽尔在其 1974 年发表的《等待配给理论》一文中发现，消费者的等待意愿取决于商品的收入弹性和价格弹性的比率，相对于价格弹性，收入弹性的值越大，排队人群中富人所占的比例越大。价格管制也促使厂商的供给行为发生变化。巴泽尔在其《产权的经济分析》中分析美国 20 世纪 70 年代初汽油价格管制，结果显示，汽油销售商在规定价格下，降低了汽油的质量，以前加油由加油站提供加油服务变成让顾客自我服务，加油站的营业时间也明显缩短。

张五常在 1974 年发表的《价格管制理论》一文中总结了买卖双方对政府管制作出的反应性调整，调整的目的是使政府限制所引起的价值潜在损失减到最小，也就是使非排他性收入的耗散减到最小，并指出，假定非排他性收入存在且倾向于耗散，有关各方和每个人寻求尽量减少因限制引起的耗散额的方法。一般做法包括：寻求使用或者生产产品的另外方式，以便使资源使用价值的降低程度最小；探寻新的契约安排，以便能使其在产品生产过程中增加的交易成本减少；或者综合使用以上两者达到成本最低的目的。

第三节　契约理论

新制度经济学者从契约的视角就怎样的交易规则和契约安排可以最大限度地保障交易过程的顺利进行和降低交易费用开展了深入研究。

一　契约的含义

契约又称合同、合约，是法学、社会学、政治学和经济学中一个普遍使用的概念。在新制度经济学中，契约与交易是一对共生的概念，对契约的分析是为了进一步解释交易和制度问题。平乔维奇认为契约是人们用以寻找、辨别和商讨交易机会的工具。在所有权激励人们去寻找对其资产最具生产力的使用方法的同时，缔约自由降低了辨别成本。克莱因认为契约是通过允许合作双方从事可信赖的联合生产的努力，以减少在一个长期的商业关系中出现的行为风险或"敲竹杠"风险的设计装置。菲吕博顿等（1998）认为契约可以简单地理解为一个合法的双边交易中双方就某些相互义务达成的协议。契约有多种形式，可以是口头的或文字的、明示的或隐含的、简单的或复杂的、短期的或长期的。张五常认为契约就是当事人在自愿的情况下的某些承诺，它是交易过程中的产权流转的形式。

威廉姆森（1985，2001）在前人研究的基础上，对契约关系做了三种分类：古典契约、新古典契约和关系性契约。①古典契约。无论在法律意义上还是在经济学意义上，这都是一种理想化的契约关系，它意味着，契约条件在缔约时就得到明确的、详细的界定，并且界定的当事人的各种权利和义务都能准确地度量，也即，对于未来所可能出现的任何一种事件以及任何事件出现时契约双方的权利、义务、风险分享、契约执行和结果，都能够以毫无争议的文字写入契约条款，模糊和不详不细之处是不存在的。②新古典契约。这是一种长期契约关系，新古典长期契约主要有两个重要特征，一是在契约筹划时就留有余地，二是无论是留有余地还是力求严格筹划，契约筹划者所使用的程序和技术本身可变范围很大，导致契约具有灵活性。③关系性契约。这也是一种长期契约关系，它强调专业化合作和长期契约关系的维持。它意味着交易双方为了在交易中获得最大的预期收益，只在经济的原则下根据目前的情况部分地规定交易的属性和条件，对于那些虽关涉双方利益但在契约签定时就对将来的种种情况作出明确规定所费颇多或者根本不可能的条款，留待将来由交易双方进行过程性的、相机的处理，而且，初始明确的契约条款，一旦为交易双方认为不再适宜时，也可作相应修改。因此，与新古典契约关系的区别是，尽管二者都强调契约关系的长期维持和适应性调整，但新古典契约的调整始终以初始契约条件为参照物，关系性契约的调整可能参照也可能不参照初始协议，即使参照也不一定非坚持不可，而是根据现实需要作适应性调整，即关系性缔约活动将适应性贯穿到契约的始终，并且，关系性契约一般不需要第三方加入。

二 治理结构

各类不同的交易，从交易的管理和契约的执行的角度来看，也需要不同的组织来管理这些交易和执行这些契约，这就是威廉姆森所说的"治理结构"。威廉姆森认为传统上对契约问题的认识，存在明显的局限，必须对各类契约所对应的多种治理结构进行分析。威廉姆森进而将治理结构分为四类：市场治理、三方治理、双方治理和统一治理。

对于市场治理，威廉姆森强调市场上的"标准化契约"的作用。威廉姆森（1985）认为这类交易是会依法行事并使人从中受益。但这种依赖性不会很强。如果不具备标准化市场这个条件，但双方自行设计了一种他们可以领先的未来关系的格局，那么也会将这种交易称为合同。

威廉姆森认为能够进行三方治理的，其契约应该是新古典契约。威廉姆森认为新古典合同法大多具有追求完善的特点。因此，他不是一遇到问题就提交法院来裁决——那表明交易已经破裂——而是借助第三方的帮助（仲裁）来解决纠纷，并对行为作出评价。

在双方治理条件下，各方进行"自治"，而能够保证契约可以及时进行相应"适应性"调整而不至于形成太多纠纷的，是双方对交易稳定性的依赖。

统一治理就是一体化办法，通过兼并或者重组成为同一个经济决策主体。威廉姆森认为纵向一体化的优点在于它适应一系列连续的变化，无须不断地寻找、设计或修改临时性协议。只要双方的所有权统一起来，就能保证双方都得到最大利益。

威廉姆森认为，交易者会选择交易费用最小的契约安排和治理结构。他假设不确定足够大，从而使契约关系有必要不断进行调整；交易频率则被假定为两种情况：交易发生数次，以及交易经常重复发生。资产根据其专用性程度分为三类：通用性资产、专用性资产（或特质资产）以及介于二者之间的混合性资产。威廉姆森重点分析了资产专用性和交易频率与契约安排和治理结构之间的关系问题，得出了以下分析结论。不涉及专用性资产的交易，无论交易频率的高低，这时发生的都是古典契约关系，相应的治理结构是市场治理结构。在这种情况下，资产的专用性很弱，是通用性资产，交易双方互相不依赖，各自都可以随时将自己的资产转移他用或以较低成本找到交易伙伴，双方不关心交易关系的持续性。双方的关系依靠事先签订的契约，一旦发生纠纷，可以采取法律诉讼。

如果交易频率较低，只是偶然方式，资产是混合性的或是专用性的，这时发生的是新古典契约关系，相应的治理结构是三方治理结构。如果交易频率较高，并且资产是非通用性的，这时发生的是关系性契约。如果资产是混合性的，相应的治理结构应是由当事人双方治理；如果资产是专用性的，相应的治理结构是由一方当事人统一治理结构即一体化治理。

三　委托—代理理论

现实经济生活中，委托—代理关系无处不在，是一种普遍现象。詹森和麦克林（1976）认为，委托代理关系是这样一种明显或隐含的契约关系：在这种契约下，一个人或者更多的行为主体（即委托人）指定、雇佣另一些行为主体（即代理人）为其提供服务，并授予某些决策权，委托人根据代理人提供的服务数量和质量支付相应的报酬。普拉特和泽克豪瑟（J. Pratt and R. Zeckhauser, 1985）认为，只要一个人依赖另一个的行为，那么委托代理关系便产生了，采取行动的一方为代理人，受影响的一方为委托人。从不同的学者对委托代理关系的描述，委托代理关系存在于任何包含两个或者两个以上的组织和合作中。Hart（1987）认为委托代理关系起源于"专业化"的存在。当存在"专业化"时，就可能出现一种关系，在这种关系中，代理人由于相对优势而代表委托人行动。

现实生活中存在大量代理人偏离委托人的利益行事的现象，因而出现了委托代理问题。詹森和麦克林（1976）认为，如果委托代理双方都追求效用最大化，那么就有充分的理由相信，代理人不会总以委托人的最大利益来行动，也就是说，委托代理双方的效用函数往往是不一致的，代理人并不一定为委托人的利益服务，甚至不惜牺牲委托人的利益为代价来谋取私利；进一步提出了代理成本概念，他们指出代理成本来源于管理人员不是企业的完全所有者这样一个事实。经济学的假设是人都是理性的效用最大化者，因为委托人和代理人的效用函数不一定总是相同的，而且委托人与代理人之间存在信息不对称性，因而使得两者之间的代理关系容易产生一种非协作。一方面，委托人不可能对代理人做到完全激励；另一方面，委托人对代理人实行监督的成本有可能大于其收益，不可能建立起完善的监督机制。

阿罗（Arrow, 1985）进一步将委托代理问题区分为两种基本类型。

一是道德风险（moral hazard），指代理人借事后信息的非对称性、不确定性以及契约的不完全性而采取的不利于委托人的行为。简单地说，道德风险就是代理人借委托人观测监督困难之机而采取的不利于委托人的行动。二是逆向选择（adverse selection），指代理人利用事前信息的非对称性等所进行的不利于委托人的决策行为。也就是说，代理人拥有委托人所观察不到的信息，并利用这些私人信息进行决策。

从具体形式上来看，在现实中，委托代理问题又有多种具体表现形式。梯若尔（Tirole，1986）证明了多个代理人的"合谋"，如工人合伙对付经理、工人和经理合伙对付股东，会给企业带来额外的费用。伯恩海姆和惠因斯顿（Bernheim and Whinston，1986）则研究了多个委托人之间的"协调"问题。如，子公司的销售经理至少有子公司经理和总公司主管销售的副总裁两个上级，这两个上级目标往往不同，甚至相互冲突，从而导致管理的效率降低。许多经济学家研究了新兴市场中的另一种委托代理问题，即发生在公司里居控制地位的大股东和小股东之间的委托代理问题。哈佛经济学家安德雷·施莱弗（Andrei Shleifer）及他的研究小组很形象地用"隧道行为"（Tunneling）来描述这一类型的"代理人问题"，意即上市公司（或者说是控制上市公司的大股东）用种种手段挖掘见不得光的地下通道，将财富从小股东钱包里偷走。

显然对于委托代理问题，一个有效的解决办法是加强对代理人的监督和激励，抑制代理人的机会主义动机。阿尔钦和德姆塞茨（1972）认为，企业组织有两个至关重要的问题：计量投入的产出以及计算报酬并使报酬等于其边际产出。砝码（1980）提出利用代理人的市场声誉督促代理人努力工作，他认为代理人市场会对代理人行为产生约束作用，提高其违约成本。范里安（1991）提出，解决委托代理问题的另一种办法是利用潜在的代理人相互竞争，从而在代理人之间形成相互制约的机制。平狄克、鲁宾菲尔德（2009）认为可以建立委托代理框架中的激励机制，他们分析了通过设计利润分享安排和奖金支付制度适于解决所有的委托代理问题，认为当直接衡量努力结果不可能时，奖励高水平的努力结果的激励结构能够使代理人追求所有者设定的目标。

四　不完全契约理论

菲吕博顿和芮切特（2006）指出，虽然委托代理理论方法中，分析的焦点是合约各方之间的信息不对称，但是不完全合约模型关注的情形却是，合约各方共享一些私人信息，但对于法庭这样的外部人来说，这些信息是得不到的。承认交易双方之间存在第三方无法证实的影响契约关系的相关信息，就是契约理论的"不可证实"假定。

威廉姆森（1985）认为，契约不完全是由有限理性、交易费用大于零和机会主义行为引起的。他认为，专用性资产的投资、交易频率低以及交易中的不确定性等因素，使市场上的交易中有着明显的"正交易费用"的特点；交易双方也并非绝对的"君子"，在交易费用大于零的条件下，一方可能凭借自己在交易中所占有的优势地位，通过"机会主义"行为"损人利己"；而由于交易双方都只是"有限理性"的，所以在这种条件下，签订一个"完全契约"是不可能的。

在现实经济生活中，由于合同的不完全性，合同执行过程中出现争议不可避免。尽管不少合同行为的争端最后可能通过诉诸法院来解决，但是，大多数合同行为的争端是依赖习惯、诚信、信誉等因素的作用来解决的。也就是说，合同各方可能是尽量依靠他们自己的力量与方式来解决合同的争端，而不是诉诸法律。这就产生了自我实施合同或默许契约的观念。威廉姆森等人从不同角度研究了这一问题。威廉姆森（1985）认为，法庭并不适应维护交易的长期性，法庭本身不可能是克服机会主义行为的唯一依靠，而且法庭也受机会主义行为（如律师）和有限理性（如法官）的影响。因此，如果可能，法庭秩序就会被私人秩序取代或补充，也就是被合同双方的自我实施协议所取代。在私人秩序中，事前达成的防范机会主义的保证措施起着关键作用。通过提供质押物、抵押、公开保证书，通过一体化治理，或者通过订立自我实施协议，承诺具备了可信赖性，可以保证合同得到实施。一般情况下，交易双方都了解那些强有力的法律范围以外的制裁措施，当基本的行为准则被违背时，这些制裁措施就会生效。

克莱因等（1978）在《纵向一体化、可占用租金与竞争性缔约过程》中强调了默认契约的重要性。他们认为产生毁约危险的原因在于存在可能被有关当事人占用的专用性准租金，这种准租金使机会主义行为由可能变为现实。所谓准租金是指某项资产最优使用者超过次优使用者的价值，它产生于专用性投资，在现实中，有关当事人（即契约双方）都想尽可能地占有这部分准租金。针对这种机会主义行为，具体的契约解决主要有两种：明确契约和默认契约。在现实中，相对非正式的、不涉及法律的契约实施占支配地位，真正依靠法律明确裁决的契约实施极为罕见。默认契约是指非正式的不涉及法律的契约关系，是交易双方共同认可的、以双方对交易关系的依赖为基础来维系和调整的契约关系。克莱因等人认为，默认契约更符合"竞争性缔约过程"的要求（强调的是市场力量、契约自由、缔约自愿）。认为自我实施的契约的运行方式之一就是给潜在的欺诈者提供一种未来的"贴水"，并且使它超过从欺诈中获得的潜在收益。这种"贴水"实际上就是为防止欺诈活动而支付的保险费用。只要交易双方对由欺诈而获得的潜在的短期收益有相同的估计，这种保险的数额就会达到供求平衡，可以预料的机会主义行为就不会发生。他们还指出，如果预料到缔约后毁约行为会发生，那么支付一定的"贴水"是最佳的阻止办法。如果这种"贴水"过于昂贵，那么特定的交易就不会发生。克莱因（1985）认为，交易的一方通过违约往往可以获得数额巨大的一次性补偿。但是他将招致两方面的损失：一是他的专用性投资的损失；二是他在将来的交易中必须花费更大的代价才能达到若履行契约而没有招致"信誉"损失时的交易水平。因此，若给予交易对方一种未来的"贴水"即把价格定得高于完全竞争水平，保证交易对方足够的收益流量，交易双方一般不会违约，契约绩效能够得到保证。

哈特等人（1986，1990，1995）在一系列文献中研究了契约的不完全性以及由此引发的权利和控制的有效配置问题，他们试图用较为清晰和标准的模型语言，对不完全契约下的权利和控制问题进行更为深入的分析。学界通常将这些研究称为新产权理论。

对契约不完全产生的原因，哈特认为：契约不完全是由于未来的不确定性、交易双方缺乏统一语言规定契约的或然条款，以及第三方不可证实的问题。具体而言，就是交易双方无法明确知道未来可能发生的一切可能情况；即使知道了这些情况，交易双方也难以找到双方都认可的没有歧义的统一的语言来规定这些或然情况；而即使规定了这些情况，作为执行参照标准的相关变量，也可能是第三方所无法证实的，也就是说，契约难以获得来自第三方力量的强有力的监督、裁决以保证其执行。因此，新产权理论特别强调在交易过程中、在契约执行中的调整与再谈判。

既然签订一个完全契约是不可能的，那么如何避免纠纷出现，新产权理论认为通过交易过程中的"再谈判"来解决交易中出现的各种情况。不完全契约的新产权理论的基本理念就是在交易过程中，在契约执行中，通过事后的再谈判来调整契约的内容，安排好契约的执行。哈特（1987）指出，双方会很理性地将许多不定事项暂放在一边，因为"等着看看会发生什么"比考虑大量不可能发生的事件要好一些。当然再谈判亦存在各种成本，对于交易的进行和调整有着非常明显的影响。哈特（1995）总结指出：双方会就如何修改相关条款，尤其是调整对相关收益的分配而争论不休；争论中，由于交易双方是信息不对称的，对于同样的实物，双方的判断会不一致，这也可能导致最佳的契约安排无法进行；任何一方进行了"专用性资产"的投资，都有可能在再谈判中被对方"敲竹杠"，即侵夺其专用性资产的"准租金"，这会导致交易双方都回避进行专有性资产的投资，转而选择"次优"的"通用性资产"，这种通用性资产，从效率的角度来看，并不是最优的，但是，由于增加了自己选择的余地，提高了对方所面对的竞争，可以在很大程度上节约交易成本——这类决策牺牲了某些专业化的效率利益，但是在不完全契约世界里，通过投资为各方提供的安全保障要大于这些效率损失。如何节约再谈判的交易费用涉及"再谈判设计"问题。

第四节　组织理论

诺思在其著作《制度、制度变迁与经济绩效》中区分了组织与制度，将组织视为博弈的参与者，将制度视为博弈的规则。其实，组织既是制度的参与者，其本身也是一种重要的制度。西方学者从企业和国家两个层面分析制度安排。

一　企业理论

对企业的研究是新制度经济学分析的起点，正是科斯于 1937 年发表的《企业的性质》一文。它开启了制度分析与新古典分析相耦合的"新制度经济学"。新制度经济学认为像新古典经济学那样将企业视为一个投入与产出之间的"黑箱"，忽略了企业内部的组织和制度问题。新制度经济学有关企业的理论主要包括企业的性质和纵向一体化等内容。

1. 科斯

探寻企业的本质需要回答企业是什么以及企业为什么会存在的问题。科斯继承康芒斯的传统，将"交易"作为经济分析的基本单位，重点考察社会组织的契约性质。科斯从经济协调和资源配置角度分析企业的本质，认为企业与市场一样是作为经济协调工具和资源配置方式而存在的。企业作为一种资源配置方式存在的原因在于，市场利用价格机制配置资源是存在交易成本的，其中最明显的交易成本就是发现相关价格的耗费。在新古典经济学完全信息和完全理性的假设下，经济主体可以免费获得与其经济行为相关的所有价格信息。但科斯认为，即使存在买卖信息的专业人士，也只可能减少这类成本，而不可能消除。除此以外，交易成本还包括每一笔交易的谈判和签约费用。虽然在某些市场（如农产品市场）可以设计一些技术来最小化契约的成本，但也不可能消除。

在利用价格机制配置资源存在交易成本的情况下，通过形成一个组织，并由权威（企业家）来支配资源，就能节约某些市场运行成本。科斯继而分析了企业相对于市场（价格机制）具有成本优势的原因。第一，企业的存在减少了签约的数量。因为当企业存在时，某一生产要素（或它的所有者）可以充当中心签约人，与其合作的其他要素签订一系列契约，从而将要素所有者之间的多边契约关系转变为要素所有者与中心契约人之间的双边契约关系，减少了契约数量。另外，企业用一个长期契约代替若干短期契约，可以节省部分签订契约的费用。第二，企业可以以低于它所替代的市场交易的价格得到生产要素（否则要素交易将重新回到公开市场）。第三，企业契约关系的特性在于，生产要素所有者通过签约获得一定的报酬（固定或浮动的）并同意在一定限度内服从企业家的指挥。企业家在限定的范围内，利用其权力在不确定性环境中将生产要素配置到"最优"的用途。由此可见，企业的存在是为了节省交易成本，是在利用价格机制配置资源存在较高交易成本时对价格机制的替代。

企业的存在是因为利用价格机制配置资源存在交易成本。与此相对应的问题是，既然企业能够节约交易成本，而且事实上也确实节约了交易成本，那么为什么市场交易仍然存在？为什么所有生产不是由一个大企业进行？科斯的回答是利用企业配置资源并不是免费的，而是存在组织成本。在资源数量既定的前提下，是采用价格机制配置资源还是采用企业配置资源取决于二者相对成本的高低。由于利用企业进行资源配置的组织成本并不总是低于市场的交易成本，因而将所有的资源配置完全交由企业完成并不是最优选择。资源最优配置的条件是满足"等边际成本"原则——利用市场价格机制配置的最后一单位资源的边际成本（交易成本）等于利用企业配置的最后一单位资源的边际成本（组织成本）。由此可见，市场交易成本和企业组织成本的高低决定了企业可以配置的资源数量的多少，从而决定企业规模的大小（企业的边界）。当追加的交易由企业家组织时，企业就变大；当企业家放弃对这些交易的组织时，企业就会变小。

科斯具体分析了（随着所配置资源数量的增加）企业组织成本的上升导致企业不能无限扩张的原因：一是随着企业规模的扩大，企业家函数存在的收益递减规律会导致在企业内部追加单位交易的成本上升；二是当组织的交易增加时，企业家或许不能成功地将生产要素运用在它们价值最大的地方，即不能实现生产要素的最佳利用；三是一种或多种生产要素的供给价格可能会上升，因为小企业拥有大企业不具备的"其他优势"，从而导致需要对大企业的企业家提供更多的报酬，以弥补其丧失经营小企业机会的非货币性收益。基于上述原因，科斯在企业—市场两分法下，通过对"在企业内部生产，还是通过市场购买"问题的分析，研究了联合和一体化问题，认为企业作为市场机制的替代物，替代程度是有限的，企业只会扩张到在企业内部组织交易的成本等于在另一个企业组织中的组织成本，或是等于由价格机制"组织"这笔交易所包含的成本为止。在满足上述条件的"边际点"上，企业的最优边界也随之确定。

2. 威廉姆森

作为将科斯的交易成本概念推向"可操作层面"的经济学家，威廉姆森从资产专用性、人的有限理性和机会主义三个层面拓展了对交易成本产生原因的分析，并以交易作为基本分析单位，提出了资产专用性、交易不确定性和交易频率三个刻画交易的维度。威廉姆森认为：应该根据交易的不同属性采取相应的治理结构，以降低事前和事后的交易成本，而企业就是作为一种交易的治理结构而存在的。其理论的基本逻辑思路为：由于人是有限理性的，在交易中并不能预见未来的各种意外事件（contingencies），更加难以用双方都没有争议、能被第三方证实的语言缔约，因而任何一项交易的契约必然是不完全契约。在契约不完全的情况下，具有机会主义倾向的经济主体为牟取个人私利，在缔约后不可避免地会出现拒绝合作、制造条件违约及阻碍再谈判等危及契约有效执行的行为。为保证契约关系能够持续、良性地发展，就必须根据不同性质的交易或契约采取不同的治理结构，并通过对不同治理结构的比较，最终选择交易成本最小的治理结构。

3. 格罗斯曼和哈特

哈特认为企业产生在人们不能拟定完全契约从而权力和控制变得极为重要的地方。其基本的逻辑思路是：契约的不完全性导致交易各方缺乏进行事前关系专用性投资（relation-specific investment）的激励，因此应该通过最优的产权安排获得最大化的联合产出。生产应该由两个独立的企业分别进行还是由一个企业进行取决于企业之间资产的互补性程度。格罗斯曼和哈特将契约权利（contractual rights）分为两种类型：确定性权利（specific rights）和剩余权利（residual rights）。前者是指已经在契约中做了明确规定的契约方对资产的权利，后者则是在初始契约中没有明确规定的所有与资产相关的权利。格罗斯曼和哈特对企业所下的定义为企业由其所拥有的资产（如存货、机器）所组成。因而，两人认为企业的本质是一种物质资产的集合体。基于此，有关契约权利中的剩余权利也是对物质资产的权利，即"剩余控制权"。哈特将资产所有权等价于资产的剩余控制权，认为剩余控制权和剩余索取权应该是对应的。谁拥有剩余控制权谁就应该拥有剩余索取权，否则这种权利配置就不是最优的，会导致企业效率损失。

4. 阿尔钦和德姆塞茨

科斯认为企业是一种不同于市场的科层组织，这种看法遭到了很多批评。其中著名的有阿尔钦和德姆塞茨。1972 年，他们合作的《生产、信息费用与经济组织》一文提出团队生产理论。阿尔钦和德姆塞茨首先否定了企业契约和市场契约之间存在的权威性差别。他们认为，将企业的特征定义为通过命令、权威或约束行动解决问题是一种错觉。企业并不拥有其所有的投入品，它没有发号施令的权力，没有权威，没有约束行动，这和任何两个人之间的一般市场契约完全一样。因此，企业无非是一种特殊的契约安排，其本质是生产的团队性质。为什么会出现团队生产，他们认为主要在于团队生产能够利用专业化分工协作的优势。并且，他们进一步指出：资源的所有者通过专业化的协作来提高生产率，由此产生了对那种能够促进合作的经济组织的要求。他们认为企业或者团队生产之所以出现，主要是由于单个的私产所有者为了更好地利用各自的比较优势，生产出大于单个生产之和的总产出。显然，他们将合作看作是组织的一个重要性质。并将团队生产的特点归结为：①使用不同类型的生产要素；②总产出并不是单个要素产出的简单加总，因为每种要素都会影响其他要素的边际生产力（边际产量）；③生产使用的要素属于不同的所有者。但是在团队生产的总产出中，无法计算出各部分要素投入的边际贡献量，这也是团队生产中的"计量问题"。这是因为，在一个生产团队中，一个要素的贡献往往与其他要素的贡献交织在一起，难以区分，而且在多数情况下，投入的每一种要素都是必不可少的，任何一种必不可少的要素的缺失都会导致生产无法进行。要解决计量问题以及其偷懒行为，需要对团队生产中的要素所有者，尤其是一线劳动者进行监督。监督是为了考察生产团队中各个成员的行为，对偷懒行为进行惩罚，对积极的努力行为进行奖励，从而尽量纠正团队生产中的计量问题所导致的"激励不足"和"约束不足"的问题。

二 国家理论

西方学者就国家起源、性质和作用、国家如何推动经济增长等方面展开了相关研究。

1. 国家起源

新制度经济学家主要运用产权、交易与契约分析来讨论国家起源的逻辑关系与演变过程。

波斯纳（1980）以新制度经济学的分析方法提出了关于无国家社会的新的见解。他认为，在无国家社会，对交易或交换的分析的经济理论基础不是生产的专业化分工，因为在无国家社会，交易的主要功能是提供社会所必需的防止挨饿的保险。原始社会简单的生产技术加上家庭生产以及缺乏专业化分工，使得每年的产出一般刚够维持生存，自然条件的变化或许会使每家每年生产的食品有一定的波动，原始的技术却不能使丰年的产品储存起来供荒年使用，而且，在无国家社会也不能用征税和发放救济金的方法影响家庭之间的食物分配。因此，原始社会需要一种比婚姻的形式、家庭或亲属之间的交换、赠送礼品等更为复杂的交易形式，即防止饥饿的保险。由于原始社会的家庭规模相对太小，无法应付歉收或动物疾病等所导致的产出波动，因此大的亲戚团体就成为基本的保险单位。因为大的团体能降低单个家庭与其生活资料生产之间的相关程度，从而提供更多的保险。但是，随着社会专业化分工和交往范围的不断扩大，社会成员之间狭隘的地域性的血缘联系不断被削弱，社会需要其他更持久、更有力也更系统的力量来适应日益复杂化的交易关系，维持必要的社会秩序，为社会成员提供更为复杂的生产保险。在这些所需要的力量中最重要的就是国家。这样，随着社会需求的扩大，保险单位也逐步扩大，一步一步地由家族朝社区、自治领地和国家方向转化。

诺思和托马斯（1999）则通过对中世纪庄园制及其演变的分析，解释了民族国家的兴起。"最有特色的庄园村落包括经济的和行政的两个不同部分，并力求达到两个密切相关的目标，即村民的生存及领主的收益和权威""村民按照庄园的惯例（习俗）对他们有条状地进行耕种、播撒、收割……村民除自己的口粮外，他们的劳动还有要供给军事统治阶级和有关神职人员的衣食之需，而这后两种人则通常给他们以短暂的安宁、公正、教导和诚谕"。这说明，习惯法是庄园不成文的"宪法"，或者说是无政府社会的一种重要制度安排。这种非正式的但长期存在的制度安排是早期社会向国家转化的过渡形态，是国家形成的一个重要环节。

在庄园制经济中，存在一种互惠的契约关系，体现在农奴以劳役的方法换取领主的保护性服务。因为，在保护方面，设防的城堡和具有专门性作战技术的骑兵提供了地方安全。当时的动乱加之军事技术上的特点使庄园制成为有效的保护模式，领主专门生产"保护"和"公正"，农奴则供给他们的衣食所需。但是，暴力资源的这种分配是低效的，产权保护费用也相当高。随着各种资源与技术的相对变化，暴力资源的这种分散的配置方式必然发生变化。随着新的技术的出现，如新的军事技术（长弩、长矛、火药）的出现，最有效的军事单位的最优规模逐渐扩大，这样，庄园为了效率必须扩大成为一个共同体、一个国家。

2. 国家的性质和作用

诺思（1995）认为，虽然契约论和掠夺论两种理论都能在历史上和现实中找到佐证，但它们均不能涵盖历史和现实中的所有国家形式，因而不具有一般性和普遍性。诺思认为，作为个体公民作出集团决策以达到个人目的的手段和场所，国家兼有契约和掠夺两重特性，也就是国家既有生产性也有潜在掠夺性，并且诺思提出了国家的"暴力潜能"分配论。"暴力潜能"分配论认为，如果暴力潜能在公民之间进行平均分配，便产生契约性的国家；相反，如果分配是不平等的，则产生掠夺性的国家。

在诺思看来，国家是一个在行使暴力方面具有比较优势的组织。由为追求自身福利最大化或效用最大化的统治者操纵。他垄断着暴力的行使权和公共服务的供给，而且是一个带有歧视性的垄断者。凭借其垄断地位，统治者与他的选民达成一种长期的契约关系，该契约的核心在于规定公共服务于税收的交易条件。统治者影响交易条件的能力取决于他所具有的垄断能力。具体来讲，垄断者通过影响交易条件获取垄断租金，也就是说，实现其效用最大化的能力受到三个因素的制约：①来自国内外潜在竞争者夺权的威胁程度，即统治者被替代的可能性；②统治者必须雇用从事公共服务供应和税收活动的代理人，代理人的机会主义行为则是统治者的障碍；③各种测度费用，尤其是测度税基的费用。

总之，统治者谋取自身利益最大化要受到生产问题、代理问题以及度量成本问题的限制。统治者是在竞争约束和交易费用约束下最大化自身福利。在这些约束下，统治者出于追求自身福利最大化这个根本目标的考虑，必须为整个社会提供一组基础性的交易规则。这组规则主要服从两个目标，一是为统治者垄断租金最大化提供一个产权结构；二是在满足第一个目标的前提下，尽可能地减少交易费用（既包括测度产品与劳务以确定税基的费用，也包括统治者与代理人之间的代理费用），以便促进社会产出的最大化。

3. 国家、产权与意识形态

国家在经济增长中起着关键性的作用。在一个社会的发展过程中，国家通过不断地界定和明晰产权，引导社会意识形态，在国家、产权、意识形态三者之间建立起良性的互动关系，进而有效地推动制度创新、促进经济增长。

诺思认为意识形态可以被定义为关于世界的一套信念，是人们关于周围世界的一种总体观点和判断，它们倾向于从道德上判定劳动分工、收入分配和社会现行制度结构，而关于现存制度公平及合法性的判断是其中最重要的组成部分。具体而言，诺思（1995）认为，意识形态有三个基本特征：①意识形态是个人与其环境达成协议的一种节约费用的工具，它以"世界观"的形式出现从而使决策过程简化；②意识形态是与个人对其所领会的关于世界公平的道德和伦理判断纠缠在一起的，因而可以在相互对立的理性和意识形态中进行选择；③当个人的经验与他的意识形态不一致时，他会改变意识形态上的看法，当然，在他改变之前，必然有一个经验和意识形态不一致的积累过程。

诺思认为，意识形态是可以改变的。在他看来，意识形态会因人们所处的地位、所获得具体经验的不同（主要由地理位置变化和职业分工不同造成）而呈现显著差异，甚至常常表现为尖锐的对立状态，尤其当相对价格发生变化而使不同要素所有者相对位置出现变化时更是如此。诺思提出了导致意识形态改变的四种有关相对价格的选择：①产权的改变，即否定了个人对其过去一直拥有的资源的权利，而这些权利已被人们作为习惯或公正予以承认；②在要素市场或者产品市场上，交换的条件偏离了已为人们认为是公平交换的比率；③在劳动中，一个特殊的集团的相对收入状况发生了偏离；④信息传播速度的降低，结果使人们相信不同的或更为优惠的交换条件可能在别处占优势。诺思强调，随着社会的专业化和分工的发展，与交易有关的测度、监督费用越来越高，因而越是需要有效的伦理道德准则来约束各自的机会主义行为。

诺思进一步认为，成功的意识形态一般必须具有这样三个特征：①能够解释历史，并对现行的所有权结构和交易条件有所说明；②具有灵活性，以便能够赢得新团体的忠诚，并能够吸引少数民族和妇女等；③能克服"搭便车"问题，使个人摈弃私利和促使交易双方决策过程简化，从而节省交易费用。而且意识形态与产权之间也存在互动关系。不仅产权的变化会引发意识形态的改变，而且意识形态对产权的界定有着不容忽视的影响。正是不同的意识形态，产生了东西方不同的社会结构、不同的产权结构。

正是因为意识形态具有节约交易费用的作用以及具有可改变性，因此，大多数国家都努力通过多种途径对意识形态施加影响。而且意识形态具有公共物品的特点，对它的投资有着规模经济的性质和很强的外部性，因而意识形态应该而且只能由政府来进行投资。

4. 国家在产权制度中的作用

国家在产权制度形成中的功能主要体现在：①国家凭借其暴力潜能和权威在全社会实现所有权；②在产权安排完全是私人之间的合约时，国家承认这种合约安排的合法性和有效性，包含依据这种合约进行正当的产权交易，这样，作为第三方来对契约双方进行约束，减少不确定性带来的风险；③在产权的变更和取得不是通过个人之间的交易，而是通过国家权力强制作出的安排中，可以减少一系列的费用，如度量费用、信息费用等；④国家还可以通过干预私人间的产权交易以使社会福利不遭受产权重新安排的冲击，如对产权交易的价格限制，对产权交易的范围限制等。

国家也常常造成低效产权。主要表现在：①国家为了自身利益的最大化而维持有利于某一集团的财产权利制度，如维系短期的财政收入或者找出短期繁荣的表象以期获得政治收益；②对产权形式的选择和歧视；③国家的干预和管制常常造成所有制残缺，所有制的残缺程度与管制的程度成正比；④国家常常会滥用权力，一些产权本可以由市场和企业界定，而且通过这样的安排可能只要更少的成本；⑤有时统治者为了自身的利益，也有可能故意使产权模糊，以期获得更多的租金，如在一些国家，一些领导者故意培植多个利益集团，形成力量均势，以巩固个人的地位。

第五节　制度变迁理论

从动态分析的角度来看，任何事物都有其产生、发展和消亡的过程，制度亦不例外。西方新制度经济学者通过对经济学动态分析探讨制度变迁的基本规律。

一　制度变迁的主体及动因

诺思在 1990 年出版的《制度、制度变迁与经济绩效》一书中指出，制度是人们创造出来的东西，制度演进着，亦为人们改变着。也就是说，制度是人发明、设计和创造出来的，也是能为人们的有意识的行动所改变的约束人们行为的规则。诺思认为，只要是有意识地推动制度变迁或者对制度变迁施加影响的单位，都是制度变迁的主体，可以是政府、一个阶级、一个企业或别的组织，也可以是一个自愿组成的或紧密或松散的团体，也可以是个人；进而认为制度变迁分别有个人、团体和政府三个层次的变迁主体，这三个层次的制度变迁主体都是追求利润最大化的企业家（广义企业家）。在稀缺经济下的竞争导致企业家和组织加紧学习以求生存，并在学习过程中发现潜在利润，创新现有制度。

诺思进一步将制度变迁的主体区分为初级行动团体和次级行动团体。初级行动团体是一个决策单位，它的决策支配了制度安排创新的过程。因而，任何一个初级行动团体的成员至少是一个熊彼特意义上的企业家。初级行动团体启动了制度创新与变迁的进程，并为创新与变迁支付成本，但是不一定承担全部的创新成本。次级行动团体也是一个决策单位，是用于帮助初级行动团队获得收入而进行制度变迁的团体。但是，次级行动团体也是从自身出发参与变迁的，不过他是通过迂回的收入再分配方式来追求目标的实现的，因而是一个"准企业家"团体。初级行动团体是制度变迁的创新者、策划者、推动者，而次级行动团体是制度变迁的具体实施者。

西方新制度经济学者以现代微观经济学的框架来研究制度变迁。因而，它是从制度变迁的主体的行为动机或追求来解释制度变迁的原因。例如，舒尔茨分析认为，人的经济价值的提高，导致制度需求或者制度偏好的变化，提供了制度创新与变迁的动力。诺思更是将相对价格变化导致制度需求或制度偏好变化从而创造了创新与变迁的机会的思想一般化。他指出，相对价格的变化是制度变迁的动因，它提供了一个建立新的制度安排的激励。在诺思看来，制度变迁的动因在于企业家所洞察到的获利机会。企业家将现存制度框架下重立契约所可能获得的益处进行评估，并把此收益与把这种资源用于改变既存制度框架所获收益相比，以此来决定制度变迁的成本，从而作出是否进行制度变迁的决策。

二　制度变迁的方式

由于人们的利益取向不同，制度的成本与收益分布不均，制度变迁的方式亦不相同。

1. 渐进式变迁与激进式变迁

诺思指出，渐进式变迁是指交易双方为从交易中获取某些潜在收益而再签约，它是连续的变迁，没有大起大落或者中断，而是一个演进过程，是相对革命式变迁或者激进式变迁而言的。革命式变迁是非连续的，是正式规则的一种根本变迁，它常常是武力征服和革命的结果。他进而指出，战争、革命、武力征服以及自然灾害都是非连续性制度变迁的源泉。但是诺思指出，由于体现于习俗、传统和行为准则中的非正式约束在社会嵌存，不会因为革命而中断联系，革命式变迁也并非完全间断的。

2. 诱致性变迁和强制性变迁

林毅夫（1989）发布的《关于制度变迁的经济学理论：诱致性变迁与强制性变迁》一文，首次将制度变迁区分为强制性变迁和诱致性变迁两种。林毅夫认为，诱致性变迁必须由某种在原有制度安排下无法得到的获利机会引起，进而将引起制度不均衡的原因归结为四个方面：①制度选择集合改变；②技术改变；③制度服务的需求改变；④其他制度安排改变。诱致性制度变迁有以下几个特点：①营利性，即只有当制度变迁的预期收益大于预期成本时，有关群体才会推进制度变迁；②自发性，即诱致性制度变迁是有关团体对制度不均衡的一种自发性反应；③渐进性，由于制度的转换、替代、扩大需要时间，从外在利润的发现到外在利润的内在化要经过许多复杂环境，因此诱致性变迁往往是一种自下而上、从局部到整体的渐进式的制度变迁过程。

国家作为主体介入制度变迁（强制性制度变迁）有如下好处：①具有规模经济；②弥补制度供给不足的问题；③减少制度变迁的时间；④供应作为纯公共物品的制度。

国家作为制度变迁的主体也会造成制度变迁的失败。林毅夫（1996）总结为以下几个方面：①统治者的偏好和有限理性；②意识形态刚性；③政治体制问题；④集团利益冲突；⑤社会科学知识的局限性。

三　制度变迁的过程

诺思将制度变迁的过程分为五个阶段。①形成制度变迁的初级行动集团或第一行动集团。它们是对制度变迁起主导作用的集团。②制定有关制度变迁的方案，包括确定变迁的目标、确定选择集合。③确定变迁方案，根据制度变迁的原则对各种变迁方案进行评估，并作出选择。④形成次级行动团体，即制度变迁的第二行动集团。⑤最后阶段就是两个集团共同努力去建立新的制度安排，实现制度变迁。诺思指出，经过上述过程，制度安排会达到均衡，但由于供求因素的变化，制度安排又会出现非均衡，为此又要进行制度创新，进入一个新的制度变迁周期。

制度变迁的五个过程暗含着制度创新滞后于潜在利润的出现，这就是制度变迁的时滞。诺思等将制度变迁的时滞分为四部分：①认识和组织时滞，即从辨识外部利润到组织初级行动团体所需要的时间；②发明时滞，即发明新的制度安排的时间；③"菜单选择"时滞，即在制度选择集合中选定一个能满足初级行动团体利润最大化的制度所需要的时间；④"启动"时滞，即可以选择的最佳制度安排和开始旨在获得外部利润的实际操作之间存在时滞。诺思进一步指出，影响制度变迁时滞的三个特别重要的因素：一是现场的法律和制度安排；二是现存的制度技术状态，也可以以另一种方式影响供给反应的时滞；三是如果革新必须要等待新安排形式的发明，则新制度安排的供给时间也需要一个很长的过程。这其中第一个因素更为重要。

四　制度变迁过程的演化分析

诺思认为，在制度变迁中同样存在报酬递增和自我强化的机制。制度的演进一般有两个方向：一个是初始制度不断加以完善和强化；另一个是制度的转向，即旧制度被新制度所取代。前者表明制度变迁具有路径依赖的特征。正如诺思所说，"人们过去作出的选择决定了他们现在可能的选择"。在制度变迁中，自我强化机制主要表现在：①设计意向制度需要大量的初始设置成本，而随着该制度的推行，单位成本和追加成本都会下降；②制度变迁的速度是学习速度的函数，适应制度而产生的组织会利用制度框架提供获利机会；③通过适应制度而产生的组织与其他组织会逐渐产生协同效应，而且一项规则的产生必将会导致其他正式规则以及一系列非正式规则的产生；④由于适应性预期，随着一项制度的推行，不确定性将会减少。

　　基于制度变迁的这些特性，诺思总结了两条路径依赖。一是一旦一种独特的发展轨迹建立以后，一系列的外在性、组织学习过程、主观模型都会加强这一轨迹。二是一旦在起始阶段带来报酬递增的制度安排，在市场不完全、组织无效率的情况下，虽然阻碍了生产活动的发展，但由于产生了一些与现有制度共存共荣的组织和利益集团，这些集团就不会进一步投资，而只会加强现有制度，由此产生维持现有制度的政治组织，从而使这种无效的制度变迁的轨迹持续下去。诺思通过对一些贫困国家的分析认为，正是由于缺少金融现代法律约束和其他制度化社会的机会，才造成现今发展中国家的经济增长停滞不前。

第二十章　制度经济学的实证研究

新制度经济学实证研究主要从制度与经济增长的关系、历史上不同制度的新考察、历史事件的新解读，以及对制度质量的测度方面开展研究。

第一节　制度与经济增长的关系

关于制度与经济增长的研究，体现在：一是诺思在考察西方经济史的过程中，以荷兰、英国、西班牙和法国的经济发展为例从正反两个方面证明了制度对经济增长的重要性，侧重案例研究；二是研究重心聚焦探寻制度与经济增长的具体机制，从政治制度、产权制度、法律与金融制度等角度研究以得到不同于案例研究的有力证据。

一　案例研究

诺思（1973）认为对经济增长所起决定性作用的是制度性因素而非技术性因素，有效率的经济组织是经济增长的关键，这就是经济增长的"制度重要"，并从西方世界兴起的考证中寻求到了实证的支持。其他学者则是开展对转轨时期产权私有化案例的研究。

（一）诺思的研究

关于制度在经济史中所发挥的作用，诺思认为，教育普及、出生率低、资本产出系数提高，都只是经济发展过程中的现象，而非原因。诺思认为，对经济增长所起决定性作用的是制度性因素而非技术性因素，有效率的经济组织是经济增长的关键，一个有效率的经济组织在西欧的发展正是西方社会兴起的原因所在。有效率的经济组织，能够通过建立明晰的产权和制度安排，对个人的经济活动提供一种激励效应，根据交易费用大小的权衡使私有收益率接近社会收益率。而一个社会如果没有实现经济增长，也正是因为该社会没有为经济方面的创新活动提供有效激励，没有从制度方面去保证创新主体应该得到的收益。在考察西方经济史的过程中，他以荷兰、英国、西班牙和法国的经济发展为例从正反两个方面证明了制度重要的命题。17世纪对于欧洲来说，是一个充满各种危机的时期。经济萎缩，战争和动乱迭起。然而，正是在这种结构性危机的总体背景下，各国却出现了性质不同的结构调整以及增长格局。荷兰率先出现经济繁荣，英国后来居上，法国和西班牙却陷入经济泥潭。

1. 法国

为了从英国手中夺回被占领的疆土，法国皇室迫切需要增加收入，于是成立了一个被称为三级会议的代理机构，对皇室开征应急特别税进行投票表决。法国皇室利用三级会议试图结束国内混乱状况的强烈愿望，抓住了征税权，这最终使得法国皇室具有了转让和变更产权的排他性权利。用产权换取税收成为法国皇室增加税收的短期有效的方法，但具有破坏性的长期后果。17世纪，在柯尔贝尔的统治下，皇室为保障地区性垄断而换取行动缴费的方式，并将行会制度置于自己的控制之下。这种制度造成了极其严重的后果：①劳动力的流动性受到严重抑制，结果导致进入一个行业即使可能也是困难重重；②资本的流动性受到严重限制；③不得违背习俗的烦琐的生产过程条例使创新受到抑制或禁止；④在许多场合，价格都是固定的。因此，尽管皇室和官僚机构增加了收入，但对生产率产生了抑制。

2. 西班牙

西班牙存在与法国相似的情况：国家转让垄断权是财政收入的主要来源。13世纪频繁出现的财政危机使得西班牙国王认为对牲畜征税比对人征税要容易得多。因此，1273年，西班牙国王将牧羊人行会梅斯塔合并为一个行会，以便能向国王提供大量的收入。作为交换，牧羊人获得一系列的特权，其中最重要的是可以在整个国土上来回放牧。结果，有效产权制度的建立被拖延了几个世纪。16世纪，西班牙城镇行会获得了对新增收入的排他性的地方垄断权。另外，国家还通过没收财产、出售可以免税的贵族身份来获得收入。这些政策不断抑制人们从事多种生产性活动，而且刺激社会从事可以免向国家承担义务的非生产性活动。

3. 荷兰

荷兰是欧洲第一个确立了明晰的私有产权制度的国家，荷兰结合发现新地区及发展在印第安和美洲的毛衣，发挥了扩大世界贸易的优势，克服了资源不足的困难，从而率先创造了引人注目的经济繁荣。此外，荷兰没有行会和贸易的限制，因而使工商业方面的重要性得到普遍提高。1463年，荷兰创立了一个代议制机构——国会。国会的建立有助于制定促进贸易和商业发展的法律，并保护私人财产的转让。鼓励自由竞争和商业发展的结果使贸易迅速扩张，市场效率不断提高，市场运行的费用不断降低。尼德兰市场的建立有助于降低搜寻费用；永久性交易所的设立提供了标准化的交易方式，从而降低了谈判费用；惯例的交易方式也受到国家的保护，因此降低了履行费用。农业方面，早在15世纪末，荷兰的庄园制封建制度即被废除，取而代之的农业基本制度——私有制以及劳动力市场的发育同样提高了农业的效率。

4. 英国

英国效仿尼德兰的产权制度，并逐渐形成了私有产权制度，最终成功摆脱了17世纪的危机，成为这一时期世界上最有效率、发展最快的国家。

在14世纪至15世纪，遭受百年战争和玫瑰战争之苦后，英国的几届王朝也试图靠转让产权的办法来增加财政收入。但与议会冲突不断，王室常常失利。到15世纪晚期，在征税问题上，英国形成了皇室、羊毛出口商和代表养羊售毛利益的议会三方的妥协：皇室得到羊毛税收入，但议会有权规定羊毛的征税水平，而商人则垄断羊毛贸易。自此，征税权一直为议会掌握。商人和议会通过限制国王的权利来保护私有产权和竞争。同时，随着市场的扩大和人口的激增，英国采用了类似荷兰人的商业、工业和农业的创新，如专利法、土地使用法、股份公司、证券公司和商品市场、保险业和银行，并发展了一套包含习惯法的有效的所有权。英国逐渐形成了优于其他欧洲国家的经济组织和政治制度环境，它最终取代了荷兰的商业霸主地位，一跃成为世界经济领袖。

诺思概括四国兴衰的原因，认为政治和经济组织的结构决定着一个经济体的实力及知识和技术存量的增长速率，人类发展中的合作与竞争形式以及组织人类活动的规则的执行体制是经济史的核心。

（二）其他学者对转轨时期产权私有化案例研究

阿尔钦和德姆塞茨（1972）用联合投入与团队生产理论对以营利为目的的私有企业与社会主义企业的差异作了简要论述。詹森和梅克林（1979）指出，苏联型的国有企业在运行过程中，对个人而言往往得不到适当激励。琼德和迈金德（1999）对爱沙尼亚私有化公司情况的实证分析显示，私有化导致所有权结构优化的假说可能并不成立。埃斯特林和罗斯维尔（1999）对1997年150家乌克兰私有化公司的实证研究也表明私有化对乌克兰公司而言，没有产生绩效的改善和预想中的重组，其结论是所有权与公司绩效无关。Cull 和 Robret（2002），Schutte 和 Clemens（2000）对捷克的研究表明，捷克私有化企业中，经理利用手中的权力，在所有者实际缺位的条件下，大量侵吞企业资产，形成了所谓的严重"掏空"（tunneling）问题。

二　具体机制

不同于诺思的案例研究，大量学者研究重心集中在探寻制度与经济增长的具体机制。由于制度包含的范围很广，如何合理地度量来实证分析制度对经济增长的影响不是一件很直接的事情。学者们选择了易于度量以及易于理解与经济增长关系的制度如政治制度、产权制度、法律与金融制度等进行实证研究。

资本主义政治制度和社会主义政治制度是近代政治制度的主要内容。无论哪种政治制度，均认同民主代表历史前进的方向，因而健全的民主制度和减少腐败是政治制度的核心内容。

1. 反腐败制度与经济增长

权力的约束、寻租与腐败是相联系的。绝对的权力会导致绝对的腐败。腐败是一个结果，是对于一个国家的法律、经济、文化和政治制度的反映。

莫若（Mauro）是较早研究腐败的学者之一，他认为腐败是阻止投资、企业家精神和革新，甚至是阻碍技术进步的主要因素，同时它也会破坏对各项权利的尊重。使用 ICRG（International Country Risk Guide）数据和考夫曼（Kaufmann）等人的数据，大量的研究表明，法律规则、产权制度、腐败与平均资本实际收入的增长是密切相关的。米娜等（Mina-Baliamoune-Lutz，2008）通过对非洲国家研究认为，腐败直接影响增长，又通过影响增长来影响投资，并且对公共投资和私人投资的影响是不同的。腐败对公共投资有着正面的影响，但是对私人投资有着负面的影响。对于公共投资而言，腐败当局增加投资是为了寻求资本消费的增加和最大化权力的寻租；而对私人资本，腐败增加了交易费用，导致资本预期回报的不确定性，使私人投资降低。总之，腐败阻止和损坏了经济增长。

政治制度的形式如议会制和总统制等会影响选民对政治家滥用权力的问责，也会影响腐败的程度。西方一些学者认为，民主体制、议会制衡、政治稳定和媒体自由被认为是遏制腐败的主要因素。低成本、有效率、可执行的法律制度被认为是支持法制、保证政治权利和产权并避免腐败或弊端的主要因素。针对于此，达利西等（Danish，2012）对 31 个制度指标运用主成分分析法进行分类后进行回归发现：有利的制度促进了经济增长，但是在发展中国家制度和政策的寻租比遏制政治租金和减少交易风险更为重要。

2. 产权制度与经济增长

早期通过实证研究产权与经济增长关系的代表人物是奈克（Knack）等（1995），他们通过对产权的测度发现，即使严格控制其他潜在决定因素，产权仍和投资、经济增长之间存在强相关性。阿伦（Aron）认为，当产权保护弱化时投资者不愿意冒风险去投资。在产权不受保护、交易费用非常高的环境下，人们投资的欲望会遭到削弱，企业就倾向于小规模生产，并采用低资本量的技术和低效率的运作，其行为着眼于短期水平，而鼓励长期和约的产权基本结构对资本市场和经济增长是必需的。

阿斯莫格鲁（Acemoglou，2005）利用殖民者的死亡率作为工具变量得出的结论是：产权制度对长期的经济增长、投资和金融发展起着明显的作用，但是合约制度对经济增长影响不大。产权制度的作用就是有效保护所有者财产不被当权者攫取，强化他们对投资的长期预期，从而进一步促进金融发展和经济的长期增长。

桑比特（Sambit，2009）超越了阿斯莫格鲁对于制度的两种分类，将制度分为市场创立制度、市场调整制度、市场稳定制度以及市场合法化制度，研究表明，对经济增长而言，强的市场创立制度和市场稳定制度是非常有利的，市场调整制度存在一个合适的度，超过这个度就会阻碍经济增长，而市场合法化制度似乎不重要。

3. 法律、金融制度与经济增长

法律和金融学派拉颇塔等（La Porta，1998）认为，对于经济增长而言，金融结构的差异并不重要，重要的是法律制度是否完善。如果一个国家的法律体系能够保证金融合约有效执行、能够有效地保护投资者的权利，投资者就愿意向企业提供外部融资，这有利于金融体系的发展并促进经济增长。在市场经济中，法律制度是投资者权利的最重要来源，他们通过对 49 个国家的股东权利指数、债权人权利指数以及法律执行质量的测量，发现法律制度对投资者权利的保护程度随着法律渊源的不同而有规律的变化：普通法系国家对投资者的权利实行了最强的保护，法国法系国家对投资者权利的保护最弱，德国法系与北欧法系则介于两者之间。而对于法庭执行质量，北欧法系与德国法系国家效率最高，法国法系国家同样最差。拉颇塔等人还得出一国的法律渊源对该国的私有财产保护强度、金融市场的发展以及经济绩效的差异都具有显著的解释作用。雷文分析了法律制度与金融中介之间的关系，运用跨国实证研究表明，如果一个国家的法律制度具有如下特征：给予债权人对企业的要求权具有优先性，契约的执行效率高，能够保证企业准确充分的信息披露；则其金融中介机构就越能得到良好的发展。一国的法律制度正是通过影响金融系统的发展而最终促进该国的经济增长。由于企业家精神对经济增长至关重要，米查尔（Michael，2007）研究发现，普通法系与提供高就业和市场扩展的企业家精神是负相关的。

第二节　历史事件的新解读

学者们亦对历史事件，比如圈地运动、李约瑟之谜进行了重新考察。

一　圈地运动与农业革命

圈地运动是一个熟悉的历史事件。16世纪，英国出现了历史上第一次圈地运动，并一直延续到19世纪中叶。圈地运动带来了深刻的影响，农民分地的瓦解，大量的农民被赶出家园，圈地运动被比喻成"羊吃人"。但是，与传统见解不同，新制度经济学家给出了新的解释。

以诺思为代表的新制度经济学家认为圈地运动是对当时环境变化所作出的反应，是为获取潜在利润所进行的制度变迁。圈地运动的制度变迁经历了一个从自发性的诱致性制度变迁到强制性的政府主导的制度变迁的转换过程；同时也经历了一个制度从非正式到正式的转变过程。圈地运动的实质是把非排他性的共有产权界定为排他性的私人产权，圈地运动导致的产权安排有利于发挥规模经济的效应，并使敞田制存在的外部性内部化。

圈地运动对此后的经济长期发展产生了深远的影响。①促进了英国资本主义大农业经济的出现，提高了农业生产效率。圈地运动破坏了封建的庄园制，使封建土地所有制转化为资本主义大土地所有制，有利于资本对农业的投资，有利于加强对农业的经营管理，从而有利于农业科学技术的改革。②推动了工业中资本主义因素的发展。圈地运动导致大农业经济的出现，又为工业资金积累、原料和粮食保障方面提供了条件，同时又直接为工厂手工业准备了劳动力。

16世纪的圈地运动引起了农业耕种制度、经营方式和土地关系等许多方面的变革。新制度经济学家将之比喻为"农业革命"。

二　李约瑟之谜

对于中国文明的发展，人们普遍感到困惑，为什么曾经的辉煌没能使中国自发产生资本主义？为什么到达工业革命大门的中国却又止步不前？李约瑟博士（1986）将人们的困惑归纳为如下具有挑战性的两难问题：第一，为什么中国历史上一直远远领先其他文明？第二，为什么中国现在不再领先于外部世界？这就是通常所说的"李约瑟之谜"。

埃尔文（1973）认为，中国在农业和水上运输方面的技术已经达到了"高水平的一道关口"。技术进步面临着两个问题：既要让产量大幅度增加，又要使成本下降。而在中国这样一个在19世纪中叶出现马尔萨斯危机即人口过剩危机的社会里，没有要求使用节省劳动力的机器的那种压力。埃尔文认为基础科学与发明的关系是直接的，中国有足够的科学知识使发明前进，问题在于缺少经济刺激，阻止了必要的"试验和改进"。这种缺少经济激励的根源在于社会制度。

林毅夫则直接反驳了埃尔文的这一假说。他指出，企业主所感兴趣的是降低总成本，而非降低劳动力成本或资本成本这样的单位成本，任何降低总成本的技术进步都是受到企业主欢迎的，至于此技术是通过节省劳动还是节省资本来实现，则无关紧要。林毅夫（1995）提出了另一个假说：

在前现代时期，大多数技术发明基本上源自工匠和农夫的经验，科学发现则是少数天生敏锐的天才在观察自然时自发作出的。到了现代，技术发明主要是在知识的指导下通过实验获得的；科学发现则主要通过以数学化的假设来描述自然现象以及可控实验方法而得到的，当然，这样的工作只有受过特殊训练的科学家完成。中国在前现代社会人口众多，在这些方面占有比较优势。中国在现代时期落后于西方世界，是因为中国的技术发明仍然靠经验，而欧洲在17世纪科学革命的时候就已经把技术发明转移到主要依靠科学和实验上来了。林毅夫认为中国没有成功地爆发科学革命的原因在于科举制度，它使知识分子无心投资现代科学研究所必需的人力资本。

参考文献

阿尔钦，1994，《产权：一个经典注释》//科斯，等，《财产权利与制度变迁》，刘守英等译，上海：上海三联书店。

阿夫纳·格雷夫，2008，《大裂变：中世纪贸易制度比较和西方的兴起》，郑江淮等译，北京：中信出版社。

埃里克·弗鲁博顿，等，2015，《新制度经济学：一个交易费用分析范式》，姜建强、罗长远译，上海：格致出版社、上海三联书店、上海人民出版社。

埃里克·赖纳特，2010，《富国为什么富，穷国为什么穷》，杨虎涛等译，北京：中国人民大学出版社。

爱德华·肖，2014，《经济发展中的金融深化》，邵伏军、许晓明、宋先平译，上海：上海人民出版社。

奥利弗·E. 威廉姆森，2010，《资本主义经济制度》，段毅才等译，北京：商务印书馆。

奥利弗·E. 威廉姆森，2016，《治理机制》，石烁译，北京：机械工业出版社。

蔡昉，2013，《理解中国经济发展的过去、现在和将来》，《经济研究》第 11 期。

陈媛媛、傅伟，2017，《土地承包经营权流转、劳动力流动与农业生产》，《管理世界》第 11 期。

程大中，2004，《中国服务业增长的特点、原因及影响——鲍莫尔—富克斯假说及其经验研究》，《中国社会科学》第 2 期。

程大中，2009，《收入效应、价格效应与中国的服务性消费》，《世界经济》第 3 期。

程恩富等，2005，《新制度经济学》，北京：经济日报出版社。

大野健一，1999，《通向市场经济的路径选择和政府的作用——90 年代日本的主流发展观》，《经济社会体制比较》第 4 期。

大野健一，2015，《学会工业化：从给予式增长到价值创造》，北京：中信出版社。

道格拉斯·C. 诺思，1994，《制度变迁的理论：概念与原因，制度创新的理论：描述、类推与说明》//科斯，等，《财产权利与制度变迁》，刘守英等译，上海：上海三联书店。

道格拉斯·C. 诺思，1994，《经济史中的结构与变迁》，上海：上海三联书店、上海人民出版社。

道格拉斯·C. 诺思，2008，《理解经济变迁过程》，钟正生等译，北京：中国人民大学出版社。

道格拉斯·C. 诺思，2014，《制度、制度变迁与经济绩效》，杭行译，上海：格致出版社、上海三联书店、上海人民出版社。

道格拉斯·C. 诺斯，等，2017，《西方世界的兴起》，厉以平等译，北京：华夏出版社。

《德国工业战略 2030》，http：//www. cena. com. cn/industrynews/20190214/98436. html。

德姆塞茨，1994，《关于产权的理论》//科斯，等，《财产权利与制度变迁》，刘守英等译，上海：上海三联书店。

《发展经济学》编写组，2019，《发展经济学》，北京：高等教育出版社。

樊纲，2019，《"发展悖论"与"发展要素"——发展经济学的基本原理与中国案例》，《经济学动态》第 6 期。

樊纲，2020，《"发展悖论"与发展经济学的"特征性问题"》，《管理世界》第 4 期。

菲吕博顿，等，1994，《产权理论：近期文献的一个综述》//科斯，等，《财产权利与制度变迁》，刘守英等译，上海：上海三联书店。

弗雷德·布洛克，2010，《被隐形的美国政府在科技创新中的重大作用》，张蔚译，《国外理论动态》第6期。

G. M. 格罗斯曼、E. 赫尔普曼，2003，《全球经济中的创新与增长》，何帆等译，北京：中国人民大学出版社。

郭凯明，2019a，《人工智能发展、产业结构转型升级与劳动收入份额变动》，《管理世界》第7期。

郭凯明、杭静、徐亚男，2020a，《劳动生产率、鲍莫尔病效应与区域结构转型》，《经济学动态》第4期。

郭凯明、杭静、颜色，2017，《中国改革开放以来产业结构转型的影响因素》，《经济研究》第3期。

郭凯明、黄静萍，2020，《劳动生产率提高、产业融合深化与生产性服务业发展》，《财贸经济》第11期。

郭凯明、潘珊、颜色，2020b，《新型基础设施投资与产业结构转型升级》，《中国工业经济》第3期。

郭凯明、王藤桥，2019b，《基础设施投资对产业结构转型和生产率提高的影响》，《世界经济》第11期。

郭凯明、颜色、杭静，2020c，《生产要素禀赋变化对产业结构转型的影响》，《经济学》（季刊）第4期。

郭凯明、余靖雯、吴泽雄，2018，《投资、结构转型与劳动生产率增长》，《金融研究》第8期。

哈罗德·德姆塞茨，1999，《所有权、控制与企业——论经济活动的组织》，段毅才等译，上海：经济科学出版社。

胡乐明，等，2019，《新制度经济学原理》，北京：中国人民大学出版社。

杰弗里·霍奇逊，2005，《制度与演化经济学现代文选：关键性概念》，贾根良等译，北京：高等教育出版社。

今井贤一，1988，《综合评论之二》//小宫隆太郎，等，《日本的产业政策》，黄晓勇等译，北京：国际文化出版公司。

金麟洙、理查德·R. 尼尔森，2011，《技术、学习与创新》，北京：知识产权出版社。

金滢基、马骏、王信，1997，《政府干预与东亚石化业的发展》，《经济社会体制比较》第 5 期。

靳卫东，2010，《人力资本与产业结构转化的动态匹配效应——就业、增长和收入分配问题的评述》，《经济评论》第 6 期。

卡萝塔·佩蕾丝，2007，《技术革命与金融资本：泡沫与黄金时代的动力学》，田方萌等译，北京：中国人民大学出版社。

科斯，1994，《社会成本问题》//科斯，等，《财产权利与制度变迁》，刘守英等译，上海：上海三联书店。

拉坦，1994，《诱致性制度变迁理论》//科斯，等，《财产权利与制度变迁》，上海：上海三联书店。

李宝良、郭其友，2019，《因果关系的实地实验与新实证发展经济学的贫困治理之道》，《外国经济与管理》第 11 期。

林毅夫，1994，《关于制度变迁的经济学理论：诱致性变迁与强制性变迁》//科斯，等，《财产权利与制度变迁》，上海：上海三联书店。

林毅夫，1994，《制度、技术与中国农业发展》，上海：上海三联书店、上海人民出版社。

林毅夫，2011，《新结构经济学——重构发展经济学的框架》，《经济学（季刊）》第 1 期。

刘贯春、吴辉航、刘媛媛，2018，《最低工资制度如何影响中国的产业结构?》，《数量经济技术经济研究》第 6 期。

卢现祥，等，2021，《新制度经济学》，北京：北京大学出版社。

罗纳德·I. 麦金农，1997，《经济发展中的货币与资本》，卢骢译，上海：三联书店上海分店。

罗纳德·I. 麦金农，2014，《经济市场化的次序》，周庭煜等译，上海：格致出版社、上海三联书店、上海人民出版社。

迈克·E. 波特、郑海燕、罗燕明，2000，《簇群与新竞争经济学》，《经济社会体制比较》第 2 期。

麦肯锡全球研究院，2019，《变革中的全球化：贸易与价值链的未来图景》。

南亮进，1992，《日本的经济发展》，北京：经济管理出版社。

瞿宛文（Wan-Wen Chu），2009，《台湾经济奇迹的中国背景——超克分断体制经济史的盲点》，《台湾社会研究季刊》第 74 期。

钱颖一、G. 罗兰德、许成钢，1997，《M 组织与 U 型组织的协调性变革》//王洛林、龙永图、李京文主编《现代企业理论与中国经济改革》，北京：社会科学文献出版社。

青木昌彦、凯文·穆尔多克、奥野正宽，1998，《东亚经济发展中政府作用的新诠释：市场增进论》//青木昌彦等主编《政府在东亚经济发展中的作用——比较制度分析》，张春霖等译，北京：中国经济出版社。

沙希德·尤素福，2003，《新千年的东亚奇迹》//约瑟夫·E. 斯蒂格利茨、沙希德·尤素福编《东亚奇迹的反思》，王玉清、朱文晖等译，北京：中国人民大学出版社。

《社会 5.0：日本超智能社会规划及对中国的启示》，http：//www. cssn. cn/gjgxx/gj_ bwsf/202003/t20200316_ 5101812. shtml。

圣加亚·拉尔，2011，《亚洲新兴工业化经济体中的技术变化和产业化：成就和挑战》//金麟洙、理查德·R. 尼尔森：《技术、学习与创新》，吴金希等译，北京：吴金布等译，知识产权出版社。

盛洪，2003，《现代制度经济学》，北京：北京大学出版社。

舒尔茨，1994，《制度与人的经济价值的不断提高》//科斯，等，《财产权利与制度变迁》，上海：上海三联书店。

松山公纪，1998，《经济发展：协调问题》//青木昌彦等主编《政府在东亚经济发展中的作用——比较制度分析》，张春霖等译，北京：中国经济出版社。

王弟海，2012，《健康人力资本、经济增长和贫困陷阱》，《经济研究》第 6 期。

王弟海、龚六堂、李宏毅，2008，《健康人力资本、健康投资和经济增长——以中国跨省数据为例》，《管理世界》第 3 期。

王弟海、龚六堂、邹恒甫，2010，《物质资本积累和健康人力资本投资：两部门经济模型》，《中国工业经济》第 5 期。

王恕立、胡宗彪，2012，《中国服务业分行业生产率变迁及异质性考察》，《经济研究》第 4 期。

王韦程，2020，《金融发展相关理论研究综述》，《金融发展研究》第 7 期。

文一，2016，《伟大的中国工业革命》，北京：清华大学出版社。

巫永平，2005，《公共管理评论》（第三卷），北京：清华大学出版社。

巫永平、吴德荣，2010，《寻租与中国产业发展》，北京：商务印书馆。

小宫隆太郎、奥野正宽等，1988，《日本的产业政策》，黄晓勇等译，北京：国际文化出版公司。

Y. 巴泽尔，1997，《产权的经济分析》，费方域、段毅才译，上海：上海人民出版社。

严成樑、龚六堂，2009，《熊彼特增长理论：一个文献综述》，《经济学》（季刊）第 2 期。

颜色、郭凯明、杭静，2018，《需求结构变迁、产业结构转型和生产率提高》，《经济研究》第 12 期。

杨建芳、龚六堂、张庆华，2006，《人力资本形成及其对经济增长的影响——一个包含教育和健康投入的内生增长模型及其检验》，《管理世界》第 5 期。

杨天宇、刘贺贺，2012，《产业结构变迁与中印两国的劳动生产率增长差异》，《世界经济》第 5 期。

杨小凯，2003，《发展经济学：超边际与边际分析》，北京：社会科学文献出版社。

姚洋，2009，《中性政府：对转型期中国经济成功的一个解释》，《经济评论》第 3 期。

姚洋，2018，《发展经济学》，北京：北京大学出版社。

伊藤元重、曲翰章，1984，《微观经济学的新趋向》，《国外社会科学》第 11 期。

伊·沃格尔、张明清，1985，《日本成为经济强国的六个基本因素》，《国际经济评论》第 4 期。

约拉姆·巴泽尔，2006，《国家理论—经济权利、法律权利与国家范围》，钱勇、曾咏梅译，上海：上海财经大学出版社。

约瑟夫·斯蒂格利茨、布鲁斯·格林沃尔德，2017，《增长的方法》，陈宇欣译，北京：中信出版集团。

詹姆斯·A. 道等，2000，《发展经济学的革命》，黄祖辉、蒋文华主译，上海：上海三联书店、上海人民出版社。

张培刚，1989，《发展经济学往何处去——建立新型发展经济学刍议》，《经济研究》第 6 期。

张培刚，1991，《新型发展经济学的由来和展望——关于我的〈发展经济学通论〉》，《经济研究》第 7 期。

张培刚、张建华，2018，《发展经济学》，北京：北京大学出版社。

张其仔，2019，《加快新经济发展的核心能力构建研究》，《财经问题研究》第 2 期。

张其仔，2020，《全面建成小康社会：新型工业化》，《中国经济学人》第 1 期。

张其仔、江飞涛、吴利学等，2020，《中国发展经济学思想研究：

1949～2019》，北京：社会科学文献出版社。

张五常，1999，《交易费用的范式》，《社会科学战线》第 1 期。

周黎安，2007，《中国地方官员的晋升锦标赛模式研究》，《经济研究》第 7 期。

佐貫利雄，1987，《職業盛衰に関する実証的研究》，帝京经济学研究，21。

Aaberge, R. and Langørgen A. , 2006. "Measuring the Benefits from Public Services: The Effects of Local Government Spending on the Distribution of Income in Norway." *Review of Income and Wealth* 52: 61-83.

Aaberge, R. et al. 2010. "The Distributional Impact of Public Services When Needs Differ." *Journal of Public Economics* 94 (9-10): 549-562.

Aalto P. 2015. "Energy Market Integration in East Asia: ' Deepening Understanding and Moving Forward.' " *Journal of Southeast Asian Economies*, 181-183.

Abhijit, B. et al. 2015. "Six Randomized Evaluations of Microcredit: Introduction and Further Steps." *American Economic Journal: Applied Economics* 7 (1): 1-21.

Abhijit, V. B. , Esther D. , 2009. "The Experimental Approach to Development Economics." *Annual Review of Economics* 1: 151-178.

Abhijit, V. B. et al. 2007. "Remedying Education: Evidence from Two Randomized Experiments in India." *The Quarterly Journal of Economics* 122 (3): 1235-1264.

Abramovitz, M. 1989. *Thinking about Growth: And other Essays on Economic Growth and Welfare.* Cambridge University Press.

Acemoglu, D. 2000. "Labor-and Capital-augmenting Technical Change." NBER Working Papers, No. 7544.

Acemoglu, D. 2002. "Technical Change, Inequality, and the Labor

Market. " *Journal of Economic Literature* 40（1）: 7–72.

Acemoglu, D. 2007. "Equilibrium Bias of Technology. " *Econometrica* 75（5）: 1371–1409.

Acemoglu, D. 2012. "Introduction to Economic Growth. " *Journal of Economic Theory* 147（2）: 545–550.

Acemoglu, D. , Aghion, P. , Lelarge, C. 2007. " Technology, Information, and the Decentralization of the Firm. " *Quarterly Journal of Economics* 122（4）: 1759–1799.

Acemoglu, D. , Aghion, P. , Zilibotti, F. 2006. "Distance to Frontier, Selection, and Economic Growth. " *Journal of the European Economic Association* 4（1）: 37–74.

Acemoglu, D. , Akcigit, U. , Alp, H. , et al. 2018. " Innovation, Reallocation, and Growth. " *American Economic Review* 108（11）: 3450–91.

Acemoglu, D. , Akcigit, U. 2012. "Intellectual Property Rights Policy, Competition and Innovation. " *Journal of the European Economic Association* 10（1）, 1–42.

Acemoglu, D. , Cao, D. 2015. "Innovation by Entrants and Incumbents. " *Journal of Economic Theory* 157: 255–294.

Acemoglu, D. , Gancia, G. , Zilibotti, F. 2012. "Competing Engines of Growth: Innovation and Standardization. " *Journal of Economic Theory* 147（2）: 570–601.

Acemoglu, D. , Gancia, G. , Zilibotti, F. 2015. "Offshoring and Directed Technical Change. " *American Economic Journal: Macroeconomics* 7（3）: 84–122.

Acemoglu, D. , Veronica Guerrieri. 2008. " Capital Deepening and Nonbalanced Economic Growth. " *Journal of Political Economy* 116（3）: 467–498.

Acemoglu, D. , Zilibotti F. 2001. "Productivity Differences. " *Quarterly*

Journal of Economics 116（2）：563-606.

Acemoglu, D. Autor, D. 2010. "Skills, Tasks and Technologies: Implications for Employment and Earnings", in: Ashenfelte, O. and Card, D. (eds.), Handbook of Labor Economics, Elsevier.

Acharya, V. V., Baghai, R. P., Subramanian, K. V. 2013a. "Labor Laws and Innovation." *The Journal of Law and Economics* 56（4）：997-1037.

Acharya, V. V., Baghai, R. P., Subramanian, K. V. 2013b. "Wrongful Discharge Laws and Innovation." *The Review of Financial Studies* 27（1）：301-346.

Acharya, V. V., Subramanian, K. V. 2009. "Bankruptcy Codes and Innovation." *The Review of Financial Studies* 22（12）：4949-4988.

Ackerberg, D. A., Caves, K., Frazer, G. 2015. "Identification Properties of Recent Production Function Estimators." *Econometrica* 83（6）：2411-2451.

Acs, Z. J. Armington, C. 2003. Endogenous Growth and Entrepreneurial Activity in Cities. Washington, DC: Center for Economic Studies, Bureau of the Census.

Adamopoulos, T. 2011. "Transportation Costs, Agricultural Productivity, And Cross-Country Income Differences." *International Economic Review* 52（2）：489-521.

Adamopoulos, T., Brandt, L., Leight, J., Restuccia, D. 2018. "Misallocation, Selection and Productivity: A Quantitative Analysis with Panel Data from China." *National Bureau of Economic Research* No. w23039.

Adamopoulos, T., Restuccia, D. 2014. "The Size Distribution of Farms and International Productivity Differences." *American Economic Review* 104（6）：1667-1697.

Adams, R., Bessant, J., Phelps, R. 2006. "Innovation Management Measurement: A Review." *International Journal of Management Reviews* 8（1）：

21-47.

Adams, R. H. 2004. "Economic Growth, Inequality and Poverty: Estimating the Growth Elasticity of Poverty." *World Development* 32 (12): 1989-2014.

Adhikari, S. 2018. "Structural Transformation of India: A Quantitative Analysis." *The Indian Economic Journal* 66. 1-2: 50-71.

Adler, M., Schmid, K. 2013. "Factor Shares and Income Inequality: Empirical Evidence from Germany 2002-2008." *Journal of Applied Social Science Studies* 133 (2): 121-132.

Aghion, P., Akcigit, U., and Howitt, P. 2015. "Lessons from Schumpeterian Growth Theory." *American Economic Review* 105 (5): 94-99.

Aghion, P., Bloom, N., Blundell, R. 2005. "Competition and Innovation: An Inverted-U Relationship." *Quarterly Journal of Economics* 120 (2): 701-728.

Aghion, P., Blundell, R., Griffith, R., Howitt, P. and Prantl, S. 2009. "The Effects of Entry on Incumbent Innovation and Productivity." *Review of Economics and Statistics* 91, 20-32.

Aghion, P., Bolton, P. 1986. "An Incomplete Contracts Approach to Bankruptcy and the Optimal Financial Structure of the Firm." Mimeo, Harvard University.

Aghion, P., Bolton, P. 1992. "An Incomplete Contracts Approach to Financial Contracting." Review of Economic Studies, 59.

Aghion, P., Dewatripont, M., Du, L., et al. 2015. "Industrial Policy and Competition." *American Economic Journal: Macroeconomics* 7 (4): 1-32.

Aghion, P., Griffith, R. 2006. *Competition and Growth: Reconciling Theory and Evidence.* Cambridge, MA: MIT Press.

Aghion, P. , Howitt, P. , and Prantl, S. 2015. "Patent Rights, Product Market Reforms, and Innovation." *Journal of Economic Growth* 20 (3): 223–262.

Aghion, P. , Howitt, P. 1992. "A Model of Growth through Creative Destruction." *Econometrica* 60 (2): 323–351.

Aghion, P. , Howitt, P. 2004. "Growth with Quality – Improving Innovations: An Integrated Framework." *Handbook of Economic Growth* 1 (05): 67–110.

Aghion, P. et al. 2015. "Growth, Distance to Frontier and Composition of Human Capital." *Journal of Economic Growth* 11 (2): 97–127.

Ahman, M. 2006. "Government Policy and the Development of Electric Vehicles in Japan." *Energy Policy* 34 (4): 433–443.

Ahrens. 2013. "China Policy Making Process." A Report of the Hill Program on Governance.

Ai, H. , Deng, Z. , Yang, X. 2015. "The Effect Estimation and Channel Testing of the Technological Progress on China's Regional Environmental Performance." *Ecological Indicators* 51: 67–78.

Akcigit, U. , Baslandze, S. , Lotti, F. 2018. "Connecting to Power: Political Connections, Innovation, and Firm Dynamics." National Bureau of Economic Research.

Akcigit, U. , Kerr, W. R. 2018. "Growth through Heterogeneous Innovations." *Journal of Political Economy* 126 (4): 1374–1443.

Akobeng, E. 2017. "Gross Capital Formation, Institutions and Poverty in Sub–Saharan Africa." *Journal of Economic Policy Reform* 20 (2): 136–164.

Alarcon, D. , McKinley, T. 1997. "The Rising Contribution of Labor Income to Inequality in Mexico." *The North American Journal of Economics and Finance* 8 (2): 201–212.

Albert, J. R., Molano, W. 2009. "Estimation of the Food Poverty line." Discussion Paper Series, No. 2009-14.

Alchian, A. A. and Demsetz, H. D. 1972. "Production, Information Cost, and Economic Organization." *The American Economic Review*, 5.

Alder, Simon, Timo Boppart, and Andreas Mueller. 2021. "A Theory of Structural Change That Can Fit the Data." *American Economic Journal: Macroeconomics*.

Alexander Gerschenkron. 1952. "Economic Backwardness in Historical Perspective," From The Progress of Underdeveloped Countries, Edited by B. Hoselitz, Chicago University Press.

Çalı kan, H. K. 2015. "Technological Change and Economic Growth." *Procedia, Social and Behavioral Sciences* 195: 649-654.

Alkire, S. and J. Foster. 2011. "Counting and Multidimensional Poverty Measurement." *Journal of Public Economics* 95 (7-8): 476-487.

Allen, R. 2009. "Engels' Pause: Technical Change, Capital Accumulation, and Inequality in the British Industrial Revolution." *Explorations in Economic History* 46 (4): 418-435.

Alonso-Carrera, Jaime, and Xavier Raurich. 2015. "Demand - based Structural Change and Balanced Economic Growth." *Journal of Macroeconomics* 46: 359-374.

Altenburg, T., Rodrik, D. 2017. "Green Industrial Policy: Accelerating Structural Change Towards Wealthy Green Economies." in Altenburg, T., Assmann, C. (Eds) 2017: *Green Industrial Policy. Concept, Policies, Country Experiences. Geneva, Bonn: UN Environment.* .

Alvarez-Cuadrado, F., Van long, N., Poschke, M. 2017. "Capital - labor Substitution, Structural Change, and Growth." *Theoretical Economics* 12 (3): 1229-1266.

Alvarez-Cuadrado, F. and E. A. Vilalta. 2018. "Income Inequality and

Saving."IZA Discussion Papers, No. 7083.

Alwyn Young. 1991. "Learning by Doing and the Dynamic Effects of International Trade." *The Quarterly Journal of Economics*106 (2): 369-405.

Amiti, M. 2001. "Regional Specialization and Technical Leapfrogging." *Journal of Regional Science* 41 (1): 149-172.

Amsden, A. H. 1992. *Asia's Next Giant: South Korea and late Industrialization.* Oxford University Press.

Amsden, A. H. 1994. "Why isn't the Whole World Experimenting with the East Asian Model to Develop?: Review of the East Asian Miracle." *World Development* 22 (4): 627-633.

Amsden, A. H. Asia's Next Giant, 1989. South Korea and Late Industrialization. New York: Oxford University Press.

An-Gang, H. U. et al. 2006. "China's Economic Growth and Poverty Reduction (1978-2002)." *Journal of Tsinghua University* 323 (100): 120.

Anderson, T. L., Hill, P. J. 1975. "The Evolution of Property Rights: A Study of the American West." *Journal of Lavw and Economics* vol. 18.

Andreoni, A., Chang, H. J. 2019. "The Political Economy of Industrial Policy: Structural Interdependencies, Policy Alignment and Conflict Management." *Structural Change and Economic Dynamics* 48: 136-150.

Andrew, K., Martin, W. 2021. "Union Wage Premia and Wage Inequality in South Africa." *Economic Modelling* 97: 255-271.

Ang, J. B. 2007. "CO_2 Emissions, Energy Consumption, and Output in France." *Energy Policy* 35 (10): 4772-4778.

Ang, J. B. 2008. "A Survey of Recent Developments in the Literature of Finance and Growth." 22 (3): 536-576.

Antràs, P., Chor, D., Fally, T., Hillberry, R. 2012. "Measuring the Upstreamness of Production and Trade Flows." *American Economic Review*

102 (3): 412-416.

Antràs, P. , Chor, D. 2018. "On the Measurement of Upstreamness and Downstreamness in Global Value Chains." National Bureau of Economic Research.

Antràs, P. , De Gortari, A. 2020. "On the Geography of Global Value Chains." *Econometrica* 88 (4): 1553-1598.

Antràs, P. , Helpman, E. 2004. "Global Sourcing." *Journal of Political Economy* 112 (3): 552-580.

Antràs, P. 2003. "Firms, Contracts, and Trade Structure." *Quarterly Journal of Economics* 118 (4): 1375-1418.

Antràs, P. 2005. "Incomplete Contracts and the Product Cycle." *American Economic Review* 95 (4): 1054-1073.

Antràs P. , Ricardo J. C. 2009. "Trade and Capital Flows: A Financial Frictions Perspective." *Journal of Political Economy* 117 (4): 701-44.

Anwar, S. , Sun, S. 2011. "Financial Development, Foreign Investment and Economic Growth in Malaysia." *Journal of Asian Economics* 22 (4): 335-342.

Appel, I. , Farre-Mensa, J. , Simintzi, E. 2019. "Patent Trolls and Startup Employment." *Journal of Financial Economics* 133 (3): 708-725.

Aracil, E. et al. 2021. "Institutional Quality and the Financial Inclusion-Poverty Alleviation Link: Empirical Evidence Across Countries." Borsa Istanbul Review.

Aragón, F. M. et al. 2020. "Credit Lines in Microcredit: Short-term Evidence from a Randomized Controlled Trial in India." *Journal of Development Economics* 146 (C).

Arauco, V. P. et al. 2014. "Explaining Low Redistributive Impact in Bolivia." *Public Finance Review* 42 (3): 326-345.

Archibald, R. B. , Feldman, D. H. 2008. "Explaining Increases in Higher Education Costs." *Journal of Higher Education* 79 (3): 268-295.

Arjun, G. , Ranjan, A. 2020. "Artificial Intelligence and Income Inequality: Do Technological Changes and Worker's Position Matter?." *Journal of Public Affairs* 20 (4): e2326.

Arkolakis, C. , Costinot, A. , Rodríguez - Clare, A. 2012. "New Trade Models, Same Old Gains?." *American Economic Review* 102 (1): 94-130.

Arnold, L. G. 2002. "On the Growth Effects of North-South Trade: The Role of Labor Market Flexibility." *Journal of International Economics* 58 (2): 451-466.

Aron, J. 2017. "Leapfrogging": A Survey of the Nature and Economic Implications of Mobile Money (No. 2017-02). Centre for the Study of African Economies, University of Oxford.

Arrow, K. 1985. "The Economics of Agency." in J. Pratt and R. Zeckhauser (eds.). *Principals and Agents: The Structure of Business*. Boston: Harvard Business School Press.

Arrow, K. J. 1971. "The Economic Implications of Learning by Doing." in *Readings in the Theory of Growth*. Palgrave Macmillan, London.

Asilis, C. M. , Rivera-Batiz, L. A. 1994. "Geography, Trade Patterns and Economic Policy." in *The Location of Economic Activity: New Theories and Evidence*. Consorcio da Zona Franca de Vigo and CEPR.

Asprilla, A. , Berman, N. , Cadot, O. , Jaud, M. 2019. "Trade Policy and Market Power: Firm-level Evidence." *International Economic Review* 60 (4): 1647-1673.

Asteriou, D. and Price, S. 2000. "Financial Development and Economic Growth: Time Series Evidence for the Case of UK." Ekonomia vol. 4, 122-141.

Atici, C. 2012. "Carbon Emissions, Trade Liberalization, and the Japan-ASEAN Interaction: A Group-Wise Examination. " *Journal of the Japanese and International Economies* 26 (1): 167-178.

Atkeson, A. , Burstein A. 2008. "Pricing-to-Market, Trade Costs, and International Relative Prices. " *American Economic Review* 98 (5): 1998-2031.

Atkinson, A. B. 2003. "Multidimensional Deprivation: Contrasting Social Welfare and Counting Approaches. " *Journal of Economic Inequality* 1 (1): 51-65.

Atkinson, A. B. 2015. *Inequality: What can be done?.* Harvard University Press.

Atkinson, et al. 1995. "Income Distribution in European Countries. " LIS Working Papers, No. 121.

Attanasio, O. et al. 2011. "The Impacts of Microfinance: Evidence from Joint-Liability Lending in Mongolia. " *American Economic Journal Applied Economics* 7 (1): 90-122.

Audretsch, D. , Peña, I. 2012. "Entrepreneurial Activity and Regional Competitiveness: An Introduction to the Special Issue. " *Small Business Economics* 39 (3): 531-537.

Audretsch, D. B. , Falck, O. and Heblich, S. (eds.) 2011. Handbook of Research on Innovation and Entrepreneurship. Cheltenham, UK and Northampton, MA, USA: Edward Elgar Publishing.

Audretsch, D. B. , Feldman, M. P. 1996. "R&D Spillovers and the Geography of Innovation and Production. " *American Economic Review* 86 (3): 630-640.

Audretsch, D. B. , Keilbach, M. 2004. "Entrepreneurship Capital and Economic Performance. " *Regional Studies* 38 (8): 949-959.

Audretsch, D. B. , Link, A. N. , Scott, J. T. 2002. "Public/Private

Technology Partnerships：Evaluating SBIR - supported Research.” *Research Policy* （31）：145-158.

Autor，D. H.，Dorn，D. 2013.“How Technology Wrecks the Middle Class.” *New York Times* 24：1279-1333.

Autor，D. H. 2014.“Skills，Education，and the Rise of Earnings Inequality Among the‘Other 99 Percent’.” *Science* 344（6186）：843-851.

Autor，D. H. and L. Murnane. 2003.“The Skill Content of Recent Technological Change：An Empirical Exploration.” *The Quarterly Journal of Economics* 118（4）：1279-1333.

Autor，D. H. et al. 2008.“Trends in U. S. Wage Inequality：Revising the Revisionists.” *Review of Economics and Statistics* 90（2）：300-323.

Avkiran，N. K. 2011.“Association of DEA Super - Efficiency Estimates with Financial Ratios：Investigating the Case for Chinese Banks.” *Omega* 39（3）：323-334.

Ayres，R. U. 1985.“A Schumpeterian Model of Technological Substitution.” *Technological Forecasting and Social Change* 27（4）：375-383.

Bacchetta，P.，Gerlash，S. 1997.“Consumption and Credit Constraints：International Evidence.” *Journal of Monetary Economics* 40（2）.

Bagwell，K.，Lee，S. H. 2020.“Trade Policy under Monopolistic Competition with Firm Selection.” *Journal of International Economics* 127：103379.

Bai，C. E.，Hsieh，C. T.，Song，Z. M. 2016.“The Long Shadow of a Fiscal Expansion.” National Bureau of Economic Research.

Bailey，D.，Cowling，K.，Tomlinson，P. 2015. *New Perspectives on Industrial Policy for a Modern Britain*. Oxford：Oxford University Press.

Bairoch，Paul. 1993. *Economics and World History：Myths and Paradoxes*. The University of Chicago Press.

Balassa，B. 1966.“Tariff Reductions and Trade in Manufactures among the Industrial Countries. " *American Economic Review* 56（3）: 466-473.

Baldwin, J. R. , Gu, W. 2004. "Trade Liberalization: Export-Market Participation, Productivity Growth, and Innovation. " *Oxford Review of Economic Policy* 20（3）: 372-392.

Baldwin, R. , Flam, H. 1989. "Strategic Trade Policies in the Market for 30-40 Seat Commuter Aircraft. " *Review of World Economics* 125（3）: 484-500.

Baldwin, R. , Krugman, P. 1988. "Industrial Policy and International Competition in Wide-Bodied Jet Aircraft. " *Trade Policy Issues and Empirical Analysis.*

Baldwin, R. E. , Forslid, R. 2000. "Trade Liberalisation and Endogenous Growth: A Q-Theory Approach. " *Journal of International Economics* 50（2）: 497-517.

Baldwin, R. E. 1971. "Determinants of the Commodity Structure of US trade. " *American Economic Review* 61（1）, 126-146.

Baldwin, R. E. 1992. "Measurable Dynamic Gains from Trade. " *Journal of Political Economy* 100（1）: 162-174.

Banerjee, A. et al. 2003. "Improving the Quality of Education in India: Evidence from Three Randomized Experiments. " NBER Working Paper.

Banerjee, A. V. , Duflo, E. 2005. "Growth Theory through the Lens of Development Economics. " Handbook of Economic Growth 1: 473-552.

Banerjee, R. , Nag, R. N. 2011. "Globalization, Labour Market Segmentation, Unemployment and Wage Inequality: A Theoretical Analysis. " *Journal of Economic Integration* 26（3）: 578-599.

Bao, Q. , Ye, N. , Song, L. 2016. "Congested Export Spillover in China. " *Review of Development Economics* 20（1）: 272-282.

Barham, V. et al. 1995. "Education and the Poverty Trap. " *European*

Economic Review 39 （7）： 1257−1275.

Barro， R. J. ， Sala−i−Martin， X. 1992. "Converg. "*Journal of Political Economy* 100 （21）： 223−251.

Barro， R. J. and X. Sala−i−Martin， 2004. *Economic Growth* （Second Edition）. Cambridge， Massachusetts： The MIT Press.

Barros， C. P. ， Managi， S. ， Yoshida， Y. 2010. "Technical Efficiency， Regulation and Heterogeneity in Japanese Airports. " *Pacific Economic Review* 15 （5）： 685−696.

Barzel， Y. 1974. "A Theory of Rationing by Waiting. " *Journal of Law and Economics*， 4.

Barzel， Y. 1989. *Economic Analysis of Property Rights*. Cambridge University rest.

Battese， G. E. ， Coelli， T. J. 1995. "A Model for Technical Inefficiency Effects in a Stochastic Frontier Production Function for Panel Data. " *Empirical Economics* 20 （2）： 325−332.

Baumol， W. J. 1967. "Macroeconomics of Unbalanced Growth： The Anatomy of Urban Crisis. " *American Economic Review* 57 （3）： 415−426.

Bayar， O. ， Chemmanur， T. J. ， Liu， M. H. 2016. How to Motivate Fundamental Innovation： Subsidies Versus Prizes and the Role of Venture Capital.

Beason， R. ， David W. 1996. "Growth， Economies of Scale， and Targeting in Japan （1955−1990）. " *Review of Economics and Statistics* 78 （5）： 286−295.

Beaudry， C. Breschi， S. 2000. "Does 'Clustering' Really Help Firms' Innovative Activities?" *Università Commerciale Luigi Bocconi*.

Beccaria， L. et al. 2015. "Recent Decline in Wage Inequality and Formalization of the Labour Market in Argentina. " *International Review of Applied Economics* 29 （5）： 677−700.

Beccaria, L. et al. 2020. "Reduction of Wage Inequality and Institutions in Argentina." *Cuadernos de Economia* 39 (81): 731-763.

Beck, T. et al. 2001. "Financial Structure and Economic Development-Firm, Industry, and Country Evidence." *Social Science Electronic Publishing* 189-242.

Becker, G. 1957. "The Economics of Discrimination." *The American Catholic Sociological Review.*

Becker, S. O. , Egger, P. H. , Ehrlich, M. V. 2010. "Going NUTS: The Effect of EU Structural Funds on Regional Performance." *Journal of Public Economics* 94 (9-10): 578-590.

Becker, S. O. , Egger, P. H. , Ehrlich, M. V. 2012. "Too Much of a Good Thing? On the Growth Effects of the EU's Regional Policy." *European Economic Review* 56 (4): 648-668.

Becker, S. O. , Egger, P. H. , Ehrlich, M. V. 2018. "Effects of EU Regional Policy: 1989-2013." *Regional Science and Urban Economics* 69: 143-152.

Bejakovic, P. 2020. "How to Achieve Efficiency and Equity in the Tax System? /Kako Postici Ucinkovitost i Pravednost u Poreznom Sustavu?" Revija Za Socijalnu Politiku 27 (2): 137.

Benarroch, M. 1996. "Scale Economies, Wage Differentials, and North-South Trade." *Journal of Development Economics* 51 (2): 327-342.

Bencivenga, V. R. , Smith, B. D. 1991. "Financial Intermediation and Endogenous Growth." *Review of Economic Studies* (2): 195-209.

Bengt-ÅKeLundvall and Björn, J. 2016. The Learning Economy, in the Learning Economy and the Economics of Hope, By Bengt-Åke Lundvall, Anthem Press.

Bengtsson, E. and D. Waldenstrm. 2015. "Capital Shares and Income

Inequality: Evidence from the Long Run. " IZA Discussion Papers, No. 9581.

Benhassine, N. et al. 2013. "Turning a Shove into a Nudge? A 'Labeled Cash Transfer' for Education. " *American Economic Journal: Economic Policy* 7 (3): 86–125.

Bentaouet, K. , R. et al. 2021. "The Role of Education in Mitigating Automation's Effect on Wage Inequality. " *Labour* 35 (1): 79–104.

Berlingieri, G. 2014. "Outsourcing and the Rise in Services. " London School of Economics, Centre for Economic Performance, CEP Discussion Paper (No. 1199).

Bernard, A. B. , Eaton, J. , Jensen, J. B. 2003. "Plants and Productivity in International Trade. " *American Economic Review* 93 (4): 1268–1290.

Bernard, A. B. , Redding, S. J. , Schott, P. K. 2010. " Multiple – Product Firms and Product Switching. " *American Economic Review* 100 (1): 70–97.

Bernard, A. B. , Redding, S. J. , Schott, P. K. 2011. "Multiproduct Firms and Trade Liberalization. " *Quarterly Journal of Economics* 126 (3): 1271–1318.

Bernhard, I. 2016. "Innovation Focusing on Regional Development in a European Context: Towards a new Research Agenda. " *International Journal of Innovation and Regional Development* 7 (1): 1–19.

Bernini, C. , Cerqua, A. , Pellegrini, G. 2017. " Public Subsidies, TFP and Efficiency: A Tale of Complex Relationships. " *Research Policy* 46 (4): 751–767.

Bernini, C. , Pellegrini, G. 2011. "How are Growth and Productivity in Private Firms Affected by Public Subsidy? Evidence from a Regional Policy. " *Regional Science and Urban Economics* 41 (3): 253–265.

Betts, C. , Giri, R. , Verma, R. 2017. "Trade, Reform, and Structural

Transformation in South Korea." *IMF Econ Rev* 65: 745-791.

Bhattacharya, D. et al. 2013. "Distortions, Endogenous Managerial Skills and Productivity Differences." *Review of Economic Dynamics* 16 (1): 11-25.

Bhattacharya, U., Hsu, P. H., Tian, X., et al. 2017. "What Affects Innovation More: Policy or Policy Uncertainty?" *Journal of Financial and Quantitative Analysis* 52 (5): 1869-1901.

Bianchini, S., Pellegrino G. 2019. "Innovation Persistence and Employment Dynamics." *Research Policy* 48 (5): 1171-1186.

Bird, R. M. 2009. "Taxation in Latin America: Reflections on Sustainability and the Balance Between Equity and Efficiency." *Social Science Electronic Publishing*.

Biswas, S. et al. 2017. "Income Inequality, Tax Policy, and Economic Growth." *The Economic Journal* (*London*) 127 (601): 688-727.

Bittencourt, Manoel. 2010. "Financial Development and Inequality: Brazil 1985-1994." *Economic Change and Restructuring* 43 (2).

Blau, F. D., Kahn, L. M. 2017. "The Gender Wage Gap: Extent, Trends, and Explanations." *Journal of Economic Literature* 55 (3): 789-865.

Block, J. H. 2012. "R&D Investments in Family and Founder Firms: An Agency Perspective." *Journal of Business Venturing* 27 (2): 248-265.

Blonigen, B. A. 2015. "Industrial Policy and Downstream Export Performance." *The Economic Journal* 126 (595): 1635-1659.

Bloom, N., Draca, M., Van Reenen, J. 2016. "Trade Induced Technical Change? The Impact of Chinese Imports on Innovation, IT and Productivity." *Review of Economic Studies* 83 (1): 87-117.

Bloom, N., Griffith, R., Reenen, J. V. 2002. "Do R&D Tax Credits Work? Evidence from a Panel of Countries 1979-1997." 85 (1): 1-31.

Blundell, R., Dearden, L., Meghir, C., and Sianesi, B. 1999.

"Human Capital Investment: The Returns From Education and Training to the Individual, the Firm and the Economy. " *Fiscal Studies* 20 (1): 1-23.

Blundell, R. , Griffith, R. , and Reenen, J. V. 1995. "Dynamic Count Data Models of Technological Innovation. " *The Economic Journal* 105 (429), 333-344.

Bond, S. , Söderbom, M. 2005. "Adjustment Costs and the Identifi Cation of Cobb Douglas Production Functions. " Working Paper WP05/04, Institute for Fiscal Studies. http: //www. ifs. org. uk/wps/wp0504. pdf.

Boppart, T. , Franziska J. W. 2012. "Structural Change, Market Size and Sector Specific Endogenous Growth. " DEGIT Conference Papers. No. c017_ 062. DEGIT, Dynamics, Economic Growth, and International Trade.

Boppart, T. , Franziska W. 2013. "Non - homothetic Preferences and Industry Directed Technical Change. " Available at SSRN 2277547.

Boppart, T. 2010. "Engel's Law and Growth with Directed Technical Change. "

Boppart, T. 2014. "Structural Change and the Kaldor Facts in a Growth Model with Relative Price Effects and Non-Gorman Preferences. " *Econometrica* 82 (6): 2167-2196.

Borissov, K. et al. 2020. "Heterogeneous Human Capital, Inequality and Growth: The Role of Patience and Skills. " *International Journal of Economic Theory* 16 (4): 399-419.

Boyd, B. K. , Gove, S. , Hitt, M. A. 2005. "Construct Measurement in Strategic Management Research: Illusion or Reality?. " *Strategic Management Journal* 26 (3): 239-257.

Boyreau - Debray, G. 2003. "Financial Intermediation and Growth: Chinese Style. " World Bank, Development Research Group, Investment Climate, Vol. 3027.

Bozkaya, A. , Kerr, W. R. 2014. "Labor Regulations and European Venture capital." *Journal of Economics and Management Strategy* 23 (4): 776-810.

Brady, D. 2003. "The Politics of Poverty: Left Political Institutions, the Welfare State, and Poverty." *Social Forces* 82 (2): 557-588.

Brakman, S. , Garretsen, H. , Gigengack, R. , Marrewijk, C. V. , Wagenvoort, R. 1994. Congestion and Industrial Location, Mimeo, University of Groningen.

Brander, J. A. , Spencer, B. J. 1985. "Export Subsidies and International Market Share Rivalry." *Journal of International Economics* 18 (1-2): 83-100.

Brandt, L. , VanBiesebroeck, J. , Wang, L. , et al. 2017. "WTO Accession and Performance of Chinese Manufacturing Firms." *American Economic Review* 107 (9): 2784-2820.

Brandt, L. , VanBiesebroeck, J. , Zhang, Y. 2012. "Creative Accounting or Creative Destruction? Firm - level Productivity Growth in Chinese Manufacturing." *Journal of Development Economics* 97 (2): 339-351.

Brandt, L. et al. 2013. "Factor Market Distortions Across Time, Space and Sectors in China." *Review of Economic Dynamics* 16 (1): 39-58.

Brautigam, D. , Xiaoyang, T. , Xia, Y. 2018. "What Kinds of Chinese 'Geese' Are Flying to Africa? Evidence from Chinese Manufacturing Firms." *Journal of African Economies* 27 (1): 29-51.

Breceda, K. et al. 2010. "Latin America and the Social Contract: Patterns of Social Spending and Taxation." *Population and Development Review* 35 (4): 721-748.

Brezis, E. S. , Krugman, P. R. , Tsiddon, D. 1993. "Leapfrogging in International Competition: A Theory of Cycles in National Technological Leadership." *American Economic Review* 83 (5): 1211-1219.

Bridgman, B. , Berthold H. 2021. Markups, Input - Output Linkages, and Structural Change: Evidence from the National Accounts.

Bronzini, R., Blasio, G. D. 2006. "Evaluating the Impact of Investment Incentives: The Case of Italy's Law 488/1992. " *Journal of Urban Economics* 60 (2): 327-349.

Bronzini, R., Iachini, E. 2014. "Are Incentives for R&D Effective? Evidence from a Regression Discontinuity Approach. " *Social Ence Electronic Publishing* (4): 100-134 (35).

Brown, J. R., Martinsson, G., Petersen, B. C. 2013. "Law, Stock Markets, and Innovation. " *The Journal of Finance* 68 (4): 1517-1549.

Bruce C. Greenwald, Joseph E. Stiglitz, "Industrial Policies, the Creation of a Learning Society, and Economic Development," in The Industrial Policy Revolution I: The Role of Government Beyond Ideology, Joseph E. Stiglitz and Justin Yifu Lin (eds.), 2013 Houndmills, UK and New York: Palgrave Macmillan, pp. 43-71.

Brun, J. F., Compaore, C. 2021. "Public Expenditures Efficiency on Education Distribution in Developing Countries. " HAL Working Paper, No. 03116615.

Buchanan, J. M. 1986. Liberty, Market, and State: Political Economy in the 1980s. Wheatsheaf Books.

Bucheli, M. et al. 2012. "Social Spending, Taxes and Income Redistribution in Uruguay. " Commitment to Equity (CEQ) Working Paper Series, No 10.

Buera, F. J., Joseph P. Kaboski, and Richard Rogerson. 2018. Skill-Biased Structural Change and the Skill-Premium. Discussion paper.

Buera, F. J, Kaboski, J. P. 2012a. "The Rise of the Service Economy. " *American Economic Review* 102 (6): 2540-69.

Buera, F. J, Kaboski, J. P. 2012b. "Scale and the Origins of Structural Change. " *Journal of Economic Theory* 147 (2): 684-712.

Bulter, A. , Cornaggia, J. 2011. "Does Access to External Finance Improve Productivity? Evidence from a Natural Experiment. " *Journal of Financial Economics*.

Burkhauser, R. V. 2006. "Social Security in Panama: A Multiperiod Analysis of Income Distribution. " *Journal of Development Economics* 21 (1): 53-64.

Busse, M. , Silberberger, M. 2013. "Trade in Pollutive Industries and the Stringency of Environmental Regulations. " *Applied Economics Letters* 20 (4): 320-323.

Bustos, P. 2011. " Trade Liberalization, Exports, and Technology Upgrading: Evidence on the Impact of MERCOSUR on Argentinian Firms. " *American Economic Review* 101 (1): 304-40.

Caballé, J. , Santos, M. S. 1993. " On Endogenous Growth with Physical and Human Capital. " *Journal of Political Economy* 101 (6): 1042-1067.

Cai, J. , Chen, Y. , Wang, X. 2018. "The Impact of Corporate Taxes on Firm Innovation: Evidence from the Corporate Tax Collection Reform in China". National Bureau of Economic Research.

Cai, L. , Liu, A. Y. C. 2015. "Wage Determination and Distribution in Urban China and Vietnam: A Comparative Analysis. " *Journal of Comparative Economics* 43 (1): 186-203.

Callan, T. and B. Nolan. 1991. "Concepts of Poverty and the Poverty Line. " *Journal of Economic Surveys* 5 (3): 243-261.

Callan, T. et al. 2008. "The Distributional Implications of a Carbon Tax in Ireland. " *Energy Policy* 37 (2): 407-412.

Cameron, L. A. 2000. "Poverty and Inequality in Java: Examining the Impact of the Changing Age, Educational and Industrial Structure. " *Journal of Development Economics* 62 (1): 149-180.

Cantwell, J. 1995. "The Globalisation of Technology: What Remains of the Product Cycle Model?" *Cambridge Journal of Economics* 19：155-155.

Cao, K. H., Birchenall, J. A. 2013. "Agricultural Productivity, Structural Change, and Economic Growth in Post-reform China." *Journal of Development Economics* 104：165-180.

Card, D. et al. 2020. "Unions and Wage Inequality：The Roles of Gender, Skill and Public Sector Employment." *Canadian Journal of Economics/ Revue Canadienne déconomique* 53（1）：140-173.

Carnoy, M. 1978. "Can Educational Policy Equalize Income Distribution?" *Prospects* 8（1）：3-18.

Caselli, F., Gennaioli, N. 2003. "Dynastic Management." NBER Working Paper No. 9442.

Caselli, F. 2005. "Accounting for Cross-country Income Differences." Handbook of Economic Growth 1：679-741.

Caselli Francesco, Wilbur John Ⅱ Coleman. 2001. "The U. S. Structural Transformation and Regional Convergence：A Reinterpretation." *Journal of Political Economy* 109（3）：584-616.

Castelló-Climent, A. and R. Doménech. 2021. "Human Capital and Income Inequality Revisited." *Education Economics* 29（2）：1-19.

Ceroni, C. B. 2001. "Poverty Traps and Human Capital Accumulation." *Economica* 68（270）：203-219.

Cerqua, A., Pellegrini, G. 2014. "Do Subsidies to Private Capital Boost Firms' Growth? A Multiple Regression Discontinuity Design Approach." *Journal of Public Economics* 109（1）：114-126.

Cerqueiro, G., Hegde, D., Penas, M. F., et al. 2017. "Debtor Rights, Credit Supply, and Innovation." *Management Science* 63（10）：3311-3327.

Chamberlin, E. 1933. "Monopolistic Competition and Pareto Optimality."

Journal of Business & Economics Research 2 （4）：17−28.

Chang, H. J., Park, H. J., Yoo, C. G. 1998. "Interpreting the Korean Crisis: Financial Liberalisation, Industrial Policy and Corporate Governance." *Cambridge Journal of Economics* 22 （6）：735−746.

Chang, H. J. 2002. *Kicking Away the Ladder: Development Strategy in Historical Perspective.* London: Anthem Press.

Chang H. J. 2003. "Kicking Away the Ladder: Infant Industry Promotion in Historical Perspective." *Oxford Development Studies* 31 （1）：21−32.

Checchi, D. and C. G. Alosa. 2010. "Labour Market Institutions and the Personal Distribution of Income in the OECD." *Economica* 77 （307）：413−450.

Checchi, D. et al. 2010. "Inequality and Union Membership: The Influence of Relative Earnings and Inequality Attitudes." *British Journal of Industrial Relations* 48 （1）：84−108.

Chen, B. 2017. "Upstreamness, Exports, and Wage Inequality: Evidence from Chinese Manufacturing Data." *Journal of Asian Economics* 48：66−74.

Chen, P. C., Yu, M. M. 2014. "Total Factor Productivity Growth and Directions of Technical Change Bias: Evidence from 99 OECD and non − OECD Countries." *Annals of Operations Research* 214 （1）：143−165.

Chen, S. and M. Ravallion. 2013. "More Relatively−Poor People in a less Absolutely−Poor world." *Review of Income and Wealth* 59 （1）：1−28.

Chen, Z., Liu, Z., Serrato, J. C. S. et al. 2018. Notching R&D Investment with Corporate Income Tax Cuts in China.

Chen, Z., Zhang, J., Zheng, W. 2017. "Import and Innovation: Evidence from Chinese Firms." *European Economic Review* 94：205−220.

Chenery, H. B. 1967. "Foreign Assistance and Economic Development." in Capital Movements and Economic Development . Palgrave Macmillan,

London.

Cheng, H. , Fan, H. , Hoshi, T. , et al. 2019. "Do Innovation Subsidies Make Chinese Firms more Innovative? Evidence From the China Employer Employee Survey." National Bureau of Economic Research.

Chen Ling, Barry Naughton. 2016. "An Institutionalized Policy-making Mechanism: China's Return to Techno-industrial Policy." *Research Policy* (45): 2138-2152.

Cheteni, P. et al. 2019. "Gender and Poverty in South African Rural Areas." *Cogent Social Sciences* 5 (1): 1586080.

Chiappini, R. , Viaud, F. 2020. "Macroeconomic, Institutional, and Sectoral Determinants of Outward Foreign Direct Investment: Evidence from Japan." *Pacific Economic Review*: e12347.

Chichilnisky, G. 2001. North-south Trade and the Global Environment. In the Economics of International Trade and the Environment. CRC Press.

Chipman, J. S. 1965. "A Survey of the Theory of International Trade: Part 1, The Classical Theory." *Econometrica: Journal of the Econometric Society* 33: 477-519.

Chirinko, R. S. 2002. "Corporate Taxation, Capital Formation, and the Substitution Elasticity Between Labor and Capital." *National Tax Journal* 55 (2): 339-355.

Chirinko, R. S. "σ: the Long and Short of It." *Journal of Macroeconomics* 30 (2): 671-686.

Chiu, W. H. 2010. "Income Inequality, Human Capital Accumulation and Economic Performance." *Economic Journal* 108 (446): 44-59.

Chor, D. , Manova, K. , Yu, Z. 2021. "Growing Like China: Firm Performance and Global Production Line Position." *Journal of International Economics* 130: 103445.

Chu, K. Y. et al. 2000. "Income Distribution and Tax and Government Social Spending Policies in Developing Countries. " WIDER Working Paper Series, No. wp-2000-214.

Cimoli, M. , Dosi, G. , Stiglitz, J. E. 2015. " The Rationale for Industrial and Innovation Policy. " *Intereconomics* 50 (3): 120-155.

Ciuriak, D. 2013. " The Return of Industrial Policy. " Ciuriak Consulting Inc. ; C. D. Howe Institute; BKP Development Research & Consulting GmbH.

Clark, C. 1940. *The Conditions of Economic Progress*. MacMillan and Co Limited.

Clark, D. P. , Serafino, M. , Simonetta, Z. 2000. "Do Dirty Industries Conduct Offshore Assembly in Developing Countries? . " *International Economic Journal* 14 (3): 75-86.

Clark, R. 1985. "Agency Costs Versus Fiduciary Duties. " in J. Pratt and R. Zeckhauser (eds.) . *Principals and Agents: The Structure of Business*. Boston: Harvard Business School Press.

Clarke, G. et al. 2003. "Finance and Income Inequality: Test of Alternative Theories. " *Policy Research Working Paper Series* 72 (3): 578-596.

Claus, I. , Oxley, L. , Chen, H. , Whalley, J. 2015. "China's Service Trade. " *Journal of Economic Surveys* 28: 746-774.

Cloutier, N. R. 1997. "Metropolitan Income Inequality During the 1980s: The Impact of Urban Development, Industrial Mix, and Family Structure. " *Journal of Regional Science* 37 (3): 459-478.

Coase, R. H. 1937. "The Nature of the Firm. " *Economics* 4.

Cole, M. A. 2004. " Trade, the Pollution Haven Hypothesis and the Environmental Kuznets Curve: Examining the Linkages. " *Ecological Economics* 48 (1): 71-81.

Comin, D. , Lashkari, D. , and Mestieri, M. 2021. "Structural Change with Long-run Income and Price Effects. " *Econometrica* 89 (1): 311-374.

Cong, L. W. , Howell, S. T. 2018. "IPO Intervention and Innovation: Evidence from China. " National Bureau of Economic Research.

Cook, C. J. 1995. "Savings Rates and Income Distribution: Further Evidence from LDCs. " *Applied Economics* 27 (1): 71-82.

Cooke, P. 2007. "Regional Innovation, Entrepreneurship and Talent Systems. " *International Journal of Entrepreneurship and Innovation Management* 7 (2/5), 117-139.

Copeland, B. R. , Taylor, M. S. 1994. "North-South Trade and the Environment. " *The Quarterly Journal of Economics* 109 (3): 755-787.

Cornia, G. A. et al. 2003. "Income Distribution Changes and their Impact in the Post-World war II period. " *WIDER Working Paper Series*, No. 2003/28.

Cortez, W. W. 2001. "What is Behind Increasing Wage Inequality in Mexico? . " *World Development* 29 (11): 1905-1922.

Cosic, D. 2018. "Wage Distribution and Firm Size: The Case of the United States. " *International Labour Review* 157 (3): 357-377.

Crepon, B. et al. 2015. "Estimating the Impact of Microcredit on those Who Take It Up: Evidence from a Randomized Experiment in Morocco. " *American Economic Journal Applied Economics* 7 (1): 123-150.

Criscuolo, C. , Martin, R. , Overman, H. , Van Reenen, J. 2007. "The Effect of Industrial Policy on Corporate Performance: Evidence from Panel Data. " Center for Economic Performance, London School of Economics.

Criscuolo, C. , Martin, R. , Overman, H. , Van Reenen, J. 2019. "Some Causal Effects of an Industrial Policy. " *American Economic Review* 109 (1): 48-85.

Criscuolo, C. , Martin, R. , Overman, H. G. 2012. "The Causal Effects of an Industrial Policy. " *Social ence Electronic Publishing*.

Cristiano A. 1995. *Microdynamics of Technological Change*. Routledge.

Curran, M. A. 2021. "The Efficacy of Cash Supports for Children by Race and Family Size: Understanding Disparities and Opportunities for Equity. " *Race and Social Problems* 13 (1): 34-48.

Czarnitzki, D., Hand, P., Rosa, J. M. 2011. "Evaluating the Impact of R&D Tax Credits on Innovation: A Microeconometric Study on Canadian Firms. " *Research Policy* 40 (2): 217-229.

Czekaja, J. and Owsiak, S. (eds.) 1999. Prywatyzacja a Rynek Kapitalowy w Polsce Warsaw: Wydawnictwo Naukowe PWN.

Dahlman, C. J. 1979. "The Problem of Externality. " *Journal of Law and EconOmics*, 22.

Dai, X., Cheng, L. 2018. "The Impact of Product Innovation on Firm-level Markup and Productivity: Evidence from China. " *Applied Economics* 50 (42): 4570-4581.

Dang, J., Motohashi, K. 2015. "Patent Statistics: A Good Indicator for Innovation in China? Patent Subsidy Program Impacts on Patent Quality. " *China Economic Review* 35: 137-155.

Danish Agency for Science, Technology and Innovation. "The Impacts of Cluster Policy in Denmark – An Impact Study on Behaviour and Economic Effects of Innovation Network Denmark." 2011 Available at: http: // en. fi. dk/ publications.

Danquah, M. et al. 2010. "Productivity Growth, Human Capital and Distance to Frontier in Sub-Saharan Africa. " *Journal of Economic Development* 39 (4): 27-48.

Darity, Jr, W. 1990. "The Fundamental Determinants of the Terms of Trade Reconsidered: Long-run and Long-period Equilibrium. " *The American*

Economic Review 80 （4）： 816-827.

Datta, M. 2019. "Technological Progress and Sectoral Shares in GDP： An Analysis with Reference to the Indian Economy. " *Structural Change and Economic Dynamics* 51 （C）： 260-269.

Davenport, S. 2005. " Exploring the Role of Proximity in SME Knowledge-Acquisition. " *Research Policy* 34： 683-701.

De, Long, J. B. , Summers L. H. 1991. " Equipment Investment and Economic Growth. " *The Quarterly Journal of Economics* 106 （2）： 445-502.

De, Long, J. B. 1988. "Productivity Growth, Convergence, and Welfare： Comment Productivity Growth, Convergence, and Welfare： Comment. " *American Economic Review* 78 （5）： 1138-1154.

De, Melo, J. , Grether, J. M. 2004. "Globalization and Dirty Industries： Do Pollution Havens Matter? . " *Challenges to Globalization： Analyzing the Economics* 167-205.

DeAlessi. 1983. "Property Rights, Transaction Costs and X-Efficiency： An Essay in Economic Theory. " *American Economic Review*, 73.

Dean, J. M. , Fung, K. C. 2011. " Measuring Vertical Specialization： The Case of China. " *Review of International Economics* 19 （4）： 609-625.

Dean, J. M. 2002. "Does Trade Liberalization Harm the Environment? A New Test. " *Canadian Journal of Economics Revue* 35 （4）： 819-842.

Deardorff, A. V. 1982. " The General Validity of the Heckscher-Ohlin Theorem. " *American Economic Review* 72 （4）： 683-694.

Decancq, K. et al. 2019. " Multidimensional Poverty Measurement with Individual Preferences. " *The Journal of Economic Inequality* 17 （1）： 29-49.

Decramer, S. , Vanormelingen, S. 2016. "The Effectiveness of Investment Subsidies： Evidence from a Regression Discontinuity Design. " *Small Business Economics* 47 （4）： 1-26.

De Graba, P., Sullivan, M. W. 1995. "Spillover Effects, Cost Savings, R&D And The Use Of Brand Extensions." *International Journal of Industrial Organization* 13 (2): 229-248.

De Gregorio, J., Lee, J. W. 2002. "Education and Income Inequality: New Evidence From Cross-country Data." *Review of Income and Wealth* 48 (3): 395-416.

DeGroot, J., Lemanski, C. 2021. "COVID-19 Responses: Infrastructure Inequality and Privileged Capacity to Transform Everyday Life in South Africa." *Environment and Urbanization* 33 (1): 255-272.

Deininger, K., Jin, S., Xia, F., and Huang, J. 2014. "Moving off the Farm: Land Institutions to Facilitate Structural Transformation and Agricultural Productivity Growth in China." *World Development*, 59: 505-520.

Dekle, R., Vandenbroucke, G. 2010. "Whither Chinese Growth? A Sectoral Growth Accounting Approach." *Review of Development Economics* 14 (3): 487-498.

Dekle, R., Vandenbroucke, G. 2012. "A Quantitative Analysis of China's Structural Transformation." *Journal of Economic Dynamics and Control* 36: 119-135.

Demetriades, P. O., Hussein, K. A. 1995. "Does Financial Development Cause Economic Growth? Time-Series Evidence from 16 Countries." *Journal of Development Economics*.

Demidova, S. 2008. "Productivity Improvements and Falling Trade Costs: Boon or Bane?." *International Economic Review* 49 (4): 1437-1462.

Demirguc-Kunt, A. and Levine, R. 2008. "Finance, Financial Sector Policies and Long-run Growth." *Policy Research Working Paper*.

Demsetz, H. 1967. "Toward a Theory of Property Rights." *American Economic Review*, 57.

Demsetz, H. 1969. "Information and Efficiency: Another Viewpoint." *Journal of Law and Economics*, 12 (No. 1).

Deng, Z. L. , Guo, H. L. , Zheng, Y. N. 2007. "How East Asian Industry Transfer Affects the US – China Trade Imbalance: Economic Mechanisms and Policy Implications." *Lssues & Studies* 43 (3): 165–197.

Denison, E. F. 1967. *Why Growth Rates Differ*. Washington DC: Brooking.

Dennis, Benjamin, N. , and Talan, B. Iscan. 2009. "Engel Versus Baumol: Accounting for Structural Change Using Two Centuries of US data." *Explorations in Economic History* 46. 2: 186–202.

Devicienti, F. and V. Gualtieri. 2007. "The Dynamics and Persistence of Poverty: Evidence from Italy." LABORatorio R. Revelli Working Papers Series, No. 63.

Diaz, M. A. , Sánchez, R. 2008. "Firm Size and Productivity in Spain: A Stochastic Frontier Analysis." *Small Business Economics* 30 (3): 315–323.

Dietzenbacher, E. , Pei, J. , Yang, C. 2012. "Trade, Production Fragmentation, and China's Carbon Dioxide Emissions." *Journal of Environmental Economics and Management* 64 (1): 88–101.

Dinardo, J. et al. 1996. "Labor Market Institutions and the Distribution of Wages, 1973–1992: A Semiparametric Approach." *Econometrica* 5 (64): 1001–1044.

Ding, X. , Li, J. 2015. Incentives for Innovation in China: Building an Innovative Economy.

Dinopoulos, E. , Segerstrom, P. S. 2006. "North – South Trade and Economic Growth." CEPR Discussion Paper, No. 5887.

Dixit, A. , Norman, V. 1980. *Theory of International Trade: A Dual, General Equilibrium Approach*. Cambridge University Press.

Dixit, A. K. , Stiglitz, J. E. 1997. "Monopolistic Competition and Optimum Product Diversity. " *American Economic Review* 67 (3): 297-308.

Dong, Y. , Tian, J. , Ye, J. 2021. "Environmental Regulation and Foreign Direct Investment: Evidence from China's Outward FDI. " *Finance Research Letters* 39: 101611.

Dornbusch, R. , Fischer, S. , Samuelson, P. A. 1980. "Heckscher – Ohlin Trade Theory with a Continuum of Goods. " *Quarterly Journal of Economics* 95 (2): 203-224.

Dosi, G. , Tranchero, M. 2019. "The Role of Comparative Advantage, Endowments and Technology in Structural Transformation." LEM Working Paper Series.

Doumbia, D. 2015. "Financial Development and Economic Growth: Evidence of Non-linearity. " Mpra Paper, No. 63983.

Dowlinga, M. , Cheang, C. T. 2000. "Shifting Comparative Advantage in Asia: New Tests of the 'Flying Geese' Model. " *Journal of Asian Economics* 11 (4): 443-463.

Dowrick, S. , Gemmell, N. 1991. "Industrialisation, Catching Up and Economic Growth: A Comparative Study Across the World's Capitalist Economies. " *Economic Journal*: 101-263.

Du, Y. , Lu, Y. 2018. "The Great Opening up and the Roadmap for the Future: The Story of China's International Trade. " *China & World Economy* 26 (2): 68-93.

Duarte, M. , and Diego, R. 2020. "Relative Prices and Sectoral Productivity. " *Journal of the European Economic Association* 18. 3: 1400-1443.

Duarte, M. , Restuccia, D. 2010. "The Role of the Structural Transformation in Aggregate Productivity. " *Quarterly Journal of Economics* 125 (1): 129-173.

Duernecker, G., and Berthold, H. 2020. "Structural Transformation of Occupation Employment."

Duernecker, G., Herrendorf, B., Valentinyi, A. 2019. Structural Change Within the Service Sector and the Future of Baumol's Cost Disease. Discussion Paper 12467, Centre for Economic Policy Research, London.

Duernecker, G., Herrendorf, B. and Valentinyi, A. 2019. Quantity Measurement, Balanced Growth, and Welfare in Multi – sector Growth Models.

Duflo, E. et al. 2006. "Using Randomization in Development Economics Research: A toolkit." *CID* Working Papers.

Duflo, E. et al. 2011. "Nudging Farmers to Use Fertilizer: Theory and Experimental Evidence From Kenya." *American Economic Review* 6 (101): 2350-2390.

Duflo, E. et al. 2011. "Peer Effects, Teacher Incentives, and the Impact of Tracking: Evidence from a Randomized Evaluation in Kenya." *The American Economic Review* 101 (5): 1739-1774.

Duncan, D. 2014. "Behavioral Responses and the Distributional Effects of the Russian 'Flat' Tax." *Journal of Policy Modeling* 36 (2): 226-240.

Dunning, J. H. 2001. "The Eclectic (OLI) Paradigm of International Production: Past, Present and Future." *International Journal of the Economics of Business* 8 (2): 173-190.

Dutt, A. K. 1986. "Vertical Trading and Uneven Development." *Journal of Development Economics* 20 (2): 339-359.

Eaton, J., Grossman, G. M. 1986. "Optimal Trade and Industrial Policy Under Oligopoly." *The Quarterly Journal of Economics* 101 (2): 383-406.

Echevarria, C. 1997. "Changes in Sectoral Composition Associated with

Economic Growth. " *International Economic Review* 38 （2）: 431-452.

Eduardo et al. 1999. "Taxes and Income Distribution in Chile: Some Unpleasant Redistributive Arithmetic. " *Journal of Development Economics* 59 （1）: 155-192.

Edwards, S. 1996. "Why are Latin America's Savings Rates so low? An International Comparative Analysis. " *Journal of Development Economics* 51 （1）: 5-44.

Eichengree, B. , Park, D. , Shin, K. 2011. "When Fast Growing Economies Slow Down: International Evidence and Implications for China. " *Social ence Electronic Publishing* 11 （1）: 42-87.

Eicher, T. 2001. "Inequality and Growth: The Dual role of Human Capital in Development. " *Journal of Development Economics* 66 （1）: 173-197.

Elias, E. , Antoine, D. 2016. "Do Tax Incentives for Research Increase Firm Innovation? An RD Design for R&D. " Working Papers.

Enfors, E. I. , Gordon, L. J. 2008. "Dealing with Drought: The Challenge of Using Water System Technologies to Break Dryland Poverty Traps. " *Global Environmental Change* 18 （4）: 607-616.

Engle, R. F. and Granger, C. W. J. 1987. "Cointegration and Error Correction: Representation, Estimation and Testing. " *Econometrica* 55: 251-76.

Erauskin, I. 2020. "The Labor Share and Income Inequality: Some Empirical Evidence for the Period 1990-2015. " *Applied Economic Analysis* 28 （84）: 173-195.

Erten, B. , Jessica L. 2019. "Exporting out of Agriculture: The Impact of WTO Accession on Structural Transformation in China. " *Review of Economics and Statistics*: 1-46.

Ervik, R. 1998. "The Redistributive Aim of Social Policy: A Comparative Analysis of Taxes, Tax Expenditure Transfers and Direct Transfers in Eight

Countries. " LIS Working Papers, No. 184.

Eryong, X. , Xiuping, Z. 2018. "Education and Anti-Poverty: Policy Theory and Strategy of Poverty Alleviation through Education in China. " *Educational Philosophy and Theory* 50 (12): 1101-1112.

Espinoza-Delgado, J. , Klasen, S. 2018. "Gender and Multidimensional Poverty in Nicaragua: An Individual Based Approach. " *World Development* 110: 466-491.

Evandrou, M. et al. 1993. "Welfare Benefits in Kind and Income Distribution. " *Fiscal Studies* 14 (1): 57-76.

Evans, P. 1995. *Embedded Autonomy*. Princeton: Princeton University Press.

Ewa A. , Dimitrios A. and Keith P. 2005. "The Linkage Between Financial Liberalization and Economic Development: Empirical Evidence from Poland. " *Journal of Economic Integration* 20 (2): 383-399

Eyasu, A. M. 2020. "Determinants of Poverty in Rural Households: Evidence from North-Western Ethiopia. " *Cogent Food and Agriculture* 6 (1): 1823652.

Falvey, R. , Foster, N. , Greenaway, D. 2004. "Imports, Exports, Knowledge Spillovers and Growth. " *Economics Letters* 85 (2): 209-213.

Falvey, R. , Greenaway, D. , Yu, Z. 2011. "Catching Up or Pulling Away: Intra-Industry Trade, Productivity Gaps and Heterogeneous Firms. " *Open Economies Review* 22 (1): 17-38.

Fama, E. 1980. "Agency Problems and the Theory of the Firm. " *Journal of Political Economy* 88.

Fama E. , Jensen, M. C. 1983. "Separation of Ownership and Control. " *Journal of Law and Economics* 26 (6).

Fama E. , Jensen, M. C. 1985. "Organizational Forms and Investment Decisions. " *Journal of Financial Economics* 14 (No. 1).

Fan, H. , Gao, X. , Li, Y. A. , Luong, T. A. 2018. "Trade Liberalization and Markups: Micro Evidence from China. " *Journal of Comparative Economics* 46 (1): 103-130.

Fang, L. H. , Lerner, J. , Wu, C. 2017. "Intellectual Property Rights Protection, Ownership, and Innovation: Evidence from China. " *The Review of Financial Studies* 30 (7): 2446-2477.

Felbermayr, G. , Jung, B. , Larch, M. 2015. "The Welfare Consequences of Import Tariffs: A Quantitative Perspective. " *Journal of International Economics* 97 (2): 295-309.

Feldman, M. P. , AndStorper, M. 2018. "Economic Growth and Economic Development: Geographic Dimensions, Definition and Disparities. " in G. L. Clark, M. P. Feldman, M. S. Gertler and D. Wójcik (eds.), *The New Oxford Handbook of Economic Geography.* Oxford: Oxford University Press, 143-158.

Feldman, M. P. , Hadjimichael, T. and Lanahan, L. 2016. "The Logic of Economic Development: A Definition and Model for Investment. " Environment and Planning C: Government and Policy 34, 5-21.

Feng, L. , Li, Z. , Swenson, D. L. 2016. "The Connection between Imported Intermediate Inputs and Exports: Evidence From Chinese Firms. " *Journal of International Economics* 101: 86-101.

Fenoaltea, S. 1984. "Slavery and Supervision in Comparative Perspective: A Model. " *Journal of Economic History* 44.

Ferranti, D. D. et al. 2004. Inequality in Latin America: Breaking with History?, World Bank Latin American and Caribbean Studies.

Ferreira, F. et al. 2010. "Poverty Reduction without Economic Growth?: Explaining Brazil's Poverty Dynamics, 1985 - 2004. " *Journal of Development Economics* 93 (1): 20-36.

Fields, G. S., Yoo, G. 2000a. "Falling Labor Income Inequality in Korea's Economic Growth: Patterns and Underlying Causes." *Review of Income and Wealth* 46 (2): 139-159.

Findlay, R. 1980. "The Terms of Trade and Equilibrium Growth in the World Economy." *The American Economic Review* 70 (3): 291-299.

Firdausy, C. M. 2016. "One Method to Improve the Official Poverty Line in Indonesia." *Journal of Indonesian Social Sciences and Humanities* 6 (1): 39-52.

Fisher, A. G. 1939. "Production, Primary, Secondary and Tertiary." *Economic Record* 15 (1): 24-38.

Fishlow, A. 2001. "Brazilian Size Distribution of Income." *American Economic Review* 62 (2): 391-402.

Flam, H., Helpman, E. 1987. "Vertical Product Differentiation and North-South Trade." *American Economic Rview* 77: 810-822.

Foellmi R., Zweimüller, J. 2006. "Income Distribution and Demand-Induced Innovations." *Review of Economic Studies* 73 (4): 941-960.

Foellmi R., Zweimüller, J. 2008. "Structural Change, Engelars Consumption Cycles and Kaldorars Facts of Economic Growth." *Journal of Monetary Economics* 55 (7): 1317-1328.

Foellmi, R., Zweimüller, J. 2017. "Is Inequality Harmful for Innovation and Growth? Price Versus Market Size Effects." *Journal of Evolutionary Economics* 27 (2): 359-378.

Fonseca, R., Sopraseuth, T. 2019. "Distributional Effects of Social Security Reforms: The Case of France." *Canadian Journal of Economics/Revue Danadienne d'économique* 52 (3): 1289-1320.

Foray, L., Bertrand, C., Pinguet, F. et al. 1999. "In Vitro Cytotoxic Activity of Three Essential Oils from Salvia Species." *Journal of Essential Oil Research* 11 (4): 522-526.

Fortin, N. et al. 2011. "Decomposition Methods in Economics." in Ashenfelter, O., Card, D. (eds.). Handbook of Labor Economics. Elsevier.

Fortin, N. M. and T. Lemieux. 1998. "Rank Regressions, Wage Distributions, and the Gender Gap." *Journal of Human Resources* 33 (3): 610-643.

Foster, J. et al. 1984. "A Class of Decomposable Poverty Measures." *Econometrica* 52 (3): 761.

Fowkes, R. K., Sousa, J. Duncan, N. 2015. "Evaluation of Research and Development Tax Credit." HM Revenue and Customs HMRC Working Paper, 17.

Foxon, T. J. 2011. "A Coevolutionary Framework For Analysing A Transition to A Sustainable Low Carbon Economy." *Ecological Economics* 70 (12): 2258-2267.

Frankema, E. 2012. "Industrial Wage Inequality in Latin America in Global Perspective, 1900 – 2000." *Studies in Comparative International Development* 47 (1): 47-74.

Fräßdorf, A. et al. 2011. "The Impact of Household Capital Income on Income Inequality—A Factor Decomposition Analysis for the UK, Germany and the USA." *Journal of Economic Inequality* 9 (1): 35-56.

Färe, R., Grosskopf, S. 1985. "A Nonparametric Cost Approach to Scale Efficiency." *The Scandinavian Journal of Economics* 594-604.

Freeman, C. 1987. Technology and Economic Performance: Lessons from Japan, Pinter, London.

Freitas, A. A. 2015. "Gender Wage Inequality Measured Using Quantile Regression: The Impact of Human, Cultural and Social Capital." *Revista Mexicana de Ciencias Políticas y Sociales* 60 (223): 287-315.

Frick, J. , Grabka, M. 2003. "Imputed Rent and Income Inequality: A Decomposition Analysis for Great Britain, West Germany and the u. s.. " *Review of Income and Wealth* 49 (9): 513-537.

Fritsch, M. , Mueller, P. 2004. "The Effects of New Business Formation on Regional Development Over Time. " *Regional Studies* 38, 961-976.

Fritzell, J. et al. 2015. "Absolute or Relative? A Comparative Analysis of the Relationship Between Poverty and Mortality. " *International Journal of Public Health* 60 (1): 101-110.

Fry, M. J. 1982. "Models of Financially Repressed Developing Economies. " *World Development* (10): 731-750.

Fry, M. J. 1989. " Financial Development: Theories and Recent Development. " *Oxford Review of Economic Policy* 5: 13-28.

Fry, M. J. 1997. "In Favour of Financial Liberalization. " *The Economic Journal* 107: 754-770.

Furubotn, E. G. , Richter, R. 2005. "Institutions & Economic Theory: The Contribution of the New Institutional Economics. " *Second Edition*.

Galbraith, J. K. et al. 2004. "The Experience of Rising Inequality in Russia and China During the Transition. " *The European Journal of Comparative Economics* 1 (1): 87-106.

Gallagher, K. S. 2006. "Limits to Leapfrogging in Energy Technologies? Evidence from the Chinese Automobile Industry. " *Energy Policy* 34 (4): 383-394.

Gallup, J. L. , Sachs, J. D. 2015. "The Economic Burden of Malaria. " *American Journal of Tropical Medicine and Hygiene* 64 (1-2 Suppl): 85-96.

Galor, O. , Moav, O. 2004. " From Physical to Human Capital Accumulation: Inequality and the Process of Development. " *Review of Economic Studies* 71 (4): 1001-1026.

Galor, O. , Zeira, J. 1993. "Income Distribution and Macroeconomics. " *The Review of Economic Studie* 60 (1): 35-52.

Gao, H. , Zhang, W. 2017. "Employment Nondiscrimination Acts and Corporate Innovation. " *Management Science* 63 (9): 2982-2999.

Garbinti, B. et al. 2018a. "Income Inequality in France, 1900-2014: Evidence from Distributional National Accounts (DINA) . " Working Papers 162 (JUN.): 63-77.

Garbinti, B. et al. 2018b. "Income Inequality in France, 1900-2014: Evidence from Distributional National Accounts (DINA) . " Working Papers 162 (JUN.): 63-77.

García-Belenguer, F. , Santos, M. S. 2013. "Investment Rates and the Aggregate Production Function. " *European Economic Review* 63: 150-169.

García - Rodríguez, F. J. , Gil - Soto, E. , Ruiz - Rosa, I. and Gutiérrez-Taño, D. 2017a. "Entrepreneurial Process in Peripheral Regions: The Role of Motivation and Culture. " *European Planning Studies* 25 (11): 2037-2056.

García - Rodríguez, F. J. , Gil - Soto, E. , Ruiz - Rosa, I. and Gutiérrez - Taño, D. 2017b. "Entrepreneurial Potential in Less Innovative Regions: The Impact of Social and Cultural Environment. " *European Journal of Management and Business Economics* 26 (2) . 163-179.

Garcia, A. et al. 2020. "Does Microcredit Increase Aspirational Hope? Evidence from a Group Lending Scheme in Sierra Leone. " *World Development* 128 (1): 104861.

Garcia-Macia. D. , Hsieh. C. T. , Klenow. P. J. 2019. "How Destructive is Innovation? . " *Econometrica* 87 (5): 1507-1541.

Garcia - Penalosa, C. , Orgiazzi, E. 2013. " Factor Components of Inequality: A Cross-Country Study. " *Review of Income and Wealth* 59 (4).

Geary, R. C. 1950. "A Note on A Constant-Utility Index of the Cost of Living." *Review of Economic Studies* 18（2）: 65-66.

Gerschenkron, A. 1962. "Economic Backwardness in Historical Perspective（1962）." *The Political Economy Reader: Markets as Institutions* 211-228.

Ghiglino, Christian, Kazuo Nishimura, and Alain Venditti. 2018. "Non-balanced Endogenous Growth and Structural Change: when Romer Meets Kaldor and Kuznets."

Gimpelson, V. Y. 2016. "Structural Change and Inter-Industry Wage Differentiation." *Journal of the New Economic Association* 31（3）: 186-197.

Ginzburg, A., Simonazzi, A. 2005. "Patterns of Industrialization and the Flying Geese Model: The Case of Electronics in East Asia." *Journal of Asian Economics* 15（6）: 1051-1078.

Giuranno, M. G., Nocco, A. 2020. "Trade Tariff, Wage Gap and Public Spending." *Economic Modelling* 91: 167-179.

Glauber, R. 2018. "Trends in the Motherhood Wage Penalty and Fatherhood Wage Premium for Low, Middle, and High Earners." *Demography* 55（5）: 1663-1680.

Goedhart, T. et al. 1977. "The Poverty Line: Concept and Measurement." *The Journal of Human Resources* 12（4）: 503.

Goldberg, P., Khandelwal, A., Pavcnik, N. 2009. "Trade Liberalization and New Imported Inputs." *American Economic Review* 99（2）: 494-500.

Goldberg, P. K., Pavcnik, N. 2016. "The Effects of Trade Policy." *Handbook of Commercial Policy* 1: 161-206.

Gollin, D., Rogerson, R. 2010. "Agriculture, Roads, and Economic Development in Uganda." *National Bureau of Economic Research*（No. w15863）.

Gollin D., Parente, Stephen L., Rogerson Richard. 2006. "The Food Problem and the Evolution of International Income levels." *Journal of Monetary*

Economics 54：1230-1255.

Gollin D. , Stephen P. , Richard R. 2002. "The Role of Agriculture in Development. " *American Economic Review*, 92（2）：160-164.

Gollin D. , Stephen P. , Richard R. 2004. "Farm Work, Home Work and International Productivity Differences. " *Review of Economic Dynamics* 7（4）：827-850.

Goren, A. 2017. "Inequality and Production Elasticity. " *MPRA Paper*, No. 80316.

Gorski, M. 2001. "The New Banking and Financial Sector：Its Role, Potential and Weaknesses. " in Poland into the New Millenium Edward Elgar Publishing Ltd.

Goswami, R. , Majumdar, S. 2017. "Construction of Gender Sensitive Poverty Line Based on Local Perception：Evidence from Habra - II Block of West Bengal State in India. " *The Social Science Journal* 54（1）：76-92.

Grabowski, R. J. , Shields, M. P. 1996. Development Economics, Routledge.

Granger, C. W. J. , Lin, J. 1995. "Causality in the Long - run. " *Econometric Theory* 11：530-536.

Granger, C. W. J. 1969. "Investigating Causal Relations Byeconomitric Models and Cross Spectral Methods. " *Econometrica*, 35.

Granger, C. W. J. 1988. "Some Recent Developments in the Concept of Causality. " *Journal of Econometrics* 39：199-211.

Granovetter, M. 1985. "Economic Action and Social Structure：The Problem of Embeddedness. " *American Journal of Sociology*, 91.

Grant, R. , Baden-Fuller, C. 2004. "A Knowledge Accessing Theory of Strategic Alliances. " *Journal of Management Studies* 41, 61-84.

Gray, H. , Sanzogni, L. 2004. "Technology Leapfrogging in Thailand：

Issues for the Support of Commerce Infrastructure. " *The Electronic Journal of Information Systems in Developing Countries* 16（1）, 1-26.

Greenwood, J. , Jovanovic, B. 1990a. Financial Development, Growth, and the Distribution of Income, Social Science Electronic Publishing.

Greenwood, J. , Jovanovic, B. 1990b. "Financial Development, Growth, and the Distribution of Income. " UWO Department of Economics Working Papers.

Grieben, W. H. 2010. "A Schumpeterian North-South Growth Model of Trade and Wage Inequality. " *Review of International Economics* 13（1）: 106-128.

Grossman, G. M. , Helpman, E. 1991a. *Innovation and Growth in the Global Economy.* MIT press.

Grossman, G. M. , Helpman, E. 1991b. "Quality Ladders and Product cycles. " *The Quarterly Journal of Economics* 106（2）: 557-586.

Grossman, G. M. , Helpman, E. 2005. "Outsourcing in a Global Economy. " *Review of Economic Studies* 72（1）: 135-159.

Grossman, P. , Niemann, L. , Schmidt, S. 2004. "Mindfulness-Based Stress Reduction and Health Benefits: A Meta-Analysis. " *Journal of Psychosomatic Research* 57（1）: 35-43.

Grossman G. M. , O. Hart. 1986. "The Costs and Benefits of Ownership: A Theory of Vertical and Integration. " *Journal of Political Economy*, 94.

Grossmann, V. 2007. "Firm Size, Productivity, and Manager Wages: A Job Assignment Approach. " *The B. E. Journal of Theoretical Economics* 7（1）: 508-523.

Grubel, H. G. , Lloyd, P. J. 1975. *Intra-industry Trade: The Theory and Measurement of International Trade in Differentiated Products.* London: Macmillan.

Gruzdeva, E. B. , Chertikhina, E. S. 2014. "The Occupational Status and Wages of Women in the USSR. " *Soviet Sociology* 26 (3): 67-81.

Guan, D. , Hubacek, K. , Weber, C. L. 2008. "The Drivers of Chinese CO_2 Emissions from 1980 to 2030. " *Global Environmental Change* 18 (4): 626-634.

Guan, X. 2014. "Poverty and Anti-poverty Measures in China. " *China Journal of Social Work* 7 (3): 270-287.

Guerrero, M. , Urbano, D. and Fayolle, A. 2016. "Entrepreneurial Activity and Regional Competitiveness: Evidence from European Entrepreneurial Universities. " *The Journal of Technology Transfer* 41 (1): 105-131.

Guerzoni, M. , Raiteri, E. 2012. Innovative Public Procurement and R&D Subsidies: Hidden Treatment and New Empirical Evidence on the Technology Policy Mix in a Quasi-experimental Setting.

Gupta, K. L. 1984. *Finance and Growth in Developing Countries.* London: Croom Helm.

Gupta, M. R. , Dutta, P. B. 2011. "Skilled-unskilled Wage Inequality and Unemployment: A General Equilibrium Analysis. " *Economic Modelling* 28 (4): 1977-1983.

Gustafsson, B. , Sai, D. 2020. "Growing into Relative Income Poverty: Urban China, 1988-2013. " *Social Indicators Research* 147 (1): 73-94.

Gustafsson, B. S. 1991. "Income Redistribution Effects of Tax Reforms in Sweden. *Journal of Policy Modeling.*

Gyorgy, L. , Olah, D. 2017. "Economic Policy Tools to Increase Net Wage Share During a Crisis the Transition to a Wage-led Growth Model in Hungary. " *Public Finance Quarterly* 62 (2): 150-170.

Haegeland, T. , Moen, J. 2007. Input Additionality in the Norwegian R&D Tax Credit Scheme. Reports 2007/47, Statistics Norway.

Hagenaars, A. J. M. , Praag, B. M. S. 1985. "A Synthesis of Poverty

Line Definitions. " *Review of Income and Wealth* 31（2）: 139–154.

Haggard, S. 2000. " Interests, Institutions, and Policy Reform. " *Economic Policy Reform : The Second Stage* 21–57.

Hajkiewicz-Gorecka, M. 1999. "Sytuacja Finansowa Bankow" in Banki Polskie u Progu XXI Wieku Warsaw : Poltex.

Hakro, A. N. et al. 2021. "Returns to Education and Wage Inequality in Pakistan. " *The Journal of Developing Areas* 55（3）: 1–22.

Hall, B. , J. Van. 2000. "How Effective are Fiscal Incentives for R&D? A Review of the Evidence. " *Research Policy* 29（4–5）: 449–469.

Hall, R. E. , Jones, C. I. 1999. "Why do Some Countries Produce so Much more Output Per Worker than Others? . " *The Quarterly Journal of Economics* 114（1）: 83–116.

Hall, R. E. , Jones, C. I. 2007. "The Value of Life and the Rise in Health Spending. " *Quarterly Journal of Economics* 122（1）: 39–72.

Hanlon, W. 2019. "The Persistent Effect of Temporary Input Cost Advantages in Shipbuilding, 1850 to 1911. " *Journal of the European Economic Association*, 2019.

Hanlon, W. W. 2015. "Necessity Is the Mother of Invention : Input Supplies and Directed Technical Change. " *Econometrica* 83（1）: 67–100.

Hansman, H. B. 1980. "The Role of Non-profit Enterprise. " *Yale Law Journal*, 89（5）.

Hanson, K. , Rose, A. 1997. "Factor Productivity and Income Inequality : A General Equilibrium Analysis. " *Applied Economics* 29（8）: 1061–1071.

Hanusch, H. , Pyka, A. 2007. " Principles of Neo – Schumpeterian Economics. " *Cambridge Journal of Economics* 31（2）: 275–289.

Hanushek, Eric A. , Ludger Woessmann. 2012. "Do Better Schools Lead to More Growth? Cognitive Skills, Economic Outcomes, and Causation. "

Journal of Economic Growth 17 （4）：267–321.

Hao, Y. , Guo, Y. , Guo, Y. , Wu, H. , Ren, S. 2020. "Does Outward Foreign Direct Investment （OFDI） Affect the Home Country's Environmental Quality? The Case of China. " *Structural Change and Economic Dynamics* 52, 109–119.

Harris, M. N. , Konya, L. , Matyas, L. 2002. "Modelling the Impact of Environmental Regulations on Bilateral Trade Flows：OECD, 1990–1996. " *World Economy* 25 （3）：387–405.

Harris, R. , Robinson, C. 2005. "Impact of Regional Selective Assistance on Sources of Productivity Growth：Plant–level Evidence from UK Manufacturing, 1990–98. " *Regional Studies* 39 （6）：751–765.

Harrison, A. E. , 2010. "Rodríguez–Clare, Andrés. Trade, Foreign Investment, and Industrial Policy for Developing Countries. " *Social Ence Electronic Publishing.*

Hart, M. , Driffield, N. 2008. Evaluation of Regional Selective Assistance （RSA） and Its Successor, Selective Finance for Investment in England （SFIE）. London：Department for Business Enterprise & Regulatory Reform （BERR）.

Hart, O. 1983. "The Market Mechanism as an Incentive Scheme. " Bell Journal of Economics, 10, Fallomisii1b.

Hartwig, J. 2008. "What Drives Health Care Expenditure? —Baumol's Model of 'Unbalanced Growth' Revisited. " *Journal of Health Economics* 27 （3）：603–623.

Hasan, I. , Wachtel, P. , and Zhou, M. 2009. "Institutional Development, Financial Deepening and Economic Growth：Evidence from China. " *Journal of Banking & Finance*, Vol. 33, No. 1.

Hashmi, A. R. 2013. "Competition and Innovation：The Inverted–U Relationship Revisited. " *Review of Economics and Statistics* 95 （5）：1653–1668.

Hausmann, R., et al. 2013. *The Atlas of Economic Complexity*. Cambridge, Massachusetts: The MIT Press.

Hausmann, R., Rodrik, D., Velasco, A. 2006. "Getting the Diagnosis Right." *Finance & Development* 43（001）.

Hausmann, R., Rodrik, D. 2003. "Economic Development as Self-discovery." *Journal of Development Economics* 72（2）: 603–633.

Hayashi, F., Prescott, E. C. 2002. "The 1990s in Japan: A Lost Decade." *Review of Economic Dynamics* 5（1）: 206–235.

He, J., Tian, X. 2018. "Finance and Corporate Innovation: A Survey." *Asia-Pacific Journal of Financial Studies* 47（2）: 165–212.

He, J., Tian, X. 2020. "Institutions and Innovation." *Annual Review of Financial Economics* 12: 377–398.

Head, K. 1994. "Infant Industry Protection in the Steel Rail Industry." *Journal of International Economics* 37（3–4）: 141–165.

Heath, D., Mace, C. 2020. "The Strategic Effects of Trademark Protection." *The Review of Financial Studies* 33（4）: 1848–1877.

Hellström, T. 2003. "Systemic Innovation and Risk: Technology Assessment and the Challenge of Responsible Innovation." *Technology in Society* 25（3）: 369–384.

Helpman, E., Krugman, P. 1985. *Market Structure and Foreign Trade*. MIT Press.

Helpman, E., Krugman, P. 1989. *Trade Policy and Market Structure*. Cambridge, MA: MIT Press.

Helpman, E., Melitz, M. J., Yeaple, S. R. 2004. "Export versus FDI with Heterogeneous Firms." *American Economic Review* 94（1）: 300–316.

Helpman, E. 1981. "International Trade in the Presence of Product Differentiation, Economies of Scale, and Monopolistic Competition: A

Chamberlin-Heckscher-Ohlin Approach. " *Journal of International Economics* 11, 305-340.

Helpman, E. 1992. " Endogenous Macroeconomic Growth Theory. " *European Economic Review* 36 (2-3): 237-267.

Helpman, E. 2006. " Trade, FDI, and the Organization of Firms. " *Journal of Economic Literature* 44 (3): 589-630.

Heo, U., Kim, S. 2000. " Financial Crisis in South Korea: Failure of the Government-led Development Paradigm. " *Asian Survey* 40 (3): 492-507.

Herrendorf, B, Herrington, C, Valentinyi, A. 2015. " Sectoral Technology and Structural Transformation. " *American Economic Journal*: *Macroeconomics* 7 (4): 104-133.

Herrendorf, B., Lei, F. 2021. High-skilled Services and Development in China. Forthcoming: *Journal of Development Economics*.

Herrendorf, B., Schmitz, jr J. A., Teixeira, A. 2012. " The Role of Transportation in US Economic Development: 1840 - 1860. " *International Economic Review* 53 (3): 693-716.

Herrendorf, Be., Richard Ro., Valentinyi, 2013. Two Perspectives on Preferences and Structural Transformation. *American Economic Review* 103 (7): 2752-2789.

Herrendorf, Be., Richard Ro., Valentinyi. 2014. Growth and Structural Transformation. Handbook of Economic Growth 2: 855-941.

Hertel, T. and F. Zhai. 2006. " Labor Market Distortions, Rural-urban Inequality, and the Opening of China's Economy. " *Economic Modelling* 23 (1): 76-109.

Hidalgo, C. A., Klinger, B. Barabasi, A. L. and Hausmann, R. 2007. " The Product Space Conditions the Development of Nations. " *Science* 317 (5837), 482-487.

Hill, N. C. 1979. "Increasing Managerial Effectiveness: Keys to Management and Motivation." Addison–Wesley.

Hirschman, A. O., Sirkin, G. 1985. "Investment Criteria and Capital Intensity once Again." *The Quarterly Journal of Economics* 72 (3): 469–471.

Hirshleifer, J. 1980. "Privacy: Its Origin, Function and Future." Journal of Le–gal Studies, 9. 11

Hölscher, J. et al. 2011. "Wage Inequality, Labour Market Flexibility and Duality in Eastern and Western Europe." *Post–Communist Economies* 23 (3): 271–310.

Hobbes T. 1651. Leviathan or The Matter, Forme and Power of a Common wealth Ecclesiastical and Civil Malmesbury.

Hobday, M. 1994. "Technological Learning in Singapore: A Test Case of Leapfrogging." *The Journal of Development Studies* 30 (4): 831–858.

Hoeven, R. 2000. "Labour Markets and Income Inequality: What are the New Insights after the Washington Consensus?" *WIDER Working Paper Series*, No. 209.

Holmstrom, B. 1982a. "Moral Hazard in Team." *Bell Journal of Economics*, 13.

Holmstrom, B. 1982b. "Managerial Incentive Problems—A Dynamic Perspective." in Essays in Economics and Management in Honor of Lars Wahlbeck.

Holz, C. A. 2006. "Measuring Chinese Productivity Growth, 1952 – 2005." Available at SSRN 928568.

Holz, C. A. 2009. "No Razor's Edge: Reexamining Alwyn Young's Evidence for Increasing Interprovincial Trade Barriers in China." *The Review of Economics and Statistics* 91 (3): 599–616.

Hombert, J., Matray, A. 2018. "Can Innovation Help US Manufacturing

Firms Escape Import Competition from China?" *Journal of Finance* 73（5）：2003-2039.

Hori, T., Mizutani, N., Uchino, T. 2018. "Endogenous Structural Change, Aggregate Balanced Growth, and Optimality." *Economic Theory*, 65（1）：125-153.

Hori T., Ikefuji M., Mino K. 2015. "Comformism and Structural Change." *International Economic Review*, 56（3）：939-961.

Howell, S. T. 2017, "Financing Innovation：Evidence from R&D Grants." *American Economic Review*, 107（4）：1136-1164.

Howitt, P. 2000. Endogenous Growth and Cross - Country Income Differences. *American Economic Review* 90（4）：829-846.

Hsiao, F. 1976. "Factor Market Distortions and Factor Substitution in Two-Sector Growth Models." *Hitotsubashi Journal of Economics* 17（1）：20-28.

Hsieh, C. T., Klenow, P. J. 2009. "Misallocation and Manufacturing TFP in China and India." *Quarterly Journal of Economics* 124（4）：1403-1448.

Hsieh, C. T., Klenow, P. J. 2010. "Development Accounting." *American Economic Journal：Macroeconomics*, 2（1）：207-23.

Hu, A. G., Jefferson, G. H. 2009. "A Great Wall of Patents：What is Behind China's Recent Patent Explosion?" *Journal of Development Economics* 90（1）：57-68.

Hu, A. G. Z., Jefferson, G. H., Jinchang, Q. 2005. "R&D and Technology Transfer：Firm-level Evidence from Chinese Industry." *Review of Economics and Statistics* 87（4）：780-786.

Huang, Y., Yang, H. 2020. "Identifying IFDI and OFDI Productivity Spatial Spillovers：Evidence from China." *Emerging Markets Finance and Trade* 56（5）：1124-1145.

Huggins, R., Thompson, P. 2015. "Entrepreneurship, Innovation and Regional Growth: A Network Theory." *Small Business Economics* 45 (1), 103-128.

Huggins, R., Williams, N. 2011. "Entrepreneurship and Regional Competitiveness: The Role and Progression of Policy." *Entrepreneurship and Regional Development* 23, 907-932.

Hummels, D., Ishii, J., Yi, K. M. 2001. "The Nature and Growth of Vertical Specialization in World Trade." *Journal of International Economics*, 54 (1): 75-96.

Hutcheson, F. 1755. A System of Moral Philosophy, 2 vols. London: A. Millar.

Hutchison, T. 1988. *Before Adam Smith: The Emergence of Political Economy*, 1662-1776. Cambridge: Basil Blackwell.

Hyeladi, J. A., A., Dung G, L. 2014. "Assessment of Family Sizes and Poverty Levels in Mangu LGA, Plateau State." *International Journal of Humanities and Social Science* 4 (3): 310-315.

Idris, S. I. and S. A. Kabiru. 2019. "Towards Promoting Rural Infrastructure for Poverty Reduction: Analysis of FADAMA Ⅲ Small-scale Community-owned Infrastructure in Kaduna and Sokoto States, Nigeria." *Journal International Studies* 15: 145-164.

Ientile, D., J. Mairesse. 2009. "A Policy to Boost R&D: Does the R&D Tax Credit Work." EIB Papers, 14 (1): 144-169.

Ilyina, Anna, and Roberto Samaniego. 2011, "Technology and Financial Development." *Journal of Money, Credit and Banking*, vol. 43, no. 5, Wiley, pp. 899-921, http://www.jstor.org/stable/20870084.

Imai, K. S. et al. 2010. "Microfinance and Household Poverty Reduction: New Evidence from India." *World Development* 38 (12): 1760-

1774.

Imai, K. S. et al. 2012. "Microfinance and Poverty—a Macro Perspective." *World Development* 40 (8): 1675-1689.

Inchauste, G. et al. 2015. "The Distributional Impact of Fiscal Policy in South Africa." *Policy Research Working Paper*, No. 7194.

Inwood, K., Keay, I. 2013. "Trade Policy and Industrial Development: Iron and Steel in a Small Open Economy, 1870-1913." *Canadian Journal of Economics/revue Canadienne Déconomique* 46 (4): 1265-1294.

Irwin, D. A., Klenow, P. J. 1996. "High Tech R&D Subsidies: Estimating the Effects of Sematech." *Journal of International Economics*, 40 (3-4): 323-344.

Irwin, D. A. 2000a. "Could the United States Iron Industry Have Survived Free Trade after the Civil War?." *Explorations in Economic History*, 37 (3): 278-299.

Irwin, D. A. 2000b. "Did Late - Nineteenth - Century U. S. Tariffs Promote Infant Industries? Evidence from the Tinplate Industry." *The Journal of Economic* History 60 (2): 335-360.

Irwin, Douglas. 2005. *Free Trade Under Fire*, 2nd Edition. Princeton University Press.

Iscan, Talan. 2010. "How Much can Engel's Law and Baumol's Disease Explain the Rise of Service Employment in the United States." The BE Journal of Macroeconomics 10. 1: 1-43.

Islam, I. and H. Khan. 1986. "Income Inequality, Poverty and Socioeconomic Development in Bangladesh: An Empirical Investigation." Bangladesh Dev Stud 14 (2): 75-92.

Ito, T. 1994. "The East Asian Miracle: Four Lessons for Development Policy]: Comment." NBER Macroeconomics Annual (9): 274-280.

Iyigun, M. F. and A. L. Owen. 2010. "Income Inequality, Financial Development, and Macroeconomic Fluctuations." *The Economic Journal* 114 (495): 352-376.

Jacobsen, H. K. et al. 2003. "Distributional Implications of Environmental Taxation in Denmark." *Fiscal Studies* 24 (4): 477-499.

Jaffe, A. B., Le, T. 2015. "The Impact of R&D Subsidy on Innovation: A Study of New Zealand Firms. " *National Bureau of Economic Research.*

Jaimovich, N., Floetotto, M. 2008. "Firm Dynamics, Markup Variations, and the Business Cycle." *Journal of Monetary Economics* 55 (7): 1238-1252.

Jallade, J. 1976. "Public Expenditures on Education and Income Distribution in Colombia." International Bank for Reconstruction and Development], Distributed by the Johns Hopkins University Press.

Jappelli, T., Pagano, M. 1989. "Consumption and Capital Market Imperfections: An International Comparison." *American Economic Review*, 79, (5).

Jaumotte, F. , Osorio, C. 2017. "Inequality and Labor Market Institutions." *Imf Staff Discussion Notes* 15 (14): 1.

Jayamohan, M. K. , Kitesa, A. T. 2014. "Gender and Poverty-an Analysis of Urban Poverty in Ethiopia." *Development Studies Research* 1 (1): 233-243.

Jensen, M., Ruback, R. 1983. "The Market for Corporate Control." *Journal of Financial Economics*, 11.

Jensen, M. C. , Meckling. 1976. "Theory of the Firm: Managerial Behavior, Agency Costs and Ownership Structure." *Journal of Financial Economics*, 3.

Jerome, A. 2011. "Infrastructure, Economic Growth and Poverty Reduction in Africa. " *Journal of Infrastructure Development* 3 （2）: 127-151.

Jiang, Z. and Ouyang, X. 2017. "Analyzing the Distributional Effects of Fuel Taxation in China. " *Energy Efficiency* 10 （5）: 1235-1251.

Jin, H. J. 1992. "Personal Income Distribution in Korea, 1963 - 1986: A Human Capital Approach. " *Journal of Asian Economics* 3 （1）: 57-71.

Jin Keyu. 2012. "Industrial Structure and Capital Flows. " *American Economic Review*, 102 （5）: 2111-2146.

Jinnai, R. 2015, "Innovation, Product Cycle, and Asset Prices. " *Review of Economic Dynamics* 18 （3）: 484-504.

Johansen, S. 1988. "Statistical Analysis of Cointegration Vectors. " *Journal of Economics Dynamics and Control*, 12, 231-254.

Johansen, S. 1991. "Estimation and Hypothesis Testing of Cointegration Vectors in Gaussian Vector Autoregressive Models. " *Econometrica*, 59, 1551-80.

Johansen, S. and Juselius, K. 1990. "Maximum Likelihood Estimation and Inference on Cointegration-with Applications to the Demand for Money. " Oxford *Bulletin of Economics and Statistics*, 52, 383-97.

Johansen, S. and Juselius, K. 1992. "Testing Structural Hypotheses in a Multivariate Cointegration Analysis of the PPP and the UIP for UK. " *Journal of Econometrics*, 53, 211-44.

Johansson, B. and Andersson, E. 1998. "A SchlossLaxenburg Model of Product Cycle Dynamics. " in M. Beckmann, B. Johansson, F. Snickars and R. Thord （eds.）. *Knowledge and Networks in a Dynamic Economy.* Berlin: Springer, 181-219.

Johnson, C. A. 1982. *MITI and the Japanese Miracle.* Chicago: Stanford University Press.

Jolliffe, D., Prydz, E. B. 2016. "Estimating International Poverty Lines from Comparable National Thresholds. " *The Journal of Economic Inequality* 14 (2): 185-198.

Jolliffe, D. 2001. " Measuring Absolute and Relative Poverty: The Sensitivity of Estimated Household Consumption to Survey Design. " *Journal of Economic and Social Measurement* 27 (2001): 1-23.

Jolliffe, D. and E. B. Prydz. 2021. "Societal Poverty: A Relative and Relevant Measure. " *The World Bank Economic Review* 35 (1): 180-206.

Jomo, K. S. 1998. " Financial Liberalization, Crises, and Malaysian Policy Responses. " World Development, Vol. 26, No. 8.

Jomo, K. S. 2003. Globalization, Liberalization and Equitable Development: Lessons from East Asia Geneva: United Nations Research Institute for Social Development.

Jomo, K. S. 2004. "Some East Asian Lessons for African Development. " Proceedings of the First International.

Jones, B. 2003. " Growth, Capital Shares, and a New Perspective on Production Functions. " Proceedings-Federal Reserve Bank of San Francisco

Jones, J. , Wren, C. 2004, " Inward Foreign Direct Investment and Employment: a Project-based Analysis in North-east England. " *Journal of Economic Geography*, (5): 517-543.

Jones, R. W. 1956. " Factor Proportions and the Heckscher-Ohlin Theorem. " *Review of Economic Studies*, 24 (1): 1-10.

Jong-Sung, Y. , Khagram, S. 2005, " A Comparative Study of Inequality and Corruption. " *American Sociological Review* 70 (1): 136-157.

Jong-Sung, Y. 2009. Is South Korea Succeeding in Controlling Corruption? [C] //APSA 2009 Toronto Meeting Paper.

Jorgenson, Dale W. , and Marcel P. Timmer. 2011. "Structural Change in Advanced Nations: a new Set of Stylised Facts. " *Scandinavian Journal of*

Economics 113. 1: 1-29.

Jorgenson, D. W. , Gollop, F. M. , Fraumeni, B. M. 1987. *Productivity and U. S. Economic Growth.* Cambridge, MA: Harvard University Press.

Jorgenson, D. W. , Griliches, Z. , 1967. "The Explanation of Productivity Change. " *Review of Economic Studies* (34).

Joseph, A. , Schumpeter, J. , Maynard, and Keynes. 1936. " The General Theory of Employment, Interest and Money. " *Journal of the American Statistical Association*, 31.

Joseph, E. 1986. "Stiglitz: The New Development Economics." *World Developmet* 14 (2): 237-265.

Ju, J. , Wei, S. J. 2009. Current Account Adjustment in a Model with Multiple Tradable Sectors and Labor Market Rigidities. Mimeo.

Ju J. , Lin J. Y. , Wang Y. 2015. "Endowment Structures, Industrial Dynamics, and Economic Growth. " *Journal of Monetary Economics* 76 (C): 244-263.

Kacperczyk, M. et al. 2014. "Investor Sophistication and Capital Income Inequality. " Nber Working Papers.

Kakwani, N. , Son, H. H. 2016. " Global Poverty Estimates Based on 2011 Purchasing Power Parity: Where Should the New Poverty Line be Drawn?" *The Journal of Economic Inequality* 14 (2): 173-184.

Kakwani, N. 1993. "Poverty and Economic Growth with Application to Cote Divoire. " *Review of Income and Wealth* 39 (2): 121-139.

Kalleberg, M. 2010. "Occupations and the Structure of Wage Inequality in the United States, 1980s to 2000s. " *American Sociological Review* 75 (3): 402-431.

Kalouptsidi, M. 2017, "Detection and Impact of Industrial Subsidies: The Case of Chinese Shipbuilding. " *The Review of Economic Studies* 85 (2): 1111-

1158.

Kang, David C. 2002. *Crony Capitalism: Corruption and Development in South Korea and thePhillipines.* Cambridge: Cambridge University Press.

Kapur, B. K. 1976. "Alternative Stabilization Policies for Less Developed Countries." *Journal of Political Economy*, 84, 777-95.

Karabarbounis, L., Neiman, B. 2013. "The Global Decline of the Labor Share." *Nber Working Papers* 129 (1): 61-103.

Karabarbounis, L. et al. 2014. "Labor Shares and Income Inequality." Society for Economic Dynamics.

Karanfil, F., Yeddir-Tamsamani, Y. 2010. "Is Technological Change Biased Toward Energy? A Multi-Sectoral Analysis for the French Economy." *Energy Policy*, 38 (4): 1842-1850.

Karla, H. 1997. "Bayesian Learning in an Infant Industry Model." *Journal of International Economics* 43: 409-436.

Karlsson, C., Tavassoli, S. 2021. "Industrial Policy in Developed Countries: A Difficult but Important Policy Area." in Unlocking Regional Innovation and Entrepreneurship. Edward Elgar Publishing.

Karlsson, C., Gråsjö, U. 2019. "Knowledge Flows, Knowledge Externalities and Regional Economic Development." in M. M. Fischer and P. Nijkamp (eds.). *Handbook of Regional Science.* Berlin: Springer, 1-28.

Karlsson, C. 2016. Clusters. in K. Arrow et al. (eds.). *The New Palgrave Dictionary of Economics.* London: Palgrave Macmillan, 1-16.

Karp, L., Stevenson, M. 2012. "Green Industrial Policy: Trade and Theory." Policy Research Working Paper.

Karunaratne, H. D. 1999. "Income Inequality in Sri Lanka: A Disaggregated Analysis by Factor Incomes." *Egional Development Studies* 5 (1): 1-26.

Kee, H. L. , Tang, H. 2016. "Domestic Value Added in Exports: Theory and Firm Evidence from China." *American Economic Review*, 106 (6): 1402-1436.

Keefer, P. , Knack, S. 1997. "Why don't Poor Countries Catch Up? A Cross-national Test of an Institutional Explanation." *Economic Inquiry* 35 (3): 590-602.

Kemp, M. C. , Yamada, M. 2001. "Factor - Market Distortions, Dynamic Stability, and Paradoxical Comparative Statics." *Review of International Economics* 9 (3): 383-400.

Kenichi O. 2011. "Learning from Best Practices in East Asia: Policy Procedure and Organization for Executing Industrial Strategies." Presentation at the International Workshop on Aid and Development in Asia and Africa.

Kenneth J. Arrow. 1962. "The Economic Implications of Learning by Doing." *The Review of Economic Studies* 29 (3): 155-173.

Khan, M. H. 2000. "Rent, Efficiency and Growth." in M. H. Khan and K. S. Jomo (Eds.). *Rents, Rent - Seeking and Economic Development: Theory and Evidence in Asia.* Cambridge University Press.

Khandker, S. R. 2005. "Micro - Finance and Poverty: Evidence Using Panel Data from Bangladesh." *World Bank Economic Review* 19 (2): 263-286.

Kim, H. , Kim, H. , Lee P. M. 2008. "Ownership Structure and the Relationship Between Financial Slack and R&D Investments: Evidence from Korean Firms." *Organization Science* 19 (3): 404-418.

Kim, J. 1990. "Korean Industrial Policy in the 1970s: The Heavy and Chemical Industry Drive." KDI Working Paper 9015.

Kim, K. , Min, I. 2013. "Decomposition of Wage Inequality Change for Urban Workers Using Unconditional Quantile Regression." *Journal of Korea Planning Association* 48 (3): 53-74.

King, R. G., Levine, R. 1993. "Finance and Growth: Schumpeter Might be Right." *Quarterly Journal of Economics*, 108 (3): 717-737.

Kingston, W. 2006. "Schumpeter, Business Cycles and Co-Evolution." *Industry and Innovation* 13 (1): 97-106.

Klaauw, W., Wolpin, K. I. 2008. "Social Security and the Retirement and Savings behavior of Low Income Households." *Journal of Econometrics* 145 (1-2): 21-42.

Klassen, G., Miketa, A., Larsen, K. and Sundqvist, T. 2005. "The Impact of R&D on Innovation for Wind Energy in Denmark, Germany, and the United Kingdom." *Ecological Economics* 54 (2-3): 227-240.

Klenow, P. J., Rodriguez-Clare, A. 1997. "The Neoclassical Revival in Growth Economics: Has it Gone Too Far?" *NBER Macroeconomics Annual*, 12: 73-103.

Klepper, S., Sleeper, S. 2005. "Entry by spinoffs." *Management Science* 51: 1291-1306.

Klepper, S. 2001. "Employee Startups in High-tech Industries." *Industrial and Corporate Change* 10: 639-674.

Klette, T. J., Kortum, S. 2004. "Innovating Firms and Aggregate Innovation." *Journal of Political Economy* 112 (5): 986-1018.

Klimenko, M. M. 2004. "Industrial Targeting, Experimentation and Long-run Specialization." *Journal of Development Economics*, 2004, 73 (1): 75-105.

Klump, R., McAdam, P., Willman, A. 2007. "Factor Substitution and Factor-Augmenting Technical Progress in the United States: A Normalized Supply-Side System Approach." *Review of Economics and Statistics* 89 (1): 183-192.

Klump, R., McAdam, P., Willman, A. 2008. "Unwrapping Some Euro Area Growth Puzzles: Factor Substitution, Productivity and Unemployment."

Journal of Macroeconomics 30 （2）：645–666.

König, M., Song, Z. M., Storesletten, K., et al. 2020. "From Imitation to Innovation：Where is all that Chinese R&D going?." *National Bureau of Economic Research.*

Knight, J., Wei, W. 2011. "China's Macroeconomic Imbalances：Causes and Consequences." *World Economy* 34 （9）：1476–1506.

Kojima, K. 1964. "The Pattern of International Trade Among Advanced Countries." *Hitotsubashi Journal of Economics* 5 （1）：16–36.

Kojima, K. 1973. "A Macroeconomic Approach to Foreign Direct Investment." *Hitotsubashi Journal of Economics* 14 （1）：1–21.

Kojima, K. 2000. "The 'Flying Geese' Model of Asian Economic Development：Origin, Theoretical Extensions, and Regional Policy Implications." *Journal of Asian Economics* 11 （4）：375–401.

Kong, Q. et al. 2021. "How Factor Market Distortions Affect OFDI：An Explanation Based on Investment Propensity and Productivity Effects." *International Review of Economics and Finance* 73 （C）：459–472.

Kongsamut P., Sergio R., Danyang X. 2001. "Beyond Balanced Growth." *Review of Economic Studies*, 68 （3）：869–882.

Koopman, R., Wang, Z., Wei, S. J. 2012. "Estimating Domestic Content in Exports When Processing Trade is Pervasive." *Journal of Development Economics* 99 （1）：178–189.

Koopman, R., Wang, Z. and Wei, S. J. 2014. "Tracing Value–Added and Double Counting in Gross Exports." *American Economic Review* 104：459–494.

Kouvariatakis, N., Soria, A. and Isoard, S. 2000. "Modeling Energy Technology Dynamics：Methodology for Adaptive Expectations Models with Learning by Doing and Learning by Searching." *International Journal of Global*

417

Energy Issues 14（1-4）：104-115.

Kremer, M. 2003. "Randomized Evaluations of Educational Programs in Developing Countries： Some Lessons. " *American Economic Review* 2（93）：102-106.

Kristal, T., Cohen, Y. 2017. "The Causes of Rising Wage Inequality： The race Between Institutions and Technology. " *Socio-Economic Review* 15（1）：187-212.

Krisztián, K., Ratnesh, P. 2017. Hungarian Dairy and Beef Production Sector Technical Efficiency Comparsion Using DEA. APSTRACT： Applied Studies in Agribusiness and Commerce, 11（1033-2018-2962）：131-140.

Krueger, A. O., B. Tuncer. 1982. "An Empirical Test of the Infant Industry Argument. " *American Economic Review*（72/5）：1142-1152.

Krugman, P., Elizondo, R. L. 1996. "Trade Policy and the Third World Metropolis. " *Journal of Development Economics* 49（1）：137-150.

Krugman, P., Venables, T. 1995. "Globalization and the Inequality of Nations. " *Quarterly Journal of Economics* 110：857-880.

Krugman, P., Venables, T. 1996. "Integration, Specialization, and Adjustment. " *European Economic Review* 40：959-968.

Krugman, P. 1979. "A model of Innovation, Technology Transfer, and the World Distribution of Income." *Journal of Political Economy* 87（2）：253-266.

Krugman, P. 1981. "Trade, Accumulation, and Uneven Development. " *Journal of Development Economics* 8（2）：149-161.

Krugman, P. 1991a. *Geography and Trade*. MIT Press.

Krugman, P. 1991b. "Increasing Returns and Economic Geography. " *Journal of Political Economy* 99：183-199.

Krugman, P. 2009. "The Increasing Returns Revolution in Trade and

Geography. " *American Economic Review* 99 （3）: 561−71.

Krugman, P. R. , Maurice O. 2003. International Economics: Theory and Policy, 6th Edition. Addison−Weily.

Krugman, P. R. 1979. "Increasing Returns, Monopolistic Competition, and International Trade. " *Journal of International Economics* 9 （4）: 469−479.

Krugman, P. R. 1981. "Intra−industry Specialization and the Gains from Trade. " *Journal of Political Economy* 89: 959−973.

Krugman, P. R. 1992. "Geography and Trade. " *Southern Economic Journal* 1 （2）.

Krugman, P. R. 1997. *Development, Geography, and Economic Theory.* MIT press.

Kudasheva, T. et al. 2015. "Effects of Access to Education and Information−communication Technology on Income Inequality in Kazakhstan. " *Procedia − Social and Behavioral Sciences* 191: 940−947.

Kula, W. , 1976. *An Ecomomic History of Feudal System.* London: New Left Books.

Kumbhakar S. C. , Lovell. C. A. K. 2000. *Stochastic Frontier Analysis.* Cambridge University Press.

Kumbhakar, S. C. , Lovell, C. A. K. 2003. *Stochastic Frontier Analysis.* Cambridge University Press.

Kunanuntakij, K. , Varabuntoonvit, V. , Vorayos, N. 2017. " Thailand Green GDP Assessment Based on Environmentally Extended Input − Output Model. " *Journal of Cleaner Production* 167: 970−977.

Kuznets, S. , Murphy, J. T. 1966. *Modern Economic Growth: Rate, Structure, and Spread.* New Haven: Yale University Press.

Kwan, G. F. et al. 2020. "High Poverty and Hardship Financing among Patients with Noncommunicable Diseases in Rural Haiti. " *Global Heart* 15

（1）：7.

Kwon, K. , Paik, H. 1995. "Factor Price Distortions, Resource Allocation, and Growth: A Computable General Equilibrium Analysis." *The Review of Economics and Stats* 77（4）：664-676.

Kwon, T. , Ryou, J. W. 2015. "Global Value Chains of East Asia: Trade in Value Added and Vertical Specialization." *Asian Economic Journal* 29（2）：121-143.

Kydland, F. , Prescott, E. 1982. "Time to Build and Aggregate Fluctuations." *Econometrica* 50（6）：1345-1370.

Laitner J. 2000. "Structural Change and Economic Growth." *Review of Economic Studies* 57（3）：545-561.

Lall, S. , 2001. "Comparing National Competitive Performance." Queen Elizabeth House Working Paper Series. No. S61.

Lane, N. 2018. "Manufacturing Revolutions - Industrial Policy and Networks in South Korea." *The Journal of Economic History*.

Lane, N. 2019. "The New Empirics of Industrial Policy." *Journal of Industry, Competition and Trade* 1-26.

Larraín, M. , Poblete. J. 2007. "Age-differentiated Minimum Wages in Developing Countries." *Journal of Development Economics* 84（2）：777-797.

Laussel, D. , Montet, C. , Peguin-Feissolle, A. 1988. "Optimal Trade Policy Under Oligopoly: A Calibrated Model of the Europe-Japan Rivalry in the EEC car Market." *European Economic Review*（32）：1547-1565.

Lawrence, R. Z. , and David E. Winstein. 2001. "Chapter 10 Trade and Growth: Import Led or Export Led? Evidence from Japan and Korea." in Joseph E. Stiglitz and Shahid Yusuf（eds.）. *Rethinking the East Asian Miracle*. Oxford University Press.

Leamer, E. 1980. "The Leontief Paradox, Reconsidered." *Journal of*

Political Economy 88 （3）: 495−503.

Leamer, E. 1995. The Heckscher−Ohlin Model in Theory and Practice.

Lee, I. , C. Hobbs and Haines, G. 1992. "Implementing Multicultural Policy: An Analysis of the Heritage Language Program, 1971−81." *Canadian Public Administration*.

Lee, J. W. 1997. "Government Interventions and Productivity Growth." *Journal of Economic Growth* 1 （3）: 391−414.

Lee, K. , Lim, C. , and Song, W. 2005. "Emerging Digital Technology as a Window of Opportunity and Technological Leapfrogging: Catch − up in Digital TV by the Korean Firms." *International Journal of Technology Management* 29 （1−2）: 40−63.

Lee, K. , Lim, C. 2001. "Technological Regimes, Catching − up and Leapfrogging: Findings From the Korean Industries." *Research policy* 30 （3）: 459−483.

Lee, N. 2011. "Are Innovative Regions More Unequal? Evidence from Europe." *Environment and Planning. C, Government and Policy* 29 （1）: 2−23.

Lee, S. , Benjamin A. Malin. 2013. "Education's Role in China's Structural Transformation." *Journal of Development Economics* 101: 148−166.

Leibenstein, H. 1957. "The Theory of Underemployment in Backward Economies." *Journal of Political Economy* 65 （2）: 91−103.

Leibenstein, H. 1966. "Allocative Eficiency and Creation in the Theory of Economic Regulation." *Journal of Legal Studies*, 20.

Leigh, A. , Posso, A. 2009. "Top Incomes and National Savings." *Review of Income and Wealth* 55 （1）: 57−74.

Lemieux, T. 2006. "Postsecondary Education and Increasing Wage Inequality." *The American Economic Review* 96 （2）: 195−199.

Lentz, R. , Mortensen, D. T. 2008. "An Empirical Model of Growth

Through Product Innovation." *Econometrica* 76 (6): 1317-1373.

Leontief, W. 1953. "Domestic Production and Foreign Trade; the American Capital Position Re-examined." *Proceedings of the American Philosophical Society* 97 (4): 332-349.

Lerner, J. 2000. "The Government as Venture Capitalist: The Long-Run Impact of the SBIR Program." *The Journal of Private Equity* 3 (2): 55-78.

Lerner, J. 2009. "The Empirical Impact of Intellectual Property Rights on Innovation: Puzzles and Clues." *American Economic Review* 99 (2): 343-48.

Levchenko, A. 2005. *Financial Liberalization and Consumption Volatility in Developing Countries.* IMF Staff Papers.

Levinsohn, J., Petrin, A. 2003. "Estimating Production Functions Using Inputs to Control for Unobservables." *Review of Economic Studies.*

Li, L., Dunford, M., Yeung, G. 2012. "International Trade and Industrial Dynamics: Geographical and Structural Dimensions of Chinese and Sino-EU Merchandise Trade." *Applied Geography* 32 (1): 130-142.

Li, L., Hong, X., Peng, K. 2019. "A Spatial Panel Analysis of Carbon Emissions, Economic Growth and High - technology Industry in China." *Structural Change and Economic Dynamics* 49: 83-92.

Li, S., Su, J., Liu, Y., et al. 2020. "How 'Belt and Road' Initiative Implementation has Influenced R&D Outcomes of Chinese Enterprises: Asset-exploitation or Knowledge Transfer." R&D Management.

Li, T., Liang, L., Han, D. 2018. "Research on the Efficiency of Green Technology Innovation in China's Provincial High-End Manufacturing Industry Based on the RAGA - PP - SFA Model." *Mathematical Problems in Engineering*, 1-13.

Lin, F. 2015. "Learning By Exporting Effect in China Revisited: An Instrumental Approach." *China Economic Review* 36: 1-13.

Lin, J. , Monga, C. , Velde, D. W. , Tendulkar, S. D. , Amsden, A. , Amoako, K. Y. , and Lim, W. 2011. "DPR Debate: Growth Identification and Facilitation: The Role of The State in the Dynamics of Structural Change. " *Development Policy Review* 29 (3): 259-310.

Lin, J. Y. , Cai, F. , Li, Z. 1998. "Competition, Policy Burdens, and State-owned Enterprise Reform. " *American Economic Review* 88 (2): 422-427.

Lin, J. Y. , Sun, X. , Jiang, Y. 2013. "Endowment, Industrial Structure, and Appropriate Financial Structure: A New Structural Economics Perspective. " *Journal of Economic Policy Reform* 16 (2): 109-122.

Lin, J. Y. 2009. *Marshall Lectures: Economic Development and Transition: Thought, Strategy, and Viability.* Cambridge University Press, London.

Lin, J. Y. 2013. From Flying Geese to Leading Dragons: New Opportunities and Strategies for Structural Transformation in Developing Countries [M] //The Industrial Policy Revolution II. Palgrave Macmillan, London: 50-70.

Lin, J. Y. 2015. "The Washington Consensus Revisited: A New Structural Economics Perspective. " *Journal of Economic Policy Reform* 18 (2): 96-113.

Link, A. N. , Scott, J. T. 2010. "Government as Entrepreneur: Evaluating the Commercialization Success of SBIR Projects. " *Research Policy* 39 (5): 589-601.

Liu, E. 2019. "Industrial Policies in Production Networks. " *The Quarterly Journal of Economics.*

Liu, Q. , Qiu, L. D. 2016. "Intermediate Input Imports and Innovations: Evidence From Chinese Firms' Patent Filings. " *Journal of International Economics* 103: 166-183.

Liu, X. , Buck, T. 2007. "Innovation Performance and Channels For International Technology Spillovers: Evidence From Chinese High - Tech

Industries. " *Research Policy* 36 (3): 355-366.

Liu, Z. , Ma, H. 2021. " Input Trade Liberalization and Markup Distribution: Evidence from China. " *Economic Inquiry* 59 (1): 344-360.

Loayza, N. V. , Romain, R. 2006. " Financial Development, Financial Fragility, and Growth. " *Journal of Money, Credit and Banking* 38 (4): 1051-76.

Lokshin, B. , Mohnen, P. 2012. " How Effective are Level-based R&D Tax Credits? Evidence from the Netherlands. " *Applied Economics* 44: 1527-1538.

López, G, J. , Malagamba-Morán, A. S. 2017. " The Wage-Share in an Open Economy. Discussing Mexico's Experience. " *Metroeconomica* 68 (4): 833-858.

Lütkenhorst, W. , Altenburg, T. , Pegels, A. , et al. 2014. " Green Industrial Policy: Managing Transformation under Uncertainty. " *Deutsches Institut für Entwicklungspolitik Discussion Paper*, 28.

Lu, Y. , Shi, H. , Luo, W. , and Liu, B. 2018. " Productivity, Financial Constraints, and Firms' Global Value Chain Participation: Evidence from China. " *Economic Modelling* 73: 184-194.

Lucas, R. L. 1988. " On the Mechanism of Economic Development. " *Journal Monetary Economics* 22: 3-42.

Lucas Jr. , R. E. 1988. " On the Mechanics of Economic Development. " *Journal of Monetary Economics* 22 (1): 3-42.

Lucas Jr. , R. E. 2015. " Human Capital and Growth. " *American Economic Review* 105 (5): 85-88.

Luis A. Riverabatiz, P. M. Romer. 1991. " Economic Integration and Endogenous Growth. " *Quarterly Journal of Economics* 2 (106): 531-555.

Luo, C. , Li, S. 2007. " The Human Capital, the Characteristics and the Inequality in Income of Industries. " *Management World* 40 （6）: 2729 - 2740.

Lustig, N. 2017. "The Impact of Taxes and Social Spending on Income Distribution and Poverty in Latin America. An Application of the Commitment to Equity (CEQ) Methodology. " *Trimestre Economico* 84 （335）: 493-568.

Lustig, N. et al. 2013. "The Impact of Taxes and Social Spending on Inequality and Poverty in Argentina, Bolivia, Brazil, Mexico, Peru and Uruguay: An Overview. " *Public Finance Review* 42 （3）: 287-303.

M., J. 2013. "The Incidence of Social Spending and Taxes in Peru. " *Public Finance Review* 42 （3）: 391-412.

Ma, S., Liang, Y., Zhang, H. 2019. "The Employment Effects of Global Value Chains. " *Emerging Markets Finance and Trade* 55 （10）: 2230 - 2253.

MacDougall, G. D. A. 1951. "British and American Exports: A Study Suggested by the Theory of Comparative Costs. Part I. " *The Economic Journal* 61 （244）: 697-724.

Macleod. 1988. "Equity, Efficiency, and Incentives in Cooperative Teams. " in Ad-vance in the Economic Analysis of Participatory and Labour Managed Firms 3: 5-23.

Madariaga, R. et al. 2019. "Wage Income Inequality in Catalonian Second-rank Cities. " *The Annals of Regional Science* 62 （2）: 285-304.

Madden, D. 2000. "Relative or Absolute Poverty Lines: A New Approach. " *Review of Income and Wealth* 46 （2）: 181-199.

Managi, S., Hibiki, A., Tsurumi, T. 2009. "Does Trade Openness Improve Environmental Quality?. " *Journal of Environmental Economics and Management* 58 （3）: 346-363.

Managi, S., Karemera, D. 2004. "Input and Output Biased Technological

Change in US Agriculture. " *Applied Economics Letters* 11 (5): 283-286.

Managi, S. 2010. "Decomposition of the Environmental Kuznets Curve: Scale, Technique, and Composition Effects. " *Environmental Economics and Policy Studies* 11 (1-4): 19-36.

Mandeville, B. *The Fable of the Bees: or, Private Vices, Public Benefits*. Edited by F. B. Kaye. Oxford: Clarendon Press, 1924.

Mankiw, N. G. , D. Romer, D. N. Weil. 1992. "A Contribution to the Empirics of Economic Growth. " *Quarterly Journal of Economics* 107 (2): 407-437.

Manning A. 2004. "We Can Work it out: The Impact of Technological Change on the Demand for Low-skill Workers. " *Scottish Journal of Political Economy* 51 (5): 581-608.

Mao, R. , Yao, Y. 2012. "Structural Change in a Small Open Economy: an Application to South Korea. " *Pacific Economic Review* 17 (1): 29-56.

Marimon, R. , Quadrini, V. 2011. "Competition, Human Capital and Income Inequality with Limited Commitment. " *Journal of Economic Theory* 146 (3): 976-1008.

Marinho, E. et al. 2017. "Impact of Infrastructure Expenses in Strategic Sectors for Brazilian Poverty. " Economi A 18 (2): 244-259.

Martin, P. , Mayer, T. , Mayneris, F. 2011. "Public Support to Clusters: A Firm Level Study of French 'Local Productive Systems' . " *Regional ence & Urban Economics* 41 (2): 108-123.

Mata, J. A. F. M. 2005. "Counterfactual Decomposition of Changes in Wage Distributions Using Quantile Regression. " *Journal of Applied Econometrics* 20 (4): 445-465.

Mathesion, D. J. 1980. "Financial Reform and Stabilization Policy in a

Developing Economy. " *Journal of Development Economics* 7: 359-95.

Matsuyama, K. 1992. "Agricultural Productivity, Comparative Advantage, and Economic Growth. " *Journal of Economic Theory* 58 (2): 317-334.

Matsuyama, K. 2000a. "Financial Market Globalization and Endogenous Inequality of Nations. " *Discussion Papers*, No. 1300.

Matsuyama, K. 2000b. "A Ricardian Model with a Continuum of Goods under Nonhomothetic Preferences: Demand Complementarities, Income Distribution, and North-South Trade. " *Journal of Political Economy* 108: 1093-1120.

Matsuyama, K. 2009. "Structural Change in an Interdependent World: A Global View of Manufacturing Decline. " *Journal of the European Economic Association* 7 (2-3): 478-486.

Matsuyama, K. 2019. "Engel's Law in the Global E0: Demand-induced Patterns of Structural Change, Innovation, and Trade. " *Econometrica* 87. 2: 497-528.

Matsuyama, K. 2022. "The Rise of Mass Consumption Societies. " *Journal of Political Economy* 110 (5): 1035-1070.

Matthews, R. C. O. 1986. "The Economics of Institutions and the Sources of Growth. " *The Economic Journal.* 96.

Maxwell, P. , Peter, M. 1988. "Income Inequality in Small Regions: A Study of Australian Statistical Divisions. " *Review of Regional Studies* 18 (1): 19-27.

Mayer, T. , Melitz, M. J. , Ottaviano, G. I. P. 2014. "Market Size, Competition, and the Product Mix of Exporters. " *American Economic Review* 104 (2): 495-536.

Mazzucato, M. 2011. *The Entrepreneurial State.* Soundings.

Mazzucato, M. 2016. "From Market Fixing to Market-creating: A New

Framework for Innovation Policy. " *Industry and Innovation* 23 （2）: 140-156.

Mcausland, C., Millimet, D. L. 2013. "Do National Borders Matter? Intranational Trade, International Trade, and the Environment. " *Journal of Environmental Economics and Management* 65 （3）: 411-437.

McCioskey, D. 1976. "English Open Fields as Behavior Towards Risk, " in P. Uselding （ed.）. *Research in Economic History*, vol. 1. Greenwich: JAP Press.

McKinnon, R. I. 1973. Money and Capital in Economic Development Washington, DC: The Bookings Institution.

McKinnon, R. I. 1974. "Money and Capital in Economic Development. " *International Journal* （Toronto, Ont.） 29 （4）: 649.

McKinnon, R. I. 1988. "Financial Liberalization in Retrospect: Interest Rate Policies in LDC's. " in Ranis, G. and Shultz, T. P. （eds.） *The State of Development Economics: Progress and Perspective*. New York: Basil Blackwell.

McKinnon, R. I. 1993. "The Order of Economic Liberalization: Financial Control in the Transition to a Market Economy. " *Economica* 60 （239）.

McNamara, P. et al. 2019. "Passports out of Poverty: Raising Access to Higher Education for Care Leavers in Australia. " *Children and Youth Services Review* 97: 85-93.

M. D. Westbrook, . Tybout, J. R. 1993. "Estimating Returns to Scale with Large, Imperfect Panels: An Application to Chilean Manufacturing Industries. " *World Bank Economic Review* 7 （1）: 85-112.

Meckl, J. 2022. "Structural Change and Generalized Balanced Growth. " *Journal of Economics* 77 （3）: 241-266.

Medeiros, V., Oliveira, A. M. H. C. 2020. "O Acesso à Infraestrutura e a Pobreza no Brasil: Uma Investigação Empírica. " *Revista de Economia e Sociologia Rural* 58 （2）: e200520.

Medeiros, V. et al. 2021. "Infrastructure and Household Poverty in Brazil: A Regional Approach Using Multilevel Models. " *World Development* 137: 105118.

Melitz, M. J. , Ottaviano, G. I. P. 2008. "Market Size, Trade, and Productivity. " *Review of Economic Studies* 75 (1): 295-316.

Melitz, M. J. 2003. "The Impact of Trade on Intra-Industry Reallocations and Aggregate Industry Productivity. " *Econometrica* 71 (6): 1695-1725.

Mesa-Lago, C. 2006. "Social Security and Extreme Poverty in Latin America. " *Journal of Development Economics* 12 (1): 83-110.

Messina, J. 2006. "The Role of Product Market Regulations in the Process of Structural Change. " *European Economic Review* 50 (7): 1863-1890.

Mi, Z. , Wang, X. 2000. "Agency Cost and the Crisis of China's SOE. " *China Economic Review* 11 (3): 297-317.

Mihai, M. et al. 2015. "Education and Poverty. " *Procedia Economics and Finance* 32: 855-860.

Milanovic, B. 2016. "Increasing Capital Income Share and its Effect on Personal Income Inequality. " *LIS Working Papers*, No. 167.

Mill, J. Colonies. 1824. In the Encyclopaedia Britannica, Supplement to the 4th, 5th, and 6th eds. Edinburgh: A. Constable.

Mohd, S. M. A. et al. 2021. "Measuring Income Inequality: A Robust Semi-parametric Approach. " Physica A: Statistical Mechanics and Its Applications 562 (15): 125359.

Montobbio, F. 2002. "An Evolutionary Model of Industrial Growth and Structural Change. " *Structural Change and Economic Dynamics* 13 (4): 387-414.

Morrison, A. et al. 2007. "Gender Equality, Poverty and Economic Growth. " World Bank Policy Research Working Paper, No. 4349.

Moser, P. 2005. "How do Patent Laws Influence Innovation? Evidence from Nineteenth – century World's Fairs. " *American Economic Review* 95 （4）：1214-1236.

Moser, P. 2012. "Innovation Without Patents：Evidence from World's Fairs. " *The Journal of Law and Economics* 55 （1）：43-74.

Mu, Q. , Lee, K. 2005. "Knowledge Diffusion, Market Segmentation and Technological Catch – up：The Case of the Telecommunication Industry in China. " *Research Policy* 34 （6）：759-783.

Mukhopadhyay, K. , Chakraborty, D. 2005. "Environmental Impacts of Trade in India. " *International Trade Journal* 19 （2）：135-163.

Mukhopadhyay, K. 2006. "Impact on the Environment of Thailand's Trade with OECD Countries. " *Asia-Pacific Trade and Investment Review* 2 （1）：25-46.

Muniz, J. O. , Veneroso, C. Z. 2019. "Diferenciais de Participação Laboral e Rendimento por Gênero e Classes de Renda：Uma Investigação Sobre o Ônus da Maternidade no Brasil. " *Dados* 62 （1）：e20180252.

Murakami, Y. , Nomura, T. 2020. "Expanding Higher Education and Wage Inequality in Chile. " *Journal of Economic Studies* 47 （4）：877-889.

Murphy, K. M. , Andrei, S. , Rober T. W. Vishny. 1989. "Industrialization and the Big Push. " *Journal of Political Economy* 97 （5）：1003-1026.

Mussa, M. 1978. "Dynamic Adjustment in the Heckscher – Ohlin – Samuelson Model. " *Journal of Political Economy* 86 （5）：775-791.

Nakano, Y. , Magezi, E. F. 2020. "The Impact of Microcredit on Agricultural Technology Adoption and Productivity：Evidence From Randomized Control Trial in Tanzania. " *World Development* 133：104997.

Nancy L. S. 1988. "Learning by Doing and the Introduction of New Goods. " *The Journal of Political Economy* 96 （4）：701-717.

Naudé, W. 2010. "Industrial Policy：Old and New Issues. " Working

Paper No. 2010/106, United Nations University, World Institute for Development Economics Research.

Naughton, B. J. 2006. *The Chinese Economy: Transitions and Growth.* MIT Press.

Ncube, M. et al. 2015. "Inequality, Economic Growth and Poverty in the Middle East and North Africa (MENA) ." *African Development Review* 26 (3): 435−453.

Nedham, J. , 1986. Introduction, in Rober, K. G. , Temple: China Land of Discovery and Invention. Wellingborough: Patrick−Stephens.

Negara, S. D. , Suryadinata, L. 2021. "The Flying Geese and China's BRI in Indonesia. " *Singapore Economic Review* 66 (01): 269−292.

Neill, C. L. et al. 2021. "The role of Experience, Specialty Certification, and Practice Ownership in the Gender Wage Gap for Veterinarians in the United States. " *Journal of the American Veterinary Medical Association* 258 (6): 591−600.

Nelson, R. R. Ed. 1993. *National Innovation Systems: A Comparative Analysis.* Oxford University Press on Demand.

Nelson, R. R. , Winter, S. 1982. *An Evolutionary Theory of Economic Change.* Harvard University Press, Cambridge, MA.

Neumark, D. , Simpson, H. 2015. "Place−Based Policies. " *Handbook of Regional and Urban Economics* 5: 1197−1287.

Ngai, L. R. , Petrongolo, B. 2017. "Gender Gaps and the Rise of the Service Economy. " *American Economic Journal: Macroeconomics* 9 (4): 1−44.

Ngai, L. R. , Pissarides, C. A. 2007. "Structural Change in a Multisector Model of Growth. " *American Economic Review* 97 (1): 429−443.

Ngai L. , Rachel, C. , Pissarides. A. 2007. "Structural Change in a Multisector Model of Growth. " *American Economic Review* 97 (1): 429−443.

Ngai L. Rachel, C. , Pissarides, A. 2008. "Trends in Hours and

Economic Growth. " *Review of Economic Dynamics* 11 （2）: 239-256.

Ngai L. Rachel, Christopher A. Pissarides, J. W. 2019. "China's Mobility Barriers and Employment Allocations. " *Journal of the European Economic Association* 17 （5）: 1617-1653.

Nickell, S. J. 1996. "Competition and Corporate Performance. " *Journal of Political Economy* 104 （4）, 724-746.

Nishimura, J., Okamuro, H. 2011. "R&D Productivity and the Organization of Cluster Policy: an Empirical Evaluation of the Industrial Cluster Project in Japan. " *Journal of Technology Transfer* 36 （2）: 117-144.

Nogueira, C. 2006. Income Inequality and Barriers to Human Capital Accumulation in Brazil, Laboratório de Estudo da Pobreza/CAEN.

Noland, M., Pack, H. 2003. "Industrial Policy in an Era of Globalization: Lessons from Asia. " Washington, D. C. : Institute for International Economics.

Noland, M. 2004. "Selective Intervention and Growth: The Case of Korea. " *Working Paper* 25 （7）: 112-116.

Noman, A., Stiglitz, J. E. 2017. Editors. *Efficiency, Finance, and Varieties of Industrial Policy*. New York: Columbia University Press, 2017. 1-298.

North, D. C., Thomas, R. P. 1977. "The First Economic Revolution. " *Economic History Review* 30. -758. 0n1

North, D. C. 1989. "Institutional Change and Economic History. " *Journal of In-stitutional and Theoretical Economics*, 145.

North, D. C. 1994. "Economic Performance Through Time. " *American Economic Reviewo*, vol. 84.

Norton, R. D., Rees, J. 2007. "The Product Cycle and the Spatial Decentralization of American Manufacturing. " *Regional Studies* 41 （S1）: S61-S71.

Notten, G., Neubourg, C. 2011. "Monitoring Absolute and Relative

Poverty: 'Not Enough' is not the Same as 'Much Less' . " *Review of Income and Wealth* 57 (2): 247–269.

Oaxaca, R. L. 1973. "Male – Female Wage Differentials in urban Labor Markets. " *International Economic Review* 14 (3): 693–709.

Ochsen, C. , Welsch, H. 2019. "Technology, Trade, and Income Distribution in West Germany: A Factor–Share Analysis, 1976–1994. " *Journal of Applied Economics* 8 (2): 321–345.

OECD. 1997. National Innovation Systems, http: //www. oecd. org/ dataoecd/35/56/2101733. pdf.

OECD. 2008. "Growing Unequal?: Lncome Distribution and Poverty in OECD Countries. " Growing Unequal Income Distribution and Poverty in Oecd Countries 148 (100): 199–204.

OECD. 2009. *Productivity Manual: A Guide to the Measurement of Industry – level and Aggregate Productivity Growth.* Paris.

Ogun, T. P. 2010. "Infrastructure and Poverty Reduction: Implications for Urban Development in Nigeria. " *Urban Forum* 21 (3): 249–266.

Ohashi, H. 2005. "Learning by Doing, Export Subsidies, and Industry Growth: Japanese Steel in the 1950s and 1960s. " *Journal of International Economics* 66: 297–323.

Ohlin, B. 1935. *Interregional and International Trade.* Harvard University Press, Cambridge.

Okazaki T. , Okuno – Fujiwara M. , Greif A. 1998. Evolution of Economic Systems: the Case of Japan//The Institutional Foundations of East Asian Economic Development. Palgrave Macmillan, London.

Olley, G. S. , Pakes, A. 1996. "The Dynamics of Productivity in the Telecommunications Equipment Industry. " *Econometrica* 64 (6): 1263–1297.

Olson, M. 1982. "Stagflation and the Political Economy of the Decline in

Productivity. " The American Economic Review 72 (2): 143-148.

Ñopo, H. 2009. "The Gender Wage Gap in Peru 1986-2000: Evidence from a Matching Comparisons Approach. " *SSRN Electronic Journal* L (1-2): 9-37.

Orlandoni-Merli, J. R. G. 2021. "Analysis of the Formal/Informal Wage Inequalities in Colombia: A Semiparametric Approach. " *Journal of Applied Social Science* 15 (2): 107-131.

Ortigueira, S. , Santos, M. S. 1997. "On the Speed of Convergence in Endogenous Growth Models. " *The American Economic Review.*

Otsuka, K. , Tetsushi S. "Syuseki Sangyo Hatten: Nihon No Keiken to Tojyoukoku Heno Sien (Agglomeration Industrial Development: Japanese Experience and Implications to Developing Countries) . " Mimeo.

Oulton, N. 2001. "Must the Growth Rate Decline? Baumol's Unbalanced Growth Revisited. " *Oxford Economic Papers* 53 (4): 605-627.

Pack, H. , Saggi, K. 2001. "Vertical Technology Transfer Via International Outsourcing. " *Journal of Development Economics* 65 (2): 389-415.

Pack, H. , Saggi, K. 2006. "Is There a Case For Industrial Policy? A Critical Survey. " *World Bank Research Observer* 21 (2): 267-297.

Pack, H. , Saggi, K. 2009. "Theory and Practice of Industrial Policy. Evidence From the Latin American Experience. " *Desarrollo Productivo.*

Pack, H. , Westphal, L. E. 1986. "Industrial Strategy and Technological Change: Theory Versus Reality. " *Journal of Development Economics* 22 (1): 87-128.

Pack, H. 2000. "Industrial Policy: Growth Elixir Or Poison? . " *The World Bank Research Observer* 15 (1): 47-67.

Pang, J. et al. 2020. " Income Distribution Effects of Chinas Energy Resource Tax Reform on Urban and Rural Householdsan Analysis Based on

CGE Model. " *China Environmental Science* 40 （6）: 2729-2740.

Park, J. S. , Jeong, S. 2017. "Redistributive and Tax Burden Effects of Earned Income Tax System Reform Since 2008. " *Korean Social Security Studies* 33 （4）: 107-132.

Parker, D. et al. 2008. "Infrastructure Regulation and Poverty Reduction in Developing Countries: A Review of The Evidence and A Research Agenda. " *The Quarterly Review of Economics and Finance* 48 （2）: 177-188.

Parra-Lancourt, M. 2019. Prebisch and Singer in A Global Value Chains World: Essays on Manufacturing and Commodities Terms of Trade.

Parsons, M. , Phillips, N. 2007. "An Evaluation of the Federal Tax Credit for Scientific Research and Experimental Development. " *Department of Finance, Government of Canada.*

Patton, M. Q. 2006. "Evaluation For the Way We Work. " *The Nonprofit Quarterly* 13 （1）: 28-33.

Pavcnik, G. N. 2004. " Trade Reforms and Wage Inequality in Colombia. " *Journal of Development Economics* 74 （2）: 331-366.

Pellegrini, G. , Muccigrosso, T. 2017. "Do Subsidized New Firms Survive Longer? Evidence From A Counterfactual Approach. " Regional Studies: The Journal of the Regional Studies Association.

Peneder, M. 2002. "Structural Change and Aggregate Growth. " *Structural Change and Economic Dynamics* 14: 427-448.

Peneder, M. 2003. "Industrial Structure and Aggregate Growth. " *Structural Change and Economic Dynamics* 14 （4）: 427-448.

Perera, L. , Lee, G. 2013. "Have Economic Growth and Institutional Quality Contributed to Poverty and Inequality Reduction in Asia? . " *Journal of Asian Economics* 27: 71-86.

Peter, M. , Henri, L. F. D. , Marjan, W. H. 1999. " Economic

Growth and Technological Change: A Comparison of Insights From a Neo-classical and an Evolutionary Perspective. " *Technological Forecasting & Social Change* 68 (2): 151–171.

Peters, G. P., Hertwich, E. G. 2006. "Pollution Embodied in Trade: the Norwegian Case. " *Global Environmental Change* 16 (4): 379–387.

Philippe, A. and P. Bolton. 1997. "A Model of Trickle-Down Growth and Development. " *Review of Economic Studies Aghion* 2 (64): 151–172.

Piketty, T., Saez, E. 2003. "Income Inequality in the United States, 1913–1998. " *Quarterly Journal of Economics* 118 (1): 1–39.

Piketty, T., Zucman, G. 2014. "Capital Is Back: Wealth-Income Ratios in Rich Countries 1700–2010. " *Cepr Discussion Papers* 129 (3): 1255–1310.

Piketty, T. et al. 2018. World Inequality Report 2018, Post-Print.

Pinkovetskaya, Y. S. 2020. "Influence of Socio-Economic Factors on Wages in Small and Medium-Sized Enterprises. " *Economy of Region* 16 (2): 535–546.

Pons-Benaiges, O. 2017. "Did Government Intervention Target Technological Externalities? Industrial Policy and Economic Growth in Postwar Japan, 1964–1983. " Working Paper.

Porter, M. E. 2011. *Competitive Advantage of Nations: Creating and Sustaining Superior Performance.* Simon And Schuster.

Porzio, T., Rossi, F., Santangelo, G. 2020. "The Human Side of Structural Transformation. University of Warwick. " *Department of Economics.*

Poudel, K. L., Johnson, T. G., Yamamoto, N. 2015. "Comparing Technical Efficiency of Organic and Conventional Coffee Farms in Rural Hill Region of Nepal Using Data Envelopment Analysis (DEA) Approach. " Organic Agriculture 5 (4): 263–275.

Powell, B. 2005. "State Development Planning: Did it Create an East Asian Miracle?." *The Review of Austrian Economics* (18): 305−323.

Prasad, E. S. 2002. "Wage Inequality in the United Kingdom, 1975−99." *IMF Staff Papers* 49 (3): 339.

Pugno, M. 2006. "The Service Paradox and Endogenous Economic Growth." *Structural Change and Economic Dynamics* 17 (1): 99−115.

Pushkar, M. , M. Subha. 2016. "Learning and Earning: Evidence From a Randomized Evaluation in India." *Labour Economics* 45: 116−130.

Qu, Z. , Zhao. Z. 2017. "Glass Ceiling Effect in Urban China: Wage Inequality of Rural−Urban Migrants During 2002−2007." *China Economic Review* 42: 118−144.

Rangazas, P. 2002. "The Quantity and Quality of Schooling and US Labor Productivity Growth (1870−2000)." *Review of Economic Dynamics* 5 (4): 932−964.

Ranis, G . 2003. "Symposium on Infant Industries: A Comment." *Oxford Development Studies* 31 (1): 33−35.

Ravallion, M. , Chen, S. 2019. "Global Poverty Measurement When Relative Income Matters." *Journal of Public Economics* 177 (2): 104046.

Redding, S. 1996. "The Low−Skill, Low−Quality Trap: Strategic Complementarities Between Human Capital and R & D." *The Economic Journal* 106 (435): 458−470.

Reinsel, G. C. , Ahn, S. K. 1988. Asymptotic Distribution of the Likelihood Ratio Test in Nonstationary Vector AR Model Technical Report, University of Wisconsin.

Ren, X. , Yang, S. 2020. "Empirical Study on location Choice of Chinese OFDI." *China Economic Review* 61: 101428.

Restuccia, D. , Yang, D. T. , Zhu, X. 2008. "Agriculture and

Aggregate productivity: A Quantitative Cross – Country Analysis. ” *Journal of Monetary Economics* 55（2）: 234–250.

Ricardo, D. 1817. *On the Principles of Political Economy and Taxation.* London: J. Murray.

Richard H. 2003. “ Dani Rodrik: Economi Development as Self – discovery. ” *Journal of Development Economics* 72: 603–633.

Rigby, J. 2013. “Review of Pre – commercial Procurement Approaches and Effects on Innovation. ” *American Journal of Gastroenterology* 97（4）: 1003– 1009.

Roberts, H. V. D. 1935. *Boisguilbert: Economist of the Reign of Louis XIV.* New York: Columbia University Press.

Robinson, J. A. 2009. “ Industrial Policy and Development: A Political Economy Perspective. ” Paper Presented at the 2009 World Bank ABCDE Conference, Seoul.

Rodrik, D. 1996. “ Corodination Failures and Government Policy: A Model With Applications to East Asia and Eastern Europe. ” *Journal of International Economics* 40: 1–22.

Rodrik, D . 2007. “Normalizing Industrial Policy. ” .

Rodrik, D. 2008. “ Normalizing Industrial Policy. ” Commission on Growth and Development Working Paper No. 3, Washington DC.

Rogerson, R. 2008. “Structural Transformation and the Deterioration of European Labor Market Outcomes. ” *Journal of Political Economy* 116（2）: 235– 259.

Roine, J. , Waldenstroem, D. N. 2012. “On the Role of Capital Gains in Swedish Income Inequality. ” *Review of Income and Wealth* 58（3）: 569– 587.

Romer, P. M. 1986. “ Increasing Returns And Long – run Growth. ”

Journal of Political Economy 94 (5): 1002-1037.

Romer, P. M. 1990. "Endogenous Technological Change." *Journal of Political Economy* 98 (5, Part 2), S71-S102.

Romer, P. M. 1994. "The Origins of Endogenous Growth." *Journal of Economic Perspectives* 8 (1): 3-22.

Rosenstein-Rodan, P. N. 1961. *Notes on the Theory of the ' Big Push'* // Economic Development for Latin America. Palgrave Macmillan, London.

Ross, S. 1973. "The Economic Theory of Agent: The Principal's Problem." *American Economic Review*, 63.

Ross, S. 1977. "The Determination of Financial Structure: The Incentive-Signaling Approach." *Bell Journal of Economics*, 8, Spring.

Ross, S. 1985. "Debt and Taxes and Uncertainty." *Journal of Finance*, 40, July.

Rossi-Hansberg, E., Wright, M. L. J. 2007. "Establishment Size Dynamics in the Aggregate Economy." *American Economic Review* 97 (5): 1639-1666.

Rostagno, M. V. and F. Utili. 1998. "The Italian Social Protection System; The Poverty of welfare." IMF Working Paper, No. 98/74.

Rousseau, P., Wachtel, P. 2000. "Equity Markets and Growth: Cross-Country Evidence on Timing and Outcomes, 1980-95." *Journal of Banking and Finance* (24).

Roy, J. 2017. "On the Environmental Consequences of Intra-Industry Trade." *Journal of Environmental Economics and Management* 83: 50-67.

Rozkrut, M. 2003. "The Monetary and Fiscal Policy Mix in Poland." Bank for International Settlements Paper No. 20, Basle.

Ruiz, J. L., Sirvent, I. 2012. "Measuring Scale Effects in the Allocative Profit Efficiency." *Socio-Economic Planning Sciences* 46 (3): 242-246.

Rybczynski, T. M. 1955. "Factor Endowment and Relative Commodity

Prices. " *Economica* 22 （88）: 336-341.

Sachs, J. D. , Warner, A. M. 1999. "The Big Push, Natural Resource Booms and Growth. " *Journal of Development Economics* 59 （1）: 43-76.

Sala-i-Martin, X. X. , Barro, R. J. 1995. "Technological Diffusion, Convergence, and Growth." Center Discussion Paper.

Salomon, R. M. , Shaver, J. M. 2005. "Learning By Exporting: New Insights From Examining Firm Innovation. " *Journal of Economics & Management Strategy* 14 （2）: 431-460.

Samuelson, P. A. 1948. "International Trade and the Equalisation of Factor Rices. " *The Economic Journal* 58 （230）: 163-184.

Sanstad, A. H. , Roy, J. , Sathaye, J. A. 2006. "Estimating Energy-Augmenting Technological Change in Developing Country Industries. " *Energy Economics* 28 （5-6）: 720-729.

Sapkota, T. et al. 2021. "Vicious Cycle of Chronic Disease and Poverty: A Qualitative Study in Present Day Nepal. " *International Health* 13 （1）: 30-38.

Sasaki, H. 2012. "Endogenous Phase Switch in Baumol's Service Paradox Model. " *Structural Change and Economic Dynamics* 23 （1）: 25-35.

Saviotti, P. P. 2002. "Variety, Growth and Demand. " *New Dynamics of Innovation and Competition.*

Schlenker, E. and K. Schmid. 2014. "Capital Income Shares and Income Inequality in the European Union. " IMK Working Paper, No. 119-2013.

Schumpeter, J. A. 1911. *The Theory of Economic Development.* Cambridge, MA: Harvard University Press.

Schumpeter, J. A. 1939. Business Cycles （New York: McGraw-Hill）.

Schumpeter, J. A. 1942. *Capitalism, Socialism, and Democracy.* New York: Harper and Row.

Schwartzman, D. 1960. "The Burden of Monopoly." *Journal of Political Economy*, 68.

Scott, J. 2014. "Redistributive Impact and Efficiency of Mexico's Fiscal System." *Public Finance Review* 42 (3): 368-390.

Sebastian, F. P., Jevgenijs S. 2017. Public Infrastructure and Structural Transformation.

Segerstrom, et al. 1990. "A Schumpeterian Model of the Product Life-Cycle." *American Economic Review* 80 (5): 1077-1092.

Sen, A. 1983. "Poor, Relatively Speaking." *Oxford Economic Papers* 35 (2): 153-169.

Sen, A. 1985. "A Sociological Approach to the Measurement of Poverty: A Reply [Poor, Relatively Speaking]." *Oxford Economic Papers* 37 (4): 669-676.

Sen, A. K., Anand, S. 1997. "Concepts of Human Development and Poverty: A Multidimensional Perspective." New York: United Nations Development Programme.

Sen, A. K. 1976. "Poverty: An Ordinal Approach to Measurement." *Econometrica* 44 (2): 219-231.

Sen, K. 2016. The Determinants of Structural Transformation in Asia: A Review of the Literature.

Sequeira, T. N. et al. 2017. "Income Inequality, TFP, and Human Capital." *Economic Record* 93 (300): 89-111.

Serti, F., Tomasi, C. 2008. "Self-Selection and Post-Entry Effects of Exports: Evidence From Italian Manufacturing Firms." *Review of World Economics* 144 (4): 660-694.

Servén, S. H. 2000. "Does Income Inequality Raise Aggregate Saving?." *Journal of Development Economics* 61 (2): 417-446.

Shabbir, M. S. et al. 2018. "Poverty Reduction Through Islamic Modes of Finance: The Way Forward." *The Journal of Social Sciences Research* 4: 58-65.

Shahbaz, M., Nasreen, S., Abbas, F. 2015. "Does Foreign Direct Investment Impede Environmental Quality in High -, Middle -, and Low - Income Countries?." *Energy Economics* 51: 275-287.

Shao, S., Luan, R., Yang, Z. 2016. "Does Directed Technological Change Get Greener: Empirical Evidence From Shanghai's Industrial Green Development Transformation." *Ecological Indicators* 69: 758-770.

Shao, X. 2020. "Chinese OFDI Responses to the B&R Initiative: Evidence From a Quasi-natural Experiment." *China Economic Review* 61: 101435.

Shapero, A. 1984. "The Entrepreneurial Event." in C. A. Kent (ed.). *The Environment for Entrepreneurship.* Lexington, MA: Lexington Books, 21-40.

Shaw, E. 1973. *Financial Deepening in Economic Development.* New York: Oxford University Press.

Shen, J. H., Shen, L., Zhang, J. 2018. "Endowment Structure, Industry Dynamics and Domestic Supply Chains in China-Theory and Evidence." *Industry Dynamics and Domestic Supply Chains in China-Theory and Evidence.*

Shin, I. et al. 2018. "Technological Progress and Future of Kuznets Curve." *Research in Economics and Management* 3 (1): 8-15.

Shiyi, Chen, Gary, H. J., and Jun Zhang. 2011. "Structural Change, Productivity Growth and Industrial Transformation in China." *China Economic Review* 22. 1: 133-150.

Shleifer, A., Vishny, R. W. 1998. *The Grabbing Hand: Government Pathologies and Their Cures.* Harvard University Press.

Shorrocks, A. F. 1981. "The Impact of Income Components on the

Distribution of Family Incomes. " *Quarterly Journal of Economics* 98 (2): 311-326.

Shorrocks A. F. 1982. "Income Decomposition by Factor Components. " *Econometrica* 50 (1): 193-211.

Siddique, H. et al. 2016. "The Impact of Governance and Institutions on Education and Poverty Alleviation: A Panel Study of SAARC Economies. " *Science International Lahore* 28 (2): 1431-1435.

Silva, E. G. , Teixeira, A. A. 2011. "Does Structure Influence Growth? A Panel Data Econometric Assessment of 'Relatively Less Developed' Countries, 1979-2003. " *Industrial and Corporate Change* 20 (2): 457-510.

Silverman, M. I. , Dawicki - McKenna, M. J. , Frederick, W. D. , Bialas, C. , Remsberg, J. R. , L. Yohn, M. Gross, D. 2015. "Evaluating the Success of the Small Business Innovation Research (SBIR) Program: Impact on Biotechnology Companies in Pennsylvania. " *Technology Transfer and Entrepreneurship* 2 (1): 4-13.

Slottje, D. J. , Hayes, K. J. 1987. "Income Inequality and Urban/Rural Migration. " *Rev Reg Stud* 17 (2): 53-56.

Smeeding, T. M. et al. 1993. "Poverty, Inequality, and Family Living Standards Impacts Across Seven Nations: The Effect of Noncash Subsidies For Health, Education and Housing. " *Review of Income and Wealth* 39 (3): 229-256.

Smith, Adam. 1776. *An Inquiry into the Nature and Causes of the Wealth of Nations.* London: W. Strahan and T. Cadell.

Soete, L. 1985. "International Diffusion of Technology, Industrial Development and Technological Leapfrogging. " *World Development* 13 (3): 409-422.

Soete, L. 2007. "From Industrial to Innovation Policy. " *Journal of*

Industry Competition & Trade 19 (7): 273-284.

Soete, L. 2010. "From Science and Technology to Innovation for Development." *African Technology Development Forum Journal* 7 (3-4): 9-14.

Solow, R. 2001. "Applying Growth Theory Across Countries." *World Bank Economic Review* 15: 283-288.

Solow, R. M. 1956. "A Contribution to the Theory of Economic Growth." *The Quarterly Journal of Economics* 70 (1): 65-94.

Solow, R. M. 1957. "Technical Change and the Aggregate Production Function." *The Review of Economics and Statistics* 159 (39): 312-320.

Solow, Robert. 1988. "Growth Theory and After." *American Economic Review* 78: 307-317.

Solow, Robert. 2000. *Perspectives on Growth Theory*, Second Edition. Oxford University Press.

Soltow, L. 2008. "Long *ℓn* un Changes in British Income Inequality." *The Economic History Review* 21 (1): 17-29.

Song, Y., Yu, C., Hao, L., and Chen, X. 2021. "Path For China's High-Tech Industry to Participate in the Reconstruction of Global Value Chains." *Technology In Society* 65: 101486.

Sorensen, O. 2003. "Social Networks and Industrial Geography." *Journal of Evolutionary Economics* 13: 513-527.

Sotomayor, O. J. 2004. "Education and Changes in Brazilian Wage Inequality, 1976-2001." *Industrial and Labor Relations Review* 58 (1): 94.

Spann, R. M. 1997. "The Macroeconomics of Unbalanced Growth and the Expanding Public Sector: Some Simple Tests of a Model of Government Growth." *Journal of Public Economics* 8 (3): 397-404.

Spencer, B. J., Brander, J. A. 1983. "International R & D Rivalry and Industrial Strategy." *The Review of Economic Studies* 50 (4): 707-722.

Sposi, M. 2019. "Evolving Comparative Advantage, Sectoral linkages, and Structural Change." *Journal of Monetary Economics* 103: 75-87.

Stanko, M. A., Olleros, X. 2013. "Industry Growth and the Knowledge Spillover Regime: Does Outsourcing Harm Innovativeness But Help Profit?." *Journal of Business Research* 66 (10): 2007-2016.

Stern, D. I. 2012. "Modeling International Trends in Energy Efficiency." *Energy Economics* 34 (6): 2200-2208.

Stern, R. M. 1962. "British and American Productivity and Comparative Costs in International Trade." *Oxford Economic Papers* 14 (3): 275-296.

Stiglitz, J. E., Greenwald, B. C. 2014. *Creating a Learning Society: A New Approach to Growth, Development, and Social Progress.* Columbia University Press.

Stiglitz, J. E. 1986. "The New Development Economics." *World Development* 14 (2): 257-265.

Stiglitz, J. E. 1994. 'The Role of the State in Financial Markets' Proceeding of the World Bank Annual Conference on Development Economics 1993.

Stokey, N. L. 1988. "Learning by Doing and the Introduction of New Goods." *Journal of Political Economy* 96 (4): 701-717.

Stolper, W. F., and Samuelson, P. A. 1941. "Protection and Real Wages." *The Review of Economic Studies* 9 (1): 58-73.

Stuetzer, M., Audretsch, D. B., Obschonka, M., Gosling, S. D., Rentfrow, P. J. and Potter, J. 2018. "Entrepreneurship Culture, Knowledge Spillovers and the Growth of Regions." *Regional Studies* 52 (5): 608-618.

Sun, H. et al. 2020. "The Nexus between Credit Channels and Farm Household Vulnerability to Poverty: Evidence From Rural China." *Sustainability* 12 (7): 3019.

Swan, T. W. 1956. "Economic Growth and Capital Accumulation." *Economic Record* 32 (2): 334-361.

Swiecki, T. 2017. "Determinants of Structural Change." *Review of Economic Dynamics* 24: 95-131.

Tabellini, G. 2000. "A Positive Theory of Social Security." *The Scandinavian Journal of Economics* 102 (3): 523-545.

Tae, M. J., Soo, L. H. 2019. "A Study on Improving the Effectiveness of Minimum Wage System." *Journal of Social Security Law* 38 (9): 105-133.

Tan, Y., Tian, X., Zhang, X., et al. 2015. "The Real Effects of Privatization: Evidence From China's Split Share Structure Reform." *Kelley School of Business Research Paper* (2014-33).

Tang, H., Wang, F., Wang, Z. 2020. "Domestic Segment of Global Value Chains in China Under State Capitalism." *Journal of Comparative Economics* 48 (4): 797-821.

Tang, H., Zoli, E. and Klytchnikova, I. 2000. "Banking Crises in Transition Economies. Fiscal and Related Issues." The World Bank, Policy Research Working Paper WSP 2484.

Tanzi, V. 2000. "Taxation in latin America in the last Decade." Center for Research on Economic Development and Policy Reform, No. 76.

Tao, H. 2019. "Targeted Subsidy and Capital (Mis) Allocation." Working Paper.

Tebaldi, E., Mohan, R. 2010. "Institutions and Poverty." *Journal of Development Studies* 46 (6): 1047-1066.

Teichman, J. 2008. "Redistributive Conflict and Social Policy in latin America." *World Development* 36 (3): 446-460.

Teignier, M. 2018. "The Role of Trade in Structural Transformation." *Journal of Development Economics* 130: 45-65.

Teixeira, A. A. C. , Queirós, A. S. S. 2016. " Economic Growth, Human Capital and Structural Change: A Dynamic Panel Data Analysis. " *Research Policy* 45 (8): 1636-1648.

Theriault, V. , Serra, R. 2014. "Institutional Environment and Technical Efficiency: A Stochastic Frontier Analysis of Cotton Producers in West Africa. " *Journal of Agricultural Economics* 65 (2): 383-405.

The World Bank: Knowledge for Development, The World Bank Oxford University Press, 1998/1999.

Thoenig, M. , Verdier, T. 2003. "A Theory of Defensive Skill-Biased Innovation and Globalization. " *American Economic Review* 93 (3): 709-728.

Thorbecke, E. , Jung, H. S. 2003. " The Impact of Public Education Expenditure on Human Capital, Growth, and Poverty in Tanzania and Zambia: A General Equilibrium Approach. " *Journal of Policy Modeling* 25 (8): 701-725.

Thoresen, T. O. et al. 2012. "Distributional Effects of the Norwegian Tax Reform of 2006. " *Tidsskrift for Samfunnsforskning* 53 (3): 267-294.

Thweatt, W. O. 1976. "James Mill and the Early Development of Comparative Advantage. " *History of Political Economy* (8): 207-234.

Tian, X. , Xu, J. 2018. " Do Place - Based Policies Promote local Innovation and Entrepreneurial Finance? . " *Available at SSRN* 3118661.

Tilak, J. 1989a. "Rates of Return to Education and Income Distribution. " *De Economist* 137 (4): 454-465.

Tilak, J. 1989b. " Education and its Relation to Economic Growth, Poverty, and Income Distribution: Past Evidence and Further Analysis. " *World Bank-Discussion Papers* 25 (18): 127.

Tone, K. 2002. "A Strange Case of the Cost andallocative Efficiencies in DEA. " *Journal of the Operational Research Society* 53 (11): 1225-1231.

Tong, H. , Wang, Y. , Xu, J. 2020. " Green Transformation in China: Structures of Endowment, Investment, and Employment. " *Structural Change and Economic Dynamics* 54: 173-185.

Tooraj J. 2007. "Technical Change Theory and Learning Curves: Patterns of Progress in Electricity Generation Technologies. " *Energy Journal* 28 (3): 51-71.

Townsend, P. 1962. " The meaning of poverty. " *British Journal of Sociology* 13 (3): 210-227.

Townsend, P. 1979. Poverty in the United Kingdom: A Survey, Penguin, Harmondsworth.

Trezise, P. H. 1983. " Industrial Policy is Not the Major Reason for Japan's Success. " *The Brookings Review* 1 (3): 13-18.

Tronco, G. B. , Ramos, M. P. 2017. " Linhas De Pobreza no Plano Brasil Sem MiséRia: AnáLise crítica e Proposta de Alternativas para a Medição da Pobreza Conforme Metodologia de Sonia Rocha. " *Revista de Administração PúBlica 51* (2): 294-311.

Tsareva, Y. V. , Zemtsov, S. P. , and Barinova, V. A. 2021. "Regional Institutions and Small Business in Russia. " in *Unlocking Regional Innovation and Entrepreneurship*. Edward Elgar Publishing.

Ueda, K. 2000. *Increasing Returns, Long-run Growth and Financial Intermediation*. The University of Chicago.

Uekusa, M. 1989. The Effect of Innovations in Information Technology on Corporate and Industrial Organisation in Japan [M] //Economic Institutions in a Dynamic Society: Search for a New Frontier. Palgrave Macmillan, London.

Upward, R. , Wang, Z. , Zheng, J. 2013. "Weighing China's Export Basket: The Domestic Content and Technology Intensity of Chinese Exports. "

Journal of Comparative Economics 41 （2）: 527-543.

Uy, T. , Yi, K. M. , Zhang, J. 2013. "Structural Change in an Open Economy." *Journal of Monetary Economics* 60 （6）: 667-682.

Uyarra, E. , Ramlogan, R. 2012. "The Effects of Cluster Policy on Innovation. Compendium of Evidence on the Effectiveness of Innovation Policy Intervention." Manchester Institute of Innovation Research.

Vacas-Soriano, C. et al. 2020. "Recent Trends in Wage Inequality From an EU Perspective: A Tale of Two Convergences. " *Empirica* 47 （3）: 523-542.

Valdivia, M. 2004. "Poverty, Health Infrastructure and the Nutrition of Peruvian Children. " *Economics and Human Biology* 2 （3）: 489-510.

VanElkan, R. 1996. "Catching up and Slowing Down: Learning and Growth Patterns in an Open Economy. " *Journal of International Economics* 41 （1-2）: 95-111.

VanEverdingen, Y. , Fok, D. , Stremersch, S. 2009. " Modeling Global Spillover of New Product Takeoff. " *Journal of Marketing Research* 46 （5）: 637-652.

Vawda, A. Y. 2010. "Who Benefits From Public Education Expenditures? . " *Economic Affairs* 23 （1）: 40-43.

Venables, A. J. 1996. "Equilibrium locations of Vertically linked Industries. " *International Economic Review* 341-359.

Verdugo, Richard, R. 2011. "Education Classes and Wage Inequality Among US Workers: 1950-2009. " *Sociology Mind* 1 （04）: 164-172.

Verhoogen, E. A. 2008. "Trade, Quality Upgrading and Wage Inequality in the Mexican Manufacturing Sector. " *Quarterly Journal of Economics* 123 （2）: 489-530.

Verkhovod, I. et al. 2020. "Problems and Principles of Optimizing the

Socio-economic Effect of the Perso. ” *Financial and Credit Activity Problems of Theory and Practice* 3（34）：402-412.

Vernon, R. 1966. “International Investment and International Trade in the Product Cycle. ” *Quarterly Journal of Economics* 80：190-207.

Viladecans-Marsal, E. , J. M. Arauzo-Carod. 2012. “Can a Knowledge-based Cluster be Created? The Case of the Barcelona 22@ district. ” *Papers in Regional Science* 91（2）：377-400.

Visser, J. , Checchi, D. 2011. “Inequality and the labor Market：Unions”, Oxford Handbook of Economic Inequality.

Voinea, L. Mihaescu, F. 2009. “The Impact of the Flat Tax Reform on Inequality：The Case of Romania. ” *Romanian Journal of Economic Forecasting* 12（4）：19-41.

Vollrath, D. 2009. “How Important are Dual Economy Effects for Aggregate Productivity? . ” *Journal of Development Economics* 88（2）：325-334.

Wade, R. 1990. CHAPTER 9. Industrial Policy in East Asia：Does It Lead or Follow the Market?

Wahyuningsih, T. et al. 2020. “Infrastructure and leading Commodity Identification on Poverty Alleviation In Buru Regency, Indonesia. ” *Journal of Asian Finance, Economics and Business* 7（12）：1205-1214.

Wallsten, J. 2000. “The Effects of Government-industry R&D Programs on Private R&D：the Case of the Small Business Innovation Research Program. ” *Rand Journal of Economics*, 82-100.

Wang, C. , Caminada, K. 2011. “Disentangling Income Inequality and the Redistributive Effect of Social Transfers and Taxes in 36 LIS Countries. ” LIS Working Papers, No. 567.

Wang, C. et al. 2012. “The redistributive Effect of Social Transfer Programmes and Taxes：A Decomposition Across Countries. ” *International*

Social Security Review (*English Edition*) 65 (3): 27-48.

Wang, H. , Zhong, X. 2021. "An Empirical Study on the Impact of China's OFDI on the Industrial Structure Upgrading of Countries Along the Belt and Road and the Threshold Effect of Infrastructure Levels. " *The Singapore Economic Review* 1-41.

Wang, W. , Thangavelu, S. , Lin, F. 2021. "Global Value Chains, Firms, and Wage Inequality: Evidence From China. " *China Economic Review* 66: 101585.

Wang, Z. , Wei, S. J. , Yu, X. , Zhu, K. 2017. Characterizing global Value Chains: Production length Andupstreamness. National Bureau of Economic Research.

Warwick, K. , Nolan, A. 2014. "Evaluation of Industrial Policy: Methodological Issues and Policy Lessons. " *Oecd ence Technology & Industry Policy Papers*.

Warwick, K. 2013. "Beyond Industrial Policy. Emerging Issues and New Trends. " OECD Science, Technology and Industrial Policy Papers No. 2.

Wheeler, D. 2001. "Racing to the Bottom? Foreign Investment and Air Pollution in Developing Countries. " *The Journal of Environment & Development* 10 (3): 225-245.

Wildasin, D. E. 2000. "Labor-Market Integration, Investment in Risky Human Capital, and Fiscal Competition. " *The American Economic Review* 90 (1): 73-95.

Williamson, O. E. 1975. Markets and Hierarchies: Analysis and Antitrust Implications: A Study in the Economics of Internal Organization. London and New York: Collier Macmillan.

Williamson, O. E. 1981. "The Modern Corporation: Origins, Evolution, Attributes. " *Journal of Economic Literature* Vol. 19.

Williamson, O. E. 1984. "The Economics of Governance: Framework and Implications." *Journal of Institutional and Theoretical Economics*140.

Williamson, O. E. 1985. *The Economics Institutions of Capitalism*. New York: The Free Press.

Williamson, O. E. 1988. "Corporate Finance and Corporate Governance." *Journal of Finance* 43.

Williamson, O. E. 2002a. "The Lens of Contract: Private Ordering." *American EconomicReview* 92.

Willimson, O. E. 2002b. "The Theory of the Firm as Governance Structure: From Choice to Contract." *Journal of Economic Perspectives* 16.

Wilson, D. B. 2009. "Thy Neighbor? The In－State, Out－of－State, and Aggregate Effects of R&D Tax Credits." *Review of Economics and Statistics* 91 (2): 431－436.

Winkelried, Diego. 2018. "Unit Roots, Flexible Trends, and the Prebisch－Singer Hypothesis." *Journal of Development Economics* 132: 1－17.

Winter, S. G. 2006. "Toward a Neo－Schumpeterian Theory of the Firm." *Industrial and Corporate Change* 15 (1): 125－141.

Wolf, Martin, 2007. "The Growth of Nations." *Financial Times*, Vol. 21.

World Bank. 1991. *World Development Report* 1991: *The Challenge of Development*. Oxford: Oxford University Press.

World Bank. 1993. *The East Asian Miracle: Economic Growth and Public Policy*. Oxford University Press for the World Bank, Washington, DC.

Worrall, E. et al. 2005. "Is Malaria a Disease of Poverty? A Review of the literature." *Tropical Medicine and International Health* 10 (10): 1047－1059.

Wu, G., Ma, D. 2014. "A Comparative Study of Chinese and Japanese OFDI in the Condition of Currency Appreciation: Based on Industry Selection." *International Business Research* 06.

Wu, L. G. 2018. "Capital Misallocation in China: Financial Frictions or Policy Distortions? ." *Journal of Development Economics* 130: 203–223.

Wu. S. , Lu. Y. , Lv. X. 2021. "Does Value–added Tax Reform Boost Firms' Domestic Value Added in Exports? Evidence From China. " *Review of International Economics.*

Xin, M. et al. 2020. "Factor Misallocation, Industrial Structure and Labour Share in China. " *The Singapore Economic Review.*

Xing, C. , Li, S. 2012. "Residual Wage Inequality in Urban China, 1995–2007. " *China Economic Review* 23 (2): 205–222.

Xu, J. , Hubbard, P. 2018. "A Flying Goose Chase: China's Overseas Direct Investment in Manufacturing (2011–2013) . " *China Economic Journal*, 11 (2): 91–107.

Yang, C. H. 2021. "Do Exporters Have Markup Premiums and Why (not)? Evidence From China. " *World Economy* 44 (4): 956–979.

Yang, F. F. et al. 2020. "Post–industrial Economic Restructuring and Wage Inequality in Urban China, 2003 – 2015: A Sectoral Perspective. " *Chinese Geographical Science* 30 (3): 516–531.

Yang, L. , Li, Y. 2013. "Low – Carbon City in China. " *Sustainable Cities and Society* 9: 62–66.

Yang, Y. , Guo, X. 2020. "Universal Basic Education and the Vulnerability to Poverty: Evidence From Compulsory Education in Rural China. " *Journal of the Asia Pacific Economy* 25 (4): 611–633.

Yeaple, S. R. 2005. "A Simple Model of Firm Heterogeneity, International Trade, and Wages. " *Journal of International Economics* 65 (1): 1–20.

Yi, K. M. 2003. "Can Vertical Specialization Explain The Growth of World Trade? . " *Journal of Political Economy* 111 (1): 52–102.

Yoshimichi, M. 2021. "Trade liberalization and Wage Inequality: Evidence

From Chile." *The Journal of International Trade and Economic Development* 30 （3）: 407-438.

Young, A. 1991. "Learning by Doing and the Dynamic Effects of International Trade." *The Quarterly Journal of Economics* 106 （2）: 369-405.

Young, A. 2003. "Gold Into Base Metals: Productivity Growth in the People's Republic of China During the Reform Period." *Journal of Political Economy* 111 （6）: 1220-1261.

Young, A. T. 1995. "The Tyranny of Numbers: Confronting the Statistical Realities of the East Asian Growth Experience." *The Quarterly Journal of Economics* 110 （3）: 641-680.

Young, A. T. 2000. "The Razor's Edge: Distortions and Incremental Reform in the People's Republic of China." *The Quarterly Journal of Economics* 115 （4）: 1091-1135.

Young, A. T. 2013. "U. S. Elasticities of Substitution and Factor Augmentation at the Industry level." *Macroeconomic Dynamics* 17 （4）: 861-897.

Yu, C., Luo, Z. 2018. "What are China's Real Gains Within Global Value Chains? Measuring Domestic Value Added in China's Exports of Manufactures." *China Economic Review* 47: 263-273.

Yu Y. 2020. "Land-Use Regulation and Economic Development: Evidence From the Farmland Red Line Policy in China." Working Paper.

Zhan, J. X. 2021. "GVC Transformation and A New Investment Landscape in the 2020s: Driving Forces, Directions, and A Forward-Looking Research and Policy Agenda." *Journal of International Business Policy* 4 （2）: 206-220.

Zhang, B., Liu, Z., Lin, J. Y. 2020. "Endowments, Technology Choices, and Structural Change." Working Paper.

Zhang, T., Gunderson, M. 2020. "Impact of Occupational Licensing on Wages and Wage Inequality: Canadian Evidence 1998 – 2018. " *Journal of Labor Research* 41 (4): 338–351.

Zhao, L. 2021. "Tourism, Institutions, and Poverty Alleviation: Empirical Evidence From China. " *Journal of Travel Research* 60 (7): 1543–1565.

Zheng, B. 2001. "Statistical Inference for Poverty Measures with Relative Poverty Lines. " *Journal of Econometrics* 101 (2): 337–356.

Zhu, S. C. 2005. "Can Product Cycles Explain Skill Upgrading? . " *Journal of International Economics* 66 (1): 131–155.

Zou, W. et al. 2008. "Transport Infrastructure, Growth, and Poverty Alleviation: Empirical Analysis of China. " *Annals of Economics and Finance* 9 (2): 345–371.

图书在版编目（CIP）数据

西方发展经济学思想前沿／张其仔等著．--北京：
社会科学文献出版社，2023.12
ISBN 978-7-5228-2373-7

Ⅰ.①西…　Ⅱ.①张…　Ⅲ.①发展经济学-研究-西
方国家　Ⅳ.①F061.3

中国国家版本馆 CIP 数据核字（2023）第 162819 号

西方发展经济学思想前沿

著　　者／张其仔　江飞涛　吴利学 等

出　版　人／冀祥德
组稿编辑／邓泳红
责任编辑／宋　静
责任印制／王京美

出　　　版／社会科学文献出版社·皮书出版分社（010）59367127
　　　　　　地址：北京市北三环中路甲 29 号院华龙大厦　邮编：100029
　　　　　　网址：www.ssap.com.cn
发　　　行／社会科学文献出版社（010）59367028
印　　　装／三河市龙林印务有限公司

规　　　格／开　本：787mm×1092mm　1/16
　　　　　　印　张：28.75　字　数：405 千字
版　　　次／2023 年 12 月第 1 版　2023 年 12 月第 1 次印刷
书　　　号／ISBN 978-7-5228-2373-7
定　　　价／178.00 元

读者服务电话：4008918866